L'HISTOIRE HÉGÉLIENNE
ENTRE MALHEUR ET RÉCONCILIATION

DU MÊME AUTEUR

Penser le réel. Hegel, la nature et l'esprit, Paris, Kimé, 2008.

Force et fragilité des normes. Les Principes de la philosophie du droit de Hegel, Paris, P.U.F., 2011.

Hegel, penseur du droit (J.-F. Kervégan et G. Marmasse dir.), Paris, Éditions du CNRS, 2004.

Die Natur in den Begriff übersetzen (G. Marmasse und T. Posch Hrsg.) Frankfurt a. M., Peter Lang, 2005.

La nature entre science et philosophie (N. Lechopier et G. Marmasse dir.), Paris, Vuibert, 2008.

L'histoire (G. Marmasse dir.), « Théma », Paris, Vrin, 2010.

Comment fonder la philosophie ? L'idéalisme allemand et la question du principe premier (G. Marmasse et A. Schnell dir.), Paris, Éditions du CNRS, 2014.

HEGEL, *Vorlesung über Naturphilosophie, Berlin 1823/24*, G. Marmasse Hrsg., Frankfurt a. M., Peter Lang, 2000.

HEGEL, *Vorlesung über Naturphilosophie, Berlin 1821/22*, T. Posch und G. Marmasse Hrsg., Frankfurt a. M., Peter Lang, 2002.

HEGEL, *Introduction aux Leçons sur l'Histoire de la philosophie*, trad. fr. par G. Marmasse, Paris, Vrin, 2004.

HEGEL, *Vorlesung über Naturphilosophie, Berlin 1825/26*, K. Bal, G. Marmasse, T. Posch und Kl. Vieweg Hrsg., Hamburg, Meiner, 2007.

HEGEL, *La philosophie de l'histoire*, trad. fr. par M. Bienenstock (dir.), Ch. Bouton, J.-M. Buée, G. Marmasse, N. Waszek et D. Wittmann, Paris, Livre de poche, 2009.

HEGEL, *Leçons sur la philosophie de la religion*, deuxième partie : « Les religions antiques, africaines et orientales », trad. fr. par G. Marmasse, Paris, Vrin, 2010.

BIBLIOTHÈQUE D'HISTOIRE DE LA PHILOSOPHIE
NOUVELLE SÉRIE
Fondateur : Henri GOUHIER Directeur : Jean-François COURTINE

L'HISTOIRE HÉGÉLIENNE ENTRE MALHEUR ET RÉCONCILIATION

par

Gilles MARMASSE

Ouvrage publié avec le concours de l'Université Paris-Sorbonne

PARIS
LIBRAIRIE PHILOSOPHIQUE J. VRIN
6, Place de la Sorbonne, V^{e}

2015

Les événements parlent d'eux-mêmes, et assez fort ;
il ne s'agit que de les connaître dans toute leur ampleur ;
ils clament hautement : *Discite justitiam moniti*
[apprenez par nos exemples à connaître la justice].

Hegel

Imprimé en France
ISSN 0249-7980
ISBN 978-2-7116-2613-2

www.vrin.fr

À la mémoire de Bernard Mabille

INTRODUCTION

Pourquoi étudier la philosophie de l'histoire de Hegel ? Les raisons qui conduisent à douter de la légitimité de l'entreprise ne manquent pas. Car cette philosophie, dit-on, se réduit à une série de convictions qui aujourd'hui n'ont enfin plus cours : conviction que l'histoire serait gouvernée par une entité toute puissante et manipulatrice, qu'elle serait entièrement intelligible, qu'elle mènerait à des lendemains radieux… La pensée de Hegel illustrerait une métaphysique mêlant, avec autant d'inconséquence intellectuelle que de frivolité morale, ces conceptions invérifiables et confuses que sont le providentialisme, le déterminisme et l'optimisme. Dès lors, dit-on encore, si cette philosophie mérite d'être étudiée, c'est seulement pour en instruire le procès. Sous l'apparent humanisme qui définit l'histoire comme le progrès de la liberté, il faudrait démasquer l'héritage théologique non critiqué, les préventions ethnocentriques et l'absence de compassion à l'égard des victimes. La philosophie hégélienne de l'histoire ne serait qu'un monument en ruine. Pour paraphraser Hegel lui-même, comme les vestiges de Persépolis et de Carthage, elle n'inviterait plus qu'à méditer sur la caducité des empires politiques ou intellectuels mal fondés.

Mais peut-on se contenter de cette analyse ? En réalité, elle dispense trop opportunément de lire les textes, d'examiner les contextes, et de s'interroger sur les effets qu'a encore la philosophie hégélienne sur notre culture. Elle tombe d'une certaine manière sous le coup de ce qu'elle reproche à Hegel : le préjugé et le renoncement à l'étude des détails au profit de quelques idées générales. Surtout, elle est affaiblie par son refus de prendre au sérieux le thème de la négativité, foyer ardent de l'hégélianisme. Pour Hegel, tenterons-nous de montrer, l'histoire n'est pas conduite par une instance transcendante mais se meut elle-même. En outre, les peuples ne parviennent jamais à s'unifier vraiment dans l'histoire, et, parce que leur existence se déploie à partir d'un donné « naturel » inévitablement contingent, leur progrès est laborieux et continûment menacé par l'échec. Enfin, l'histoire telle que la présente Hegel ne mène pas à autre chose qu'à l'Europe post-révolutionnaire, dont c'est peu dire qu'elle n'est pas, à ses yeux, un « dimanche de la vie ». Ajoutons que la Providence, pour Hegel, est une figure de la « représentation » et non de la « spéculation » ; que le déterminisme, pour lui, s'apparente à une vision « mécaniste » des choses qu'il rejette vigoureusement ; et que son optimisme consiste surtout à dire que la philosophie résout « idéellement » des contradictions que l'histoire, quant à elle, est incapable de dépasser « réellement »...

Il est frappant de voir à quel point Hegel demeure une référence obligée tant en histoire de la philosophie qu'en philosophie politique, mais avec quelle désinvolture il est en même temps traité. Classiquement, on invoque le contraste entre une époque où l'hégélianisme aurait été dominant, et même aurait eu un statut de philosophie officielle, et notre époque qui aurait enfin saisi le caractère inacceptable, voire insupportable, d'une telle philosophie. Cependant cette présentation est trop rudimentaire pour être convaincante. Si Hegel a certainement eu de son vivant le prestige d'un universitaire de premier plan – mais pas forcément plus –, dès après sa mort il a fait l'objet, de la part de ses successeurs les plus influents, d'un procès en règle ou d'un rejet indifférent. Et que l'hégélianisme soit, dans le paysage intellectuel, à ce point *sui generis* et univoque qu'il y aurait un sens à définir notre époque intellectuelle comme celle du « renoncement à Hegel », voilà une thèse pour le moins discutable. Car Hegel est à la fois trop inscrit dans le courant du post-kantisme pour qu'il soit sensé de prétendre rompre avec lui seul, et suffisamment complexe pour qu'il y ait de multiples manières de le mettre en question. Le Hegel que nous souhaitons présenter est à la fois moins écrasant et plus ambigu qu'on ne le dit ordinairement.

Notre étude a pour origine une double conviction. Tout d'abord, nous pensons que la philosophie de l'histoire de Hegel reste mal comprise dans ses thèses cardinales. Il y a dans ces textes un mystère non élucidé. Dès lors, si l'on admet qu'une des tâches de la philosophie est de se connaître elle-même et d'éclaircir les représentations dont elle fait usage, il lui faut mieux penser son rapport à Hegel. Nous nous proposons ici de reprendre les notions clés de la philosophie hégélienne de l'histoire, en les inscrivant dans le projet de l'*Encyclopédie* et dans les débats de l'époque. Nous espérons montrer leur cohérence, mais aussi leur sérieux et, au moins dans leur contexte propre, ce qu'elles ont de crédible.

En outre, il nous semble que l'enjeu même de la philosophie de l'histoire de Hegel n'a pas été suffisamment perçu. Car celle-ci consiste moins en une réflexion sur un éventuel «plan» qui rendrait compte des événements historiques qu'en une investigation des transformations de la culture et de la politique dans l'histoire. Les questions de la ruse de la raison et de la théodicée, constamment mises en avant par les commentateurs, font écran à la problématique réelle des textes. Celle-ci a trait, bien plutôt, au devenir des peuples : en quoi un peuple se caractérise-t-il par une activité unifiée, en quoi est-il le sujet de son devenir ? Comment s'articule-t-il à ce qui n'est pas lui, et notamment aux individus ? Comment la culture se transmet-elle à l'intérieur d'un même peuple et d'un peuple à l'autre ? Mais la question, chez Hegel, est aussi de savoir comment analyser le changement dans l'histoire, et au nom de quoi on peut parler de progrès ou de régression. À quoi reconnaît-on, au demeurant, un régime politique adéquat ? D'un point de vue hégélien, il faut en particulier se demander jusqu'à quel point un tel régime satisfait les aspirations humaines et dans quelle mesure il est capable de s'imposer et de perdurer. Faut-il, en outre, considérer que certains peuples ont joué un rôle plus important que d'autres dans l'histoire ? Enfin, une des questions fondamentales de la philosophie hégélienne de l'histoire a trait à l'identité de chaque civilisation, et notamment à celle du monde post-antique. Y a-t-il un sens à parler de ce dernier comme d'un tout, et quels sont alors ses traits propres ?

Notre hypothèse est que la philosophie de l'histoire de Hegel est un vaste traité de philosophie morale et politique. Hegel projette sur le monde moderne son idéal de liberté individuelle (au sens où l'individu doit pouvoir agir selon ses convictions et chercher à être heureux) et de liberté politique (au sens où l'État doit reposer sur la volonté universalisée du peuple et reconnaître aux différents groupes sociaux le droit de promouvoir leurs intérêts). Toutefois cet idéal n'est pas seulement à lire dans sa caractérisation du monde contemporain, il apparaît aussi, sur un mode négatif, dans son interprétation des civilisations antérieures. Celles-ci présentent en effet l'ensemble des figures – figures d'ailleurs mutuellement contradictoires – de ce qu'un peuple *ne doit plus* être. Loin d'être seulement descriptives, les analyses hégéliennes du passé sont sous-tendues par une puissante conceptualisation des normes actuelles de l'agir humain et de la vie politique.

La complexité de cette pensée tient cependant à la pluralité des influences qui s'exercent sur elle. Hegel est un héritier des Lumières, notamment par sa valorisation de l'autonomie et des normes universelles (même si la notion d'universalité, sous sa plume, acquiert un sens nouveau). Il est également sensible aux malheurs du temps, et spécialement aux désillusions de l'expérience révolutionnaire française – tandis que sa lecture des historiens antiques l'amène à méditer continûment sur le caractère éphémère des empires. Enfin, sa fidélité à la pensée antique et chrétienne, mais aussi sa paradoxale proximité avec le romantisme, le poussent à maintenir, dans l'ordonnancement systématique, l'histoire politique en deçà de l'art, de la religion et de la philosophie.

Cependant, comment lire Hegel ? Citons deux principes qui guident cet ouvrage :

a) Face à la philosophie hégélienne, il est important d'adopter le point de vue de la systémacité, et ceci notamment au sens où la partie est gouvernée par le « tout ». L'objet fondamental de la philosophie, pour Hegel, est le tout comme Idée, étant admis cependant que l'Idée est active, en transformation constante, et qu'elle s'incarne en chaque moment de manière inévitablement particulière. Dès lors, quand on lit un moment quelconque du système, il faut se demander de quel tout Hegel parle alors, comment celui-ci s'organise et jusqu'à quel point il est libre ou au contraire dépendant. Car il y a de multiples niveaux dans le développement de l'Idée, de sorte qu'elle se caractérise par des degrés variables d'accomplissement, et se trouve régulièrement aliénée et en butte à la contingence. Le tout, pour Hegel, a une histoire mouvementée et n'est aucunement étranger à l'illégitimité et à l'échec.

b) Le second principe consiste à prendre au sérieux la négativité dans la philosophie hégélienne. Cette notion de négativité s'entend en de multiples sens, qui ne pourront être évoqués que plus loin. Disons, pour l'instant, que nous avons souhaité montrer l'empire qu'a chez Hegel la déraison, en critiquant le cliché selon lequel, dans l'hégélianisme, toute contradiction, tout mal aurait sa solution. Car, si les contradictions sont en effet surmontées dans le système, elles ne sont cependant pas anéanties. Cela signifie, entre autres, que la correction de la déficience d'un moment quelconque, chez Hegel, s'opère toujours par après, dans le moment ultérieur. Et que cette solution ne consiste, pour le moment ultérieur, qu'à se réconcilier avec lui-même en donnant un sens au moment déficient. Pour cette raison, le moment déficient, quant à lui, reste ce qu'il est. C'est ainsi par exemple que la violence de l'histoire n'est pas supprimée dans l'histoire même, mais seulement dans l'art, la religion et la philosophie. Il y a toute une voie interprétative qui fait de Hegel un optimiste invétéré, aveugle au problème de l'injustice. À notre avis, tout au contraire, un des intérêts majeurs de la pensée hégélienne est sa capacité à prendre en charge pour eux-mêmes la finitude et le mal.

L'examen porte sur la philosophie hégélienne de la pleine maturité, c'est-à-dire sur celle qui s'exprime dans l'*Encyclopédie*, les *Principes de la philosophie du droit* et les *Leçons* de Berlin. Nous renvoyons à des travaux à venir l'étude de l'évolution de la conception hégélienne de l'histoire, notamment dans les écrits de jeunesse et la *Phénoménologie de l'esprit*. Une note, en fin de volume, présente les sources textuelles que nous avons utilisées. Il est inutile de revenir ici sur l'articulation de la philosophie de l'histoire et des autres moments de l'*Encyclopédie* puisque nous avons exploré la question de l'organisation systématique chez Hegel dans un autre ouvrage[1]. Un point doit toutefois être rappelé. Le discours proprement spéculatif sur l'histoire ne se trouve pas dans l'introduction des *Leçons sur la philosophie de l'histoire* (laquelle, on le sait, a été baptisée par J. Hoffmeister la *Raison dans l'histoire*) mais dans l'examen de son cours d'ensemble, qui conduit du monde oriental au monde moderne. Les préfaces et introductions sont continûment relativisées par Hegel. Car, si elles dressent le panorama de la question à traiter, elles n'ont cependant qu'un statut assertorique. Ce sont les développements, en revanche, qui fournissent la preuve – au sens de l'auto-légitimation – du discours philosophique. Les commentateurs ont eu tendance à privilégier les textes de la *Raison dans l'histoire*, qui offrent assurément d'impressionnantes synthèses, considérant que l'examen du cours de l'histoire n'en était qu'une application, parfois inutilement détaillée[2]. Mais c'est le contraire qui est vrai. D'un point de vue hégélien, les concepts clés n'apparaissent adéquatement que dans l'examen du cours de l'histoire, où ils se présentent, non pas sous la forme de généralités abstraites, mais sous celle de figures vivantes, à chaque fois particulières et néanmoins expressives de l'universel. C'est alors, et alors seulement, qu'ils montrent leur nécessité immanente : « Car prouver signifie, en philosophie, la même chose que montrer comment l'objet se fait par lui-même et à partir de lui-même ce qu'il est. »[3]. Nous ne songeons pas un instant à nier l'intérêt de la Raison dans l'histoire. Mais nous considérons que ce texte ne suffit pas à une

1. *Cf.* G. Marmasse, *Penser le réel. Hegel, la nature et l'esprit*, Paris, Kimé, 2008.

2. J. d'Hondt, par exemple, dans *Hegel, philosophe de l'histoire vivante*, Paris, P.U.F., 1966, ne consacre aucun chapitre au développement concret de l'histoire.

3. *Encyclopédie* I, Add. du § 83, in *Werke in zwanzig Bänden*, hrsg. von E. Moldenhauer & K.M. Michel, Frankfurt a.M., Suhrkamp, 1970 (désormais *W*), 8, 179-180 ; trad. fr. B. Bourgeois, Paris, Vrin, 1970, p. 518.

appréhension correcte de la philosophie hégélienne de l'histoire, précisément parce que cette dernière, selon Hegel, se réalise de manière essentiellement diverse. L'enjeu est donc le suivant : saisir l'unité de l'histoire, une unité qui cependant se réalise dans des figures inévitablement opposées.

À nos yeux, la force de la conception hégélienne de l'histoire est liée à son ambivalence. On a autant affaire à une pensée du malheur qu'à une pensée de la réconciliation. Pour Hegel en effet, l'histoire est le lieu de la contradiction. D'un côté, les civilisations sont essentiellement mortelles. De l'autre, leur succession permet une progressive émancipation politique, puisqu'elle conduit du despotisme oriental, qui traite les hommes en mineurs, au régime monarchique moderne, qui reconnaît à chaque individu une valeur infinie. Notre hypothèse générale est alors la suivante. Pour Hegel, l'histoire est celle des peuples. Elle est « rationnelle » dans la mesure où les peuples sont les sujets de leur devenir. Mais cette rationalité est limitée car les peuples sont rivés à leurs intérêts propres, ce qui les conduit inexorablement à la corruption et à la sortie hors de la scène mondiale.

Selon nous, pour Hegel, la raison historique est morcelée, elle n'existe que sur le mode de l'« en-soi », c'est-à-dire de la réalisation itérative et toujours incomplète. Elle est « rusée », non pas au sens où elle mettrait en place un plan cynique, mais au sens où elle est incapable de se réaliser adéquatement. C'est pourquoi chaque peuple sert d'assise à un peuple ultérieur qui le contredit. De même que, dans la nature organique, une espèce vivante se partage entre des individus finis qui s'engendrent mutuellement et vivent les uns aux dépens des autres, de même la raison, dans l'histoire, se partage entre les peuples – des peuples qui ne sont que des étapes dans le progrès général. C'est pourquoi les pages de bonheur ne sont que des pages blanches ou, à tout le moins, rapidement effacées.

La finitude de la raison historique exprime la finitude de l'esprit objectif en général. Si l'esprit objectif est concrètement incarné dans le monde (à la différence de l'esprit subjectif), cependant il ne s'incarne pas *comme tel et tout entier* dans chacune de ses figures (à la différence de l'esprit absolu). Pour Hegel, une œuvre d'art, une religion ou une doctrine philosophique exprime une entière réconciliation du sujet et de l'objet. En revanche, dans l'esprit objectif, la propriété est menacée par le vol, l'action morale peut être pervertie par des circonstances non prévues, la société civile est en proie aux inégalités de richesse, les États se font la guerre… De la même manière, une action historique, quand bien même elle est efficace, ne procure jamais qu'un bonheur passager.

Pour certains commentateurs, Hegel aurait prétendu percer le mystère de l'histoire et découvrir le principe qui rend compte de l'ensemble des événements historiques. Plus précisément, ce principe serait caché, ce serait une entité toute puissante et mystificatrice. Et la difficulté légendaire des textes hégéliens ne serait que l'expression du caractère occulte du principe de l'histoire. Pour nous, le but de Hegel n'est pas de déchiffrer une énigme mais, de manière à la fois modeste et crédible, de penser l'expérience historique – une expérience qui est celle du progrès laborieux et fragile de l'État et de la liberté des hommes.

L'intérêt et la difficulté d'une réflexion sur l'histoire selon Hegel tient à ce qu'elle requiert de penser ensemble la thèse selon laquelle la raison gouverne l'histoire et la thèse selon laquelle l'histoire est le théâtre des passions, des violences et des injustices. En d'autres termes, il s'agit d'assumer le paradoxe selon lequel les hommes et les peuples sont à la fois des fins en soi et de simples instruments au service d'une fin qui les dépasse. Hegel théorise le fait que l'histoire est, avant tout, marquée par la relativité et le conflit. Certes, elle permet à la liberté de progresser, mais seulement de manière finie, puisque toute civilisation est vouée à la ruine. L'ambition de cet ouvrage est de montrer que l'interprétation selon laquelle l'histoire selon Hegel serait marquée par un progrès continu et triomphant doit être abandonnée au profit de la mise en évidence, chez l'auteur des *Leçons sur la philosophie de l'histoire*, d'une vision ambiguë et inquiète du devenir historique.

CHAPITRE PREMIER

COMMENT ON ÉCRIT L'HISTOIRE

Dans la *Leçon* de 1822-23, Hegel inaugure son propos par un examen des différents types d'historiographie. S'agit-il là, cependant, d'une étude méthodologique à proprement parler ? Si l'on associe à l'idée de méthode la thèse selon laquelle une démarche intellectuelle pourrait être prescrite *a priori*, la réponse ne peut être que négative. Car, pour Hegel, il n'y a pas lieu, avant de penser, de se demander comment penser – de même que, selon l'introduction de la *Phénoménologie de l'esprit*, on ne peut apprendre à nager sans se jeter à l'eau. On ne s'initie à la philosophie que par soi-même et dans l'exercice concret de celle-ci. Pour Hegel, la pensée ne répond à aucune injonction « méthodologique » formulée de l'extérieur, fût-ce par un maître à la sagesse incontestable, mais exprime la règle interne que le sujet se donne pour satisfaire son exigence propre de cohérence et de complétude. Par conséquent, s'il est clair que nul historien n'a besoin d'un philosophe pour savoir comment effectuer sa tâche propre, nul philosophe non plus n'a besoin des prescriptions d'un autre philosophe pour savoir comment penser adéquatement. Le penseur, lorsqu'il est libre, n'obéit qu'à lui-même et se rend spontanément – quoique laborieusement – rationnel.

L'étude des différentes manières de penser n'a donc rien de prescriptif. La philosophie ne décrète pas quelle méthodologie doit être observée par le mémorialiste, l'historien ou le philosophe de l'histoire. Mais elle présente les démarches que suit chacun d'entre eux. Elle évalue certes ces démarches, qui sont plus ou moins fondées. Toutefois, le passage d'une attitude ou d'un type d'historiographie à l'autre, quand il a lieu, ne répond pas à une injonction extérieure mais à la libre décision du sujet écrivant sur l'histoire. Finalement, l'étude des différentes manières de se rapporter à l'histoire n'a pas d'autre enjeu que l'accomplissement du « connais-toi toi-même »[1] comme commandement immanent à l'esprit.

Trois types d'historiographie

Hegel distingue donc trois manière d'appréhender l'histoire : celle des acteurs qui se font *mémorialistes* (la connaissance « originaire »), celle des *historiens* (la connaissance « réfléchissante ») et celle des *philosophes* (la connaissance « spéculative »). On retrouve ici un schéma classique sous sa plume[2]. Précisons ce que recouvrent ces types d'historiographie.

L'histoire originaire

La connaissance « originaire » (*ursprünglich*) ou « immédiate » (*unmittelbar*) de l'histoire ne comporte rien de général et ne met en scène que des faits empiriques individuels : des actions, des événements ou des situations relevant d'un certain « ici » et d'un certain « maintenant ». En outre, ces faits sont racontés par un individu qui appartient au monde dont il parle et a vécu les événements qu'il relate. Ainsi l'histoire originaire n'est pas simplement un document, comme par exemple un traité diplomatique ou une archive administrative, qui pourrait servir de matériau à l'historien. Elle se présente d'emblée comme une chronique, comme un récit ayant pour fin de faire connaître tel ou tel épisode historique. Plus précisément, afin d'être le témoin fiable d'un processus historique, il faut, dit Hegel, avoir fait partie du cercle des hommes d'État et des chefs d'armée[3] – alors

1. Cf. *Vorlesungen über die Philosophie der Weltgeschichte (1822-23)* (désormais *PH* 22-23), K.H. Ilting, K. Brehmer & H.N. Seelmann (Hrsg.), Hamburg, Meiner, 1996, p. 45 ; trad. fr. M. Bienenstock (dir.), J.-M. Buée, Ch. Bouton, G. Marmasse, N. Waszek, D. Wittmann, Paris, Le Livre de Poche, 2009, p. 145 (l'ouvrage traduit aussi les deux introductions autographes de 1822 (revue en 1828) et de 1830-31). L'injonction du « connais-toi toi-même » est présentée comme le commandement absolu de l'esprit au § 377 de l'*Encyclopédie* III.

2. On rapprochera notamment ce passage des § 2 à 9 de l'Introduction de l'*Encyclopédie* I, *W* 8, 41-53, trad. p. 154-174, des additions qui ouvrent l'*Encyclopédie* II, *W* 9, 11-23, trad. fr. B. Bourgeois, Paris, Vrin, 2004, p. 333-347, et des § 377 et 378 de l'*Encyclopédie* III et de leurs additions, *W* 10, 10-13, trad. fr. B. Bourgeois, Paris, Vrin, 1988, p. 176-177 et p. 380-384. On trouve une typologie similaire dans presque toutes les Leçons.

3. Cf. *Philosophie de l'histoire mondiale. Introduction autographe de 1822* (désormais *Introduction* 1822), *Gesammelte Werke*, hrsg. von W. Jaeschke, Hamburg, Meiner, 1968- (désormais *GW*), 18, 129, trad. p. 44 : « C'est seulement d'en haut qu'on peut voir les choses

que l'histoire réfléchissante est le fait de savants extérieurs aux processus qu'ils analysent. Parmi ces hommes d'Etats, on trouve, selon les exemples fournis par Hegel, César, vainqueur des armées gauloises et auteur du *De bello gallico*, le cardinal de Retz, aux avant-postes de la Fronde qu'il raconte dans ses *Mémoires*, et bien sûr Frédéric II de Prusse, à qui l'on doit une *Histoire de mon temps*.

Selon Hegel, le témoin ne fait pas intervenir sa subjectivité propre dans son récit. Il se contente de raconter les événements et de restituer les paroles des acteurs telles qu'il les a entendues (Hegel songeant sans doute ici à la manière dont Thucydide met en scène son activité historiographique[1]). Tandis que l'histoire réfléchissante suppose, comme on le verra, les choix méthodologiques et les commentaires de son auteur (qui, à ce titre, se « réfléchit » lui-même dans son objet), l'histoire originaire présente son objet de manière directe. Mais il s'agit là, aux yeux de Hegel, moins d'une supériorité que d'un défaut. Car, si l'historien réfléchissant fait intervenir sa subjectivité de manière unilatérale, l'historien originaire reste quant à lui sans distance à l'égard de son monde.

Néanmoins, Hegel se livre à un éloge de l'histoire originaire, en soulignant notamment ce qui la distingue des poèmes, des légendes et des chants populaires. Certes, la mythologie et la poésie ancienne sont riches d'enseignements, mais elles sont à l'histoire originaire ce que la conscience confuse est à la conscience déterminée[2]. En même temps, l'histoire originaire est inévitablement superficielle. Car elle est limitée à ce qui est directement accessible au témoin. Elle porte sur une série d'événements isolés, qu'elle n'articule ni ne met en perspective. Par analogie, on peut dire que, dans l'économie générale des savoirs de l'histoire, l'histoire originaire est le moment de la perception sensible. Certes, elle représente déjà une transposition, dans la forme du récit, de l'expérience immédiate. En effet, alors que les faits en question n'ont été, en eux-mêmes, qu'éphémères et éparpillés, le récit en fait un tout et – selon l'expression de Thucydide que Hegel paraphrase – leur confère une durée immortelle[3]. Il y

correctement et les situer chacune à leur place. » On a là une illustration de la constante valorisation du chef dans l'hégélianisme.

1. *Cf.* Thucydide, *Guerre du Péloponnèse* I, 21. Voir d'ailleurs Rousseau, *Émile* IV : « Thucydide [...] rapporte les faits sans les juger ; [...] loin de s'interposer entre les événements et les lecteurs, il se dérobe ; on ne croit plus lire, on croit voir. »

2. Peut-être y a-t-il, dans cette mise en cause des mythes et de la littérature populaire, une polémique dirigée contre Herder et son enthousiasme à l'égard de la valeur expressive du folklore.

3. Cf. *PH* 1822-23, éd. cit., p. 5, trad. p. 114. *Cf.* Thucydide, *Guerre du Péloponnèse* I, 22.

a bel et bien, en ce sens, une *Aufhebung* de l'objet[1]. Toutefois l'histoire originaire reste insuffisante, car son contenu est simplement factuel et ne présente ni organisation ni justification.

L'histoire originaire occupe donc, dans le devenir de l'historiographie, la place de l'immédiateté, c'est-à-dire du donné pur et simple. Soulignons d'emblée que la notion d'immédiateté, comme toutes les notions clés chez Hegel, a un sens structural et partant relatif. Assurément, elle n'est pas un donné absolu, puisque, comme on l'a vu, elle est elle-même élaborée par son auteur, et ceci, éventuellement même, à partir de récits déjà disponibles[2]. Il n'en reste pas moins que l'histoire originaire renvoie à l'expérience singulière de son auteur :

> Le contenu de telles histoires ne peut donc pas être de grande envergure. Ce qui, dans le vécu propre des hommes et dans leur intérêt présent, est vivant, ce qui est présent et vivant dans leur environnement – tel est l'essentiel de leur matériau[3].

L'histoire originaire est la forme initiale de l'historiographie. Elle fournit à l'historien réfléchissant et au philosophe les données élémentaires qui leur permettent de construire leurs théories respectives. Elle a donc, dans le cycle du savoir historique, une position de commencement radical, ce qui la rend sans valeur objective (elle n'intègre pas la recherche méthodique et l'usage de catégories *a priori* que requiert la science) ni fondement immanent (elle ne repose pas sur la connaissance de la logique de l'histoire universelle). L'histoire originaire est, dans le cycle de la connaissance historique, le moment intuitif, au sens où l'intuition consiste, chez Hegel, dans un *tableau* quasi-sensible d'un donné *simple*, sans contenu différencié ni justification intérieure[4].

L'histoire réfléchissante

L'histoire réfléchissante (*reflektierend*) – ou réfléchie (*reflektiert*) – est celle des historiens. On peut l'appeler « pragmatique »[5], qualificatif revendiqué par une certaine historiographie des Lumières en référence à Polybe. Ce dernier, on le sait, propose une histoire qui se garde de tout pathos littéraire et cherche, sur la base d'une large enquête documentaire, à mettre

1. La notion d'*Aufhebung* sera examinée au chap. II.
2. Cf. *Introduction* 1822, *GW* 18, 123, trad. p. 40.
3. *Ibid.*, *GW* 18, 124, trad. p. 41.
4. Cf. *Encyclopédie* III, Add. du § 449, *W* 10, 258, trad. p. 551.
5. Cf. *Introduction* 1822, *GW* 18, 136, trad. p. 49.

en évidence les causes des événements qu'elle relate [1]. L'historiographie pragmatique du XVIIIe siècle quant à elle – dont les personnalités les plus connues sont les historiens de Göttingen Johann Christoph Gatterer (1727-1799) et August Ludwig Schlözer (1735-1809) – entend fournir l'explication causale des faits qu'elle rapporte et mettre en évidence le lien entre événements et contexte [2]. De fait, pour Hegel, l'histoire pragmatique tend à organiser les événements selon un enchaînement de causes et d'effets, de raisons et de conséquences: car c'est ainsi que l'événement est rendu « compréhensible » [3].

La « réflexion » a ici le même statut que, dans d'autres contextes, la « représentation ». Il s'agit d'un savoir médian, qui certes est concret, mais est insuffisamment fondé. De même que le reflet dissocie la chose même de son image, de même l'adjectif « réfléchissant » enveloppe l'idée d'un dédoublement. On a d'une part la chose à penser, de l'autre la représentation subjective que le penseur en forge. En raison de cette déhiscence, le savoir réfléchissant est suspect d'arbitraire. Antoine Grandjean a opposé de manière remarquable, à propos de la réflexion, deux traditions conceptuelles. D'un côté, à partir de Platon et d'Aristote, la filiation de la *dianoia* (pensée discursive) par opposition à la *noèsis* (pensée intuitive). Les concepts wolffien et kantien de réflexion appartiennent à cette filiation, qui fait de la *reflexio* une attention prolongée aux divers aspects d'une chose représentée afin de dégager son genre et son espèce. De l'autre côté, la filiation lockienne, qui comprend la réflexion comme le retour sur soi et la saisie immédiate de soi-même [4]. Si c'est à la seconde tradition qu'appartient, chez Fichte, la réflexion entendue comme intuition intellectuelle, chez Hegel en revanche, la réflexion relève clairement de la première tradition. Mais la réflexion, alors, a toute la connotation négative que peut avoir, précisément depuis Platon, la *dianoia* par opposition à la *noesis*. Certes la distinction hégélienne n'est pas binaire mais ternaire, elle n'oppose pas simplement le discursif à l'intuitif mais a) la connaissance

1. *Cf.* P. Pedech, *La méthode historique de Polybe*, Paris, Les Belles-Lettres, 1964.

2. *Cf.* B. Binoche, *Les trois sources de la philosophie de l'histoire*, Paris, P.U.F. 1994, p. 157-166 ; N. Waszek, « Histoire pragmatique – histoire culturelle : de l'historiographie de l'*Aufklärung* à Hegel et son école », *Revue germanique internationale*, 1998, p. 17 ; A. Escudier, « Histoire universelle et comparaison à la fin du XVIIIe siècle en Allemagne », dans C. Colliot-Thélène (dir.), *Comparatisme européen et au-delà*, Eurostudia, Revue transatlantique de recherche sur l'Europe, vol. 4, n° 2, décembre 2008, p. 1-21.

3. Cf. *Histoire de la philosophie*, Introduction, hrsg. von P. Garniron und W. Jaeschke, Hamburg, Meiner, 1994, p. 73, trad. fr. G. Marmasse, Paris, Vrin, 2004, p. 73.

4. *Cf.* A. Grandjean, *Critique et réflexion*, Paris, Vrin, 2009, p. 87-104.

immédiate (*noèsis* abstraite, si l'on veut), b) la connaissance discursive morcelée (*dianoia*) et c) la connaissance discursive unifiée (*noèsis* concrète). Mais la notion de réflexion enveloppe l'idée d'un raisonnement inductif ou analogique qui, comme tel, ne présente qu'une validité précaire.

Comment analyser, en effet, l'histoire des historiens ? Avant tout, l'historien réfléchissant ne parle pas de ce qu'il a vécu, mais d'un monde qui lui est étranger et auquel il ne se rapporte qu'à travers des documents et selon un prisme qui lui est personnel. Il est d'ailleurs le plus souvent un compilateur, qui abrège des savoirs déjà disponibles ou au contraire les déploie en leur donnant une tournure qui reflète les valeurs de son propre temps. En d'autres termes, son savoir n'est qu'une reconstruction. L'historien ne laisse pas son objet s'exprimer spontanément mais le décrit selon un point de vue extérieur. Hegel évoque par exemple les historiens moralisateurs, qui cherchent à tirer les « leçons » de l'histoire et analysent la vie des grands hommes au prisme de la vertu et du vice[1]. On peut notamment penser ici à l'historien suisse d'expression allemande Johannes von Müller (1752-1809), explicitement pris à parti par Hegel. Müller, en effet, définit l'histoire comme un magasin d'expériences censées servir de base à la politique. Pour lui, l'histoire tente d'instruire les hommes, de manière à leur faire aimer la vertu et la liberté[2]. Chez Hegel, la critique de l'histoire comme *magistra vitae* conjoint alors différents thèmes :

a) Pour lui, l'idée selon laquelle il y aurait des leçons à tirer de l'histoire n'a pas de sens en raison même du pluralisme de cette dernière, qui n'est jamais identique à elle-même : « Aucun cas n'est tout à fait semblable à un autre, la ressemblance entre les individus n'est jamais telle que ce qui est le mieux dans un cas le serait également dans un autre. Il n'y a pas de

1. Qu'on songe au précepte de l'*historia magistra vitae* de Cicéron (*De oratore* II, 9), ou à la manière dont Tite-Live, dans le préambule de son *Histoire de Rome*, fixe le but de l'historiographie : « Le principal et le plus salutaire avantage de l'histoire, c'est d'exposer à vos regards, dans un cadre lumineux, des enseignements de toute nature qui semblent vous dire : Voici ce que tu dois faire dans ton intérêt, dans celui de la république ; ce que tu dois éviter, car il y a honte à le concevoir, honte à l'accomplir. » *Cf.* le chapitre que R. Koselleck consacre au thème de l'*Historia magistra vitae*, dans *Le futur passé*, trad. fr. J. et M.-Cl. Hoock, Paris, Éd. de l'EHESS, 1990, p. 37-62.

2. *Cf.* Ch. Jamme, « Von Göttingen nach Genf – Zu Müllers aufklärerischen Anfängen » in *Johannes von Müller – Geschichtenschreiber der Goethezeit*, Ch. Jamme & O. Pöggeler (Hrsg.), Verlag Peter Meili, Schaffhausen, 1986, p. 223. *Cf.* aussi J. d'Hondt, « Les leçons hégéliennes de l'histoire », in *Logik und Geschichte in Hegels System*, H. Ch. Lucas & G. Planty-Bonjour (Hrsg.), Stuttgart, Frommann-Holzboog, 1989, p. 25-26.

ressemblance parfaite entre les rapports, les circonstances dans lesquelles se trouvent des peuples différents. »[1].

b) Pour Hegel, le discours d'édification est à récuser. À ses yeux en effet, la philosophie n'a aucun rôle à jouer dans l'histoire, le principe du changement historique se trouvant au sein du peuple, chez les grands hommes, et non pas chez le penseur qui contemple l'histoire d'un point de vue théorique. Hegel reproche aux historiens moralisateurs un fâcheux mélange des genres.

c) Le point de vue des historiens moralisateurs, en tant qu'il est réfléchissant, manque l'essence de son objet. Quand bien même ce qu'ils voient est exact, leur regard s'arrête à ce qui est borné – tels les maîtres d'école ou les valets de chambre qui dénoncent la part de médiocrité, assurément bien réelle, qu'il y a chez les grands hommes : « On ne considère pas la chose même comme motrice, comme agissante, mais [...] on prend de flanc les événements et les individus par d'édifiantes réflexions, chrétiennes ou autres. »[2]. La présentation moralisatrice de l'histoire n'est pas absurde, mais elle réduit cette dernière à ce qui, en elle, est secondaire.

Plus généralement, l'objet d'étude de l'historien réfléchissant reste inévitablement partiel. Par exemple, les historiens du monde grec ne traitent pas du monde germanique, ou ceux qui s'intéressent à l'histoire diplomatique se rendent indifférents à l'histoire des sciences. En outre, les historiens travaillent chacun selon une méthode qui leur est particulière. Ainsi, en Allemagne, « chaque historien a en la matière sa propre manière de procéder »[3]. En effet, il élabore son objet à partir de ses intérêts spécifiques, et notamment de sa situation historique. Dès lors, son point de vue exclut d'autres points de vue possibles :

1. *PH* 1822-23, éd. cit., p. 11, trad. p. 120. Une position exactement inverse est formulée ainsi par Leibniz : « Je désirerais qu'il y eût des personnes qui s'appliquassent préférablement à tirer de l'histoire, ce qu'il y a de plus utile, comme seraient des exemples extraordinaires de vertu, des remarques sur les commodités de la vie, des stratagèmes de politique et de guerre. Et je voudrais qu'on fît après une espèce d'histoire universelle qui ne marquât que de telles choses et quelque peu d'autres de peu de conséquences. » (*Nouveaux Essais*, IV, 16, 11, cité par B. Binoche, *op. cit.*, p. 154)

2. *Introduction* 1822, *GW* 18, 135, trad. p. 49.

3. *Ibid.*, *GW* 18, 130, trad. p. 45. Dans la R. du § 549 de l'*Encyclopédie* III, Hegel reproche narquoisement aux « purs historiens » « leur manière apriorique de procéder » (*W* 10, 348, trad. p. 327).

> [Même] l'historien ordinaire, l'historien commun qui va croire et prétendre qu'il se comporte seulement de façon réceptive, qu'il ne fait que s'abandonner au donné, – cet historien n'est pas passif dans sa pensée. Il apporte ses catégories avec lui, et c'est à travers elles qu'il voit ce qui est présent-là[1].

L'historien procède en premier lieu par généralisations, puisqu'il condense des faits singuliers sous des catégories universelles : « Par exemple, quand on dit qu'une bataille a été livrée, qu'une grande victoire, qu'un siège, ont été gagnés – tout ceci, ce sont des représentations générales, qui résument en une simple détermination [...] un tout individuel détaillé. »[2]. En second lieu et à l'inverse, l'historien réfléchissant accumule les détails particuliers, comme par exemple les noms des généraux ayant participé à telle ou telle bataille : « Cette manière d'agir [...] est certes correcte, mais l'intérêt majeur n'en devient pas plus clair, il en devient au contraire plus confus. »[3]. Nous rencontrons ici l'association contradictoire – la simple juxtaposition et non pas l'articulation raisonnée – de la généralité et de la particularité, ou encore de la subjectivité de la méthode et de l'objectivité du contenu. Quoiqu'appuyée sur l'expérience extérieure, l'histoire réfléchissante est fragmentaire et tributaire de la personnalité de l'historien.

La question est de savoir si, pour Hegel, l'histoire réfléchissante est ou non trompeuse. Les textes sont ambigus. Hegel reproche à certains historiens d'être déformants. Par exemple, dit-il, Tite-Live fait parler les premiers rois de Rome – qui n'étaient que des brigands – comme les avocats de son temps[4]. De même, Hegel relève les faiblesses de certaines analyses de Niebuhr. Toutefois, il reconnaît que, pour ce qui est de la connaissance des faits particuliers, l'histoire réfléchissante a son rôle à jouer[5]. En réalité, il lui reproche moins d'être inexacte que d'être « non-vraie » au sens où elle est seulement partielle. Dans la mesure où ce type de discours dépasse l'expérience unilatéralement subjective de son auteur, il a une valeur objective.

1. *Introduction autographe de* 1830-31 (désormais *Introduction* 1830-31), *GW* 18, 143, trad. p. 56.

2. *Introduction* 1822, *GW* 18, 133, trad. p. 48.

3. *Ibid.*, *GW* 18, 135, trad. p. 49.

4. Cf. *ibid.*, *GW* 18, 131, trad. p. 46.

5. *Cf.* par exemple, à propos des composantes de la rivalité d'Athènes et de Spartes, *PH* 1822-23, éd. cit., p. 367, trad. p. 408.

On retrouve ici le flottement de Hegel dans son appréciation de la réflexion, qu'il dénonce régulièrement comme insuffisante, mais qu'il promeut non moins comme valide en son genre. Le texte suivant est significatif de l'ambivalence de Hegel. S'agissant de l'histoire réfléchissante, l'opposition pertinente, pour lui, est celle qui sépare l'historiographie morte et l'historiographie vivante :

> L'historien doit s'efforcer avant tout de restituer les événements qui se sont effectivement passés, il faut [...] qu'il accueille dans sa représentation tout ce contenu chamarré d'événements et de personnages, puis qu'il les recrée et les expose pour la représentation d'autrui à partir de son esprit. Dans ce genre de reproduction, il ne saurait, en outre, se satisfaire de la seule exactitude des éléments singuliers, mais doit en même temps mettre en ordre et en forme ce qu'il a appréhendé, résumer et regrouper les traits, épisodes et actes singuliers de telle manière qu'il en surgisse pour nous de manière vivante [...] une image claire de la nation, de l'époque, des circonstances extérieures et de la grandeur ou de la faiblesse intérieure des acteurs individuels, et de sorte que, par ailleurs, on puisse voir procéder de toutes les parties le lien interne qui les unit[1].

L'histoire réfléchissante n'est pas fallacieuse. Lire dans l'analyse hégélienne de l'histoire réfléchissante une pure et simple condamnation serait un contresens. Celle-ci est d'ailleurs si peu rejetée qu'elle est continûment utilisée par Hegel lui-même dans les *Leçons sur la philosophie de l'histoire*. Si le savoir réfléchissant est contradictoire, s'il est à la fois unilatéralement subjectif et unilatéralement objectif, néanmoins il n'est pas trompeur. Sa force tient à sa capacité à généraliser les faits et, ainsi, à présenter une première forme d'universalité. L'histoire qu'il produit possède la même dignité que, par exemple, la science du physicien. En effet, elle n'est pas purement subjective, car elle est aussi appuyée sur des documents. Allons plus loin : la subjectivité de l'historien est de haut rang et se distingue des dispositions contingentes du témoin. Les bons historiens réfléchissants (principalement non allemands, dit Hegel) ont une subjectivité qui dépasse leur particularité accidentelle[2]. L'histoire réfléchissante est donc un savoir contradictoire mais non pas un néant de savoir.

1. *Cours d'esthétique* III, *W* 15, 257-258, trad. fr. J.-P. Lefebvre et V. von Schenck, Paris, Aubier, 3 volumes, 1995-1999, p. 238-239.

2. Cf. *Introduction* 1822, *GW* 18, 130, trad. p. 45.

L'histoire philosophique

La philosophie, enfin, se rapporte à un objet constitué en totalité. À la différence de l'histoire réfléchissante, elle n'examine pas une série d'objets historiques particuliers mais un unique objet – l'Idée, c'est-à-dire le principe de totalisation des phénomènes particuliers : « La fin de l'histoire mondiale universelle philosophique est de connaître l'Idée dans l'histoire. »[1].

L'opposition agrégat-tout est un lieu commun de la philosophie allemande classique. Rappelons cette déclaration remarquable d'A.L. Schlözer à l'encontre des histoires « spéciales » des peuples et des époques, et en faveur de l'histoire universelle : « Il manque encore la vue d'ensemble, qui saisit le tout : cette vue puissante fait de l'agrégat un système, ramène tous les États du globe terrestre à une unité, celle de l'espèce humaine. »[2]. Toutefois c'est à la conception schillérienne de l'histoire universelle qu'on songe ici en premier lieu. Pour Schiller, à défaut d'intelligence philosophique, l'histoire ne se présenterait que comme un agrégat de fragments (*ein Aggregat von Bruchstücken*). Mais la philosophie « élève l'agrégat au rang de système et en fait un tout cohérent et conforme à la raison »[3].

Nous analyserons la signification de l'Idée chez Hegel de manière détaillée au chapitre suivant. Retenons pour l'instant que l'Idée est une totalité en devenir. Elle est donc une instance unique, qui cependant n'est affranchie ni du changement, ni de la multiplicité : au contraire, elle présente des aspects infiniment variés et se transforme continûment. Néanmoins, au cœur de ses métamorphoses, elle reste la même : « La pensée rationnelle [...] réclame quelque chose de différencié dans soi-même, un universel qui se détermine dans lui-même sans perdre son universalité dans cette particularisation. »[4]. Plus précisément, dans l'histoire, l'Idée se présente sous la figure de l'esprit mondial, qui lui-même se particularise dans les différents « esprits des peuples ». Par exemple, pour Hegel, c'est le même esprit grec – le même vouloir essentiel – qui rend

1. *Ibid.*, *GW* 18, 124, trad. p. 41. Cf. *Leçons sur la philosophie de l'histoire*, *W* 12, 540, trad. fr. J. Gibelin, Paris, Vrin, 1987, p. 346 : « La philosophie n'a affaire qu'à l'éclat de l'Idée qui se reflète dans l'histoire universelle. [...] Son intérêt est de reconnaître le cours du développement de l'Idée qui se rend effective. »

2. Schlözer, *Vorstellung seiner Universal-Historie,* Göttingen et Gotha, 1772, p. 18 *sq.*, cité par N. Waszek, art. cit., p. 19.

3. Schiller, « Qu'appelle-t-on histoire universelle, et pourquoi l'étudie-t-on ? » (1789), *SW* IV, München, 1962, p. 763.

4. *Encyclopédie* II, Add. du § 275, *W* 9, 113-114, trad. p. 395.

compte de l'agir de Périclès, de la constitution de Sparte et de l'ardeur au combat du bataillon sacré de Thèbes. Et quand bien même l'esprit grec se transforme de l'époque homérique à celle des diadoques, néanmoins il reste caractérisé par une identité fondamentale. L'esprit grec est une totalité au sens d'une unité qui, tout en se transformant et en s'incarnant de manière multiple, conserve une entière intégrité.

Le modèle de la vie organique étant constamment utilisé par Hegel, on peut rapprocher le développement du peuple et celui d'un être vivant, par exemple de la plante. La plante, dit Hegel, est caractérisée par une identité qui constitue la raison d'être de ses multiples aspects. En outre, cette identité n'est pas statique mais se développe : sans cesser d'être elle-même, la plante est d'abord un germe, puis une jeune pousse, et enfin un organisme entièrement développé. C'est pourquoi la philosophie de la nature, telle qu'elle est mise en œuvre par Hegel lui-même, examine les racines, les feuilles, les fleurs, etc., comme les étapes de la constitution de la plante comme plante complète. De manière analogue, le philosophe de l'histoire considère son objet *sub specie totalitatis* et a ainsi affaire à un principe à la fois changeant et constamment fidèle à lui-même : un changement qui n'est pas autre chose que le progrès de l'esprit de chaque peuple vers sa réalisation adéquate.

Un point doit cependant être noté. Appréhender la vie historique d'un peuple à partir de son esprit ne signifie pas qu'on « déduirait » abstraitement toutes choses à partir de cet esprit – au sens où, tel le mathématicien établissant les propriétés du triangle à partir de sa seule définition, le philosophe tirerait les détails de la vie historique d'un peuple sur un mode *a priori* et sans avoir recours au témoignage des historiens. Mais cela signifie – pour rester sur le cas grec – que, dans les événements décrits par exemple par Hérodote ou Thucydide, le philosophe *reconnaît* l'esprit grec à l'œuvre et, par là-même, voit la nécessité intérieure de ces événements. Il saisit, en chacun des aspects du monde grec rapportés par les historiens, une réalisation particulière de l'esprit grec en général, et ainsi une étape vers l'accomplissement de son identité. La philosophie considère son objet, l'esprit du peuple, dans ses œuvres multiples et successives et dans son progrès vers une forme adéquate. Elle ne consiste pas à s'abstraire du donné de l'expérience – et en l'occurrence des savoirs fournis par les témoins ou les historiens – au profit d'une déduction pure, mais à établir le lien d'auto-effectuation qui existe entre le principe général d'un peuple et ses œuvres particulières. Certes, on peut dire que l'esprit grec constitue l'*a priori* des institutions grecques à telle ou telle époque, et que ces dernières sont « déduites » de l'esprit grec. Cependant cette déduction n'a rien d'abstrait. Elle est une *Aufhebung* au sens d'une transfiguration du donné en un système de pensée.

En d'autres termes, les phénomènes historiques – mœurs des peuples, constitutions politiques, guerres, etc. – ne sont pas les effets de l'esprit comme cause mais les expressions extérieures de celui-ci comme principe intérieur : « La caractéristique essentielle de l'esprit et de son temps est toujours contenue dans les grands événements. »[1]. Chaque phénomène a deux aspects : un aspect particulier, qui ne peut être connu que grâce aux témoins, et un aspect universel, qui ne peut être saisi adéquatement que d'un point de vue philosophique (universel signifiant ici non pas « valable en tous lieux et en tous temps » mais « unifiant le donné de l'expérience »). Autrement dit, la philosophie consiste à appréhender le principe d'unité qui se manifeste dans les divers aspects de la vie des peuples. Elle n'est nullement coupée du sol de l'expérience, mais s'attache à une frange déterminée de celle-ci, à savoir à ce qui, en elle, est principe de totalisation et d'auto-développement. La philosophie se distingue ainsi de l'expérience naïve (immédiate), captive de la multiplicité indéfinie des choses, et de l'expérience savante (réfléchissante), qui introduit des principes subjectifs dans la théorie. Car elle s'intéresse à un principe qui est à la fois réel et auto-déterminant, donc fondamentalement unifié avec soi-même – bref qui est un sujet au sens emphatique du terme.

D'une certaine manière, si l'historien originaire expose son soi singulier (son expérience propre), et si l'historien réfléchissant se rapporte à son autre (à des mondes qui lui sont étrangers), l'historien philosophique présente une subjectivité universelle (l'Idée comme instance auto-déterminante). C'est pour cette raison que Hegel en vient à écrire que l'objet de la philosophie de l'histoire est l'éternel présent. Mais ceci, non pas parce que la philosophie nierait le devenir, mais parce que l'Idée en devenir préserve toujours son intégrité et son identité la plus fondamentale – à savoir son aspiration à la liberté :

> Dans la mesure où nous concevons l'histoire du monde, nous avons tout d'abord affaire à l'histoire, donc à un passé. Mais, tout autant, nous avons purement et simplement affaire au présent. Ce qui est vrai est éternellement en et pour soi : il n'est pas d'hier ni de demain mais purement et simplement présent (*gegenwärtig*), il est "maintenant" au sens du présent éternel[2].

1. *Encyclopédie* III, R. du § 549, *W* 10, 350, trad. p. 329.

2. *Raison dans l'histoire,* hrsg. von J. Hoffmeister, Hamburg, Meiner, 1955, p. 182, trad. fr. K. Papaioannou, Paris, Union générale d'édition, collection « 10/18 », 1965, p. 214.

On peut proposer une comparaison méthodique des différentes manières de se rapporter à l'histoire : a) L'histoire philosophique, à la différence de l'histoire *originaire*, ne s'exprime pas dans des tableaux intuitifs mais dans la pensée. b) L'histoire philosophique, à la différence de l'histoire *réfléchissante*, n'est pas constituée d'une série d'analyses juxtaposées, mais porte sur une totalité unifiée. c) L'histoire philosophique, à l'instar de l'histoire *originaire*, a affaire à un objet singulier – cependant il ne s'agit plus d'un objet ponctuel (singularité abstraite) mais d'une totalité (singularité concrète). d) L'histoire philosophique, à l'instar de l'histoire *réfléchissante*, est connue par un sujet non naïf – cependant il ne s'agit plus d'un sujet opérant des choix exclusifs (sujet réfléchissant) mais d'un sujet qui s'élève à la raison des choses (sujet spéculatif).

Disons les choses autrement : a) Dans l'histoire originaire, on considère tel ou tel phénomène avec ses particularités contingentes. b) Dans l'histoire réfléchissante, on organise les phénomènes historiques à l'aide de catégories dont le bien-fondé n'est que partiel. c) Enfin, dans l'histoire philosophique, on considère le processus par lequel un peuple se rend effectif en se donnant une organisation politique qui exprime adéquatement son esprit.

Comme on le constate, le rapport réflexif et le rapport conceptuel sont l'un et l'autre fondés sur le raisonnement. Toutefois, il ne s'agit pas du même type de raisonnement. D'un côté, l'histoire réfléchissante est tributaire de documents et exprime la plus ou moins grande sagacité et les convictions morales-politiques particulières de l'historien. Elle n'a alors rien de nécessaire mais résulte de l'opération subjective de mise en relation des faits étudiés. De l'autre côté, l'histoire philosophique recherche le principe unificateur des multiples traits d'un peuple quelconque. La pensée philosophique porte sur le vrai « en et pour soi », c'est-à-dire sur ce qui est objectif et procède de soi, sur l'esprit en tant qu'il se fait être ce qu'il est. Elle examine un être qui rend compte entièrement de lui-même. Elle ne construit pas une liaison plus ou moins justifiée entre des faits en eux-mêmes distincts, mais contemple un esprit qui se développe librement :

> La connaissance rationnelle, en effet, ne s'embarrasse pas de la singularité contingente […], de même qu'elle ne se satisfait pas des dissociations et relations simples […] que produisent la représentation et la réflexion de l'entendement, mais elle relie en une totalité libre ce qui, pour l'examen

fini, partie se dissocie en entités autonomes, partie est posé dans une relation exempte d'unité[1].

La philosophie ne considère que ce qui relève de l'expérience[2]. Cependant, elle n'examine pas tout ce qui est dans l'expérience, mais seulement cette dimension de l'expérience qui est expressive d'un sens universel. Bref, elle n'examine que le tout de l'expérience[3]. Pour Hegel, le réel historique comprend d'autres aspects que ceux qui intéressent le philosophe – à savoir les déterminités immédiates (ce qui se constate mais ne s'explique pas) et les simples phénomènes (ce qui ne peut être établi que par une réflexion extérieure). Mais ces autres aspects sont étudiés, respectivement, par l'histoire originaire et l'histoire réfléchissante. La philosophie, quant à elle, se réserve ce qui est expressif de l'Idée, ce dont le principe est tel qu'il est général, immanent et gouverne de lui-même l'expérience multiforme :

> Dans l'intérêt de ce que l'on dénomme vérité, entretisser les petitesses individuelles du temps et des personnes avec la représentation des intérêts universels, cela ne va pas seulement contre le jugement et le goût, mais contre le concept de la vérité objective : selon le sens de celle-ci, pour l'esprit, seul le substantiel – mais non l'absence de teneur affectant des existences et contingences extérieures – est le vrai[4].

Non seulement la philosophie doit selon Hegel abandonner certains aspects de chaque époque aux romanciers[5], mais elle doit se désintéresser de pans entiers de l'histoire : par exemple, comme on le sait, de l'histoire de l'Afrique, de la Sibérie ou de l'Amérique. Hegel fait de même à propos du peuple slave : certes, reconnaît-il, il a fondé des empires et soutenu contre d'autres peuples des luttes courageuses. On a même vu les Polonais délivrer Vienne assiégée par les Turcs. Néanmoins, le peuple slave demeure exclu de l'étude philosophique parce qu'il ne s'est pas présenté comme un moment *sui generis* des formations de la raison. Il y a lieu ici

1. *Cours d'esthétique* III, *W* 15, 243, trad. (mod.) p. 225. La conception hégélienne de la raison philosophique est largement fixée dès les années d'Iéna. *Cf.* G. Gérard, *Critique et dialectique. L'itinéraire de Hegel à Iéna*, Bruxelles, Facultés universitaires saint Louis, 1982, p. 31 *sq.*

2. Cf. *Encyclopédie* I, § 6, *W* 8, 47, trad. p. 168.

3. Cf. *Encyclopédie* III, Add. du § 449, *W* 10, 254, trad. p. 551.

4. *Ibid.*, R. du § 549, *W* 10, 350, trad. p. 330. Comme l'a montré B. Mabille, l'*Encyclopédie* évoque les *figures générales* de la contingence au sens de l'immédiateté ou de la relativité extérieure. Mais elle se désintéresse des phénomènes contingents *singuliers*. *Cf.* B. Mabille, *Hegel, l'épreuve de la contingence*, Paris, Aubier, 1999.

5. Cf. *ibid.*

d'opposer la philosophie à l'érudition, cette dernière désignant le savoir « de choses telles qu'elles n'ont pas de consistance ni d'intérêt en elles-mêmes, sinon celui d'être connues »[1].

En définitive, la philosophie est une théorie fondamentalement intéressée. Au nom de cet intérêt, elle opère des choix, et il serait absurde d'exiger du philosophe qu'il « n'apporte avec lui aucune fin et manière de voir déterminée suivant laquelle il sélectionn[e], dispos[e] et appréci[e] les événements »[2]. Toutefois, l'intérêt du philosophe est universel et non pas particulier, c'est non pas celui de tel ou tel individu mais celui du penseur en tant que tel. Comme le dit l'introduction de 1830-31 : « Si vous considérez le monde rationnellement, lui aussi vous considérera rationnellement, il y a là une détermination réciproque. »[3]. La vérité de l'histoire n'apparaît qu'à celui qui scrute sa profondeur vivante[4].

LA PHILOSOPHIE ET LE RÉEL

L'intégration des savoirs empiriques

Quel rapport la philosophie entretient-elle plus précisément avec les savoirs non philosophiques ? Il s'agit d'un rapport d'*Aufhebung*, au sens où la philosophie se subordonne les savoirs originaires et réfléchissants et en fait le matériau de son propre développement. La pensée philosophique s'impose comme souveraine, mais elle a pour assise le donné empirique. On trouve ce point développé dans un texte fondamental de l'introduction de l'*Encyclopédie* :

> La naissance de la philosophie [...] a l'expérience, la conscience immédiate et raisonnante pour point de départ. Stimulée par elle comme par un excitant, la pensée se conduit essentiellement de telle sorte qu'elle

1. *Histoire de la philosophie*, Introduction, éd. cit., p. 16, trad. p. 33.

2. *Encyclopédie* III, R. du § 549, *W* 10, 350, trad. p. 330.

3. *Introduction* 1830-31, *GW* 18, 143, trad. p. 56.

4. Hegel s'oppose donc directement au Herder d'*Une autre philosophie de l'histoire*, pour qui nous sommes, en un sens, incapables de saisir l'esprit des peuples du passé : « L'esprit humain reçut les premières formes de sagesse et de vertu avec une simplicité, une force et une grandeur, qui maintenant – pour dire la chose carrément – n'a sans doute pas, n'a pas du tout sa pareille dans notre monde européen, philosophique et froid. Et c'est précisément parce que nous sommes si peu capables désormais de les comprendre ! de les sentir ! » (*Sämtliche Werke*, hrsg. von B. Suphan, Berlin, Weidmann, 1877, réimpression Hildesheim, Olms, 1967 (désormais *SW*) 5, 484, trad. p. 51 ; cité par J.A. Barash, *Politiques de l'histoire*, Paris, P.U.F., 2004, p. 67).

s'élève au-dessus de la conscience naturelle, sensible et raisonnante, dans l'élément sans mélange qui est le sien, et se donne ainsi tout d'abord un rapport d'éloignement, de négation, avec ce commencement. Elle ne trouve ainsi qu'en elle, dans l'idée de l'essence universelle de ces phénomènes, sa satisfaction. [...] Inversement, les sciences de l'expérience apportent avec elles la stimulation à vaincre la forme dans laquelle la richesse de leur contenu est offerte comme quelque chose qui est seulement immédiat et trouvé, fait d'une multiplicité d'éléments placés les uns à côté des autres [1].

Ce texte est de portée générale et vaut donc non seulement pour la philosophie de l'histoire mais aussi pour toute forme de philosophie. Les trois savoirs rencontrés plus haut sont ici évoqués : la philosophie, bien sûr, mais aussi l'expérience comme « conscience immédiate » (par exemple comme histoire originaire) et comme « conscience raisonnante » (par exemple comme histoire réfléchissante). Or, dit le texte, loin que l'expérience soit mise de côté par la philosophie, elle constitue au contraire son point de départ. Cependant le point de départ, chez Hegel, a une valeur ambivalente : il est certes indispensable, mais également destiné à être dépassé. Le commencement, dit le texte, est fait d'éléments « trouvés » (par la conscience immédiate) ou « placés les uns à côté des autres » (par la conscience raisonnante). À ce titre, s'il constitue l'étoffe première de la philosophie, sa forme est insatisfaisante, puisqu'elle n'est pas celle d'une unité auto-fondatrice. C'est la philosophie qui confère une telle forme au contenu de l'expérience en l'élevant à la pensée auto-déterminante. Les savoirs originaires et réfléchissants sont donc aussi bien opposés à la pensée libre que son ingrédient.

Le savoir non philosophique peut également être dit abstrait. Pour Hegel, « abstrait » signifie non pas « qui relève de la seule pensée » mais « unilatéral ». La pensée abstraite est celle qui, face à un objet quelconque, en isole tel ou tel aspect et se rend ainsi incapable de l'appréhender en sa totalité vivante. Dans la langue commune, l'abstraction désigne soit l'opération qui consiste à détacher une représentation de son contexte (« faire abstraction de... »), soit le résultat de cette opération, comme concept général (« l'idée abstraite »). La pensée abstraite est souvent valorisée comme cadre du raisonnement scientifique. Chez Hegel en revanche, l'abstraction désigne l'être déficient car inachevé. La pensée abstraite – qui, au demeurant, n'a pas forcément rompu avec le sensible – n'est pas scientifique au sens fort du terme.

1. *Encyclopédie* I, § 12, *W* 8, 55-56, trad. p. 176-177.

L'abstraction constitue néanmoins un indispensable point de départ. Il suffit de feuilleter les *Leçons sur la philosophie de l'histoire* pour constater que Hegel a sans cesse recours aux historiens originaires et réfléchissants : par exemple, à propos de la Grèce, à Hérodote, à Thucydide et à Xénophon[1], mais aussi à Friedrich Creuzer[2] et Heinrich Meyer[3] : ce sont là des savoirs abstraits mais qui sont néanmoins indispensables à la constitution du savoir concret. Le vrai (le savoir total) ne s'établit pas *en dehors* du faux (le savoir abstrait) mais *contre* lui, il le vainc non pas en le mettant de côté mais en faisant de lui son matériau[4].

On constate ainsi que la question de la relation entre les divers types de connaissances ne se pose pas qu'à nous, qui cherchons à rendre compte de cette relation. Car ils se rapportent eux-mêmes les uns aux autres. L'histoire réfléchissante se constitue à partir de (c'est-à-dire en niant) l'histoire originaire, et l'histoire philosophique se constitue en s'opposant à l'histoire originaire et à l'histoire réfléchissante. En d'autres termes, la philosophie n'advient pas abruptement ni en ne s'appuyant que sur elle-même. Mais, bien plutôt, elle se fait surgir à l'encontre des autres formes de savoir. L'opposition de la philosophie et de ces dernières n'a pas qu'un sens « pour nous », dans la mesure où la vie de la philosophie consiste dans le rapport de conflit et d'appropriation qu'elle entretient avec les autres formes de savoir.

Comme on l'a dit plus haut, pour Hegel, la philosophie ne prétend pas établir *a priori* son contenu, sans recours aux historiens ni aux sources documentaires. Il ne s'agit pas, pour le philosophe, de faire surgir miraculeusement les phases de l'histoire de sa seule pensée, mais de produire une œuvre théorique qui organise de manière articulée et fondée les données fournies par les historiens. Par exemple, c'est notamment de Thucydide que Hegel tire une caractérisation de la vie politique athénienne à l'époque de Périclès. Cependant il ne laisse pas telles quelles les

1. En *PH* 1822-23, éd. cit., p. 416, trad. p. 449, Hegel souligne lui-même l'influence qu'a sur lui Plutarque.

2. De Friedrich Creuzer (1771-1858), son ami personnel, Hegel ne cesse de citer la *Symbolik und Mythologie der alten Völker* (1812).

3. Johann Heinrich Meyer est l'auteur d'une *Geschichte der bildenden Künste bei den Griechen* en trois volumes, publiés à Dresde à partir de 1824. Il est régulièrement cité dans les *Cours d'esthétique*.

4. *Cf.* la préface de la *Phénoménologie*, *W* 3, 46, trad. fr. B. Bourgeois, Paris, Vrin, 2006, p. 90 : la « vérité inclut donc en elle-même tout autant le négatif, ce qui serait nommé le faux s'il pouvait être considéré comme quelque chose dont il y aurait à faire abstraction ».

informations livrées par Thucydide, mais les transfigure en un objet de pensée organisé.

Histoire pensée et histoire réelle

La philosophie, pour Hegel, est essentiellement systématique. Telle est, à ses yeux, la condition et l'expression de la scientificité. La systématicité signifie que le savoir se développe de manière articulée et à partir d'un principe intérieur, bref forme une totalité. C'est notamment par la systématicité que la philosophie se distingue de l'art et de la religion, dans la mesure où elle ne dépend ni du génie individuel ni d'une révélation divine mais repose tout entière sur la nécessité intérieure de la pensée. L'idée de systématicité s'oppose à celle de *mathésis universalis*, c'est-à-dire au modèle mathématique de la connaissance. Pour Hegel, la philosophie, comme science au sens emphatique du terme, n'invoque ni l'ordre ni la mesure. Elle ne prétend pas, sur le mode du calcul, tirer l'inconnu du connu, ni, sur le mode de la démonstration, rendre indubitable ce qui ne serait originairement que problématique. D'un côté en effet, la philosophie ne nous apprend rien que nous ne connaissions déjà. Par exemple, la philosophie de l'histoire, de part en part référée au savoir des historiens, ne fournit aucun fait nouveau ni aucune prétendue « loi » inédite de l'histoire. D'un autre côté, les faits qu'elle examine sont d'emblée considérés comme certains. En revanche, en rapportant ces faits à leur principe, elle produit un savoir adéquat, à la fois fidèle au divers de l'expérience et tel qu'il rend compte de lui-même par lui-même.

Ouvrons ici une parenthèse. Dans *Schelling, le traité de 1809 sur l'essence de la liberté humaine,* Heidegger écrit que l'exigence de systématicité est liée à cinq conditions : le primat du mathématique, le fait que la vérité soit conçue comme certitude, le fait que l'*ego cogito* soit établi comme le premier et véritable objet d'un savoir possible, le fait que seul ce qui est vrai puisse être reconnu comme proprement étant, et enfin le fait que la vérité de la foi soit mesurée à l'aune de la certitude de soi de la pure pensée [1]. C'est un fait, cependant, que cette analyse trouve dans l'hégélianisme un clair démenti. Pour Hegel, le modèle qui permet de penser aussi bien le savoir subjectif que l'être objectif est non pas la mathématique mais la vie. Ensuite, le système, pour lui, n'est pas destiné à fournir une certitude mais, tout au contraire, se substitue à elle : pour Hegel, est vrai non pas ce

1. *Schelling, le traité de 1809 sur l'essence de la liberté humaine*, trad. J.-F. Courtine, Paris, Gallimard, 1977, p. 61-62.

dont je suis subjectivement assuré mais ce qui se présente objectivement sur un mode systématique. Par ailleurs, l'objet d'investigation, pour Hegel, est non pas l'*ego cogito* mais l'« Idée » comme principe ontologique universel. En quatrième lieu, le système ménage une place à la contradiction, c'est-à-dire au non-vrai. Enfin, chez Hegel, la foi est déterminée par la manifestation du divin et trouve en lui sa légitimation.

Il est important, cependant, de faire une distinction entre l'*histoire* et la *philosophie* de l'histoire. La première relève de l'esprit objectif et la seconde, qui a pour objet la première, de l'esprit absolu. Cette distinction est d'autant plus importante que l'histoire ne consiste pas seulement en événements extérieurs mais inclut aussi des formes propres de savoir, qui cependant n'ont rien de philosophique. Dans le texte suivant, par exemple, Hegel oppose le discernement (*Einsicht*) des grands hommes à la connaissance (philosophique) de l'Idée, tout en reconnaissant à celui-là une complète validité en son genre :

> De tels individus [les grands hommes], dans leurs fins, n'avaient pas [de] conscience de l'Idée en général, mais c'étaient des hommes pratiques et politiques. Toutefois ils étaient aussi des hommes pensants, qui avaient le discernement de ce qui était indispensable et de ce dont le temps était venu [1].

Une telle distinction, cependant, n'est pas sans entraîner une difficulté. Quel sens, dira-t-on, y a-t-il à opposer l'histoire en tant qu'elle est philosophiquement pensée et l'histoire « réelle » comme l'ensemble des états d'esprit et des actions des hommes et des peuples situés dans l'espace et le temps ? Avons-nous accès à autre chose qu'à notre *savoir* de l'histoire, et l'histoire réelle n'est-elle pas absorbée par le savoir qu'on en a ? La réponse à cette objection se trouve dans le concept d'*Aufhebung*. Tout savoir est une *Aufhebung* au sens où il consiste à élever à la pensée *idéelle* ce qui se présente originairement comme *réel*. Cependant une telle *Aufhebung*, loin de faire disparaître ou d'occulter son objet réel, le conserve à titre de matériau du savoir idéel qu'elle produit. Alors que Kant théorise l'inaccessibilité de la chose en soi et son occultation par le phénomène qui seul apparaîtrait, grâce au concept d'*Aufhebung* Hegel n'a aucune difficulté à admettre que le donné originaire du savoir, quoique « idéalisé » par ce dernier, demeure à titre d'assise de ce savoir. De même que l'historien originaire est en relation, par-delà son récit, avec les événements « en chair et en os », le philosophe de l'histoire n'est pas enfermé dans sa conceptualité

1. *Leçons sur la philosophie de l'histoire*, W 12, 46, trad. (mod.) p. 35.

mais se rapporte à l'histoire extérieure. La philosophie se distingue de son objet, elle ne l'absorbe pas. Il faut insister sur ce point car l'étiquette d'« idéalisme absolu » associée à l'hégélianisme a conduit certains commentateurs à affirmer que toute réalité, d'un point de vue hégélien, s'effacerait dans l'esprit absolu ou dans la philosophie [1]. Pour Hegel, il y a une réalité en dehors de la philosophie.

Disons les choses autrement : le problème de la factualité n'est pas seulement que les faits soient toujours dans un certain ici et un certain maintenant, mais aussi qu'*il y ait* tel fait en tel ici et tel maintenant, et que celui-ci soit *différent* de tel autre fait en tel autre ici et tel autre maintenant. La pensée peut-elle déduire *a priori* le contenu des faits particuliers dans leur multiplicité ? Non, elle ne peut que constater ce contenu. Mais elle peut ménager un espace à la factualité déterminée, elle peut penser, justement, son appui sur elle à titre de matériau. C'est le cas de la philosophie selon Hegel, qui se rapporte structurellement à son autre.

Il faut noter, au demeurant, que pour Hegel les faits historiques ne sont pas muets. Ils se révèlent eux-mêmes tels qu'ils sont, à savoir comme expressions déterminées de l'esprit : « L'esprit se montre en personne, il se manifeste lui-même et se produit lui-même. » [2]. D'ailleurs, selon l'introduction autographe de 1822, l'historien doit laisser s'exprimer les personnes et les peuples : « Il ne met dans leur bouche aucun discours qui leur serait étranger, aucun discours qu'il aurait lui-même fabriqué. » [3]. On demandera alors : l'histoire philosophique, par exemple, est-elle l'*Aufhebung* de l'histoire originaire et de l'histoire réfléchissante ou bien l'*Aufhebung* de l'histoire réelle ? Les deux réponses sont pertinentes, et ceci en vertu du caractère systématique de la philosophie. Fondamentalement, le savoir est l'*Aufhebung* de l'être, mais il connaît une progression en lui-même et « relève » ses formes déficientes. D'un côté, donc, le *savoir en général* de l'histoire opère la négation de l'*être* de l'histoire, de l'autre le savoir spécifiquement *philosophique* de l'histoire opère la négation du savoir originaire et du savoir réfléchissant de l'histoire.

La transposition de l'expérience dans la pensée

La philosophie, on l'a dit, consiste à transformer le donné *réel* en un savoir *idéel*. Elle est une transposition, une traduction (*Übersetzung*) en

1. *Cf.* par exemple J.-F. Marquet, article « Schelling » dans *Encyclopaedia universalis*.
2. *Histoire de la philosophie, Introduction*, éd. cit., p. 249, trad. p. 128.
3. *Introduction* 1822, *GW* 18, 126, trad. p. 42.

vertu de laquelle l'expérience est élevée à la pensée[1]. Mais il y a plus : elle opère également une unification, et plus précisément une systématisation au sens d'une mise en ordre à partir d'un principe unique qui s'exprime comme tel dans ses réalisations particulières. Toutefois, parce que la philosophie est idéelle, sa validité ne dépend pas de sa conformité à l'expérience.

Cette conception est devenue proverbiale, mais il faut la comprendre. On cite l'anecdote rapportée par Dieter Henrich, selon laquelle Hegel aurait répondu, à un étudiant qui lui faisait remarquer qu'une plante d'Amérique du Sud ne correspondait à la conception du végétal défendue dans l'*Encyclopédie*, que c'était « tant pis pour la nature » (*um so schlimmer für die Natur*)[2]. Peu importe que l'anecdote soit authentique ou non, elle a une signification. Aux yeux de Hegel, la philosophie se fonde elle-même. Certes, elle part de l'expérience, elle la prend en charge : cependant non pas à titre de principe de validation mais seulement à titre de matériau. En effet, « vrai », pour Hegel, ne qualifie pas une pensée qui serait la restitution exacte des choses mais une pensée ou une chose qui sont justifiées en elles-mêmes, c'est-à-dire auto-déterminantes :

> Exactitude (*Richtigkeit*) et vérité (*Wahrheit*) sont dans la vie courante très souvent considérées comme synonymes, et l'on parle en conséquence fréquemment de la vérité d'un contenu là où il ne s'agit que de la simple exactitude. Celle-ci concerne seulement l'accord de notre représentation avec son contenu. [...] Au contraire, la vérité consiste dans l'accord de l'objet avec lui-même, c'est-à-dire avec sa nature[3].

La philosophie est vraie non pas dans la mesure où elle rapporte des faits avérés – car c'est là la tâche des sciences finies, abstraites – mais dans la mesure où elle pense les faits à partir d'un concept unitaire. Par exemple, elle pense le végétal à partir du concept d'organisme naturel ou, plus largement, à partir du concept de nature. Si la philosophie ne prend pas en charge l'expérience, elle est infidèle à sa définition propre, car elle a pour objet la réalité effective. Mais l'expérience – qui, au demeurant, comprend toute une frange de faits insignifiants, à l'exemple de la plante d'Amérique du Sud dans l'anecdote citée ci-dessus – n'est pas en tant que telle un critère de la vérité du discours philosophique.

1. Cf. *Encyclopédie* I, § 5, *W* 8, 45-46, trad. p. 167 : « Le contenu vrai de notre conscience est conservé dans la transposition de celle-ci dans la forme de la pensée et du concept, et même posé seulement alors dans sa lumière propre. »

2. *Cf.* D. Henrich, *Hegel im Kontext*, Frankfurt a.M., Suhrkamp, 1971, p. 167.

3. *Encyclopédie* I, Add. du § 172, *W* 8, 323, trad. p. 596.

Allons plus loin : non seulement la fidélité à l'expérience ne suffit pas à rendre vrai le discours, mais on peut dire que la pensée philosophique rompt avec le réel qu'elle examine. Considérons par exemple la philosophie de l'histoire :

a) Les peuples réels sont séparés les uns des autres et même, le plus souvent, mutuellement hostiles. Or il n'y a qu'une seule pensée philosophique – car, quand bien même il y a une pluralité de doctrines, c'est toujours, dit Hegel, de la philosophie en général qu'il s'agit, et d'une pensée en accord avec elle-même. La philosophie *une* se saisit des peuples *multiples* et les pense *ensemble*. Si la philosophie se contentait d'enregistrer le réel, il y aurait autant de philosophies de l'histoire qu'il y a de peuples et de phases dans la vie de chaque peuple. En fait, la philosophie substitue son unité propre à la pluralité de l'histoire réelle.

b) Néanmoins, quoiqu'elle nie le réel, elle est vraie, puisqu'elle a un fondement intérieur, à savoir le concept d'esprit. Elle pense en une unité systématique ce qui, dans le réel, est fondamentalement disjoint. Cela ne la rend pas fausse, c'est au contraire ce qui la rend vraie puisque la vérité, pour Hegel, n'est rien d'autre que l'unité organisée. La pensée systématique est valide précisément dans la mesure où elle opère l'*Aufhebung* réel.

C'est pourquoi la pensée systématique, d'un point de vue hégélien, opère la critique des sciences finies[1]. Et ceci non pas parce qu'elle débattrait avec les sciences finies sur leur terrain propre, mais parce qu'elle métamorphose le donné que ces dernières lui fournissent. Elle est critique en ce qu'elle opère la rationalisation de son objet, et par là même dénonce ce qu'a d'insuffisant le donné fourni par les sciences finies. Il est vrai que le mot même de « critique » n'apparaît guère sous la plume de Hegel. Toutefois la notion de négation enveloppe l'idée de la mise en cause du donné à travers sa transposition dans une pensée qui est en elle-même valide.

On peut identifier l'universel à l'*a priori* et le particulier à l'*a posteriori*[2]. À cet égard, la philosophie consiste dans la victoire de l'*a priori* sur l'*a posteriori*. Mais, encore une fois, cette victoire n'est pas une mise à l'écart mais une *Aufhebung*. Hegel dénonce les philosophies purement abstraites et souligne le caractère indispensable de l'expérience :

1. *Cf.*, à propos du rapport philosophie-sciences notamment dans le cas de la nature, E. Renault, *La naturalisation de la dialectique*, Paris, Vrin, 2000.

2. Cf. *Encyclopédie* I, R. du § 12, *W* 8, 56-58, trad. p. 177-179.

> Lorsque la pensée s'en tient à l'universalité [abstraite] des Idées – comme c'est nécessairement le cas dans les premières philosophies (par exemple, à l'être de l'école d'Élée, au devenir d'Héraclite, etc.) –, il lui est reproché à bon droit du formalisme. [...] [Mais], par rapport à la première universalité abstraite de la pensée, c'est en un sens juste et plus profond, que la philosophie est redevable de son développement à l'expérience [1].

L'aprioricité de la philosophie selon Hegel ne tient pas à ce qu'elle serait déconnectée de l'expérience mais à ce qu'elle est législatrice à son égard. Dès lors, le paradoxe de l'hégélianisme est sa surprenante absence d'esprit critique à l'égard des savoirs réflexifs. Pour l'essentiel, Hegel avalise les récits des historiens – et notamment des historiens antiques. (Il arrive certes que Hegel critique certains travaux d'historiens, mais c'est alors en s'appuyant sur d'autres historiens. Par exemple, comme on le verra dans le chapitre consacré au monde oriental, il dénonce les affirmations de J.-S. Bailly sur l'histoire de l'astronomie indienne au nom des travaux de J.-J. Delambre et de J. Bentley.) Corrélativement, il se montre hostile à l'historiographie critique qui, elle, met en cause les sources primaires. Par exemple, il s'oppose à Niebuhr lorsque celui-ci discute les analyses de Tite-Live[2]. La position de Hegel peut nous sembler naïve. Mais il faut admettre qu'elle est le pendant d'une stricte division des tâches, la philosophie n'ayant, pour lui, rien d'autre à faire que de transfigurer l'expérience en une pensée systématique. La philosophie nie les savoirs abstraits, elle les nie même infiniment en ce qu'elle substitue l'infinité (au sens de la réconciliation avec soi) de son savoir auto-déterminant à la finitude (au sens du caractère relatif) de leur savoir extérieurement conditionné. Mais elle n'a pas à intervenir dans la sphère même des savoirs réflexifs. Chez Hegel, la critique qui viserait le perfectionnement des sciences finies laisse la place à la négation infinie, par la philosophie, de ces dernières, au sens la philosophie *se* fonde *elle-même* en *s'appuyant* sur elles.

C'est pourquoi le philosophe peut présupposer un « bien connu » empirique : « Sur ce qu'est l'histoire, l'histoire du monde, je n'ai rien besoin de dire ; la représentation générale que l'on s'en fait suffit, et nous

1. *Ibid.*

2. *Cf.* Hegel, *Die Philosophie der Geschichte, Winter 1830-1831*, Nachschrift Heimann, K. Vieweg (Hrsg.), München, Fink, 2005 (désormais *PH* Heimann), p. 151. Les critiques de Hegel contre Niebuhr, il faut le remarquer, concernent davantage son comportement personnel que sa méthode, notamment lorsque Hegel reproche à son collègue de l'université de Berlin les emprunts inavoués qu'il fait aux auteurs contemporains ou antiques. *Cf.* aussi *Encyclopédie* III, R. du § 549, *W* 10, 349, trad. p. 328.

sommes à peu près d'accord avec cette représentation. »[1]. Certes une telle connaissance est insuffisante – et quand l'histoire n'est que « bien connue », elle est pour cette raison même « mal connue »[2]. Mais la tâche de la philosophie n'est pas de fournir la connaissance primaire de l'histoire.

Par ailleurs, la philosophie selon Hegel est évaluative et consiste à mettre en évidence les degrés respectifs de rationalité des moments qu'elle considère. Elle ne se contente pas d'approuver la réalité qu'elle l'examine. Bien plutôt, le fait de placer tel processus à telle place dans le système est une opération critique, au sens où cela revient à déterminer son rang dans la hiérarchie de l'absolu, donc sa valeur. La philosophie hégélienne est éloignée de toute neutralité axiologique.

POURQUOI ÉCRIRE UNE PHILOSOPHIE DE L'HISTOIRE ?

Le temps de la philosophie de l'histoire

Pour Hegel, donc, il ne peut y avoir d'histoire purement rationnelle, une histoire qui pourrait s'écrire sans consulter les historiens. Par ailleurs il rejette toute réflexion sur ce qui est en dehors de l'expérience, par exemple sur un éventuel « peuple primitif » dont nous n'aurions que des traces indirectes[3]. Pour prendre un autre exemple, il est significatif que Hegel affiche son désintérêt pour la question du monogénisme[4] : l'expérience étant ici muette, cette question est sans solution. C'est pour le même motif qu'il se prononce contre la tentation du prophétisme : car l'avenir est en dehors de notre expérience actuelle[5]. Par exemple, à propos des États-Unis

1. *Introduction* 1830-31, *GW* 18, 138, trad. p. 52.

2. Cf. *Phénoménologie*, Préface, *W* 3, 35, trad. p. 79.

3. Cf. *PH* 1822-23, éd. cit. p. 34-35, trad. p. 137. Sur l'hypothèse d'un « peuple modèle originaire », *cf.* par exemple Fichte, *Les caractères de l'époque actuelle*, *SW* 133, trad. fr. I. Radrizzani, Paris, Vrin, 1990, p. 143. Le désintérêt pour l'origine immémoriale est une constante chez Hegel. *Cf.* par exemple *PH* 1822-23, éd. cit. p. 450, trad. p. 479 : « Inutile de mentionner les temps antiques où le peuple germanique se trouvait hors du cercle de l'histoire mondiale. »

4. Cf. *Encyclopédie* III, Add. du § 393, *W* 10, 57, trad. p. 414-415.

5. Cf. *Raison dans l'histoire*, éd. cit. p. 290, trad. p. 242 : « La philosophie ne s'occupe pas de prophéties. Sous le rapport de l'histoire nous avons affaire à ce qui a été et à ce qui est. » *Cf.* S. Avineri, *Hegel's Theory of the modern State*, Cambridge, 1972, p. 235 *sq.* On peut ici opposer Hegel à Kant, lequel écrit par exemple : « Je prétends pouvoir prédire au genre humain [...] d'après les aspects et les signes précurseurs qui sont visibles de nos jours, qu'il atteindra cette fin [l'avènement d'une constitution républicaine] et en outre, en même temps, que son progrès vers le mieux ne sera plus susceptible, désormais, d'un renversement total. »

d'Amérique : « Ce pays n'est aujourd'hui qu'un pays en devenir, un pays d'avenir, qui pour cette raison ne nous concerne encore en rien. »[1].

La tâche de la philosophie est de penser les faits une fois qu'ils sont advenus, non de les anticiper. Alors que, chez Kant, le discours sur l'histoire est prospectif, chez Hegel il est rétrospectif. La philosophie est l'achèvement même, et, à ce titre, vient « après » le réel. On connaît la formule de la préface des *Principes de la philosophie du droit* :

> Quand la philosophie peint gris sur gris, alors une figure de la vie est devenue vieille et, avec du gris sur gris, elle ne se laisse pas rajeunir mais seulement connaître ; la chouette de Minerve ne prend son envol qu'à l'irruption du crépuscule[2].

Cet énoncé peut s'entendre en plusieurs sens, qui au demeurant se rejoignent :

a) Un peuple ne s'adonne à la philosophie qu'une fois qu'il a renoncé à jouer un rôle actif dans le monde, ou tout au moins à le bouleverser. Par exemple, dit Hegel, dans le monde romain la philosophie ne s'est développée que sous les empereurs, à une époque de décadence de la vie politique[3].

b) On ne connaît véritablement l'histoire qu'en se situant en dehors de celle-ci. Si l'homme d'action ne dispose d'aucune connaissance philosophique de son monde, le philosophe, quant à lui, ne joue aucun rôle dans l'histoire. Par exemple, dit Hegel, dans le monde grec, les philosophes délaissaient les affaires de l'État et se retiraient dans le monde de la pensée[4].

(*Conflit des facultés* II, 7, in *Gesammelte Schriften*, hrsg. von der königlichen preußischen Akademie der Wissenschaften, Berlin, 1902-1923 (désormais Ak.) 7, 88 ; trad. partielle *Œuvres philosophiques*, éd. F. Alquié, 3 volumes, Paris, Gallimard, coll. « Bibliothèque de la Pléiade », 1980-1986, trad. t. 3, p. 89)

1. *PH* 1822-23, éd. cit. p. 96, trad. p. 185-186. Il y a cependant au moins un contre-exemple à ce refus de la prospective : *PH* Heimann, p. 88, annonce que la Chine est vouée à être, comme l'Inde, colonisée par l'Europe.

2. *Principes de la philosophie du droit*, Préface, *W* 7, 28, trad. fr. J.-F. Kervégan, Paris, P.U.F., 2013, p. 134. Ch. Bouton, « *Hegel penseur de la fin de l'histoire ?* », dans J. Benoist et F. Merlini (éd.), *Après la fin de l'histoire*, Paris, Vrin, 1998, p. 108, a montré que l'allusion à la chouette de Minerve était une manière de réponse à Apulée qui, dans les *Florides* XIII, affirme que la parole philosophique n'est pas liée à un temps précis, à la différence du chant des oiseaux, comme par exemple le hululement de la chouette qu'on n'entend qu'au crépuscule.

3. Cf. *Histoire de la philosophie, Introduction*, éd. cit. p. 241, trad. p. 121.

4. Cf. *ibid.*

c) On ne peut connaître adéquatement l'histoire qu'une fois qu'on est arrivé à son moment ultime, à savoir au monde germanique-chrétien, donc après que l'histoire a fait l'épreuve de l'immédiateté et de la scission. En effet, c'est alors seulement qu'on appréhende l'esprit dans sa capacité à être « chez soi » en toute chose :

> Nous pourrions comparer [le règne germanique] avec la vieillesse. Mais l'esprit est une force infinie, et celle-ci lui permet d'avoir conservé les moments de son développement antérieur en lui-même, et ainsi d'avoir un savoir de soi en totalité [1].

Mais la convergence des trois interprétations proposées est aisée à saisir : pour Hegel, la philosophie est toujours rupture et achèvement – quelles que soient les modalités de cet achèvement. Le « crépuscule » est ici une notion structurale, il dénote l'opposition de l'action et de la pensée qui opère l'*Aufhebung* de l'action.

Le syntagme de « savoir absolu », reconnaissons-le, a produit chez les lecteurs de Hegel un effet désastreux. Ceux-ci y virent en effet une prétention aussi naïve qu'inacceptable à une connaissance supra-humaine, une connaissance qui serait déliée de tout intérêt humain et de toute attache avec l'expérience [2]. Un tel syntagme serait l'aveu de la retombée de l'hégélianisme dans la métaphysique dogmatique [3]. En réalité cependant, le savoir absolu n'est rien d'autre que le savoir philosophique [4]. Celui-ci est absolu parce qu'il est réconcilié avec lui-même et avec l'expérience, non pas parce qu'il serait au-delà de la raison humaine et de l'expérience. Le savoir absolu n'est pas immunisé contre la critique, car il se critique lui-même en se faisant évoluer sur un mode négatif. Hegel considère certes que le savoir philosophique est délié de la finitude propre aux moments antérieurs du développement systématique, et notamment à l'art et à la religion, au sens où il est entièrement réconcilié avec lui-même. Toutefois,

1. *PH* 1822-23, éd. cit. p. 117, trad. p. 203.

2. Marx, *Manuscrits économico-philosophiques de 1844*, trad. F. Fischbach, Paris, P.U.F, p. 160, parle de « l'esprit philosophique se concevant lui-même » comme de l'esprit « abstraitement surhumain ».

3. *Cf.* par exemple S. Rosen, G.*W.F. Hegel : An Introduction to the Science of Wisdom*, New Haven, Yale University Press, 1974, p. 130, qui affirme qu'en nous offrant une science de la totalité, Hegel commet la faute de « se confondre avec Dieu ».

4. Pour l'identification du savoir absolu et de la « science philosophique », *cf.* par exemple la R. du § 25 de l'*Encyclopédie* I. La désignation de la philosophie comme savoir est à relier à l'affirmation de la préface de la *Phénoménologie* selon laquelle la philosophie doit « déposer son nom d'amour du savoir et être un savoir effectif » (*W* 3, 14, trad. p. 60).

pour lui, la philosophie est inscrite dans le temps et l'espace (il y a une histoire et une géographie de la philosophie), relative à l'expérience, et tributaire des intérêts de la raison. Certes, la philosophie pense par elle-même et de manière complète, c'est en ce sens qu'elle est un sommet. Mais elle n'est aucunement extérieure au monde commun[1].

La légitimité de l'étude de l'histoire

En définitive, que nous apprend l'histoire ? Notamment, avons-nous besoin de nous référer au passé pour comprendre le présent ? Il est remarquable que Hegel réponde négativement à cette question, ou à tout le moins fasse de la connaissance « historique » une connaissance de second ordre[2]. Mais il faut ici être précis. Hegel ne désapprouve en aucune manière l'examen du passé ni l'étude du présent en tant qu'il ressortit à l'histoire. Mais il met en cause la tentative de dérivation du présent à partir du passé. En effet, pour lui, la connaissance véritable s'appuie, non sur l'explication qui tend à rendre compte d'aujourd'hui à partir d'hier, mais sur la contemplation du processus vivant de l'objet. Par exemple, s'agissant de la validité des règles juridiques :

> Que les déterminations du droit soient conformes au droit et à la raison, établir ceci […] est tout autre chose qu'exposer l'aspect historique de leur émergence, les circonstances, cas, besoins et données qui ont occasionné leur établissement[3].

De même, il est vain de s'interroger sur le point de départ historique de l'État, par exemple de chercher s'il est issu d'un régime « patriarcal » ou d'un régime « corporatiste », ou encore si ce sont des sentiments de crainte ou de confiance qui sont à son origine[4]. Car l'État, en sa réalité effective, s'appuie sur la volonté *actuelle* des hommes, non sur leur volonté *passée*. L'erreur, dit Hegel, serait de croire que la saisie des conditions historiques de l'avènement de telle ou telle institution permettrait la saisie de son essence, bref que sa genèse extérieure serait l'équivalent de sa genèse conceptuelle. « Historique », s'agissant de la connaissance, est alors

1. *Cf.* G. Gérard, *Le concept hégélien de l'histoire de la philosophie*, Paris, Vrin, 2008, p. 55-56.
2. *Cf.* par exemple *Phénoménologie*, *W* 3, 41, trad. p. 85.
3. *Principes de la philosophie du droit*, R. du § 3, *W* 7, 36, trad. p. 143.
4. Cf. *ibid.*, R. du § 258, *W* 7, 399-400, trad. p. 418.

assimilé à « empirique » et finalement à « inessentiel »[1]. En effet, ce qu'est la chose même, elle l'est non par son passé mais par son acte[2].

Ce point se retrouve même s'agissant de la connaissance de l'histoire. Par exemple, ce qu'est l'esprit grec, nous ne l'obtenons pas en le déduisant de l'esprit oriental, puisque bien plutôt l'esprit grec s'établit *contre* l'esprit oriental. On saisit la nature de l'esprit grec en l'examinant lui-même. Nous n'étudions pas une époque pour comprendre ce qui lui a succédé. Nous l'étudions pour elle-même, car elle fait partie de l'expérience et, à ce titre, requiert d'être pensée.

En outre, comme on l'a dit, Hegel insiste régulièrement sur le fait que la philosophie n'a aucune utilité pratique. Il n'y a pas de leçons de l'histoire, tant sont hétérogènes les situations historiques. Mais surtout, le philosophe ne doit être ni le conseiller du prince ni un tribun politique, car le peuple évolue spontanément et de lui-même. Hegel n'est pas conservateur au sens où il prêcherait le maintien du *statu quo*. Au contraire, il considère que l'État évolue et que cette évolution est bonne. Toutefois, pour lui, le philosophe en tant que tel n'a aucun idéal à proposer. La formule de la préface des *Principes de la philosophie du droit* est fameuse : « En tant qu'écrit philosophique, il faut que [ce traité] soit au plus haut point éloigné de devoir construire un État tel qu'il doit être. »[3]. Hegel, à la différence de Kant[4], ne soutient pas l'idée selon laquelle une philosophie de l'histoire pertinente pourrait contribuer à hâter la réalisation du but de l'histoire.

1. Cf. *Phénoménologie*, Préface, *W* 3, 11, trad. p. 58, où « historique » s'oppose à « conceptuel », et *Encyclopédie* I, R. du § 25, *W* 8, 92, trad. p. 292, où l'examen « historique » subit la même réprobation que l'examen « raisonnant » (*räsonierend*). L'identification d'« historique » et d'« empirique » se trouve déjà chez Kant, par exemple dans la préface des *Premiers principes métaphysiques de la nature*, Ak. 4, 468, trad. t. 2, p. 364.

2. De même, pour reprendre un exemple cité plus haut, il est remarquable que, face à la problématique de l'unité de l'esprit, Hegel considère que la question de savoir si l'humanité est issue d'un ou de plusieurs couples n'a aucun intérêt (cf. *Encyclopédie* III, Add. du § 393, *W* 10, 57, trad. p. 414-415). L'unité de l'esprit ne tient pas à une éventuelle origine unique mais à la forme de son activité.

3. *Principes de la philosophie du droit*, Préface, *W* 7, 26, trad. p. 132.

4. *Cf.* Kant, *Idée d'une histoire universelle*, 9e proposition, Ak. 8, 29-31, trad. t. 2, p. 202-205. Fichte affirme également que le rôle du savant (le philosophe étant le savant par excellence) est de développer les dispositions de l'humanité et ainsi de contribuer à son progrès vers la fin ultime de l'histoire. Cf. *Conférences sur la destination du savant*, *SW* 6, 323 *sq.*, trad. fr. J.-L. Vieillard-Baron, Paris, Vrin, 1994, p. 67 *sq.*

Si le savoir historique participe en tant que tel à la formation de la conscience du peuple[1], en revanche la philosophie n'a d'effet que sur elle-même. Dès lors, à quoi sert ce type de pensée ? Il faut ici répondre en deux points.

En premier lieu, elle permet de connaître le sens de l'objet en le considérant dans sa dynamique totale. Il ne s'agit pas d'apprendre de la philosophie que les hommes de Léonidas furent vaincus aux Thermopyles, ni quelle fut la constitution de Sparte, mais de saisir au nom de quel esprit général la bataille de Marathon fut menée et la constitution de Sparte mise en œuvre. La philosophie veut dégager l'essentiel, à savoir le principe général qui gouverne le devenir historique particulier.

En second lieu, et plus profondément, la philosophie n'est pas référée à une fin qui lui serait extérieure. Elle ne tend pas à connaître son objet pour lui-même mais à se constituer en discours libre. La philosophie ne vise qu'elle-même, en tant que discours auto-fondé et, à ce titre, légitime. Elle n'a aucune utilité à titre de moyen – par exemple elle ne vise ni à édifier moralement ni à fournir des conseils aux gouvernants, elle ne vise même pas à une certitude susceptible de résister à une éventuelle mise en doute sceptique – mais a sa justification en elle-même. Le discours philosophique permet à l'homme de se connaître lui-même, de reconnaître la raison, qui est sienne dans les différents peuples et dans son propre peuple, et ainsi de se réconcilier avec l'histoire qui sinon lui serait irréductiblement étrangère. La philosophie de l'histoire n'a qu'un but : l'accès à la plénitude intellectuelle.

1. Cf. *Introduction* 1822, *GW* 18, 124, trad. p. 41 : « L'histoire à proprement parler objective d'un peuple ne commence que là où il a aussi une historiographie. » Pour Hegel, par exemple, parce que les Indiens n'ont pas d'histoire constituée, ils sont incapables d'évoluer vers une organisation politique stable.

CHAPITRE II

L'IDÉE ET LE DEVENIR SYSTÉMATIQUE

L'histoire, chez Hegel, s'entend tantôt comme le savoir du devenir historique (*historia rerum gestarum*), tantôt comme ce devenir lui-même (*res gestae*)[1]. Mais c'est principalement le second sens que le philosophe met en avant. Il se distingue ainsi de Kant, qui, dans l'*Idée d'une histoire universelle*, définit l'histoire comme l'entreprise de « narration » (*Erzählung*) des manifestations phénoménales du vouloir humain[2]. Toutefois, on ne peut comprendre la conception qu'a Hegel de l'histoire qu'en l'inscrivant dans sa théorie du devenir systématique. Nous avons vu au chapitre précédent que la philosophie spéculative a pour objet le tout. Or celui-ci peut-il s'incarner dans l'expérience sans se dissoudre ? La question est en outre de savoir en quoi les transformations de chaque peuple ont un caractère « dialectique », et en quoi la notion d'*Aufhebung* permet de saisir le rapport qu'entretiennent les peuples les uns avec les autres. Nous défendrons l'hypothèse selon laquelle le devenir de chaque peuple est, conformément au schème le plus général de l'Idée, passage d'un moment de clôture sur soi à un moment de scission et, enfin, à un moment de totalisation et de prise en charge de l'altérité. Toutefois, parce que l'Idée, dans l'esprit objectif, est fondamentalement scindée, sa figure historique, comme « esprit mondial », est dissociée en une série de peuples mutuellement hostiles.

1. Cf. *PH* Heimann, p. 74.

2. *Cf.* Kant, *Idée d'une histoire universelle*, Ak. 8, 17, trad. t. 2, p. 187. On trouve sur ce point une opposition similaire à celle que l'on observe, en matière d'esthétique, entre la théorie kantienne du jugement de goût et la théorie hégélienne des œuvres d'art.

LA VIE DE L'IDÉE

L'Idée comme totalité en devenir

De quoi parle la philosophie telle que Hegel la conçoit ? Non pas de ce qui est, considéré en sa multiplicité indéfinie, mais de ce qui est, considéré en son principe, c'est-à-dire en son organisation générale. Hegel reprend à son compte la détermination aristotélicienne de la philosophie première comme science des premières causes et des premiers principes [1]. Toutefois ce premier principe, l' « absolu » ou l' « Idée » (ou le « concept » au sens emphatique du terme [2]), n'est pas conçu par Hegel comme un étant fixe, éventuellement extérieur à l'expérience commune, mais comme un sujet qui se déploie dans l'expérience et par un progrès immanent.

Plus généralement, de la tradition métaphysique, Hegel retient, entre autres thèmes, celui (aristotélicien) d'une substance intelligible comme principe premier ; celui (spinoziste) de l'immanence de la substance au monde ; celui (leibnizien) de la multiplicité des substances mais aussi de leur unité « idéelle » en tant que chacune d'elles exprime, sur un mode propre, une même identité ; celui (fichtéen) de l'absolu comme « moi » auto-constitutif ; et celui (schellingien) du développement de cet absolu, au-delà de la seule sphère « transcendantale », dans l'ensemble du réel. Chez Hegel, l'Idée rend compte ce qui est, toutefois non pas à distance mais en s'incarnant dans le donné concret. L'Idée est un sujet au sens où elle est active et rend compte d'elle-même par elle-même.

C'est donc l'étant comme totalité qui est l'objet de l'enquête philosophique. Mais, comme on l'a dit, l'Idée n'est affranchie ni du changement, ni de la multiplicité. Bien plutôt, elle présente des aspects infiniment variés et se transforme continûment. Elle est à ce point en devenir qu'elle peut sacrifier l'ensemble de ses attributs et renoncer à son statut de sujet unitaire et actif pour faire, en tant que nature, l'épreuve de la multiplication et de l'extériorisation, et ainsi n'être plus sujet qu' « en soi », sur le mode du mauvais infini. Néanmoins, au cœur de ses métamorphoses, elle reste elle-même : elle est « quelque chose de différencié dans soi-même, un universel qui se détermine dans lui-même sans perdre son universalité dans cette particularisation » [3].

1. *Cf.* Aristote, *Métaphysique* A 1, 981 b 28 ; *Encyclopédie* I, § 16, *W* 8, 60, trad. p. 181.

2. *Cf.* par exemple *Encyclopédie* I, Add. du § 166, *W* 8, 318, trad. p. 595 : « Le concept est ce qui est immanent aux choses elles-mêmes ; ce par quoi elles sont ce qu'elles sont, et concevoir un objet signifie, par conséquent, être conscient de son concept. »

3. *Encyclopédie* II, Add. du § 275, *W* 9, 113-114, trad. p. 395.

Cependant, la vie de l'Idée n'est pas à comprendre comme le déploiement d'une puissance d'emblée achevée. Bien plutôt, l'Idée se caractérise par une exigence immanente de totalisation, elle exprime une « adéquation exigée » (*geforderte Übereinstimmung*)[1]. Hegel utilise régulièrement l'expression d' « âme motrice »[2], le vocabulaire de la tendance (*Trieb*) et de la fin (*Zweck*) étant lui aussi omniprésent. Il écrit par exemple à propos de l'Idée absolue, dans la *Science de la logique* : « Elle n'est pas seulement la force suprême, ou plutôt la force unique et absolue de la raison, mais aussi sa tendance suprême et unique à se trouver et connaître soi-même par soi-même dans tout. »[3]. Cela signifie que l'Idée ne doit pas être conçue comme un agencement d'emblée parfait. Elle est en tension, elle est aspiration à une unité avec soi et à une concrétisation qu'elle ne possède pas immédiatement. Cette tendance est sa norme interne de développement.

L'Idée conserve son identité parce que son devenir n'est pas subi mais activement produit. Toutefois elle ne demeure ni numériquement, ni substantiellement identique à elle-même. En d'autres termes, si toute totalité incarne par sa forme l'Idée en général, en revanche il y a une multitude de totalités, et la teneur logique, naturelle ou spirituelle de ces dernières est infiniment variée. On trouve dans l'univers hégélien une série indéfinie de totalités vivantes, qui se déploient en une vaste organisation dont le discours encyclopédique a pour tâche de rendre compte.

L'Idée et l'existence

Que penser toutefois de l'analyse de Marx selon laquelle Hegel ferait, à tort, de la *pensée* – au sens de la conscience des hommes – l'élément premier de la *réalité*, au lieu de voir que la pensée est le résultat de l'existence concrète des hommes[4] ? Y a-t-il chez Hegel la conviction que le réel est « le résultat de la pensée qui se résorbe en soi »[5] ? Certes, le vocabulaire dont Hegel fait usage – « Idée », « concept », « rationalité » – encourage une telle interprétation. Mais celle-ci a pour défaut de passer sous silence le fait

1. *Science de la logique* W 6, 266, trad. fr. G. Jarczyk & P.-J. Labarrière, Paris, Aubier, 1972-1981, t. 3, p. 57.

2. *Phénoménologie*, Préface, W 3, 51, trad. p. 96.

3. *Science de la logique*, W 6, 552, trad. t. 3, p. 371.

4. Marx, *Critique de l'économie politique*, « Avant-propos », dans *Œuvres. Philosophie*, trad. fr. M. Rubel, Paris, Gallimard, « Folio », 1998, p. 488.

5. Marx, *Introduction générale à la critique de l'économie politique*, dans *Œuvres. Philosophie*, *op. cit.* p. 471.

que ces notions, chez Hegel, débordent explicitement la sphère de la conscience humaine. L'« Idée » de la nature, par exemple, n'est pas à comprendre comme la pensée que le sujet pensant forme de la nature, mais comme la nature en tant que totalité. De même, le « concept » de l'État n'est pas la conception de l'État que se fait tel citoyen ou tel philosophe, mais le principe de l'État, c'est-à-dire l'État considéré en son principe immanent. L'analyse de Marx a en outre pour inconvénient de considérer que, chez Hegel, il y aurait entre l'Idée et le réel un rapport de production, donc un rapport extérieur[1]. Tel n'est pas le cas puisque bien plutôt, d'un point de vue hégélien, l'Idée *se réalise*, c'est-à-dire *se fait exister dans le réel*, précisément sous cette série de figures concrètes qu'explore la philosophie. Il n'y a pas d'extériorité entre les deux termes mais un rapport d'incarnation : l'Idée n'est rien d'autre que le réel considéré en tant que totalité et dans son dynamisme auto-producteur.

Aux yeux de l'auteur de l'*Encyclopédie*, ce qui est, est donc organisé de telle sorte que le devenir du fragment ne se comprend qu'à partir du principe qui gouverne l'ensemble dont il fait partie. La pensée philosophique est « concrète » (complète) quand elle considère une chose dans son rapport avec le tout qui constitue son fondement, elle est en revanche « abstraite » (fragmentaire) quand elle la considère sans la rapporter à son ensemble d'appartenance. L'hégélianisme est une pensée de la totalité organique, et s'oppose à l'« atomisme » entendu comme la pensée selon laquelle la partie ne s'expliquerait que par elle-même[2].

Pour Hegel, le monde est structuré en ensembles organisés et étagés. Un coup d'œil sur le sommaire de l'*Encyclopédie* fait comprendre ce point. Par exemple, Hegel nomme « vie éthique » (*Sittlichkeit*) la vie des institutions qui incarnent objectivement l'esprit. Mais la vie éthique se particularise comme famille, ou comme société civile, ou comme État. La vie éthique est un universel, ici au sens d'un principe intérieur de détermination, qui se réalise comme tel dans des figures déterminées. La famille, la société civile et l'État sont des moments de la vie éthique en ce qu'ils forment des institutions autonomes. Or l'État lui-même, pour prendre cet exemple plus précis, comme institution éthique particulière, se réalise à son tour dans la vie politique intérieure (premier moment), ou dans le rapport des États les uns avec les autres (deuxième moment), ou dans l'histoire comme activité par laquelle les peuples font évoluer leur

1. Cf. *ibid.*

2. Cf. *Science de la logique* I, *W* 5, 185, trad. *Doctrine de l'être*, version de 1832, par G. Jarczyk & P.-J. Labarrière, Paris, Kimé, 2007, p. 163-164.

organisation étatique (troisième moment). Et l'histoire, à son tour, se réalise dans l'État oriental, ou dans l'État gréco-romain, ou dans l'État germanique. *Où est alors l'Idée ?* On répondra : chaque moment est une Idée particulière, une réalisation de l'Idée en général à un certain degré de son déploiement. Ainsi, chaque Idée est différente des autres, mais chacune d'entre elles est également l'Idée en général à un niveau déterminé de son processus de concrétisation. L'Idée, à la fois, se différencie et reste elle-même, dans la mesure où chacune de ses formes particulières incarne adéquatement sa forme universelle.

Assurément, la transformation constante du tout rend le système d'une grande difficulté de lecture. Non seulement l'Idée ne cesse de muter horizontalement et de s'approfondir verticalement, mais l'organisation du système en un « cercle de cercles » fait qu'un processus quelconque incarne de multiples universels étagés. En outre, ce processus se présente successivement sous une forme « immédiate », « scindée » ou « réconciliée ». La tâche du commentateur, dès lors, est de retrouver, pour chaque moment, les cycles et les formes en question, de manière à saisir quelle est pour Hegel sa signification philosophique. Dit autrement, il convient de lire Hegel à partir du mouvement de sa pensée et non pas seulement à partir des mots qu'il emploie. Trop souvent les commentateurs s'autorisent simplement de notions (« l'absolu », « le concept »...) ou de syntagmes (« la ruse de la raison », « la fin de l'histoire »...) pour projeter sur lui des conceptions qui lui sont en vérité étrangères. Il faut interpréter Hegel à partir de sa lettre – mais de sa lettre tout entière.

Or la systématicité ne fait pas que prescrire sa tâche au commentateur. Elle lui permet aussi de contrôler ses hypothèses. En effet, la signification d'un moment quelconque doit se retrouver dans tous les autres moments – à ceci près qu'elle est alors transformée en fonction de la situation des autres moments dans l'édifice systématique. Par exemple, une caractérisation de l'esprit subjectif doit satisfaire à une double exigence. D'une part, elle doit être vérifiée pour toutes les figures particulières de l'esprit subjectif, d'autre part elle doit s'opposer aux caractérisations de l'esprit objectif et de l'esprit absolu. Une interprétation locale ne peut être considérée comme recevable que si l'on est capable de montrer en quoi elle s'applique – compte tenu des effets du changement de situation – en tous les autres lieux du système. La systématicité fournit donc une règle de discrimination entre les lectures valides et invalides de la pensée hégélienne.

La thèse selon laquelle l'étant est systématiquement organisé est d'une certaine manière traditionnelle. Comme le terme même d'« Idée » l'indique, elle hérite notamment de la notion platonicienne d'*eidos* comme principe d'unité intelligible du divers sensible[1] et de la notion kantienne d'Idée comme « totalité absolue dans la synthèse des conditions »[2]. Toutefois, Hegel réforme considérablement la conception traditionnelle :

a) À la différence de Platon (ou plutôt du platonisme tel qu'il a été traditionnellement interprété), Hegel considère qu'il n'y a pas deux mondes disjoints mais un seul monde, dans lequel toute multiplicité est unifiée par un principe immanent. Il n'y a pas lieu d'opposer une Idée « véritable » qui transcenderait l'expérience et des réalités empiriques qui n'en seraient que des imitations. À partir d'une inspiration fondamentalement aristotélicienne, Hegel tient que l'Idée n'existe que dans l'expérience – un monde de l'expérience qui est aussi bien logique que naturel et spirituel.

b) C'est sur ce point également que Hegel s'oppose à Kant. Aux yeux de l'auteur de la *Critique de la raison pure*, comme on le sait, l'Idée est au-delà de l'expérience parce que, dans cette dernière, il n'y a que du conditionné : c'est pourquoi les Idées de la raison ne doivent pas être saisies comme « constitutives » mais seulement comme « régulatrices ». Kant comprend l'Idée, « totalité des conditions pour un conditionné donné »[3], comme une série de composantes qui est non seulement organisée mais aussi exhaustive. À ce titre, elle outrepasse les limites de la connaissance humaine. C'est pourquoi la pensée de l'inconditionné, dont la métaphysique dogmatique est l'illustration historique, rompt inévitablement avec l'expérience. Selon Hegel, en revanche, l'Idée ne désigne pas un *contenu*, qui serait une somme exhaustive d'éléments, mais une *forme*, à savoir le principe d'agencement ou d'interaction qui rend compte de l'activité du contenu. Par exemple, un État est une Idée dans la mesure où il confère à ses membres une conscience civique commune. De même, une relation de propriété est une Idée en tant que le propriétaire possède unitairement l'ensemble de son bien. Ou encore, la philosophie encyclopédique est une Idée en ce qu'elle pense son objet de manière entièrement articulée. Une Idée chez Hegel n'est pas « toutes choses » mais le « tout » des choses au sens de leur principe d'unification : comme tel, elle peut parfaitement être donnée dans l'expérience et n'a rien d'intimidant. L'hégélianisme n'est pas une *Schwärmerei* qui prétendrait outrepasser l'expérience, mais la décision d'examiner cette dernière à partir de son principe de

1. *Cf.* par exemple Platon, *Le Sophiste*, 253 d ou *Phèdre* 265 d.
2. Kant, *Critique de la raison pure*, Ak. 3, 253, trad. t. 1, p. 1035.
3. Kant, *ibid.*, Ak. 3, 251-252, trad. t. 1, p. 1034-1035.

totalisation. Significatifs sont par exemple, en leur différence, les plaidoyers de Kant et de Hegel en faveur de la *République* de Platon. Pour Kant, même si la constitution platonicienne ne pourra jamais se réaliser, l'Idée qu'elle exprime est pourtant juste, et elle établit un « maximum » comme « modèle » pour améliorer toujours davantage les constitutions politiques réelles [1]. Pour Hegel en revanche, Platon « n'a pour l'essentiel rien saisi d'autre que la nature de l'éthicité grecque » [2]. Aux yeux de Hegel, il n'y a qu'un moyen de défendre Platon : montrer qu'il fut fidèle à l'expérience.

L'hégélianisme est-il alors un monisme ou un pluralisme ? Pour Hegel, la pluralité existe indubitablement, elle est une des marques du réel. Toutefois le progrès de l'Idée consiste à reconquérir cette pluralité et à la subsumer sous l'unité d'un sens universel. Le donné est originairement multiple, mais il est ressaisi par un principe organisateur qui se pose en même temps qu'il agit. Par exemple, si l'on considère la séquence de la vie éthique, il y a en elle, originairement, une multiplicité de familles mutuellement indifférentes, puis de groupes sociaux opposés, et, *in fine*, un État qui unifie les individus en tant que citoyens. On voit donc ici tout d'abord un pluralisme simple (des familles mutuellement *indifférentes*), qui ensuite se radicalise (des groupes sociaux *concurrents*) et à la fin un monisme (puisque l'État, pour Hegel, est essentiellement *unificateur*). Le pluralisme est donc récusé au profit d'un monisme qui se fait valoir dans la pluralité du donné. La multiplicité existe, mais l'unité tend à la dominer.

La philosophie ne parle-t-elle que de l'universel au détriment des individus existants ? *Oui*, car le discours philosophique, pour Hegel, se tient dans l'élément de la généralité – mais ceci n'a rien que de très conforme à la tradition platonico-aristotélicienne, selon laquelle la science a pour objet l'universel [3]. *Non*, toutefois, car la généralité en question n'est pas abstraite mais concrète, au sens où elle est un principe de totalisation inscrit dans les individus. Les deux réponses s'accordent lorsqu'on saisit que la philosophie ne présente ni la généralité dans son abstraction, ni l'individualité dans sa factualité contingente, mais l'individualité en tant qu'elle exprime un principe universel.

L'Idée, en tant qu'universel, ne doit pas être comprise comme une classe sous laquelle la réflexion pourrait subsumer des individus ou des concepts de moindre extension, mais comme un principe immanent qui

1. *Cf.* Kant, *ibid.*, Ak. 3, 248, trad. t. 1 p. 1029.
2. *Principes de la philosophie du droit*, Préface, *W* 7, 24, trad. p. 128.
3. *Cf.* Aristote, *Seconds Analytiques* 1, 31.

rend compte de la chose comme d'un tout. Elle n'est pas à entendre comme un genre ou une espèce, c'est-à-dire comme une détermination abstraite, un artefact intellectuel permettant de rendre compte de ce qu'il y a de commun entre plusieurs individus, mais comme le principe immanent par lequel l'individu existant s'unifie. On peut prendre l'exemple d'un même individu qui se produit successivement comme enfant, adolescent, adulte et vieillard. L'individu en son intégrité est un universel qui se particularise au cours des différents âges de la vie. Pour l'hégélianisme, l'universel n'est pas un être de raison au sens d'une construction subjective. Comme principe immanent de totalisation, il existe véritablement, toutefois il n'est pas en dehors de ses figures particulières mais en elles. Il n'y a donc pas lieu d'opposer l'Idée et l'existence, car l'Idée se fait toujours exister. Le cycle universalité-particularité-singularité ne peut se lire comme le passage du genre à l'espèce et enfin à l'individu, de telle sorte que les deux premiers seraient hors de l'existence et le troisième seul inscrit en elle. Il doit se lire, en revanche, comme le passage d'un moment d'immédiateté (d'universalité indéterminée) *existante* à un moment d'objectivité multiple (de particularisation) *existante* et enfin à un moment d'auto-détermination (de singularisation concrète) *existante*.

Le devenir systématique

Comme on l'a dit, pour Hegel, l'Idée n'est pas donnée une fois pour toutes mais est caractérisée par un devenir mouvementé – un devenir qui l'amène, *in fine*, à rendre compte d'elle-même par elle-même. Certes, Hegel n'est pas le premier philosophe à penser le devenir, mais il le pense avec une radicalité inédite, car ce devenir, pour lui, s'opère sur le mode de l'auto-négation. Le devenir n'est pas à entendre, comme par exemple chez Aristote, comme le passage d'une qualité à la qualité contraire avec conservation d'un même substrat, ou comme l'engendrement ou la corruption d'une substance dont la forme essentielle resterait néanmoins stable d'un état à l'autre. Bien plutôt, elle est à entendre comme la métamorphose de soi-même. Dans le cadre aristotélicien, le principe reste immuable[1] et seul change ce qui est secondaire. Dans le cadre hégélien en revanche, c'est le principe lui-même qui se redéfinit, et cela en inversant ses déterminations. On examinera dans un chapitre ultérieur la délicate question de la téléologie chez Hegel. Mais on peut d'ores et déjà souligner que le devenir hégélien n'est pas la réalisation d'une essence prédéfinie. Bien plutôt, il est

1. *Cf.* par exemple Aristote, *Métaphysique* N, 4, 1091 b 12.

un mouvement par lequel l'Idée, d'un côté, se transforme *elle-même* en vertu de son aspiration à la liberté, d'un autre côté, se transforme de telle sorte qu'elle en vient à *s'opposer* à ce qu'elle était initialement. L'Idée se caractérise par l'auto-mouvement, et ceci non seulement au sens où son mouvement est spontané, mais aussi au sens où, en ce mouvement, elle ne cesse de métamorphoser son contenu.

En même temps, ce mouvement n'est pas chaotique, car il obéit à une règle immanente, à savoir la tendance de l'Idée à se rendre effective, c'est-à-dire à s'inscrire dans la réalité extérieure tout en conquérant son identité de sujet : « La philosophie montre l'absolu dans sa production, dans son activité, et cette activité est le chemin de l'absolu devenant pour soi-même. »[1]. Examinons un instant la logique du devenir en prenant comme exemple le cycle de la « conscience de soi » dans le moment « phénoménologique » de l'esprit subjectif dans l'*Encyclopédie*[2] :

a) Le devenir est en premier lieu constitué de « moments » comme étapes ayant à chaque fois un principe *sui generis*. Tout moment représente un point d'arrêt dans le devenir, mais il est en lui-même vivant au sens où il se fait advenir et se conserve lui-même. Par exemple, le moment du « désir », comme station dans le parcours de la « conscience de soi », consiste dans l'activité incessante d'un désir sensible qui naît, se satisfait et renaît spontanément.

b) Le passage d'un moment à l'autre s'opère sur un mode négatif, au sens où le moment ultérieur se développe à l'encontre du moment antérieur. Hegel défend une ontologie de la spontanéité et de l'opposition à l'autre. Corrélativement, il récuse toute ontologie mécaniste de l'enchaînement des causes et des effets. D'une certaine manière, il ne faut pas dire : A produit B, mais : B se produit de lui-même et contre A. Par exemple, la « conscience de soi qui reconnaît » se fait naître en réduisant son désir vital à un élément inessentiel d'elle-même. Ce n'est pas le premier moment qui rend compte du deuxième. Mais, bien plutôt, la « conscience de soi qui reconnaît » se développe spontanément et en niant la « conscience désirante ».

1. *Leçons sur la philosophie de la religion*, W. Jaeschke (Hrsg.), Hamburg, Meiner, 1983-1985, t. 1, p. 36, trad. fr. P. Garniron, Paris, P.U.F., 1996-2004 (pour les tomes 1 et 3), t. 1, p. 34.

2. Dans la mesure où nous évoquons ici le texte de l'*Encyclopédie*, l'éventuelle différence de démarche entre la *Phénoménologie* et l'*Encyclopédie* n'a pas à être prise en compte.

c) Tout moment est une incarnation particulière de l'Idée. Il est donc en lui-même un monde auto-suffisant. Par exemple, aux yeux de Hegel, la relation de désir est indépendante (ou « auto-subsistante ») parce qu'elle n'est pas conditionnée par un autre moment. Elle ne s'explique ni par un moment antérieur à titre de cause, ni par un moment ultérieur à titre de but, mais a en elle-même son principe et son entier déploiement.

d) Les moments dépassés ne sombrent pas dans le néant. En revanche, ils perdent leur auto-subsistance et se trouvent subordonnés aux moments ultérieurs comme de simples matériaux. Par exemple, la conscience de soi qui reconnaît n'en continue pas moins de désirer des choses sensibles. Néanmoins, ce désir n'est plus sauvage mais domestiqué par la conscience qui reconnaît.

e) Le devenir est constitué de cycles tripartites qui obéissent à un schème précis – quand bien même la diversité des applications de ce schème engendre des figures très différentes les unes des autres. *En premier lieu*, l'Idée est là, donnée. Mais elle est alors indifférente à l'extérieur et fermée sur elle-même. Cette totalité « immédiate » est finie, dans la mesure où elle n'est pas « chez soi » dans l'altérité. *En deuxième lieu*, l'Idée se dissocie en deux pôles extérieurs, contradictoirement indépendants et dépendants l'un de l'autre. Cette totalité « réflexive » est, en tant que scindée, encore une fois finie. *En troisième lieu* enfin, l'Idée est auto-déterminante. Elle n'est plus indifférente à l'altérité ni ne se rapporte à une différence externe, mais prend en charge sa différence en elle-même et se rend souveraine à son égard. Pour cette raison, elle est désormais « chez soi » en toute différence. C'est le moment de la liberté, de l'infinité et donc la conclusion du cycle.

Par exemple, la vie de la conscience de soi 1) commence par un désir « naturel » à la fois multiple, évanescent et sans cesse renaissant, dans lequel la conscience ne se réfère qu'à elle-même. 2) Dans le moment suivant, elle s'ouvre à l'altérité, mais ne se rapporte à la conscience autre que sur le mode de la contrainte. Plus précisément, puisque chaque individu est doué de volonté mais a également besoin de l'autre (le maître s'appuie sur son serviteur et l'agir de ce dernier est médiatisé par la volonté du maître), il y a une association contradictoire de dépendance et d'indépendance. 3) Enfin, dans le troisième moment, celui de la conscience de soi universelle (qui remplace celui du stoïcisme, du scepticisme et de la conscience malheureuse thématisé dans la *Phénoménologie* de 1807), la conscience se rapporte à elle-même, et ceci au sens où elle entretient avec autrui un rapport non plus de domination mais de libre reconnaissance[1] : elle se rapporte, à travers son autre, à son identité universelle. Nous sommes donc dans le moment de la totalisation, de sorte que le cycle s'achève.

f) Le devenir est « circulaire » : cependant non pas au sens où le devenir systématique serait comme un serpent qui se mord la queue, mais au sens où il « fait retour à soi » en tant qu'il se constitue en sujet. Le premier moment du cycle est unilatéralement formel au sens où il est superficiel, le deuxième est unilatéralement substantiel au sens où il est conditionné par l'objectivité en laquelle il s'investit, le troisième est concrètement subjectif, au sens où il est auto-déterminant et gouverne entièrement son objectivité. Par exemple, c'est dans le moment de la « conscience de soi universelle » que la conscience se constitue véritablement en conscience de soi. Alors, elle n'est plus irréfléchie (comme dans le désir) ni en rapport conflictuel avec tel ou tel autre (comme dans la conscience de soi qui reconnaît) mais en rapport de réconciliation avec autrui, et ceci de telle sorte que le sujet se rapporte, en l'autre, à lui-même comme sujet universel[2]. Cette séquence qui mène 1) d'une vie qui se réduit à la satisfaction des désirs sensibles 2) à la lutte contre autrui (détour) et 3) à une communauté réconciliée (retour), est l'illustration du devenir systématique comme passage de l'immédiateté à la substantialité et enfin à la subjectivité. Comme on le constate, l'hégélianisme n'est ni une pensée de la production, ni une pensée du conditionnement ou de l'interaction. Elle est une pensée de l'auto-différenciation. D'un bout à l'autre du système, nous avons affaire à l'Idée, toujours elle-même, toujours auto-suffisante, mais se réalisant sous des formes sans cesse différentes.

LA NOTION D'*AUFHEBUNG*

*L'*Aufhebung *comme idéalisation*

La philosophie hégélienne est une philosophie de la négation, au sens où le progrès n'est pas dû à l'épanouissement d'une raison séminale ni à l'enchaînement de causes et d'effets, mais à l'avènement de moments qui s'opposent mutuellement. Une notion fondamentale de l'hégélianisme est

1. Cf. *Encyclopédie* III, § 436, *W* 10, 226, trad. p. 232.
2. Cf. *ibid.*, Add. du § 436, *W* 10, 226, trad. p. 536.

l'*Aufhebung*, la « suppression » ou la « relève ». Au sens emphatique du terme, l'*Aufhebung* est la « négation de la négation ». La négation première, dans le deuxième moment de chaque cycle systématique, est la scission, comme opposition d'une médiation extérieure et d'un donné immédiat. Et la négation de la négation, dans le troisième moment, est l'unification, la prise en charge, par la médiation intérieure, du donné scindé issu du deuxième moment. Par l'*Aufhebung*, le sujet advient en se réfléchissant lui-même dans l'autre. L'autre, pour lui, n'est pas une borne mais ce par quoi il se produit lui-même.

Prenons un exemple tiré de la philosophie de l'art :

> La sculpture comprend ce prodige que l'esprit coule son empreinte dans ce qui est entièrement matériel, et qu'il forme cette extériorité de telle manière qu'il devient, en elle, présent à soi-même et y reconnaît la figure adéquate de son propre intérieur [1].

Songeons à un Apollon de marbre. On trouve en lui, d'un côté, un sens spirituel général, de l'autre une matière multiple. La relation entre les deux termes n'est pas un mélange, mais une relation telle que le sens se rapporte souverainement à la matière et la fait servir à son affirmation propre. En premier lieu, la *matière* (ici, le marbre), aux yeux de Hegel, est essentiellement plurielle, composée de parties mutuellement extérieures. Elle est en outre contingente au sens où elle est déterminable extérieurement : par exemple, frappé d'un coup de marteau, le marbre peut se briser. En deuxième lieu, à l'opposé, le *sens* (ici, la figure typique d'Apollon telle qu'on la retrouve d'une statue à l'autre) est nécessaire en ce qu'il a une cohérence interne : par exemple, d'un point de vue hégélien, tous les traits d'Apollon sont expressifs de sa divinité et de son rôle propre au sein du panthéon grec. En troisième lieu enfin, l'*Aufhebung* esthétique (ici, comme œuvre sculptée) est l'inscription du sens nécessaire dans la matière contingente. Le marbre n'est nullement anéanti, mais il est constitué comme le matériau d'incarnation du sens. Sa détermination s'inverse : il était une pure extériorité et reçoit maintenant un principe intérieur. De même, le sens pur n'est pas conservé tel quel, puisqu'il est désormais inscrit dans une matière. Il était une abstraction et est dorénavant concret. Par l'*Aufhebung*, le sens se constitue comme une totalité en prenant en charge, dans son unité propre, le donné multiple. Il se pose comme le principe général de ce qui est originairement pluriel et dispersé. L'*Aufhebung* est l'opération par laquelle le sens supprime l'opposition entre lui-même et l' « autre », et ceci par la

1. *Cours d'esthétique* II, *W* 14, 362, trad. p. 344.

subordination de l'« autre » et l'abolition de sa prétention à l'indépendance.

On peut également prendre l'exemple de l'appropriation. Lorsqu'un individu quelconque prend possession d'un terrain, il l'idéalise au sens où il confère un sens inédit – celui, précisément, d'être la possession de quelqu'un – à un donné sensible. Ce dernier est en lui-même multiple, car composé de parties mutuellement extérieures. En revanche, le titre de propriété est unique et unifiant. L'*Aufhebung* s'appuie sur un donné « *a posteriori* », mais elle le transfigure en introduisant en lui un principe « *a priori* ».

Soulignons cependant deux points. a) On pourrait imaginer que l'altération impliquée par l'*Aufhebung* fût occultée – occultée précisément par son effet, lequel seul apparaîtrait. Or il n'en est rien, car l'*Aufhebung* présente à la fois, et dans leur distinction, le *sujet* opérant, l'*opération*, le *matériau* qui subit cette opération et le *résultat* de l'opération. L'*Aufhebung* telle qu'elle est pensée par Hegel est toujours un processus manifeste, qui ne cache rien de ses moments : ceux-ci apparaissent à la fois dans leurs différences et leur unité. b) L'*Aufhebung* n'est pas une totalisation « réelle » mais une totalisation « idéelle ». Pour revenir au premier exemple ci-dessus, si tel n'était pas le cas, alors c'est le marbre lui-même qui serait transformé. L'opération du sculpteur, en l'occurrence, se traduirait par une métamorphose chimique ou minérale de la matière. Dans les faits, et selon l'interprétation hégélienne, le marbre reste bien tel quel : en revanche, il devient un moyen d'expression, le support du sens. C'est en ce sens que l'*Aufhebung* est une idéalisation[1].

Aufheben revient aussi bien à abroger (*hinwegräumen*) qu'à conserver (*aufbewahren*[2]) : car il y a rupture avec l'autre, mais aussi utilisation de celui-ci comme matériau. Ce qui est supprimé n'est pas l'autre en son existence, mais en sa subsistance-par-soi. L'*Aufhebung* est l'opération qui établit un sens total, c'est-à-dire objectif et unifié, au sein de ce qui se présente originairement comme scindé. Comment traduire le terme *Aufhebung* ? On pose souvent le débat en ces termes : le vocable allemand présente un double sens – abolir et conserver –, donc il faudrait trouver un vocable français qui posséderait lui-même cette ambivalence. On peut tenter de trancher le débat en disant que les sens négatif et positif n'ont pas l'un et l'autre le même poids, et que l'un d'eux l'emporte. Il faut alors donner à entendre plutôt le sens négatif (d'où : « supprimer » chez

1. *Cf.* O. Tinland, *L'idéalisme hégélien*, Paris, Éditions du CNRS, 2013, p. 184 *sq.*
2. Cf. *Encyclopédie* I, Add. du § 96, *W* 8, 204, trad. p. 530.

B. Bourgeois ou « abroger » chez J.-F. Kervégan) ou plutôt positif (d'où : « assumer » chez E. Martineau). On peut aussi proposer un néologisme (« sursumer » chez G. Jarczyk et P.-J. Labarrière), mais c'est une manière de renoncer à résoudre le problème. La solution proposée par J. Derrida, à savoir « relever », semble alors la meilleure, précisément parce qu'elle connote, positivement, l'élévation et, négativement, la mise à l'écart. Il reste que les textes de Hegel proposent eux-mêmes différents synonymes ou expressions synonymiques : négation de la négation (*Negation der Negation*), infinitisation (*Verunendlichung*), universalisation (*Verallgemeinerung*), idéalisation (*Idealisierung*)...

En toute hypothèse cependant, la difficulté n'est pas tant lexicale que conceptuelle. Il s'agit de saisir que, dans l'*Aufhebung,* l'autre est établi comme une condition du même – cependant comme une condition négative, au sens non de la cause mais du matériau de son auto-affirmation. Le sujet idéalisant ne s'assujettit pas à l'altérité mais, au contraire, se montre souverain à son égard. L'*Aufhebung* est une relation à l'autre qui n'implique aucune dépendance, mais au contraire une libération. Car elle permet au sujet d'être chez soi dans l'objet. On retrouve ici la thèse fondamentale de Hegel, selon laquelle la liberté ne doit pas être comprise comme suppression du lien avec l'autre mais comme établissement, avec lui, d'un lien de réconciliation.

On peut ici évoquer la question de l'infini, car l'*Aufhebung* n'est rien d'autre qu'une auto-infinitisation du sujet qui opère l'*Aufhebung*. « Infini » qualifie chez Hegel non pas ce qui est d'une quantité illimitée mais ce qui s'unifie avec sa différence. Est infini ce qui maîtrise la finitude et, ainsi, est « chez soi » (*bei sich*) dans cette dernière, donc n'est plus borné par elle. Corrélativement, « fini » ne qualifie pas ce qui serait caractérisé par une quantité définie, mais ce qui est limité par l'altérité. L' « autre » est une borne si le « même » est non pas réconcilié avec lui mais opposé à lui. Par exemple, lorsqu'un penseur défend une position universelle et suscite l'assentiment d'autrui, il se rend infini puisqu'il se retrouve dans la pensée de son interlocuteur. En revanche, s'il défend une position seulement « particulière », par exemple telle qu'elle procède de son sentiment ou de son préjugé, il demeure enfermé dans sa représentation propre, c'est-à-dire dans sa finitude : « Si l'unique voie d'approche est le sentiment, [...] seul subsiste mon bon plaisir : c'est la finitude qui règne. »[1]. La notion d'infini-

1. *Raison dans l'histoire*, éd. cit. p. 44, trad. p. 64. Cf. *Encyclopédie* I, Add. du § 28, *W* 8, 94-95, trad. p. 484-485. *Cf.* J.-M. Lardic, *L'Infini et sa logique. Étude sur Hegel*, Paris, L'Harmattan, 1995. *Cf.* aussi G. Gérard, *Critique et dialectique*, *op. cit.* p. 34-35.

tisation chez Hegel n'a rien d'intimidant, car elle nomme simplement l'avènement d'un accord à la place d'un désaccord.

L'universel et le particulier

Un des thèmes fondamentaux de l'hégélianisme est celui de l'articulation de l'universel et du particulier, c'est-à-dire du principe général et du donné déterminé. La forme reste-elle abstraite ou s'incarne-t-elle ? Le contenu donné est-il organisé ou radicalement multiple ? Le principe est-il trahi par son inscription dans le concret ou s'y exprime-t-il adéquatement… ? Or chaque cycle systématique peut se lire comme la mise en scène de ce questionnement. Au premier stade, nous n'avons affaire qu'à une forme générale sans vrai contenu particulier (« universalité abstraite » – qu'on songe par exemple à la logique dans le dispositif encyclopédique général). Au deuxième stade, le contenu particulier n'est lié que par des principes finis : (« particularité abstraite » – qu'on songe par exemple à la nature). Enfin, dans le troisième moment, la chose même se produit comme une totalité véritable, comme une forme unifiant un contenu multiple (universalité concrète – qu'on songe à l'esprit). La notion d'universel concret, chez Hegel, ne désigne pas la série complète des éléments d'une classe mais un principe intérieur de totalisation.

Dès lors, que le système hégélien soit un « cercle de cercles » signifie notamment que ses moments sont emboîtés les uns dans les autres et se développent par approfondissements successifs au sein de chaque cycle. Tout moment est articulé en étapes dont chacune, à la fois, possède les propriétés générales de son moment d'appartenance et les exprime de manière différenciée. Par exemple, comme on l'a dit plus haut, la famille, la société civile et l'État apparaissent chacun comme un ensemble unifié par une disposition d'esprit partagée : c'est en ce sens qu'ils relèvent de la vie éthique. Mais chacun de ces ensembles présente une forme spécifique : amour familial, esprit de concurrence, patriotisme… Inversement, un même moment ressortit à différents cycles enchâssés. Par exemple, la vie éthique appartient à l'esprit objectif, à l'esprit « en général », et enfin à l'Idée « en général ». C'est pourquoi, quand on examine les caractères de tel ou tel moment, il faut se demander à quel niveau de généralité se place l'investigation. Par exemple, si on étudie la famille, la question est de savoir si on la considère en tant qu'Idée en général (unité avec soi), en tant qu'esprit (unité sue et voulue avec soi), en tant qu'esprit objectif (réalisation dans une pluralité d'étants), et ainsi de suite. Pour prendre un autre exemple, quand on lit les textes sur l'habitude, dans la philosophie de l'esprit, il faut démêler ce qui relève de l'esprit en général (lequel exprime sa liberté en tout être-là), ou de l'esprit subjectif (un esprit qui n'a affaire qu'à soi et non pas au monde extérieur), ou de l'anthropologie (l'âme n'est pas réfléchie en elle-même et son être-là lui est donné), ou de « l'âme qui ressent » (l'âme entretient avec son être-là un rapport d'opposition), etc. De manière générale, lire Hegel requiert de saisir l'articulation des principes qui gouvernent chaque moment particulier du système.

Comme le montre la préface de la *Phénoménologie de l'esprit*, le discours philosophique adéquat ne consiste pas à énumérer les attributs d'une chose mais à montrer le développement vivant de l'Idée [1]. La pensée hégélienne nécessite une interprétation structurale au sens où les déterminations d'un moment quelconque ne valent pas *absolument* mais tirent leur signification de leur situation systématique, c'est-à-dire des cycles d'appartenance emboîtés du moment considéré. Une lecture rapide de l'*Encyclopédie* donne l'impression que Hegel ne cesse de répéter les mêmes termes : universalité, particularité, immédiateté, infinité... En réalité cependant, chacune de ces notions change continûment de sens, car elle ne s'interprète qu'à partir de son lieu systématique et de ce à quoi elle s'oppose. Par exemple, lorsque l'on trouve la notion de « concept » sous la plume de Hegel, il faut se demander si elle est alors opposée, par exemple, à la réalité, à l'essence ou au jugement. Dans le premier cas, le concept désigne le principe abstrait de la chose, dans le deuxième, l'unité avec soi-même, dans le troisième, une unité encore indéterminée.

On pourrait multiplier les exemples. La notion d'esprit est à la fois l'objet de l'ensemble de la troisième partie de l'*Encyclopédie* et celui de la Psychologie dans l'esprit subjectif. Il y a une incohérence manifeste, à moins d'admettre que Hegel n'entend pas la même chose par la notion d'esprit dans l'un et l'autre cas. De même, les énoncés apparemment incompatibles sont nombreux. Ainsi, il est dit à la fois que la nature est rationnelle et qu'elle est irrationnelle [2]. Mais cela doit s'entendre en contexte. La nature est rationnelle en tant qu'elle est, de manière générale, un moment de l'Idée, mais elle est irrationnelle en tant qu'elle est un moment de finitisation de l'Idée. Ces deux énoncés sont complémentaires dans la mesure où ils se réfèrent à des niveaux de généralité distincts. Ou encore, pour Hegel, si l'État est « le rationnel en et pour soi » [3], néanmoins « il se tient dans le monde, donc dans la sphère de l'arbitraire, de la

1. Cf. *Phénoménologie*, *W* 3, 57 *sq.*, trad. p. 101 *sq.*

2. Pour le premier point, cf. *Encyclopédie* III, Add. du § 381, *W* 10, 18, trad. p. 385. Pour le second, *Encyclopédie* II, R. du § 248, *W* 9, 28, trad. p. 188.

3. *Principes de la philosophie du droit*, § 258, *W* 7, 399, trad. p. 417.

contingence et de l'erreur »[1]. La première formulation renvoie au fait que l'État est la réconciliation de la vie éthique, elle-même réconciliation de l'esprit objectif. La seconde, cependant, exprime le fait que l'esprit objectif est le moment de contradiction de l'esprit avec lui-même.

Considérons encore l'énoncé suivant à propos des transformations politiques suscitées par Jules César : « Il faut qu'un seul domine sur beaucoup. [...] Rien n'était plus nécessaire que cette domination de l'arbitraire pur. »[2]. Il serait absurde de prétendre trouver ici le dernier mot de la philosophie politique de Hegel. Pour lui, on le verra, Rome est un État intrinsèquement arbitraire. Or la *république* romaine est non seulement arbitraire mais également caractérisée par la guerre civile. La réforme de César, qui met fin à la république, consiste à unifier l'État par un pouvoir unitaire. À ce titre, elle est indispensable, quand bien même elle maintient le caractère arbitraire de l'État romain. Mais il est clair que cette réforme ne peut être légitime qu'en contexte romain.

Selon Miklos Vetö, le discours hégélien ne tient pas ce qu'il promet. Il est incapable d'« expliquer la multiplicité bariolée des faits », et, s'il admet que certains faits ne sont pas nécessaires, il ne peut toutefois « établir des critères quelque peu adéquats pour distinguer les instances privilégiées du particulier intelligible, de cette poussière infinie de moments contingents »[3]. On fera ici plusieurs remarques :

a) La philosophie, selon Hegel, n'a pas à *expliquer* ce qui est. L'explication, si on entend par là la mise en relation des phénomènes les uns avec les autres notamment selon le schème de la cause et de l'effet, relève du savoir réfléchissant. La tâche de la philosophie est de *penser* les différents aspects de l'expérience, c'est-à-dire de saisir quelle étape chacun d'eux représente dans le développement de l'Idée universelle.

b) Cependant, dans ce qui est, tout n'est pas susceptible d'être pensé, car chaque réalité présente une part d'accidentalité. Par exemple, l'Idée se réalise dans les rapports de propriété comme normes du droit abstrait. Mais que Peter possède *ceci* et Johannes *cela*, voilà qui est contingent et ne relève pas de l'effectivité (*Wirklichkeit*) au sens de la réalité véritable. Cela ne peut être l'objet que d'un savoir immédiat, d'un constat : « C'est ainsi » (*es ist so*).

1. *Ibid.*, Add. du § 258, *W* 7, 404, trad. p. 703.
2. *PH* 1822-23, éd. cit. p. 416, trad. p. 450.
3. M. Vetö, *Études sur l'idéalisme allemand*, Paris, L'Harmattan, 1998, p. 18-19.

c) Certes, la particularisation produit quelque chose qui est indéductible de l'universel. Mais cela ne signifie pas qu'elle ne puisse être pensée puisqu'elle exprime encore ce dernier, désormais sous forme dissociée. Penser le particulier consiste alors à reconnaître, dans le factuel, l'empreinte de l'universel.

d) Y a-t-il alors besoin d'un *critère* pour distinguer ce qui est nécessaire (c'est-à-dire universel) et ce qui est contingent (c'est-à-dire particulier) ? Non, car la différence entre les deux moments est manifestée par l'expérience elle-même. La notion de critère relève à son tour du savoir réfléchissant dans la mesure où elle est solidaire d'une appréhension indirecte, d'une réorganisation subjective de l'expérience.

e) Par ailleurs, on note que la philosophie, chez Hegel, renonce à s'intéresser à de nombreuses réalités, quand bien même elles ont une dimension de généralité. Par exemple, Hegel ne parle pas, ou fort peu, de la chasse, de la gastronomie ou des jeux de hasard… C'est que, de son point de vue, ces activités sont insignifiantes au regard de la vie de l'Idée.

f) S'agissant des phénomènes significatifs, c'est-à-dire exprimant l'Idée, peut-on dire que la philosophie aurait pour tâche de les saisir et de la penser *tous* ? Nullement. Pour Hegel, l'importance de l'investigation décroît avec le niveau de réalité examinée. Par exemple, autant il est capital que la philosophie remarque que l'Idée se déploie en logique, nature et esprit, ou primordial qu'elle voie que l'esprit se déploie en esprit subjectif, objectif et absolu, autant il est secondaire qu'elle repère les strates du pouvoir gouvernemental ou de l'art dramatique romantique. Même le significatif – l'effectif – n'est pas forcément digne de l'enquête philosophique, surtout si celle-ci se réduit à un abrégé (*Grundriss*) ou à des linéaments (*Grundlinien*).

L'IDÉE DANS L'HISTOIRE

Pourquoi, cependant, Hegel ne se contente-t-il pas d'une histoire « rationnelle » à la Hobbes ou à la Rousseau, qui montrerait ce qui, nécessairement, à dû se passer tout en se désintéressant des faits[1] ? Parce que, pour lui, l'être véritable n'est pas un principe abstrait mais un principe

1. On se souvient de la superbe désinvolture de Rousseau dans le *Second discours* : « Commençons donc par écarter tous les faits, car ils ne touchent point à la question. » (Paris, GF, 1992, p. 169)

inscrit dans l'objectivité. C'est à cette condition seulement qu'il peut être dit « effectif » :

> L'esprit ne se borne pas à cela [à la pensée qui s'exprime dans le système philosophique d'une époque], mais [...] il est le développement multiforme de son être-là. [...] Il revêt ce principe de toute la richesse de son existence ; la figure dans laquelle il existe est un peuple, et ce principe est inscrit dans les mœurs de celui-ci, dans sa constitution, sa vie familiale, sociale et publique, dans ses arts, ses rapports étatiques extérieurs, etc., la forme pleinement déterminée de l'histoire concrète en est marquée dans tous les aspects de [son] extériorité [1].

De même que la liberté se réalise dans des peuples spatialement éloignés les uns des autres, elle s'élabore dans une temporalité lente et contournée. Nous avons affaire à « un temps infiniment rempli et plein de luttes, non pas une simple progression dans le concept abstrait d'une pure pensée ». Bien plus : « Cette lenteur s'accroît encore par d'apparents reculs – les temps de barbarie. » [2].

L'expérience telle qu'elle est pensée par Hegel introduit du délai et de la fragilité – une contingence qui rappelle l'analyse aristotélicienne du sublunaire. La réalité, pour Hegel, ne se réduit pas à ce qui d'elle peut être conçu. Car, si le concept habite l'expérience, il ne l'absorbe pas : « C'est une proposition bien triviale : la nature parvient à son but par le plus court chemin – certes, mais le chemin de l'esprit est la médiation, le détour ; du temps, de la peine, de la dépense. » [3]. C'est pourquoi l'esprit doit dans son développement, selon les mots de la préface de la *Phénoménologie*, effectuer son travail avec sérieux et admettre avec patience la souffrance que celui-ci engendre inévitablement.

Le peuple et l'esprit mondial

Comme on le disait au chapitre précédent, l'histoire présente le devenir d'une subjectivité vivante, à savoir le peuple. Le peuple est une totalité au sens où il rassemble en lui-même, en leur conférant un vouloir commun, une multiplicité d'individus de prime abord indifférents ou opposés les uns aux autres. Mais, au sein de l'esprit objectif, moment de contradiction dans l'économie générale de l'esprit, l'Idée se rend multiple. Ainsi, dans l'histoire, les peuples sont divers et opposés les uns aux autres. Néanmoins,

1. *Histoire de la philosophie, Introduction*, éd. cit. p. 38, trad. p. 49.
2. *Ibid.*
3. *Ibid.*, éd. cit. p. 36, trad. p. 48.

dans cette épreuve même, l'Idée se conserve puisque chaque peuple est unifiant.

Tout peuple, comme incarnation de l'Idée, est en devenir. Ce n'est pas ici le lieu de préciser quels sont les enjeux spécifiques de l'histoire d'un peuple, mais on peut d'ores et déjà admettre que ce processus comprend un moment d'immédiateté (quand le peuple est simplement donné et clos sur lui-même), un moment de dissociation (quand il est en butte à la division interne et lutte contre le monde extérieur) et un moment de retour à soi (quand il bâtit un empire et produit de lui-même sa constitution au nom de principes généraux). Hegel parle aussi, à quelques reprises, de « l'esprit du monde » ou de « l'esprit mondial » (*Weltgeist*)[1]. Cette expression renvoie-t-elle à une instance métaphysique qui transcenderait l'histoire ? Face à une telle hypothèse plusieurs objections se présentent. a) L'histoire constitue un moment d'achèvement de l'État, lequel est l'accomplissement de la vie éthique, elle-même conclusion de l'esprit objectif. À ce titre, l'histoire est un moment de réconciliation, c'est-à-dire d'auto-détermination. Que les peuples soient dirigés par une instance extérieure est donc une interprétation difficilement acceptable. b) Comme on l'a dit au chapitre I, la philosophie de Hegel est une philosophie de l'expérience. Prenant en charge, après bien d'autres, la critique de la « chose en soi », Hegel ne cesse de proclamer que ce qui est rationnel est effectif – et ceci, notamment, au sens où ce qui est véritable se présente de soi-même dans l'expérience. Or on chercherait en vain, dans l'expérience de l'histoire telle que Hegel la présente, la manifestation d'un « esprit mondial » comme entité distincte des peuples eux-mêmes. c) Quand on considère les usages du mot esprit dans les introductions des *Leçons sur la philosophie de l'histoire*, on observe qu'il est difficile, le plus souvent, de déterminer s'ils renvoient à l'esprit du peuple ou à l'esprit mondial[2]. Cela signifie qu'il n'y a, entre ces derniers, aucun rapport d'extériorité.

De fait, l'esprit mondial est non pas transcendant mais immanent à chaque peuple. Il soutient avec ce dernier un rapport de principe universel à individu particulier, analogue par exemple à celui que soutient, dans le

1. *Cf.* par exemple *Introduction* 1830-31, *GW* 18, 142, trad. p. 55. Traduire, dans le cas de *Weltgeist*, le terme *Welt* par « du monde » plutôt que par « mondial » est discutable, car la première solution connote une distinction entre deux entités, alors que la seconde, plus fidèle à l'hégélianisme, indique l'échelle à laquelle, ou le mode sur lequel, l'esprit se déploie.

2. Que l'on considère par exemple cet énoncé : « L'ordre éthique des peuples et son droit constituent la conscience que l'esprit a de lui-même. Ce qui se réalise dans l'histoire est donc la représentation de l'esprit. La conscience des peuples dépend du savoir que l'esprit a de lui-même. » (*Raison dans l'histoire*, éd. cit. p. 59, trad. p. 58).

moment de la physique organique, le genre avec le vivant singulier. L'esprit mondial est la figure de l'Idée propre à l'histoire, une figure qui elle-même se réalise en Idées de moindre rang, à savoir les peuples individuels. Mais l'esprit mondial n'est pas une classe. Il est le principe immanent à chaque peuple, en vertu duquel ce dernier tend à s'universaliser. De même que l'organisme vivant, sous l'influence du genre immanent, évolue et passe à l'état adulte, universel (c'est-à-dire par exemple capable de se reproduire sexuellement), le peuple, sous l'influence de l'esprit mondial immanent, se produit comme empire :

> Cet universel [...] est l'universel *intérieur*, la nature concrète de l'âme, et se trouve en rapport avec l'immédiat, qui est la *singularité immédiate* de l'âme – le *genre* en rapport avec l'*individu* [...] en tant que tel. Ce rapport fonde le *processus vital* de toute nature, vivante aussi bien que spirituelle, parce qu'il contient une opposition, celle de l'universalité intérieure substantielle et de la singularité immédiate. Ce processus [...] conforme la singularité immédiate à l'universel et la rend adéquate à ce dernier et, par là justement, réalise l'universel dans l'individu [1].
>
> Ce mouvement est le chemin de la libération de la substance spirituelle, l'acte par lequel le but final absolu du monde s'accomplit en celui-ci, par lequel l'esprit qui n'est d'abord qu'en soi s'élève à la conscience et à la conscience de soi, et, par-là, à la révélation et effectivité de son essence étant en et pour soi, et par lequel il devient à lui-même aussi esprit extérieurement universel, esprit du monde [2].

Il y a un esprit mondial au sens où chaque peuple s'efforce d'être un peuple mondial. L'esprit mondial n'est pas une entité qui flotterait au-dessus des États particuliers, car il est toujours inscrit dans un peuple déterminé. En revanche, il y a bien une commune humanité historique, dans la mesure où tout peuple est caractérisé par une même activité générale de développement – quoique cette activité se déploie, en chaque peuple, de manière spécifique :

> Les esprits des peuples sont eux-mêmes la totalité d'un unique esprit mondial. Ils se retirent en lui, et se tiennent dans une succession nécessaire. Ce sont, pour l'esprit, des bourgeons, en lesquels il se retire en lui-même et forme une totalité [3].

1. *Fragment de 1822-25 sur la philosophie de l'esprit subjectif*, *GW* 15, 227-228, trad. fr. G. Marmasse, *Archives de philosophie* n°77, 2014, p. 598-599.
2. *Encyclopédie* III, § 549, *W* 10, 347, trad. p. 327.
3. *PH* 1822-23, éd. cit. p. 15, trad. p. 122-123.

Un peuple actif est investi, sur un mode particulier, par l'esprit mondial comme forme d'activité. En vertu de cette forme, il tend à s'universaliser, c'est-à-dire, à l'intérieur, à se donner des lois générales, et, à l'extérieur, à se constituer en empire. L'idée de « l'esprit mondial » aboutit-elle cependant à la négation de toute différence et de toute finitude ? Selon Ricœur, l'idée romantique de *Volksgeist* – qui insiste sur la différence – serait contradictoire avec celle, hégélienne, de *Weltgeist*. Donc, même si Hegel parle du *Volksgeist*, en réalité l'idée de *Weltgeist* enlèverait tout sérieux, chez lui, au premier thème [1]. On voit ici que Ricœur manque la notion de négativité. Chez Hegel, des notions opposées peuvent s'unifier sans que l'une n'anéantisse l'autre. C'est précisément ce qui se passe quand un peuple particulier joue un rôle de premier plan dans l'histoire et conquiert un empire de dimension mondiale.

La transmission de la culture

Comment, alors, les différentes étapes de l'histoire se rapportent-elles les unes aux autres ? Elles ne se font pas disparaître mutuellement, mais chacune fait de celles qui la procèdent son matériau propre. La communication historique de la culture est un thème récurrent de l'œuvre hégélienne. On trouve notamment l'affirmation suivante au début du manuscrit autographe de 1820 de l'introduction des *Leçons sur l'histoire de la philosophie* :

> Ce que nous sommes historiquement, la possession qui nous appartient – nous qui sommes le monde d'aujourd'hui – n'est pas né immédiatement et ne s'est pas contenté de pousser sur le terrain du temps présent, mais cette possession constitue l'héritage et le résultat du labeur de toutes les générations précédentes du genre humain. La masse des moyens et des savoir-faire, les institutions et les habitudes de la communauté sociale et de la vie politique sont, comme les arts de la vie extérieure, un résultat de la réflexion, de l'invention, du malheur, de la détresse et de la vivacité d'esprit de l'histoire qui précède notre présent [2].

Quelques lignes plus bas, Hegel, paraphrasant Herder [3], présente la tradition comme une chaîne sacrée s'enroulant à tout ce qui est passager, à

1. *Cf.* Ricœur, *Temps et récit* III, « Points » Paris, Le Seuil, 1991, t. 3 p. 369.

2. *Histoire de la philosophie, Introduction*, éd. cit. p. 7, trad. p. 29.

3. *Cf.* Herder, *Idées pour une philosophie de l'histoire de l'humanité*, 9, 1 : « Ainsi, la philosophie de l'histoire qui suit la chaîne de la tradition, est à proprement parler la véridique histoire de l'humanité, sans laquelle tous les événements du monde ne sont que des nuages où ils ne deviennent que de monstruosités terrifiantes. [...] Il n'y a que la chaîne de la formation

tout ce qui est passé et qui, ainsi, conserve et transmet « ce que le monde d'autrefois a apporté avec lui »[1]. Cependant, souligne-t-il, la tradition n'est pas une conservation à l'identique. S'agissant par exemple de la science : « Notre attitude doit consister tout d'abord à saisir la science présente et à nous l'approprier, puis à la façonner. »[2]. Chaque génération se rapporte au legs reçu comme à un matériau à transformer. Par exemple, Hegel rappelle les emprunts faits par la Grèce à l'Orient, tout en insistant sur les mutations que les Grecs ont fait subir à la culture asiatique. De même, il dénonce l'idée reçue selon laquelle la mythologie romaine serait la copie conforme de la mythologie grecque[3].

D'un côté, chaque peuple apporte sa pierre à l'édifice culturel en faisant profiter les peuples ultérieurs de ce qu'il a produit lui-même. D'un autre côté, l'héritage ne se transmet pas tel quel. Plus précisément, un peuple ne transfère pas lui-même son patrimoine culturel à un autre peuple, car c'est bien plutôt le peuple ultérieur qui s'empare de ce patrimoine :

> [La] vie [de l'esprit] est acte, et l'acte a comme présupposition un matériau présent, vers lequel il est orienté, qu'il ne se contente pas d'augmenter ni d'agrandir avec des ajouts de matière, mais qu'il élabore et métamorphose. Hériter, c'est à la fois recevoir et entrer en possession de son héritage, et celui-ci est en même temps rabaissé à un matériau métamorphosé par l'esprit. L'élément reçu a de cette manière été changé et enrichi, et en même temps conservé[4].

On a ici un cas typique d'*Aufhebung*, et plus précisément d'*Aufhebung* spirituelle : le peuple se constitue en prenant en charge et en transformant ce qu'il trouve comme un donné. Ce donné n'est pas détruit, mais il est

qui réduit ces débris dans un tout ; même si les figures des hommes y disparaissent, c'est l'esprit humain qui continue à vivre en lui, immortel et persévérant dans ses actions. » (cité par W. Pross, « Diversité des faits et unité de vue. Herder et la construction de la philosophie de l'histoire au siècle des Lumières », *Revue germanique internationale*, n° 20, 2003, p. 63).

1. *Histoire de la philosophie, Introduction*, éd. cit. p. 7, trad. p. 29.

2. *Ibid.*, éd. cit. p. 8, trad. p. 30.

3. Cf. *Vorlesungen über die Philosopie der Religion* II, hrsg. von W. Jaeschke, Hamburg, Meiner, 1985, p. 582 ; *Leçons sur la philosophie de la religion* II, trad. fr. G. Marmasse, Paris, Vrin, 2010, p. 411. On ne peut ici encore que songer à Herder, écrivant par exemple à propos des Grecs : « Que la Grèce ait reçu d'ailleurs des semences de sa civilisation, de sa langue, de ses arts et de ses sciences, cela, à ce qu'il me semble, est indéniable [...]. Mais que les Grecs en pratique n'aient pas reçu cela tout fait, qu'ils lui aient communiqué une nature entièrement nouvelle créée par eux, qu'en chaque genre la beauté au sens propre soit bien assurément leur œuvre – voilà, je crois, ce que montrera de façon non moins certaine la suite de nos idées. » (Herder, *Une autre philosophie de l'histoire*, *SW* V, 498-499, trad. p. 65-66).

4. *Histoire de la philosophie, Introduction*, éd. cit. p. 8, trad. p. 88.

intégré à l'identité du peuple héritier[1]. C'est ainsi, par exemple, que l'Artémis d'Éphèse, chargée de symboles sexuels, devient la chaste Artémis grecque[2]. À l'inverse, dit Hegel, si par exemple nous utilisions le droit romain tel quel, il se réduirait pour nous à quelque chose de non spirituel[3].

Allons plus loin. Les peuples, même s'ils sont anthropologiquement extérieurs les uns aux autres, sont en interaction, et plus précisément dans une relation de négation du peuple antérieur par le peuple ultérieur. Ainsi, chacun d'entre eux constitue le matériau qui permet au suivant d'affirmer sa liberté propre. Mais cette négation, étant spirituelle, est aussi une reconnaissance. Aux yeux de Hegel, les Grecs, par exemple, ont conscience d'appartenir à l'esprit en général, c'est-à-dire en l'occurrence à l'humanité dans son progrès historique. Être un peuple actif implique deux choses : d'une part dominer le monde, d'autre part recueillir l'héritage des peuples antérieurs, et ainsi faire de soi-même un esprit mondial. La notion de mondialisation, si l'on ose dire, n'est pas seulement objective mais aussi subjective : « La conscience de soi d'un peuple particulier est le porteur du degré de développement à chaque fois atteint de l'esprit universel dans son être-là. »[4]. L'activité historique consiste à s'élever à un rang de mondial, et ceci non pas seulement en vainquant objectivement l'empire antérieur, mais aussi, subjectivement, en prenant son œuvre en charge :

> Notre culture est formée par les Romains, et la leur par les Grecs. Ce que nous avons reçu est cependant en même temps étranger pour nous, et dans la mesure où nous nous le créons, nous en faisons quelque chose de nouveau. Telle est la condition essentielle à la culture de tous les peuples. La culture grecque présuppose elle aussi déjà une autre culture. Un peuple et ses formateurs se cultivent à partir de celle-ci, de telle sorte que ce qui est reçu est tout aussi bien élaboré à nouveaux frais[5].

1. Ce qui amène à relativiser le reproche, adressé par J.-M. Ferry à Hegel, de ne pas approfondir « la logique communicationnelle qui [permet] à un principe incarné de se transmettre dans un autre moyennant une nouvelle figuration » (*La question de l'histoire*, Bruxelles, Éditions de l'Université de Bruxelles, 2002, p. 145). On trouve au demeurant chez Hegel une apologie de la communication entre les peuples, notamment dans son éloge des rivières, qui pour lui sont des moyens de communication et non pas des frontières (Cf. *PH* 1822-23, éd. cit. p. 96, trad. p. 186).

2. Cf. *Cours d'esthétique* II, *W* 14, 72, trad. p. 67.

3. Cf. *PH* 1822-23, éd. cit. p. 332, trad. p. 380-381.

4. *Encyclopédie* III, § 550, *W* 10, 352, trad. p. 332.

5. *PH* 1822-23, éd. cit. p. 331, trad. p. 380.

CHAPITRE III

L'HISTOIRE COMME MOMENT DE L'ESPRIT

La philosophie de l'histoire de Hegel s'inscrit dans une « philosophie de l'esprit » et, de fait, la notion d'esprit est omniprésente dans les textes. Il est cependant malaisé de saisir ce que Hegel entend précisément par cette notion et comment les différentes figures de l'esprit se rapportent les unes aux autres. Selon certains interprètes, l'esprit désigne le rapport d'intersubjectivité au sein duquel les sujets individuels se constituent comme tels. Ainsi, pour Jürgen Habermas l'esprit « est le milieu (*medium*) au sein duquel un moi communique avec un autre moi »[1]. Selon d'autres interprètes, il nomme la culture d'un peuple. Par exemple, pour Charles Taylor, l'esprit objectif chez Hegel renvoie aux idées fondamentales communes à une société, enchâssées dans des pratiques et des institutions partagées[2]. De même, pour Terry Pinkard, il désigne la manière dont la culture d'un peuple prend conscience de soi[3]. Mais ces exégèses ont pour défaut de négliger la caractérisation de l'esprit comme acte et négativité. Nous défendrons ici l'hypothèse selon laquelle l'esprit se définit comme le sujet qui rend compte de soi par soi et s'accomplit en unifiant l'objet – originairement multiple – auquel il se rapporte. En d'autres termes, il est le sujet qui prend en charge et transforme, de façon théorique et pratique, l'altérité « réelle », c'est-à-dire réellement différenciée. Plus précisément, l'esprit se

1. J. Habermas, *La technique et la science comme « idéologie »*, trad. fr. J.-R. Ladmiral, Paris, Gallimard, 1973, p. 168.

2. *Cf.* Ch. Taylor, *Hegel*, Cambridge, CUP, 1975, p. 382.

3. *Cf.* T. Pinkard, *Hegel's dialectic. The explanation of possibility*, Philadelphia, Temple University Press, 1988, p. 149.

rapporte à son objet sur le mode de l'*Aufhebung*, dans la mesure où il en tire une connaissance synthétique ou le gouverne à partir d'une maxime générale. C'est ainsi que l'esprit se distingue, respectivement, de la logique et de la nature. Alors que la logique est « pure » au sens où elle reste indifférente à l'altérité, l'esprit est inscrit dans l'altérité. Alors que la nature consiste en une série d'objets dispersés, l'esprit est un sujet unifiant. La question est cependant de savoir ce qui fait l'unité de l'esprit, quelles sont les étapes de son développement, et quelle est la place de l'histoire dans ce développement.

L'ESPRIT EN GÉNÉRAL

*L'esprit comme sujet opérant l'*Aufhebung *de la nature*

L'esprit selon Hegel n'est ni un attribut, ni un mode de fonctionnement, ni un « milieu » de reconnaissance ou un « espace » de raisons, mais un *agent* ayant un *rapport actif* à *soi-même* et à *son monde*. On ne compte pas les formulations dans lesquelles l'esprit apparaît comme un sujet agissant. Par exemple :

> L'esprit consiste dans cet acte de disposer de soi-même, de se connaître soi-même, de faire preuve d'unité, d'être chez soi dans l'autre [1].

> La différenciation de l'esprit est son propre acte, sa propre activité [2].

Hegel présente l'esprit par contraste avec la nature, laquelle se caractérise par une multiplicité radicale, par un effort vers l'unité qui ne trouve jamais à se satisfaire. Par exemple, la *Raison dans l'histoire* oppose en ces termes l'esprit et la matière, moment emblématique de la nature :

> La matière [...] est essentiellement complexe et est constituée de parties séparées qui toutes tendent vers un centre ; il n'y a donc pas d'unité dans la matière. [...] L'esprit au contraire a justement en lui-même son centre ; il tend lui aussi vers le centre – mais il est lui-même ce centre [3].

Cela ne signifie cependant pas que l'esprit serait étranger à la multiplicité : car, bien plutôt, il ne cesse d'opérer son *Aufhebung*. L'esprit se confronte constamment à la contradiction, mais la vainc non moins continûment :

1. *PH* 1822-23, éd. cit. p. 32, trad. p. 135.
2. *Raison dans l'histoire*, éd. cit. p. 114, trad. p. 139.
3. *Ibid.*, éd. cit. p. 55, trad. p. 75-76.

> L'esprit nie l'extériorité de la nature, s'assimile la nature et l'idéalise[1].

> Toute déterminité n'est déterminité que face à une autre déterminité ; à celle de l'esprit, en général, fait face, tout d'abord, celle de la nature. [...] Comme la déterminité distinctive du concept de l'esprit, il faut désigner l'idéalité, c'est-à-dire la suppression de l'être-autre de l'Idée, le fait, pour celle-ci, de retourner et d'être-retournée de son autre en elle-même[2].

Le devenir de l'esprit peut être analysé comme une libération à l'égard de la nature. Cependant cette libération, d'un point de vue hégélien, ne peut consister en une mise à l'écart. Bien plutôt, il s'agit pour l'esprit de se réconcilier avec l'extériorité en faisant d'elle le matériau adéquat de son expression :

> L'animation et la vie de l'esprit seule est l'infinité libre qui est pour soi-même comme intérieur dans l'existence réelle, parce que dans son extériorisation elle revient à elle-même et reste chez elle-même. C'est pourquoi il est donné à l'esprit, et à lui seul, de pouvoir apposer à son extériorité le sceau de sa propre infinité et de son libre retour à soi[3].

Toutefois l'esprit n'opère pas l'*Aufhebung* de la nature sans se transformer lui-même. En intégrant sa différence, il s'universalise. C'est en ce sens que le processus d'idéalisation de l'extérieur est également, pour l'esprit, un processus de *Bildung*. Celui-ci n'est esprit que dans l'acte par lequel il se rend concrètement universel et, de ce fait même, idéalise l'altérité. L'*Aufhebung* de l'altérité est donc en même temps une *Aufhebung* de soi-même[4]. Ainsi, la « nature » à laquelle s'oppose l'esprit ne désigne pas seulement la réalité extérieure mais aussi la « naturalité » de l'esprit au sens de sa figure immédiate, unilatéralement subjective[5]. La tâche qui définit l'esprit est alors de dépasser sa naturalité, de manière à se poser comme son œuvre propre[6]. L'esprit se définit moins par ce qu'il est que par une exigence immanente d'auto-position et l'activité par laquelle il

1. *Encyclopédie* III, Add. du § 381, *W* 10, 23, trad. p. 390.

2. *Ibid.*, *W* 10, 18, trad. p. 385.

3. *Cours d'esthétique* I, *W* 13, 204-205, trad. p. 208.

4. Sur l'*Aufhebung* comme autosacrifice, *cf.* E. Cattin, *Vers la simplicité, phénoménologie hégélienne*, Paris, Vrin, 2010, p. 225 *sq.*

5. Cf. *Raison dans l'histoire*, éd. cit. p. 188, trad. p. 218 : « L'homme est dit sensible aussi longtemps qu'il est non libre et naturel, et le sensible se divise en deux aspects, la nature subjective et la naturalité extérieure. »

6. *Cf.* Ch. Taylor, *Hegel et la société moderne*, Paris, Cerf, 1998, p. 29.

accomplit cette exigence : l' « esprit [...] doit en venir à la distinction, au jugement, au tribunal qui le départage du naturel »[1].

L'esprit, qui est une forme de l'Idée, a bien entendu le même type de rapport avec le réel que l'Idée en général : il ne le détermine pas de l'extérieur mais se réalise en lui, à chaque fois sous une figure particulière. L'esprit ne gouverne pas les individus spirituels à distance mais s'incarne en eux. L'esprit n'est rien d'autre que l'activité de se produire en tant qu'individu. C'est pourquoi le développement de chaque moment s'explique seulement par lui-même et de manière immanente. Le comportement de l'homme considéré en sa conscience ne s'explique *que* par cette conscience, le développement d'une forme artistique ne s'analyse qu'à partir de cette forme, le progrès de la philosophie n'est dû qu'aux fins immanentes de la philosophie et ainsi de suite. Il est permis d'identifier « l'esprit » et « l'homme », et d'ailleurs Hegel ne s'en prive pas, notamment dans l'introduction des *Leçons sur la philosophie de l'histoire*. Cependant la notion d'esprit déborde celle d'être humain. Par exemple, pour Hegel, les figures représentées dans les œuvres d'art et les divinités vénérées dans les religions sont authentiquement spirituelles, car elles s'unifient en elles-mêmes et unifient leurs mondes respectifs. De même, les collectivités socio-politiques, dans la mesure où elles sont mues par une volonté commune, sont des incarnations de l'esprit. Imaginons un instant que l'esprit se réduise à l'homme considéré en son intériorité, c'est-à-dire en sa capacité *immédiate* de penser et de vouloir. Si tel était le cas, cela signifierait que l'esprit ne pourrait dépasser son état initial, ce qui serait en contradiction avec l'impulsion qui le spécifie. En réalité, l'esprit a pour tâche et activité de transcender son intériorité pour s'inscrire dans le monde et faire retour à soi comme œuvre à la fois objective et parfaitement réconciliée avec soi. C'est ce qu'il accomplit en tant qu'esprit objectif et esprit absolu.

Plus précisément, il se réalise, comme tel et totalement, en chaque être spirituel. Par exemple, si Pierre et Paul sont deux individus parfaitement distincts, pourtant ils incarnent l'un et l'autre entièrement l'esprit, puisqu'ils sont tous deux actifs sur le mode de la négation infinie de l'altérité. Alors qu'un étant naturel – par exemple un bloc de marbre – est un *contenu divisible*, l'esprit est une *forme indivisible* qui s'inscrit entièrement dans chacun des contenus qu'il prend en charge. Alors que la nature est plurielle, puisqu'elle est composée d'une série indéfinie de composantes distinctes, l'esprit est un, puisqu'il consiste en une activité d'unification.

1. *Leçons sur la philosophie de la religion* II, éd. cit. p. 425, trad. p. 321.

Hegel unifie d'une certaine façon les concepts aristotéliciens de *poièsis* (production d'un objet extérieur à l'agent) et de *praxis* (action morale ayant son but en elle-même), tout en conservant la thèse soutenue par Aristote d'une priorité de la *praxis*. En effet, pour Hegel, l'agir du sujet est significatif quand il se caractérise par une fin immanente. Mais cet agir ne laisse pas le sujet tel quel, bien plutôt il est auto-production du sujet lui-même. La conception hégélienne de l'esprit a plus précisément pour cadre le concept de sujet tel qu'il est exploré, par exemple, dans la préface de la *Phénoménologie de l'esprit*. Selon ce texte, un sujet est d'abord la « négativité simple en sa pureté », au sens où il est l'activité d'abstraire de soi tout contenu déterminé ; il est ensuite la « scission en deux » (*Entzweiung*) au sens où il se donne un contenu exclusif de tout autre contenu ; il est enfin une « égalité qui se restaure », « la réflexion en soi-même dans l'être-autre » [1], au sens où, loin de se perdre dans ce contenu, il s'y manifeste et s'y reconnaît comme agir libre. La *Leçon sur l'histoire* de 1822-23 fait une analyse similaire. Tout processus spirituel commence par l'expérience que fait l'individu de sa déficience. Cette déficience tient au fait que l'individu, dans son rapport à son monde et à lui-même, est tout d'abord seulement donné à lui-même. L'immédiateté implique une contradiction, puisque l'identité essentielle de l'esprit est de se produire comme son propre auteur. Cette identité s'exprime donc par une impulsion, celle de dépasser l'immédiateté :

> Je me sens déficient. Cependant, je suis [spirituel] ; [...] je le sais, et j'oppose cela au négatif, au manque ; et je me mets à supprimer (*aufheben*) le manque [...]. C'est ainsi que j'ai une impulsion (*Trieb*), que je suis impulsion [2].

Un *telos* est ici défini : supprimer l'immédiateté initiale et se réconcilier avec soi-même. Mais cette totalisation comprend elle-même des étapes. Le développement de l'esprit ne consiste pas simplement, pour lui, à dépasser son immédiateté initiale mais aussi à se donner une objectivité extérieure, pour ensuite seulement ramener cette objectivité à l'unité d'un sens universel :

a) Évoquons en premier lieu le moment de l'objectivité. Cette objectivité peut, elle aussi, être qualifiée de « naturelle » : « L'esprit se donne un être-là, se pose comme extérieur à soi ; il se pose dans l'extériorité, qui est

1. *Phénoménologie, W* 3, 23, trad. p. 69.
2. *PH* 1822-23, éd. cit. p. 27, trad. p. 131.

justement le mode universel et spécifique d'existence de la nature.»[1]. C'est à cette condition seulement que l'esprit acquiert un contenu et devient subsistant-par-soi. Mais par là-même l'esprit fait l'épreuve de la contradiction. Tout moment médian de l'esprit – et notamment l'esprit objectif dans l'économie générale de la philosophie de l'esprit – se traduit par l'opposition d'une exigence (abstraite) d'unité et d'un matériau (irréductiblement) divers. Cependant, par là-même, l'esprit dépasse son indétermination initiale pour se donner une teneur substantielle.

b) Or cette objectivation ne suffit pas. Car, dans son rapport à l'autre, l'esprit doit se retrouver en pensant et en gouvernant cet autre à partir de principes qu'il tire de lui-même :

> L'esprit doit s'approprier la réalité objective (*Gegenständlichkeit*) ou, inversement, l'esprit doit devenir ce qu'il est, produire son concept à partir de lui-même et l'objectiver et ainsi devenir son être [propre]. C'est dans la réalité objective qu'il prend conscience de sa propre félicité, car là où la réalité objective correspond à l'exigence intérieure, là réside la liberté[2].

La fin qui définit essentiellement le processus historique – et que nous commenterons abondamment dans la suite de l'ouvrage – est une figure parmi d'autres de cette impulsion générale de l'esprit :

> Le but de l'histoire du monde est que l'esprit se donne la forme d'une nature, d'un monde qui lui soit adéquat, de sorte que le sujet trouve son concept de l'esprit dans cette seconde nature, dans cette réalité effective engendrée par le concept de l'esprit et possède dans cette objectivité la conscience de sa liberté subjective et de sa rationalité[3].

En d'autres termes, l'activité de l'esprit est une opération de réalisation de soi théorique et pratique, à la fois comme concrétisation (objectivation) et retour à soi (subjectivation)[4]. Par là, l'esprit supprime toute borne qui l'empêcherait d'être chez soi en son autre, il en vient à être l'auteur de sa

1. *Histoire de la philosophie, Introduction*, éd. cit. p. 30, trad. p. 44.

2. *Raison dans l'histoire*, éd. cit. p. 74, trad. (mod.) p. 96.

3. *Ibid.*, éd. cit. p. 256-257, trad. (mod.) p. 296. Le concept de seconde nature, hérité d'Aristote et abondamment utilisé par Hegel à propos de l'esprit objectif, se trouve déjà, s'agissant des œuvres du vouloir, dans la quatrième section du *Système de l'idéalisme transcendantal* de Schelling. *Cf.* A. Roux, « Schelling et l'État : quel ciel sur la terre ? », *Revue philosophique de Louvain*, t. 101, 2003, p. 460.

4. Sur le caractère indissociable du « se savoir » et du « se produire », *cf.* F. Fischbach, *L'être et l'acte. Enquête sur les fondements de l'ontologie moderne de l'agir*, Paris, Vrin, 2002, p. 66 *sq.*

pensée et le législateur de son monde[1]. Hegel reprend une thématique rousseauiste, qui elle-même remonte au *Protagoras* de Platon et fut abondamment relayée par Kant[2] et les post-kantiens[3] : alors que l'animal est d'emblée tout ce qu'il doit être, l'homme est son œuvre propre. Plus précisément, cette œuvre est son élévation à son identité effective grâce au savoir idéel de son inscription réelle dans l'objectivité :

> Ce qui ôte cette immédiateté à l'homme, c'est qu'il se possède lui-même comme objet, qu'il sait [quelque chose] de lui-même, sur lui-même ; que, intérieurement, il est chez soi-même : tel est l'être-pensant. C'est ce qui le distingue de l'animal[4].

Significative est la critique élevée par Hegel à l'encontre de l'interprétation traditionnelle du récit de la chute au chapitre III de la *Genèse*. Alors que la doctrine chrétienne voit ici l'indice d'une bonté originaire de l'homme à laquelle succéderait un état de corruption, Hegel voit dans l'acte par lequel l'homme et la femme goûtent le fruit défendu la sortie hors d'une innocence qui ne mérite aucune estime et l'entrée dans le royaume de la connaissance[5]. Pour Hegel, l'esprit en son commencement n'est moralement ni bon ni mauvais. Il est ingénu – et de ce fait même déficient. Il ne devient capable d'agir moralement, donc d'être bon ou mauvais, qu'en sortant de l'état de nature et en s'auto-éduquant[6]. Hegel s'oppose aussi bien à la théorie chrétienne selon laquelle l'homme serait, depuis la chute, mauvais par nature qu'à la théorie rousseauiste selon laquelle il serait bon par nature. Pour Hegel, originairement, l'homme est en deçà de toute bonté comme de toute malignité, mais il doit, pour cette raison même, échapper à ce commencement. Il doit accéder à l'expérience du bien et du mal (deuxième moment) et, à partir de là, agir de manière entièrement autonome (troisième moment). L'*Aufhebung* de la naturalité est une structure que l'on retrouve sans cesse, mais avec un contenu à chaque fois

1. Cf. *PH* 1822-23, éd. cit. p. 30, trad. p. 133.

2. *Cf.* notamment Kant, *Idée d'une histoire universelle*, proposition 3, Ak. 8, 19-20, trad. t. 3, p. 190-191.

3. *Cf.* par exemple Fichte, *Conférences sur la destination du savant*, *SW* 6, 296, trad. fr. J.-L. Vieillard-Baron, Paris, Vrin, 1994, p. 38.

4. *PH* 1822-23, éd. cit. p. 27, trad. p. 132.

5. Le thème apparaît déjà chez Schiller. *Cf.* « Etwas über die erste Menschengesellschaft nach dem Leitfaden der mosaischen Urkunde », in *Schillers Werke*, hrsg. von W. Stammler, Leipzig, t. 10, p. 219.

6. On ne peut que songer à cette analyse de Fichte : L'homme « n'est pas moral par nature, mais doit d'abord se rendre moral par son propre travail » (*Fondement du droit naturel*, *SW* 3, 148, trad. fr. A. Renaut, Paris, P.U.F., 1984, p. 163).

changeant. C'est l'une des clés de la compréhension de la philosophie de l'histoire.

Par ailleurs, parce que l'esprit se réalise lui-même, il se manifeste tel qu'il se réalise. D'un côté, l'esprit se révèle *intégralement* dans son phénomène, de l'autre sa phénoménalisation est *constitutive* de son identité. Hegel est hostile à l'idée selon laquelle les actes du sujet pourraient dissimuler sa nature véritable. Car, en eux, c'est bien le sujet qui se présente, et il se présente adéquatement. L'idée kantienne d'un « moi en soi », ou d'une « personnalité intelligible » inaccessible, est récusée : « Assurément, il peut arriver, dans certains cas, que l'homme se dissimule et se montre autre qu'il n'est. Cependant c'est là quelque chose de tout à fait partiel, temporaire et borné et qui ne peut valoir globalement. En vérité, l'extérieur n'est pas distinct de l'intérieur, si bien qu'on établit ces distinctions à tort. »[1]. En particulier, « l'histoire est ce qui est manifeste »[2]. C'est pourquoi, en elle, l'âme des peuples se révèle sans détour.

Le changement dans l'esprit

Tandis que la nature est caractérisée par un « parcours circulaire », une « répétition incessante du même »[3], l'esprit est continûment novateur. Il ne cesse d'inventer de nouvelles figures de lui-même : « Ses changements ne sont pas un simple retour à la même figure mais une élaboration, une purification, un parachèvement de lui-même. »[4]. En effet, en accomplissant une tâche momentanée, il s'assigne une nouvelle tâche, car chacune de ses œuvres, une fois déposée, constitue pour lui un obstacle à dépasser – l'esprit étant d'autant plus fort qu'est plus grande l'opposition qu'il surmonte[5].

Il y a certes du changement dans la nature : cependant ce changement ne concerne pas le principe même des étants naturels – leur concept – mais seulement leurs réalisations empiriques. C'est pourquoi la nature se caractérise par un éternel présent. Dans l'esprit en revanche, le sujet se transforme, précipitant ses figures antérieures dans le passé[6]. Si la nature est seulement un déploiement extérieur, l'esprit ne cesse de modifier ses

1. *PH* 1822-23, éd. cit. p. 44, trad. p. 144.

2. *Ibid.*

3. *Ibid.*, éd. cit. p. 38, trad. p. 140.

4. *Ibid.*, éd. cit. p. 18, trad. p. 125. *Cf.* G.D. O'Brien, *Hegel on Reason and History*, Chicago, The University of Chicago Press, 1975, p. 50-51.

5. Cf. *Encyclopédie* II, Add. du § 365, *W* 9, 485, trad. p. 678.

6. Cf. *PH* 1822-23, éd. cit. p. 39, trad. p. 141.

fins, de sorte qu'il est en lutte contre lui-même : « Le développement ne consiste pas en une simple venue au jour (*Hervorgehen*), inoffensive et sans lutte, comme c'est le cas dans le développement de la vie organique, mais c'est un dur labeur contre soi-même, fait à contre-cœur. » [1]. En définitive, alors que la logique est intemporelle et n'évolue que formellement, par un approfondissement de la *même* pensée, et alors que les réalisations de la nature restent conformes à des lois et à des archétypes *définitifs*, l'esprit s'incarne dans des individus toujours différents et se transforme véritablement : « Dans la nature, le genre ne fait pas de progrès. Dans l'esprit en revanche, le changement produit une poussée jusqu'à une nouvelle étape, et tout changement est un progrès. » [2].

Pourtant, si l'esprit change, il ne se perd pas comme sujet. L'addition du § 382 de l'*Encyclopédie* souligne la capacité qu'a l'esprit de maintenir son intégrité à même la contradiction. Par contraste, dit le texte, si par exemple on mélange de l'or avec un autre métal, alors la matière considérée cesse d'être de l'or pur. L'esprit, en revanche, « a la force de se conserver dans la contradiction » [3]. En effet, l'esprit sait que toutes ses déterminations sont posées par lui et qu'il peut par conséquent les supprimer, bref qu'il est l'auteur de ses déterminations. Dès lors, le développement de l'esprit est à comprendre, non pas comme une perte de soi, mais comme un affranchissement à l'égard de ses formes inadéquates [4]. Ainsi le devenir de l'esprit est un élargissement de soi-même :

> Le cours de la nature [...], dans sa transformation indéfinie et dans la vivacité de ses configurations et de ses formes, reste toujours fixée aux seules lois originaires et ne fait aucun progrès : mais – dans la sphère de l'esprit – la tradition de ce que le monde spirituel a produit se gonfle comme un fleuve puissant qui s'accroît à mesure qu'il est poussé loin de sa source [5].

On trouve, dans la *Raison dans l'histoire*, un texte assez déconcertant qui insiste sur l'éternité de l'esprit et sur le fait que celui-ci vit essentiellement au présent :

1. *Introduction* 1830-31, *GW* 18, 184, trad. (mod.) p. 90. *Cf.* J.-M. Lardic, *L'Infini et sa logique*, *op. cit.*, p. 223 *sq.*

2. *PH* 1822-23, éd. cit. p. 38, trad. p. 140. *Cf.* G. Lebrun, *L'Envers de la dialectique*, Paris, Seuil, 2004, p. 314.

3. *Encyclopédie* III, Add. du § 382, *W* 10, 27, trad. p. 393.

4. *Ibid.*

5. *Histoire de la philosophie, Introduction*, éd. cit. p. 7, trad. p. 30.

> L'esprit n'appartient ni au passé ni à l'avenir, mais il est absolument « maintenant ». [...] Ce que l'esprit est maintenant, il l'était depuis toujours ; ce qu'il est maintenant est seulement une conscience plus riche, un concept plus profondément élaboré de soi-même [1].

On a pu interpréter ce texte comme si, pour Hegel, le devenir temporel de l'esprit n'entraînait aucun changement véritable, comme si l'esprit tournait en rond – une lecture qui, en outre, s'appuie sur le concept du « retour à soi » [2]. Mais cette interprétation est invalidée précisément par le fait que, pour Hegel, c'est la nature qui se caractérise par un changement seulement superficiel et un éternel retour du même. La nature est comme le phénix : si elle ressurgit immanquablement de ses cendres, cependant elle conserve toujours la même figure. L'esprit, en revanche, « dans son surgissement, [n'est] pas simplement rajeuni, mais est élevé et transfiguré » [3]. Toutefois, dans ce changement, il y a aussi un maintien de soi : d'où l'insistance du texte cité plus haut sur le fait que le « maintenant » d'une figure quelconque de l'esprit représente une élaboration de son identité pérenne et non pas une phase radicalement nouvelle. L'évolution de l'esprit ne consiste pas en un abandon de soi mais en un approfondissement de soi au sens où l'esprit en vient à objectiver et à fonder son identité. On pourrait objecter à Hegel que seule la transformation de type naturel, au sens du changement radical d'identité, voire de la perte d'identité, est une mutation véritable. Mais Hegel répondrait sans doute que, lorsqu'il n'y a pas d'identité, il n'y a pas d'épreuve subjective du changement, et que ce dernier, alors, répond simplement à des circonstances contingentes, ce qui lui ôte tout sérieux. Pour Hegel, la vraie transformation est celle qui affecte un sujet.

C'est notamment parce que l'histoire est un continuel changement qu'il est vain de chercher à en tirer des leçons. Aucun cas n'est semblable à un autre, de sorte qu'on ne peut se contenter d'imiter les décisions prises dans une situation antérieure [4]. En particulier, et contrairement à une idée reçue, Hegel ignore purement et simplement le thème des lois de l'histoire. Il n'y a de lois, au sens de principes fixes, que dans la nature. Les textes reviennent régulièrement aussi sur l'irréversibilité du temps historique et sur la caducité définitive des civilisations passées. Nous souhaiterions sans doute que le peuple grec antique, dans son beau paganisme, ou le peuple romain,

1. *Raison dans l'histoire*, éd. cit. p. 182-183, trad. p. 214-215.
2. *Cf.* Ricœur, *Temps et récit* III, *op. cit.*, p. 362-364.
3. *PH* 1822-23, éd. cit. p. 18-19, trad. p. 125.
4. Cf. *ibid.*, éd. cit. p. 11, trad. p. 120.

dans sa dure efficacité, soient toujours vivants : « Cependant ces peuples et ces configurations sont passés. »[1].

UNITÉ ET DIVERSITÉ DE L'ESPRIT

L'unité de l'humanité

Pour Hegel, l'humanité est-elle une ou plurielle ? Elle est essentiellement une en ce qu'elle est caractérisée par la forme de l'esprit, comme subjectivité opérant l'*Aufhebung* de l'altérité. L'unité de l'esprit tient à son acte, qui est de forme universelle, même si son contenu particulier ne cesse de changer. En vertu de l'universalité de l'esprit, l'homme reste humain jusque dans ses figures les plus aberrantes ou les plus révoltantes.

Peut-on mieux définir l'unité de l'esprit ? Selon une première hypothèse, les individus spirituels auraient objectivement une essence commune, mais celle-ci n'aurait de sens que « pour nous », observateurs extérieurs. Les esprits seraient alors indifférents à ce qu'ils ont en commun. Cependant, si tel était le cas, alors l'unité n'aurait que le statut d'un « en-soi » et serait inaccomplie. À l'opposé, selon une hypothèse plus convaincante, la spiritualité n'est pas seulement une essence partagée mais aussi un principe subjectif en vertu duquel les esprits se reconnaissent mutuellement comme ayant à s'accomplir en tant que sujets : « L'esprit rend témoignage à l'esprit. Ce témoignage est la propre nature interne de l'esprit. »[2]. Chacun fait l'expérience de sa parenté avec les autres formes de l'esprit et, ainsi, se retrouve en elles. Le rapport à l'autre est, pour chacun, une expérience de sa liberté. C'est pourquoi Hegel parle de « l'esprit » au singulier, car celui-ci ne se divise pas extérieurement mais se particularise en lui-même. De même que la conscience d'un individu ne se répartit pas en une pluralité de consciences « sachantes » ou « voulantes » séparées, mais se réalise en une pluralité d'actes qui relèvent d'une seule et même conscience, quand bien même l'esprit consiste en individus distincts, néanmoins ceux-ci incarnent un unique esprit. La différence, dans l'esprit, est intérieure.

Pour autant, dans l'histoire, l'esprit est divisé en groupes humains qui se développent successivement et sont chacun doués d'un contenu irréductible aux autres. L'esprit reste identique à lui-même quant à sa forme, mais son contenu évolue. En ce sens, on peut dire que, pour Hegel, il y a une

1. *Ibid.*, éd. cit. p. 41, trad. p. 142.
2. *Leçons sur la philosophie de la religion* I, éd. cit. p. 307, trad. p. 290.

histoire de la nature humaine[1]. La nature de l'esprit est fondamentalement changeante, même si elle se conserve comme exigence d'auto-unification. La *Raison dans l'histoire* formule ce point de manière plus exotérique. D'une certaine manière, note le texte, les attitudes subjectives des hommes ne changent certes pas : par exemple, on peut dire que le Romain Curtius, qui se précipite dans l'abîme pour sauver sa patrie, fait preuve du même dévouement que l'assassin disciple du Vieux de la Montagne : car l'un et l'autre mettent leur vie en jeu au nom de ce qu'ils considèrent comme le bien. Ou encore, on peut dire que l'adorateur d'une idole a subjectivement la même ferveur que le chrétien d'aujourd'hui. Toutefois, objectivement, les actes ne sont pas les mêmes : et un chrétien ne peut plier le genou devant une idole, même si l'attitude du païen, pour lui, n'a rien d'inintelligible. C'est en cela que l'esprit évolue, et c'est cette évolution qui intéresse le philosophe de l'histoire[2].

Hegel, invoquant implicitement Rousseau et Lessing, place donc le thème de la perfectibilité et de l'éducation de l'humanité au centre de sa théorie de l'histoire :

> La question de la perfectibilité et de l'éducation de l'espèce humaine intervient ici. Ceux qui ont affirmé cette perfectibilité ont eu quelque pressentiment de la nature de l'esprit, de sa nature qui consiste à avoir le *gnôthi seauton* pour loi de son être et, en appréhendant ce qu'il est, à être une figure plus élevée que celle qui constituait son être. Mais pour ceux qui récusent cette pensée, l'esprit est demeuré un mode vide, tout comme l'histoire est demeurée un jeu superficiel d'aspirations et de passions contingentes[3].

En ce sens, Hegel s'oppose par exemple à Voltaire, qui affirme la constance de la nature humaine en dépit de l'influence des circonstances contingentes sur ses opinions, inclinations et coutumes[4]. Pour Hegel, certes, l'homme veut toujours être libre. Mais la manière dont il le veut

1. Pour l'usage de la notion de nature humaine, *cf.* par exemple *PH* 1822-23, éd. cit. p. 29, 85, 86, trad. p. 133, 177, 178.

2. *Raison dans l'histoire*, éd. cit. p. 51-53, trad. p. 71-73.

3. *Principes de la philosophie du droit*, R. du § 343, *W* 7, 504, trad. p. 544-545.

4. *Cf.* Voltaire, *Essai sur les mœurs*, dans *Œuvres*, éd. L. Moland, Garnier, 1878, XI, 21 : « L'homme, en général, a toujours été ce qu'il est : cela ne veut pas dire qu'il ait toujours eu de belles villes, du canon de vingt-quatre livres de balle, des opéras-comiques, et des couvents de religieuses. Mais il a toujours eu le même instinct, qui le porte à s'aimer dans soi-même, dans la compagne de son plaisir, dans ses enfants, dans ses petits-fils, dans les œuvres de ses mains. Voilà ce qui jamais ne change d'un bout de l'univers à l'autre. » Voir l'analyse de B. Binoche, *Les trois sources de la philosophie de l'histoire*, Paris, P.U.F., 1994, p. 47.

change entièrement d'une époque à l'autre. On peut, de même, opposer Hegel à Kant, pour qui l'enjeu de l'histoire est le déploiement des dispositions natives de l'homme – mais non pas la transformation de la nature humaine elle-même[1].

La question des races

Comment analyser alors ce que Hegel nomme la « diversité des races »[2] ? Disons tout de suite que cette théorie ne peut pas ne pas choquer, puisqu'elle mène, sur une échelle de progrès croissant, des « Nègres » aux Allemands en passant, entre autres, par les Mongols, les Grecs et les Anglais. Les Nègres, dit Hegel, « sont à prendre comme une nation d'enfants qui n'est pas sortie de son ingénuité non intéressée et sans intérêt. Ils sont vendus et se laissent vendre, sans aucune réflexion sur [le fait de savoir] si cela est juste ou pas. »[3]. Les Allemands, en revanche, sont magnifiés : « Les peuples germaniques possèdent en eux-mêmes l'aptitude nécessaire à être les supports du principe supérieur de l'esprit. »[4]. Il y a, aux yeux de Hegel, une inégalité foncière des races, qui se marque dans leurs différences d'aptitude à la pensée adéquate et à l'action libre. Et à cette idée de l'inégalité des races est associé chez lui un européo-centrisme sans nuance. Tous les peuples sont analysés et évalués par contraste avec ceux de l'Europe chrétienne. Qu'il y ait une dimension de racisme dans l'hégélianisme est donc difficile à contester. Puisque ces textes ont été lus et ont joué leur rôle dans les tragédies de l'histoire – fût-ce contre les intentions de Hegel –, l'indignation est légitime. Mais une mise en perspective est tout autant indispensable :

a) La pensée hégélienne est hiérarchique en toutes choses, et il serait étonnant qu'elle ne le fût pas aussi s'agissant de la diversité des races humaines. La hiérarchisation des races est l'application particulière – et à ce titre difficile à éviter – d'un principe général, celui du progrès systématique de l'esprit.

b) La question est de savoir quel est l'écart entre la pensée de Hegel et celle de ses contemporains, car il serait peu loyal de faire le procès de l'hégélianisme sans tenir compte du contexte culturel. Un coup d'œil sur les textes de Kant montre que Hegel se borne, ici, à reprendre les préjugés

1. Cf. *Idée d'une histoire universelle*, deuxième proposition, Ak. 8, 18-19, trad. p. 71-72.
2. Cf. *Encyclopédie* III, R. du § 393, *W* 10, 57, trad. p. 190.
3. *Ibid.*, Add. du § 393, *W* 10, 59-60, trad. p. 417.
4. *Leçons sur la philosophie de l'histoire*, *W* 12, 424, trad. p. 272.

de son temps. Ce n'est certes pas une excuse mais, assurément, un élément d'explication :

> Les Nègres d'Afrique n'ont par nature aucun sentiment qui s'élève au-dessus du puéril. M. Hume défie qui que ce soit de citer un seul exemple d'un Nègre ayant montré du talent et affirme que parmi les centaines de milliers de Noirs que l'on transporte de leur pays dans d'autres, bien qu'un très grand nombre d'entre eux soient mis en liberté, il ne s'en est jamais trouvé un seul qui, soit en art, soit dans les sciences, ou en quelque autre louable qualité, ait joué un grand rôle [1].

> Les Allemands ont la réputation de bon caractère, c'est-à-dire de loyauté et de vertu domestique. [...] On peut attendre du talent du juste entendement de l'Allemand et de sa raison profondément méditative autant que de tout autre peuple capable du plus haut degré de civilisation [2].

c) Allons plus loin : de même qu'il considère ne pas pouvoir dépasser son temps, Hegel revendique d'en assumer les conceptions partagées [3]. Sa tâche en tant que philosophe n'est pas de transformer les savoirs communs, mais d'en établir la raison en les organisant dans un système auto-fondé. Pour lui, l'opinion commune est fondamentalement digne de confiance, son contenu doit être pensé mais non pas dénoncé. Hegel, comme il le revendique, est « le fils de son temps ».

d) L'identité anthropologique d'un peuple ne constitue, en lui, qu'une détermination inchoative. Pour Hegel, l'esprit ne se définit pas principalement par ce qu'il est originairement mais par ce qu'il fait de lui-même, par l'identité qui résulte de son activité. En opposition à nombre de pensées racistes, l'hégélianisme ne considère pas que l'appartenance ethnique permette de définir essentiellement les peuples ou les individus : tout au contraire, la race n'est jamais qu'un point de départ. L'important est en revanche l'État et la conscience de soi qui lui est corrélative, lesquels, comme effet de la *Bildung*, représentent la négation de la naturalité ethnique.

1. Kant, *Observations sur le sentiment du beau et du sublime*, Ak. 2, 253, trad. t. 1, p. 505.

2. Kant, *Anthropologique du point de vue pragmatique*, Ak.7, 317-318, trad. t. 3, p. 1129-1130. *Cf.* aussi Kant, *Leçons d'anthropologie*, Ak 25-2, 1187-1188, cité et traduit par R. Lagier, *Les races humaines selon Kant*, Paris, P.U.F., 2004, p. 181. Sur la reprise par Kant de lieux communs antisémites, *cf.* E. de Fontenay, « Sur un soupir de Kant » dans *Le racisme – mythes et sciences*, Bruxelles, Complexe, 1981, p. 15-29.

3. *Cf.* par exemple *Principes de la philosophie du droit*, Préface, *W* 7, 13-14, trad. p. 116 et deuxième Préface de l'*Encyclopédie*, *W* 8, 15, trad. p. 122-123.

> Ces différences [les différences de race] sont des qualités, parce qu'elles appartiennent à l'âme naturelle, au simple *être* de l'esprit. Mais le concept de l'esprit, [à savoir] la pensée et la liberté, est supérieur à l'être simple [...]. Plus précisément, la rationalité consiste à ne pas être déterminé comme qualitatif. [...] Par conséquent, ces différences ne concernent pas la rationalité même, mais le mode de son objectivité, et ne fondent pas, au nom de ce qu'on appelle les races, une diversité originaire pour ce qui concerne la liberté et les droits[1].

e) Si, pour Hegel, il y a une diversité et une hiérarchie de races, il maintient de la manière la plus nette l'appartenance de toutes les races humaines au monde de l'esprit, et il n'y a chez lui aucun racisme biologisant[2]. Les races sont plurielles, mais il y a une seule humanité, précisément parce que l'esprit est fondamentalement un. D'ailleurs Hegel ne cesse de parler de l'homme en général. Comme on l'a dit plus haut, il souligne régulièrement qu'en dépit de sa structure évolutive, l'esprit est, d'emblée et définitivement, entièrement esprit. C'est pourquoi toutes les races sont capables de connaître et d'agir librement – même si, pour Hegel, les types de connaissance et d'action des différentes races ne sont pas de même valeur. La différence des races n'autorise aucune inégalité en matière de droit :

> De la provenance (*Abstammung*), on ne peut tirer aucun argument pour affirmer le droit ou le non-droit des hommes à la liberté et à la domination. L'homme est en soi rationnel ; en cela réside la possibilité de l'égalité du droit de tous les hommes, – la nullité d'une différenciation rigide en espèces d'hommes ayant un droit et en espèces d'hommes sans droit[3].

f) Cette position complexe explique pourquoi, dans la remarque du § 209 des Principes de la philosophie du droit, Hegel fait l'éloge vigoureux de la pensée « cultivée », qui reconnaît que tous les hommes sont identiques – « L'homme vaut parce qu'il est homme, non parce qu'il est juif, catholique, protestant, italien, etc. » – et en même temps dénonce le cosmopolitisme, en ce qu'il impliquerait que tous les hommes devraient être citoyens du même État, ce qui reviendrait à nier la vie concrète de l'État[4]. En effet, pour lui, les différences d'appartenance ethnique impliquent des

1. *Fragment de 1822-25 sur la philosophie de l'esprit subjectif*, *GW* 15, 224-225, trad. p. 597.

2. Cf. *Encyclopédie* III, Add. du § 393, *W* 10, 57, trad. p. 415. *Cf.* B. Bourgeois, *Hegel, les actes de l'esprit*, Paris, Vrin, 2001, p. 22.

3. *Encyclopédie* III, Add. du § 393, *W* 10, 57, trad. p. 415.

4. *Principes de la philosophie du droit*, R. du § 209, *W* 7, 360, trad. p. 375.

organisations étatiques incompatibles. Tous les hommes sont pleinement hommes, mais ils sont également différents et inégaux.

g) Certes, pour Hegel, l'homme, en tant que citoyen, a besoin d'appartenir à un peuple déterminé. Mais, comme on le verra plus loin, les peuples sont, pour la plupart, ethniquement synthétiques. Et l'État « vrai », comme empire, inclut des peuples divers mais unis par une même conception de l'humanité[1].

L'HISTOIRE DANS L'ÉVOLUTION DE L'ESPRIT

Comment situer l'histoire dans l'économie générale de l'esprit ? C'est-à-dire : que signifie son appartenance à l'esprit objectif, et plus précisément sa situation terminale dans l'État, lui-même achèvement de la vie éthique ? Pour répondre à cette question, nous nous permettons d'anticiper quelques résultats du chapitre V.

L'esprit objectif

De multiples type d'histoire sont examinés dans le parcours encyclopédique : par exemple, *dans l'esprit absolu*, les histoires de l'art, de la religion et de la philosophie[2]. Mais aussi, *dans l'esprit subjectif*, celle de l'individu depuis l'enfance jusqu'à la vieillesse. En outre, la présentation *de l'esprit objectif* est de part en part historicisée dans l'*Encyclopédie* et les *Principes de la philosophie du droit* car les textes traitent du droit abstrait, de la moralité et de la vie éthique à l'époque moderne et par opposition à leurs figures antiques. En revanche, l'histoire telle qu'elle est traitée dans la section « histoire » de l'*Encyclopédie* et des *Principes*, ainsi que les *Leçons sur la philosophie de l'histoire*, a un objet plus précis : le peuple en tant qu'il détermine son état d'esprit subjectif et ses institutions. Certes, les textes des *Leçons sur la philosophie de l'histoire* proposent de nombreux apartés sur l'art, la religion, voire la philosophie. Mais il est clair que ces thèmes, alors, sont subordonnés à celui du peuple[3]. Dans le dispositif

1. *Cf.* A. Wood, *Hegel's Ethical Thought*, Cambridge, Cambridge University Press, 1990, p. 208.

2. *Cf.* l'analyse de V. Hösle, *Hegels System, Hambourg*, Meiner, 1988, 2, 580, pour qui l'histoire du monde déborde les limites de l'esprit objectif. Il s'appuie sur l'autorité de Carl Ludwig Michelet, *Einleitung in Hegels philosophische Abhandlungen* (1832).

3. Cf. *PH* 1822-23, trad. p. 15, trad. p. 123.

systématique en effet, l'histoire est une section de l'État, qui relève lui-même de la vie éthique, donc de l'esprit objectif.

Précisons en quelques mots l'enjeu de l'esprit objectif. Alors que l'esprit *subjectif*, comme individu singulier, a un rapport *immédiat* à lui-même (c'est-à-dire un rapport à son corps, à son environnement propre, à ses représentations et volitions intérieures...), et que l'esprit *absolu*, en tant que manifestation publique de l'esprit comme sujet gouvernant souverainement son monde, s'incarne sur le mode de l'*entière réconciliation* (les œuvres d'art sont belles, les religions assurent la réconciliation de l'humain et du divin, les doctrines philosophiques sont vraies...), l'esprit *objectif* tend à se réaliser dans le monde en lui imposant des *normes*.

Avons-nous affaire avec l'esprit objectif (ou, plus précisément, avec la *Sittlichkeit*, c'est-à-dire avec les institutions de l'esprit objectif), selon l'expression de Ricœur, à une « hypostase de l'esprit, élevé au-dessus de la conscience individuelle et même au-dessus de l'intersubjectivité »[1] ? *Oui*, parce que les institutions, pour Hegel, n'ont pas leur origine dans les individus mais en elles-mêmes, et parce qu'elles tranchent avec les vies singulières en leur conférant une volonté universalisée[2]. *Non*, cependant, dans la mesure où elles n'existent pas en dehors des consciences individuelles[3]. S'il faut ici entendre la notion d'hypostase comme désignant une chose transcendante aux individus, il y a, de la part de Ricœur, une erreur de diagnostic. Certes, la *Sittlichkeit* est objective comme l'est, par exemple, une loi : elle s'impose à l'individu qui ne la crée pas lui-même, elle est valable sur un certain territoire et à une certaine époque, elle est articulée en elle-même et avec d'autres institutions éthiques... Néanmoins, elle ne se présente pas avec l'extériorité d'une chose dans la mesure où elle a le statut d'une norme – et d'une norme exprimant la volonté essentielle des individus.

Insistons sur ce point. Hegel dissocie la notion d'esprit et la notion de conscience de soi. On peut alors analyser le développement de l'esprit objectif au fil conducteur du type de connaissance auquel il donne lieu. Les normes de propriété, dans le droit abstrait, ne sont susceptibles que d'une saisie extérieure. Les motivations de l'action, dans la moralité, ne sont

1. Ricœur, *Du texte à l'action*, Paris, Seuil, coll. « Points », 1986, p. 283.

2. Cf. *Raison dans l'histoire*, éd. cit. p. 113, trad. p. 138 : « Ce qui prévaut dans l'État, c'est l'habitude d'agir suivant la volonté générale (*nach allgemeinem Willen*) et de s'assigner l'universel comme but. »

3. Cf. *ibid.*, éd. cit. p. 110, trad. (mod.) p. 135 : « La matière où le rationnel parvient à l'existence est le savoir et le vouloir humain. »

connues qu'intérieurement tandis que leurs effets, eux, ne sont appréhendés qu'extérieurement (juxtaposition contradictoire). Enfin, dans la *Sittlichkeit*, les règles des institutions, à travers leurs membres, à la fois se connaissent intérieurement et se manifestent extérieurement (unification). Toutefois, dans l'esprit objectif, la connaissance reste constamment dissociée. Par exemple, les titres de propriété sont saisis par une pluralité de personnes. De la même manière, les institutions ne se connaissent et ne se donnent à connaître qu'en leurs membres divers. C'est là une expression de l'abstraction de l'esprit objectif : il ne forme jamais un sujet unifié mais est contradictoirement un et plusieurs. Il est classique de considérer la théorie hégélienne d'une « substance éthique supra-individuelle », comme disent les commentateurs [1], comme une sorte de monstre conceptuel ou de contradiction dans les termes. On constate que la théorie hégélienne est, en fait, au plus proche de l'expérience : l'institution ne se connaît que dans la pluralité de ses membres.

L'esprit devient objectif, donc, quand les droits et les devoirs de chacun sont reconnus dans le cadre d'une collectivité. Le vouloir de chaque sujet, alors, se réalise non pas seulement factuellement mais aussi à bon droit, car en vertu d'un principe objectif de justification. Par exemple, dans le « droit abstrait », qu'un bien appartienne au propriétaire est validé par son statut de « personne » spirituelle par opposition à la chose naturelle. De même, le texte sur la « moralité » (*Moralität*) présente les prérogatives et les obligations publiquement assignées au sujet agissant – à savoir le droit de tirer de lui-même la maxime de son action et le devoir d'en assumer les conséquences pour autant qu'il les a voulues. Enfin, dans la vie éthique ou éthicité (*Sittlichkeit*), la vie familiale, sociale et politique obéit à des règles institutionnelles.

Il faut cependant souligner que l'esprit objectif est, dans l'économie générale de l'esprit, un moment de contradiction. L'emprise de l'esprit sur le monde est toujours fragile : par exemple, ce bien que je possède ne sera pas toujours à moi, je puis le vendre ou le donner, et il est susceptible de m'être volé. Pareillement, telle ou telle action, qui visait mon bonheur, peut finalement se révéler dommageable. Dans les États, on observe une différence irréductible entre les gouvernants et les gouvernés [2]. Et la légitimité, dans l'esprit objectif, n'est jamais que locale et provisoire. Par exemple, les

1. *Cf.* R. Pippin, « Hegel's practical philosophy : the realization of freedom », *in* K. Americks (ed.), *The Cambridge Companion to German Idealism*, Cambridge, CUP, 2000, p. 182.

2. *Cf. Introduction* 1830-31, éd. cit. p. 179, trad. p. 85.

lois chinoises perdent toute validité dans le monde indien et ainsi de suite. Comme le montre le texte suivant, au caractère fondamentalement intégré de l'esprit absolu s'oppose le caractère brisé de l'esprit objectif :

> L'État est l'Idée spirituelle dans l'extériorité de la volonté humaine [...]. Les constitutions sous lesquelles les peuples historiques ont connu leur épanouissement, leur sont particulières. Elles n'ont pas une base commune. [...] Il en va tout autrement pour la science et l'art. Ici les principes antérieurs forment la base absolue des principes ultérieurs. La philosophie antique par exemple est la base de la philosophie moderne, en ce qu'elle lui est immanente et en constitue le fond. Le rapport entre les deux fait penser au développement ininterrompu d'un seul édifice dont la pierre de base, les murs et le toit sont encore restés les mêmes. De même, en art, l'art grec tel qu'il est demeure le modèle le plus élevé. Mais il en est tout autrement de la constitution. Ici l'antique et le moderne n'ont pas un principe essentiel commun[1].

En définitive, l'esprit objectif est incapable de s'unifier entièrement en lui-même et de se réconcilier véritablement avec le monde qui l'entoure. Alors que les produits de l'esprit absolu, qui présentent une entière réconciliation du sujet et de l'objet, sont d'une certaine manière immortels, les institutions de l'esprit objectif – et notamment les peuples – sont guettées par la corruption et la mort. Hegel déclare, comme on l'a dit plus haut, à propos de l'État : « L'État n'est pas une œuvre d'art ; il se tient dans le monde, donc dans la sphère de l'arbitraire, de la contingence et de l'erreur. »[2]. Pareillement, il insiste sur le caractère laborieux de l'action des grands hommes : « Ils ont eu peut-être du mal à aller jusqu'au bout de leur chemin ; et, à l'instant où ils y sont arrivés, ils sont morts – jeunes comme Alexandre, assassinés comme César, déportés comme Napoléon. »[3]. De même qu'il y a, dans le droit abstrait, une pluralité inévitable de propriétés, et de même que, dans la moralité, ce qui est moralement bon pour tel individu ne le sera sans doute pas pour tel autre, de même chaque État demeure

1. *Raison dans l'histoire*, éd. cit. p. 143, trad. p. 172. Une réserve de même type à l'égard de la vie éthique apparaît dans la remarque suivante : « Tout point dans un [...] organisme tel qu'un État ou une famille, autrement dit tout individu, se veut et se montre bien en connexion avec tous les autres membres du même organisme, mais l'âme intérieure unique de cette connexion, la liberté et la raison de la fin unique ne ressortent pas dans la réalité comme cette animation intérieure unique libre et totale et ne se rendent pas manifestes en chaque partie. » (*Cours d'esthétique* I, *W* 13, 195, trad. p. 199)

2. *Principes de la philosophie du droit*, Add. du § 258, *W* 7, 404, trad. p. 703.

3. *Raison dans l'histoire*, éd. cit. p. 100, trad. p. 124.

rivé à son identité particulière et en situation de tension à l'égard des autres[1].

En revanche, l'histoire représente bel et bien un sommet au sein de l'esprit objectif. Alors que, dans le droit abstrait, l'homme ne se rapporte qu'à des biens extérieurs, et que, en tant qu'agent moral, il n'agit qu'à partir de ses convictions particulières, la volonté éthique est celle de l'institution et, à cet égard, est auto-fondée. Plus encore : dans l'État, la volonté éthique se présente comme délibérée et comme civique. Enfin, dans l'histoire, le peuple se fait auteur de son identité propre. Elle est bel et bien un moment d'achèvement. Certes, pour Hegel, il n'en va pas dans l'histoire comme dans la vie religieuse, où l'on voit des individus trouver l'apaisement en renonçant au combat et à la jouissance. La vie historique se caractérise par l'opposition sans repos. Mais, paradoxalement, dit le texte, c'est dans cette lutte perpétuelle que l'homme se satisfait[2].

L'histoire dans l'État

L'histoire relève donc de la vie éthique, et plus précisément de l'État. Hegel analyse ce dernier à partir de la disposition d'esprit du citoyen. À la différence de la société civile, où les individus cherchent à promouvoir leur intérêt privé, entretiennent des rapports de concurrence, et se rapportent les uns aux autres comme à des moyens, l'État se spécifie par la visée de l'intérêt commun. Comme on le verra dans le chapitre suivant, pour Hegel, la vie civique est une fin en soi et, en tant qu'elle définit une norme intégratrice, est un gage de liberté pour l'individu. Même si la volonté « universelle » du peuple apparaît sous des formes différentes dans l'histoire des État, elle permet toujours à l'individu de se reconnaître dans son concitoyen et ainsi d'être libre.

Le moment de l'État est divisé en trois grandes sections. La vie politique intérieure tout d'abord, qui renvoie à l'activité des institutions ; puis le droit public externe, qui concerne le rapport de l'État au monde extérieur

1. Pour A. Peperzak, « Hegel et la culture moderne », *Revue Philosophique de Louvain*, 1986, t. 84, n° 61, p. 17, le mouvement de la philosophie du droit s'oriente vers une théorisation de l'union de tous les humains dans un seul ensemble concret, l'humanité. Certes, Hegel n'aurait pas suivi cette orientation, toutefois seulement parce que la réalité politique de son temps se serait opposée à cette conclusion théorique et parce qu'il aurait eu besoin de l'impasse du politique pour en déduire la nécessité de l'esprit absolu. Nous sommes en désaccord avec cette analyse. Pour nous, l'*objectivité* de la politique implique son échec inévitable.

2. Cf. *Leçons sur la philosophie de l'histoire*, *W* 12, 427, trad. p. 274.

– cependant un rapport qui se concrétise en accords et en désaccords particuliers ; l'histoire enfin, qui a pour objet la vie concrète des peuples :

a) Le « droit public intérieur » est donc consacré au pouvoir politique. L'État est essentiellement libre parce que les institutions différenciées qui le constituent s'unifient dans leur activité concrète. Dans ce premier moment de l'État, la constitution n'est pas considérée en sa genèse, mais seulement en sa vie actuelle. On remarque qu'alors le peuple en tant que tel ne participe pas à la vie politique, car il n'est qu'une « opinion publique » que le parlement a pour tâche d'éclairer.

b) Le « droit public extérieur », en deuxième lieu, considère les règles de la vie internationales à l'extérieur des empires (les empires faisant l'objet, en revanche, du moment de l'histoire). On remarque qu'alors nous n'avons affaire qu'à une série indéfinie de traités bilatéraux, lesquels sont inévitablement provisoires.

c) L'« histoire du monde », enfin, renvoie aux processus par lesquels les peuples se constituent subjectivement et objectivement. Un peuple, comme on le verra au chapitre suivant, représente l'unité de l'État (forme politique) et de la nation (matériau anthropologique). Du droit public intérieur à l'histoire il y a donc toute la distance qui sépare ce qui est abstrait et ce qui est concret, ce qui est sans genèse et ce qui se produit soi-même et dans le temps.

En définitive, pourquoi parler de l'histoire dans une section consacrée à la vie éthique ? Parce que l'histoire traite des peuples, lesquels relèvent de l'esprit objectif et sont en outre, par rapport à l'économie de l'esprit objectif, des totalités. Les peuples ressortissent à l'esprit objectif en ce qu'ils *agissent réellement* dans le monde ; et ils ressortissent à la vie éthique en ce qu'ils forment des ensembles à la fois *pluriels et unifiés*. De même, pourquoi parler de l'histoire dans la section « État » ? Parce que le peuple, à la différence de la famille, ne repose pas sur les liens du sang mais associe des individus substantiellement différents les uns des autres, et parce que ces individus, en tant que tels et à la différence des simple « bourgeois », ne sont pas en concurrence réciproque mais unis par une disposition d'esprit commune, à savoir leur conception de la liberté et leur volonté de se donner des institutions adéquates. Plus précisément : a) Comme on l'a dit, dans la vie politique au sens de la première section de l'État, seule intervient une frange déterminée du peuple, à savoir le personnel politique. En outre, alors, la constitution est présupposée, il n'est pas rendu compte de l'État en lui-même mais seulement de sa vie interne. b) Ensuite, dans la deuxième section de l'État, les relations internationales sont finies au sens où les États n'entretiennent les uns avec les autres que des relations alternatives de domination et d'asservissement. c) Dans l'histoire en revanche, le peuple tout entier est sujet – car il s'auto-éduque et se donne les institutions qui lui correspondent. En outre, les États s'unissent dans des empires, lesquels mettent en place des régimes politiques intégrateurs.

Angelika Nuzzo fait cependant part des difficultés associées à la situation de l'histoire à la fin de l'esprit objectif. Comment rendre compte de la présence de l'histoire – domaine du fait pur, selon certains – dans un traité consacré aux normes ? Et, surtout, la situation terminale de l'histoire ne revient-elle pas à suspendre les normes aux faits, et ainsi à les ruiner[1] ? Nous ferons ici plusieurs remarques :

a) Comme on l'a dit plus haut, il serait erroné de croire que l'histoire n'apparaît, dans les *Principes de la philosophie du droit*, que dans la section intitulée « l'histoire du monde ». En réalité, elle est présente en tous lieux, au moins sur un mode enveloppé, car le droit présenté dans « le droit abstrait », « la moralité », « la famille », etc., est historiquement situé : c'est celui du monde chrétien germanique. Certes, Hegel ne traite pas expressément, par exemple, du droit romain dans le « droit abstrait », ni de la vertu grecque dans la « moralité » : mais ces thématiques ont leur place dans le système. Hegel choisit de ne rendre compte que des figures achevées de ces sections, mais leurs figures inachevées ne sont pas exclues du champ de la réalité effective.

b) Comme on le verra au chapitre V, pour Hegel l'histoire telle qu'elle est examinée dans les *Leçons sur la philosophie de l'histoire* a une signification d'abord juridique. Il s'agit en effet d'étudier les droits et les devoirs des membres des chaque peuple et des peuples eux-mêmes. Les considérations sur l'histoire ne rompent nullement avec le projet général des *Principes de la philosophie du droit*.

c) On demandera cependant : pourquoi est-ce que, dans l'économie générale de l'État, Hegel fait intervenir l'histoire à titre de troisième moment et non pas de premier moment ? Il aurait pu, dira-t-on, commencer par la genèse historique réelle de l'État, puis évoquer les relations internationales, et, en troisième lieu seulement, présenter le fonctionnement

1. *Cf.* A. Nuzzo, « Logic and Time in Hegel's Idea of History – Philosophical Einteilung and Historical Periodization » dans D. Losurdo et A. Tosel (dir.), *L'idée d'époque historique*, Frankfurt a.M., Suhrkamp, 2004, p. 169.

interne de l'État. Selon cette perspective, l'ordre du texte hégélien serait pédagogique et non pas génétique[1].

Selon nous, il n'en est rien. La séquence droit public intérieur-droit public extérieur-histoire du monde est bel et bien génétique. L'institution étatique commence par être donnée à elle-même, mais, alors, ne se développe qu'intérieurement et ne fait agir que son personnel politique. Puis elle se met en tension avec les autres États, et fait l'épreuve alternative des succès et des défaites. Enfin, dans un troisième temps, celui de l'histoire, l'institution étatique est active comme totalité concrète, comme peuple, et s'impose sur la scène internationale comme empire. Les trois moments de l'État traduisent donc un progrès. La vie historique du peuple repose sur la négation de son existence seulement intérieure et de son existence seulement extérieure. L'ordre du texte n'est donc aucunement un ordre artificiel, qu'il faudrait renverser pour retrouver la chose même. Bien plutôt, cet ordre exprime la vie même de l'État.

De manière générale, le progrès systématique ne conduit pas du conditionné à la condition. Il conduit de l'immédiat à l'auto-fondé. Au sein du cycle de l'État, le droit public intérieur est immédiat au sens où il est borné et sans origine assignée. À l'opposé, l'histoire concerne le peuple en totalité et repose sur lui-même, à savoir sur le savoir et le vouloir du peuple. Le progrès systématique, dans le cas du cycle de l'État comme dans les autres cycles, correspond à une concrétisation et à l'avènement d'une raison d'être intérieure.

L'hégélianisme est-il un historicisme ?

L'esprit, donc, consiste toujours à opérer l'*Aufhebung* de son autre, qu'il s'agisse de la nature extérieure ou de ses figures immédiates. Dans le cas de l'histoire, l'altérité prend de multiples aspects. a) Il s'agit en premier lieu de la diversité anthropologique donnée. Les « races », associées à un certain milieu spatial et temporel, ne sont pas le produit de l'histoire mais son présupposé. L'histoire ne les crée pas mais les anime au sens où elle est le processus par lequel les collectivités humaines se constituent en peuples, et se donnent une identité morale et politique. Par ailleurs, chaque peuple a un territoire à unifier politiquement et une temporalité à ressaisir dans sa mémoire. b) Il s'agit en second lieu des peuples extérieurs, initialement indifférents ou hostiles, dont le peuple considéré doit s'assimiler la culture

1. Pour l'hypothèse selon laquelle le troisième moment d'un cycle systématique est la *condition de possibilité réelle* du commencement, de sorte que l'ordre du texte n'exprime pas un progrès réel, *cf.* B. Bourgeois, « Présentation » de Hegel, *Encyclopédie* I, trad. p. 55-56.

et qu'il doit assujettir dans un empire. c) Il s'agit enfin de lui-même, au sens où le peuple doit se faire évoluer, et passer d'un stade immédiat de lui-même à un stade « effectif ». À chaque fois, le donné peut être considéré comme naturel au sens où il se présente comme une mise en cause « extérieure » de l'universalité du peuple, et doit être intégré dans ce dernier, lequel par là se produit comme totalité.

Dans quelle mesure peut-on alors qualifier la pensée hégélienne d'historicisme ? – L'historicisme étant entendu comme la position théorique qui, s'appuyant sur le devenir des réalités humaines, et en particulier des mentalités et des valeurs, considère qu'il est impossible de proposer des critères normatifs universels et par là véritables [1].

Hegel historicise et assigne à des peuples déterminés des structures intellectuelles et morales qui, chez des auteurs antérieurs, sont considérées comme atemporelles et universelles. Par exemple, l'homme du kantisme, chez Hegel, n'est autre que l'homme européen. Car seul l'homme européen post-antique, pour lui, est autonome et capable de se déterminer au nom de principes universels. On peut faire une même remarque à propos des régimes politiques. Les typologies des régimes que l'on trouve chez les Anciens et jusqu'à l'époque des Lumières sont historicisées chez Hegel. Le despotisme est oriental, la démocratie est grecque, et la monarchie, régime de l'unité et de la liberté accomplie, n'est possible que dans l'Europe chrétienne.

Le philosophe insiste régulièrement sur le fait que « nul ne peut sauter à pieds joints par-dessus son temps » [2]. Inversement, il est vain, dit-il, de prétendre revivifier une époque révolue. C'est ainsi que Hegel dénonce l'usage des références antiques au cours de la révolution française [3] – de même qu'il met en cause la reviviscence du platonisme, de l'épicurisme et du stoïcisme à la Renaissance [4]. La raison humaine est historiquement et géographiquement située, elle a toujours un caractère donné, un « en-soi », au sein duquel elle se développe et conquiert sa liberté, mais qui lui sert d'assise et auquel elle ne peut échapper. Par exemple un sculpteur grec

1. Dans son article « Hegel and historicism », *in* F. Beiser (dir.), *The Cambridge Companion to Hegel*, Cambridge, CUP, 1993, F. Beiser définit l'historicisme simplement comme la conviction selon laquelle la philosophie ne peut être une réflexion *a priori* et hors du temps sur des formes éternelles, mais comme la conscience de soi d'une culture spécifique (p. 270). À partir d'une telle définition, il est évident que la pensée hégélienne relève de l'historicisme.

2. *PH* 1822-23, éd. cit. p. 4, trad. p. 114.

3. Cf. *Raison dans l'histoire*, éd. cit. p. 19, trad. p. 36.

4. Cf. *Histoire de la philosophie, Introduction*, éd. cit. p. 49-50, trad. p. 58.

exprime dans ses œuvres l'esprit grec et un philosophe indien pense inévitablement sur un mode indien. Certes, toute sculpture et toute œuvre philosophique présentent un esprit qui opère sa propre *Bildung* et donc rompt avec son point de départ. Néanmoins, ce libre auto-développement s'opère dans le cadre donné par l'appartenance ethnique du sujet qui produit l'œuvre : « Aucun individu ne peut dépasser les limites que lui assigne cette substance [la conscience d'un peuple]. Il peut bien se distinguer des autres individus, mais non de l'esprit de son peuple. »[1].

Hegel n'est certes pas le premier à admettre que les peuples diffèrent les uns des autres en matière de normes et de valeurs. Il trouve notamment en Herder un prédécesseur. Comme on le sait, ce dernier récuse dans *Une autre philosophie de l'histoire* l'idée des philosophes français comme d'Alembert, Helvétius et d'Holbach, selon laquelle la réalité humaine serait gouvernée par des lois universelles qu'une enquête rationnelle pourrait découvrir. Critiquant l'apologie de la modernité européenne, selon laquelle les autres civilisations ne seraient que des formes inabouties de cette dernière, et seraient donc susceptibles d'être condamnées en son nom, Herder insiste sur le caractère irréductible de chaque culture. Par exemple, contre la dénonciation par Winckelmann de l'art égyptien, jugé rébarbatif et sans beauté[2], Herder soutient qu'il n'a pas être évalué d'après les canons grecs ou selon les goûts modernes. Bien plutôt, dit-il, les monuments de l'Égypte antique doivent être jugés de l'intérieur, selon l'esprit même des Égyptiens et de leur époque. Tout s'explique chez le peuple égyptien à partir de son attitude d'apprentissage (laquelle s'exprime dans sa découverte de l'agriculture et de l'administration), et notamment le caractère studieux et grave de son art. Bref, chaque peuple est caractérisé par une âme propre qui rend compte en elle de toutes choses[3]. Hegel, de même, insiste sur la cohérence interne de l'esprit de chaque peuple et, à partir de là, sur l'absurdité qu'il y aurait à demander – fût-ce rétrospectivement – à ses membres de changer de mentalité. Il critique notamment l'anachronisme moral qui consiste à juger un peuple étranger à partir de ses propres valeurs. Il n'y a pas de critère général de la rectitude de l'action : « Chaque peuple vit dans des circonstances si individuelles que c'est en fonction de ces circonstances que l'on doit décider et que l'on décide. »[4].

1. *Raison dans l'histoire*, éd. cit. p. 60, trad. p. 81.
2. *Cf.* Winckelmann, *Histoire de l'art de l'Antiquité* (1764), I, 2, première section.
3. *Cf.* Herder, *Une autre philosophie de l'histoire*, *SW* V, 503, trad. p. 70.
4. *PH* 1822-23, éd. cit. p. 10, trad. p. 119.

Pour autant, Hegel n'est pas un philosophe relativiste car, pour lui, l'histoire est le théâtre d'un progrès. Il est étranger à l'idée selon laquelle tous les peuples se vaudraient. Précisément, le lecteur contemporain ne peut qu'être surpris, et choqué, par la dureté de ses jugements de valeur. Hegel ne cèle rien de ses enthousiasmes ni de ses aversions. Certes, à ses yeux, le progrès de l'histoire n'a rien de linéaire. Car, conformément à la logique spéculative, les deux premiers moments (le monde oriental et le monde gréco-romain), qui se nient mutuellement, sont l'un et l'autre unilatéraux. C'est pourquoi le passage du premier au deuxième moment n'est qu'un renversement, par lequel le moment immédiat cède la place à un moment scindé qui, à maints égards, n'est pas plus satisfaisant que le premier. En revanche, le troisième moment opère l'*Aufhebung* de toute unilatéralité. L'histoire est donc fondamentalement hiérarchique. Elle est un tribunal parce qu'en elle les peuples déficients sont jugés et condamnés. En ce sens, on ne peut pas dire que Hegel soit un philosophe historiciste [1].

1. Il y a de ce point de vue une opposition nette entre Herder et Hegel. Comme on le sait en effet, dans *Une autre philosophie de l'histoire*, la notion de *Fortgang* (progression) est utilisée en lieu et place de celle de *Fortschritt* (progrès). D'une civilisation à l'autre, on observe certes, dit Herder, un changement, mais le progrès dans un certain domaine, par exemple celui des sciences, est compensé par une régression dans un autre, par exemple celui de la moralité. C'est pourquoi il serait extravagant de considérer le présent comme supérieur à tous égards au passé (cf. *Une autre philosophie de l'histoire*, *SW* V, 498, trad. p. 65 et *ibid.*, *SW* V, 507, trad. p. 75). L'humanité, en réalité, ne change pas (cf. *ibid.*, *SW* V, 511, trad. p. 79).

CHAPITRE IV

LE PEUPLE, L'ÉTAT, LES INDIVIDUS

Comment Hegel définit-il le peuple et l'État ? Quelle relation, à ses yeux, l'homme entretient-il avec l'un et l'autre ? Selon une interprétation classique, qui est en même temps une accusation, l'homme hégélien serait engloutit dans l'État. Hegel défendrait une conception « holiste » de la vie politique, en vertu de laquelle l'État priverait ses membres de toute autonomie et leur imposerait sa vision du monde et ses valeurs. Cependant il est difficile d'accorder cette interprétation avec l'affirmation constamment reprise par Hegel selon laquelle l'individu singulier « a sa liberté substantielle dans l'État »[1]. Notre hypothèse, ici, sera double. D'un côté, pour Hegel, la vie dans l'État est essentiellement libérante, dans la mesure où, en lui, l'individu s'élève à une volonté universalisée. De l'autre, la vie dans l'État est bel et bien contradictoire, puisque l'individu, alternativement, y fait valoir ses intérêts propres et est conduit à les sacrifier. Mais cette contradiction, reconnue par Hegel, exprime précisément l'appartenance de l'État à l'esprit objectif.

QU'EST-CE QU'UN PEUPLE ?

Peuple et conscience commune

L'histoire, pour Hegel, est avant tout celle des peuples, lesquels constituent les moments du déploiement historique de l'esprit : « Dans l'histoire du monde [...] l'esprit se fait advenir sous des figures concrètes,

1. *Principes de la philosophie du droit*, § 257, *W* 7, 398, trad. p. 457.

et celles-ci ne sont autres que les peuples historiques. »[1]. On pourrait imaginer, assurément, que l'histoire soit celle de l'homme en général ou de l'humanité. Ou encore, qu'elle soit celle des seuls individus singuliers. Mais ces hypothèses ont pour inconvénient d'évacuer l'appartenance de l'histoire à l'esprit objectif. L'histoire, en réalité, existe dans l'élément de la différence – mais de la différence substantielle[2]. Elle est inscrite dans une figure de l'esprit à la fois collective et particulière. Tel est bien le peuple :

> L'esprit dans l'histoire est essentiellement un individu ; toutefois, dans l'élément de l'histoire du monde, nous n'avons pas affaire au singulier ou à ce qui se réduit et se ramène à l'individualité particulière. [...] L'esprit dans l'histoire est un individu d'une nature universelle, [...] un peuple[3].

Contrairement par exemple à Kant et Condorcet, Hegel considère que le principe du progrès spirituel se trouve dans l'appartenance à une nation concrète, et non pas seulement dans le fait d'être membre de l'espèce humaine. Certes, dans l'histoire, ce sont les hommes qui agissent, mais ils œuvrent en tant que membres de leur peuple, c'est-à-dire à partir du savoir et du vouloir qui caractérise ce dernier[4]. Plus précisément, l'état d'esprit du peuple intervient à titre de principe « universel » de l'action des hommes, la personnalité originale de chacun d'entre eux et les circonstances contingentes des événements déterminant quant à elles sa dimension « particulière ». Si le raisonnement vaut pour l'ensemble des membres du peuple, on vérifie ce point de façon particulièrement nette dans le cas des grands hommes. Par exemple, Hegel comprend Alexandre comme l'incarnation de l'esprit grec, de son brio, de son amour instinctif de la patrie et de son excellence naturelle. De même, César est l'incarnation de l'esprit romain, de son intelligence prosaïque, de sa dureté et de son sens de l'État comme puissance abstraite. Même si ces personnages ont chacun un caractère et des passions propres, néanmoins leur vouloir général et leur conception de l'État expriment les dispositions d'esprit de leurs peuples respectifs. À

1. *Raison dans l'histoire*, éd. cit. p. 75, trad. (mod.) p. 97.

2. Cf. *Cours d'esthétique* III, *W* 15, 258, trad. p. 240 : « À l'histoire ressortit, premièrement, une communauté (*Gemeinwesen*) – que celle-ci soit fondée sur le côté religieux ou sur le côté profane de l'État – avec des lois, des institutions, etc., solidement fixées pour soi et censées valoir ou être imposées comme autant de lois générales. »

3. *Raison dans l'histoire*, éd. cit. p. 59, trad. (mod.) p. 80.

4. Cf. *Cours d'esthétique* III, *W* 15, 259, trad. p. 240. *Cf.* aussi Ch. Bouton, *Le procès de l'histoire*, Paris, Vrin, 2004, p. 150 *sq.*

travers Alexandre et César ce sont, plus fondamentalement, le peuple grec et le peuple romain qui agissent.

Chaque peuple se caractérise par une identité propre : « À tout peuple est assigné en partage un principe nécessaire. »[1]. En effet, les peuples se spécifient par la conscience qu'a chacun d'entre eux de la liberté de l'homme :

> Les esprits populaires (*Volksgeister*) [...] se distinguent selon la représentation qu'ils se font d'eux-mêmes, selon la superficialité ou la profondeur avec laquelle ils ont saisi et pénétré ce qu'est l'esprit. L'ordre éthique des peuples et son droit constituent la conscience qu'a l'esprit de soi ; [...] et la conscience ultime à laquelle tout se ramène est celle de la liberté humaine[2].

Tout peuple se définit par sa conception de l'homme en général. Cette conception, toutefois, n'est pas purement théorique, car elle revient à s'assigner un certain type d'agir. Elle engage le sujet en chacune de ses activités et s'exprime dans ses œuvres.

Le peuple peut-il alors être considéré comme un sujet ? Par sujet chez Hegel, il faut entendre, comme on le sait, un principe qui se transforme (se particularise) tout en maintenant son identité (universelle), de sorte qu'il peut se reconnaître lui-même dans cette particularité (en tant qu'individu singulier). Un sujet n'est pas d'emblée achevé, mais il a la capacité de se réfléchir dans son être-autre[3]. Or il en va bien ainsi du peuple. Comme on l'a vu, Hegel ne cesse d'insister sur le fait que le peuple saisit subjectivement son identité, laquelle se conserve tout en évoluant. Il n'y a d'histoire à proprement parler, justement, que si l'action du peuple exprime cette identité fondamentale et non pas un désir superficiel :

> Un peuple ne participe à l'histoire que dans la mesure où il a identifié sa nature fondamentale, sa fin fondamentale, avec un principe universel, et c'est dans cette mesure seulement que l'œuvre qu'il produit constitue un organisme éthique, politique. Si c'est seulement le désir qui pousse les peuples à l'action, leur agitation passe sans laisser de traces[4].

Pour Hegel, le peuple, comme toute réalité effective, se comprend comme une incarnation momentanée de l'Idée. D'un côté, comme *particularisation* de l'Idée, il est fini. De l'autre cependant, comme

1. *PH* 1822-23, éd. cit. p. 92, trad. p. 182.
2. *Raison dans l'histoire,* éd. cit. p. 59, trad. (mod.) p. 80.
3. Cf. *Phénoménologie*, Préface, *W* 3, 23, trad. p. 69.
4. *Raison dans l'histoire,* éd. cit. p. 176, trad. p. 207. Cf. *PH* 1822-23, éd. cit. p. 48, trad. p. 48.

particularisation *de l'Idée*, il se comprend à partir de lui-même et est essentiellement légitime. Nous retrouverons cette question à propos du difficile concept de la ruse de la raison. Mais on peut d'ores et déjà admettre que, pour Hegel, un peuple, quoique unilatéral, est autonome et auto-explicatif. Il n'a pas sa raison d'être dans un peuple antérieur ou ultérieur mais en lui-même.

Le peuple se caractérise par un principe universel, c'est-à-dire par un principe d'unification interne, en vertu duquel il conserve une identité fondamentale malgré les changements qui lui arrivent. Sa tâche, par laquelle il se constitue précisément comme un peuple historique, est de connaître ce principe. À l'inverse, quand seuls des « enthousiasmes »[1] le poussent à agir, alors son action n'a qu'une portée négligeable. La vie historique du peuple est une action qui, à la fois, est novatrice et permet au peuple de prendre conscience de lui-même à travers ses œuvres. Peut-on alors traduire, comme on le fait parfois, *Volksgeist* par « génie du peuple », au sens où le génie, *ingenium*, désigne les dispositions *naturelles* d'un individu ? Justement pas, puisque la thèse clé de Hegel est que le peuple se transforme dans un processus d'auto-éducation. L'esprit du peuple, comme on le verra au chapitre suivant, a certes une assise donnée – « innée » si l'on veut. Mais l'enjeu de l'histoire est, pour lui, de rompre avec cette immédiateté et de se rendre auteur de lui-même.

L'héritage de Montesquieu et de Herder

Il est inutile de souligner à quel point Hegel est étranger à l'histoire dynastique, diplomatique et militaire. Il minore les événements au profit des caractères généraux des peuples – des caractères qui s'expriment certes dans les actions individuelles mais, plus fondamentalement à ses yeux, dans les mœurs, les lois, les pratiques artistiques, les attitudes religieuses et les conceptions philosophiques. Significativement, il reproche à l'historiographie romaine de se complaire dans les récits de guerres et de trop laisser ignorer l'individualité des peuples avec lesquels Rome est en contact, leurs langues, leurs coutumes éthiques, leurs arts militaires et leurs constitutions[2]. On peut dire que Hegel, de ce point de vue, hérite de l'histoire de la civilisation telle qu'elle est développée par Montesquieu, Voltaire, Hume, Robertson et Herder. Il considère, d'ailleurs, que cette exigence

1. Cf. *PH* 1822-23, éd. cit. p. 48, trad. p. 48.
2. *Ibid.*, éd. cit. p. 413, trad. p. 447.

historiographique est devenue à son époque un lieu commun. En même temps, il se plaint de ce qu'elle ne soit pas suffisamment mise en œuvre :

> L'esprit du peuple rassemble en lui-même les divers aspects de la culture. Et il est la relation, l'unité des aspects, ce qui assure le lien dans ces relations[1].
>
> Tous les aspects et points de vue à mettre en avant dans l'histoire d'un peuple se tiennent les uns aux autres dans la plus étroite connexion. Le fait que l'état des sciences, des arts, des rapports juridiques, de la constitution de l'État et de la religion d'un peuple coïncide avec ses destinées les plus remarquables et avec ses rapports avec ses voisins dans la paix et la guerre, voilà une proposition rebattue. [...] Cependant on en reste habituellement là, sans développer ni expliquer l'unité, l'âme elle-même, sans que soit indiqué ce qui importe[2].

Précisons rapidement en quoi Hegel se rattache de ce point de vue à Montesquieu et Herder :

a) S'agissant de Montesquieu, on songe bien sûr au concept d'« esprit général » de la nation comme équivalent de son « caractère » ou de son « génie ». Pour l'auteur des *L'esprit des lois*, l'esprit est à la fois un résultat et une cause, comme l'indique ce fragment de son traité *De la politique* :

> Dans toutes les sociétés qui ne sont qu'une union d'esprit, il se forme un caractère commun. Cette âme universelle prend une manière de penser qui est l'effet d'une chaîne de causes infinies, qui se multiplient et se combinent de siècle en siècle. Dès que le ton est donné et reçu, c'est lui seul qui gouverne, et tout ce que les souverains, les magistrats, les peuples peuvent faire ou imaginer, soit qu'il paraît choquer ce ton ou le suivre, s'y rapporte toujours, et il domine jusques à la totale destruction[3].

Hegel cite à plusieurs reprise Montesquieu, et le loue notamment, dans l'introduction des *Principes de la philosophie du droit*, pour avoir conçu les nations et les époques comme des totalités[4]. Mais l'éloge de Hegel, et l'impression qu'il a de trouver chez le philosophe français un devancier, reposent probablement sur un malentendu. Certes, pour Montesquieu, le peuple se définit comme un ensemble cohérent : toutefois, son esprit est la *résultante* de multiples facteurs, et non un principe originaire (ce principe

1. *Ibid.*, éd. cit. p. 16, trad. p. 123.
2. *Ibid.*, éd. cit. p. 15, trad. p. 123.
3. Montesquieu, *De la politique*, Œuvres complètes, VIII, p. 515. Cité par Fr. Markovits, *Montesquieu, le droit et l'histoire*, Paris, Vrin, 2008, p. 150.
4. Cf. *Principes de la philosophie du droit*, R. du § 3, *W* 7, 35, trad. p. 142.

fût-il lui-même, comme chez Hegel, en évolution). La totalisation, chez Montesquieu, n'est que dérivée, et si l'esprit étend son influence sur l'ensemble de la vie du peuple, il ne constitue pas pour autant un *sujet*.

Chez Montesquieu, le risque est réel que les lois positives contreviennent à l'esprit général du peuple. C'est pourquoi, comme l'a montré Céline Spector, l'ambition pratique de Montesquieu est de contribuer à la préservation de la liberté politique, en invitant le législateur à faire en sorte que les lois aient la plus grande cohérence possible avec chaque élément constitutif de l'esprit général du peuple[1]. Chez Hegel en revanche, comme on le verra, sauf situation de domination extérieure (comme par exemple lorsque Napoléon impose une constitution artificielle à l'Espagne), l'esprit du peuple s'exprime dans le grand homme et en chaque citoyen, de sorte que la vie politique lui est adéquate. Certes, si l'esprit du peuple est déficient, l'État le sera tout autant. Mais l'hypothèse d'une contradiction entre l'esprit et l'ordre politique n'a guère de sens. Cette analyse des *Lettres persanes*, par exemple, ne pourrait recevoir l'approbation de Hegel :

> La plupart des législateurs ont été des hommes bornés, que le hasard a mis à la tête des autres et qui n'ont presque consulté que leurs préjugés et leurs fantaisies. Il semble qu'ils aient méconnu la grandeur et la dignité même de leur ouvrage: ils se sont amusés à faire des institutions puériles, avec lesquelles ils se sont à la vérité conformés aux petits esprits, mais décrédités auprès des gens de bon sens[2].

En effet, pour l'auteur de l'*Encyclopédie*, les hommes « bornés » qu'évoque Usbek ne sont autres que des « aventuriers »[3] qui, par définition, sont incapables de marquer durablement l'État. Dans l'histoire, seuls sont effectivement influents les hommes qui incarnent l'esprit commun.

b) Herder, dès *Une autre philosophie de l'histoire*, mais plus encore dans ses *Idées sur la philosophie de l'histoire de l'humanité*, propose un portrait moral de chacun des peuples qui se succèdent dans l'histoire. Dans les *Idées*, il proteste contre le projet d'une histoire universelle et insiste sur les spécificités irréductibles de chaque peuple, lesquelles interdisent, dit-il, de juger les peuples du passé à partir des valeurs de l'Europe du XVIIIe siècle. Surtout, il met en avant la cohérence de chacun d'entre eux,

1. *Cf.* C. Spector, *Montesquieu. Liberté, droit et histoire*, Paris, Michalon, 2010, p. 272. *Cf.* Montesquieu, *L'esprit des lois* I, 3, 14.
2. Montesquieu, *Lettres persanes*, 129.
3. Cf. *Raison dans l'histoire*, éd. cit. p. 97, trad. p. 99.

évoquant à leur propos « la nature totale de l'âme qui règne dans tout » [1]. Pour lui, la dimension collective de la culture se manifeste dans les coutumes et la poésie populaire. Il défend énergiquement le folklore, en lequel il voit l'expression non encore déformée ni corrompue de l'âme du peuple. Notons que Herder assigne aux nations une base non pas ethnique mais linguistique et que son relativisme le rend exempt de racisme comme de chauvinisme. En revanche, il ne cesse de s'opposer à tout cosmopolitisme : pour lui, l'homme se définit essentiellement par son appartenance à son peuple.

Herder est peu cité par Hegel – ce qui cependant n'exclut pas qu'il ait eu sur lui, directement ou indirectement, une forte influence, même si Hegel rejette le vitalisme « naturaliste » de Herder et son insistance sur les influences naturelles qui s'exercent sur les peuples. Par exemple, l'idée hégélienne d'un esprit mondial consistant en une chaîne de peuples advenant successivement et formant chacun une totalité cohérente porte bien la marque de Herder, de même que le souci d'une description détaillée de chacun d'entre eux. À la différence de Herder toutefois, Hegel refuse tout relativisme et toute neutralité axiologique dans son traitement des peuples de l'histoire. L'histoire, pour lui, est un tribunal qui juge et condamne les peuples dont la conscience et les institutions sont insuffisamment fondées. Par ailleurs, Hegel se distingue de Herder en ce qu'il insiste sur l'évolution intérieure à chaque peuple, ce qui l'amène à dévaluer son âme initiale et « naïve » au profit de sa conscience et de ses œuvres développées. Enfin, pour Hegel, l'État moderne est « universel » – certes non pas au sens où sa forme serait valable toujours et partout, mais au sens où il intègre en lui-même, sous forme subordonnée, les formes politiques antérieures. En ce sens, l'État moderne n'est exclusif mais inclusif.

Dans la *Défaite de la pensée*, Alain Finkielkraut fait une lecture extrêmement sévère du concept de *Volksgeist*, même si sa cible est alors essentiellement Herder. Pour lui, la culture se partage en deux voies : celle de l'universel et celle du particulier. Précisément, le concept « romantique » de *Volksgeist* sonnerait le glas des valeurs universalistes des Lumières, et par là-même de la raison et de la tolérance, ouvrant la voie au nationalisme et au racisme. Avec ce concept, « tout se renverse : dépositaires privilégiés du *Volksgeist*, juristes et écrivains combattent en premier lieu les idées de raison universelle ou de loi idéale. Sous le nom de culture, il ne s'agit plus pour eux de faire reculer le préjugé et l'ignorance,

1. *Une autre philosophie de l'histoire*, *SW* 5, 503, trad. p. 70.

mais d'exprimer, dans sa singularité irréductible, l'âme unique du peuple dont ils sont les gardiens »[1].

S'il est incontestable que le concept de *Volksgeist* a donné lieu à des usages dévoyés, il est douteux que des auteurs comme Herder et Hegel tombent sous le coup de la critique d'A. Finkielkraut. Chez Hegel, en toute hypothèse, le *Volksgeist*, loin de représenter une pure et simple valorisation du particulier à l'encontre de l'universel, est une figure du processus d'universalisation du particulier. Certes, tout peuple reste particulier, mais c'est précisément pour cette raison qu'il est condamné au tribunal de l'histoire. En outre, même s'il est particulier, tout peuple est un moment de l'esprit. Pour cette raison, il est capable d'établir un rapport de reconnaissance avec les autres peuples et de s'inscrire avec eux dans un empire commun. Allons plus loin : chez Hegel, la victoire des peuples « modernes » sur les peuples « anciens », parce qu'elle est intégrative, traduit précisément la victoire de l'universel sur le particulier. Enfin, si le domaine de l'histoire est en effet caractérisé par l'extériorité réciproque des peuples, en revanche le domaine de l'esprit absolu, et notamment de la philosophie, voit l'établissement de notions et de valeurs acceptables par tous car intrinsèquement légitimes.

Peuple, État, nation, communauté

La question, cependant, est de savoir comment le peuple se rapporte à lui-même. Hegel ne cesse de répéter que le peuple en tant que tel, pris abstraitement, ne sait pas ce qu'il veut[2]. Ceci, toutefois, non pas au sens où le peuple serait privé de tout savoir sur soi, mais au sens où ce savoir n'est qu'instinctif, « naturel » et sans contenu différencié. Le peuple n'accède à une véritable conscience de soi que dans ses œuvres – par exemple juridiques, politiques ou artistiques – en lesquelles il s'objective et par lesquelles il « fait retour à soi » (*kehrt zu sich zurück*). On retrouve ici le thème du « connais-toi toi-même » comme norme caractéristique de l'esprit :

> L'esprit est essentiellement actif, il fait de lui-même son acte et son œuvre de ce qu'il est en soi ; il devient ainsi son objet et se place devant soi comme un être-là. Il en est ainsi de l'esprit d'un peuple : son action consiste à faire de soi un monde présent, déployé dans l'espace. Sa religion, son culte, ses mœurs, ses coutumes, sa constitution et ses lois politiques, l'ensemble des

1. A. Finkielkraut, *La Défaite de la pensée*, réédition Paris, Gallimard, coll. « Folio », 1989, p. 21-22.

2. *Cf.* par exemple *Principes de la philosophie du droit*, R. du § 301, *W* 7, 469, trad. p. 502.

institutions, des événements et des actes ; tout cela, c'est son œuvre, et c'est bien cela qu'est ce peuple [1].

Comment articuler alors les notions de peuple et d'État ? L'État représente le peuple pour autant qu'il se donne, dans la sphère politique, un contenu objectif :

> Ce que nous appelons État est [...] le peuple, dans la mesure où il s'est articulé en lui-même et forme un tout organique. [...] L'État est donc la forme historique spécifique dans laquelle la liberté acquiert une existence objective et jouit de son objectivité [2].

Faut-il cependant considérer que le peuple est l'instance la plus englobante, qui outre ses réalisations esthétiques, religieuses, etc., aurait aussi une réalisation étatique ? Ou, à l'inverse, faut-il considérer que l'État est l'instance princeps, qui se réaliserait en État oriental, en État grec, etc. ? Hegel oscille manifestement entre les deux hypothèses. Par exemple, d'un côté, on peut dire que l'État grec est la réalisation spécifiquement politique de l'esprit grec, de l'autre on peut dire qu'il est la réalisation proprement grecque de l'État en général. Mais dans la mesure où l'État grec, comme tout moment du système, est fondamentalement par soi, on peut défendre sans contradiction l'une et l'autre option.

Toujours est-il que l'un des buts fondamentaux de tout peuple est « d'être un État et de se conserver comme tel » [3]. Toutefois, la notion de peuple, sous la plume de Hegel, est marquée par une nette ambivalence.

a) Entendu de manière abstraite, le peuple s'oppose à l'État, il désigne la foule en tant qu'elle se distingue du pouvoir politique, l'agrégat par opposition à l'ensemble organisé, le *vulgus* par contraste avec le *populus* [4]. Hegel fustige alors l'immaturité et la barbarie potentielle du peuple. Par exemple :

> Le grand nombre en tant que somme d'individus singuliers, qui est ce que l'on entend volontiers par peuple, est bien un être-ensemble, mais seulement en tant que multitude (*Menge*), – une masse informe dont le mouvement et l'ouvrage ne [sont] par là même qu'élémentaires, irrationnels, sauvages et épouvantables [5].

1. *Raison dans l'histoire*, éd. cit. p. 67, trad. (mod.) p. 88-89.
2. *Ibid.*, éd. cit. p. 114-115, trad. (mod.) p. 139-140.
3. *Encyclopédie* III, R. du § 549, *W* 10, 350, trad. p. 329.
4. Cf. *ibid.*, R. du § 544, *W* 10, 341, trad. p. 321-322.
5. *Principes de la philosophie du droit*, R. du § 303, *W* 7, 473-474, trad. p. 507.

Selon les *Principes de la philosophie du droit*, un peuple, avant d'être un État, n'est qu'une horde, une tribu, une multitude… Il lui manque cet « être-là universel » (c'est-à-dire cette existence constituée en totalité) que permettent les lois. Pour cette raison, il n'est pas reconnu politiquement par les autres peuples, et est privé de souveraineté et d'indépendance, à la fois engourdi et prisonnier du cycle stérile du combat formel pour la reconnaissance et de la vengeance[1]. Un tel peuple, bien entendu, n'intéresse pas la philosophie de l'histoire.

b) Au sens emphatique du terme, en revanche, le peuple désigne l'ensemble des hommes dans la mesure où il est constitué en État et, à ce titre, a conscience de soi comme d'un tout : « Le peuple, en tant qu'État, est l'esprit dans sa rationalité substantielle et son effectivité immédiate. »[2].La notion de peuple a alors une signification essentiellement politique. Hegel s'inscrit ici dans la tradition jusnaturaliste moderne qui considère que le peuple se constitue lorsqu'il se donne une unité politique[3]. L'État est l'effectivité du peuple au sens où il est sa dimension objective. C'est précisément de ce peuple qu'il est avant tout question dans l'histoire, comme le montre, sur un mode négatif, le propos suivant : « Un peuple non formé en État (une nation en tant que telle) n'a proprement aucune histoire. »[4]. Et : « Dans l'histoire mondiale, nous avons surtout affaire à des peuples qui savaient ce qu'ils étaient et ce qu'ils voulaient. »[5].

Le peuple ainsi compris n'est certes pas d'emblée achevé en lui-même, puisque, tout au contraire, il n'en est initialement qu'au stade immédiat de son développement. Néanmoins, dès le début de son histoire, il se caractérise par une certaine organisation politique. Le peuple ne joue un rôle

1. Cf. *ibid.*, § 349 et R. du § 349, *W* 7, 507, trad. p. 548-549.

2. *Ibid.*, § 331, *W* 7, 498, trad. p. 535.

3. On songe bien évidemment ici à Hobbes (*Le Citoyen* II, V) et à Rousseau (*Contrat social* I, 5 et I, 7). *Cf.* également Fichte : « Une multitude d'hommes (*Menschenmenge*) unis par une histoire commune qui les conduit à instituer un royaume, est ce qu'on appelle un peuple. Son autonomie et sa liberté consistent à continuer à se développer selon le processus amorcé en vue de la formation d'un royaume. » *Doctrine de l'État* (1813), *SW* IV, 412, trad. sous la direction de J.-Ch. Goddard, Paris, Vrin, 2006, p. 98.

4. *Encyclopédie* III, R. du § 549, *W* 10, 350, trad. p. 329.

5. *PH* 1822-23, éd. cit. p. 4, trad. p. 114. *Cf.* aussi *Introduction* 1830-31, *GW* 18, 148, trad. p. 59 : « Dans l'histoire mondiale, nous avons affaire à des individus qui sont des peuples, à des touts qui sont des États. »

dans l'histoire que dans la mesure où il n'est pas une simple multitude mais un ensemble organisé d'individus[1].

Il faut cependant insister sur ce qui distingue le peuple au sens politico-historique et la « communauté » (*Gemeinschaft*) telle qu'elle est thématisée dans les *Leçons sur la philosophie de la religion*, chaque religion ayant un moment cultuel qui mobilise l'ensemble du peuple. La différence semble être plus précisément la suivante. Le peuple au sens politico-historique du terme ne procède pas d'une *Aufhebung* absolue des contradictions séparant les hommes mais seulement de leur négation finie. Même si les individus, dans l'État, possèdent une même disposition d'esprit, toutefois cette union est provisoire et menacée par la dissension – d'où la corruption et finalement la mort inévitable de tout peuple. À l'opposé, la communauté religieuse est absolument unitaire – ce par quoi elle est la manifestation concrète du divin.

Pour revenir à l'esprit objectif, on constate que les individus n'ont de droits politiques que dans la mesure où ils s'inscrivent dans l'État et se soumettent aux règles communes. Dès lors, du point de vue hégélien, comme au reste du point de vue kantien[2], le concept de droit de résistance ou de droit de révolte est inacceptable, car il n'y a de peuple que s'il est gouverné. Significative est la distinction qu'établit Hegel entre la révolte d'un peuple contre un occupant étranger, qui n'est qu'une rupture de contrat, et celle d'un peuple contre son monarque, qui constitue un crime :

> Si une insurrection a lieu dans une province conquise à l'occasion d'une guerre, il s'agit de quelque chose d'autre que d'une rébellion dans un État bien organisé. Les populations conquises ne s'insurgent pas contre leur prince, elles ne commettent aucun crime d'État, car elles [...] ne se tiennent pas dans la nécessité intérieure de la constitution, – il n'y a là qu'un contrat, et non un groupement de caractère étatique[3].

Il faut dès lors souligner ce qui, d'un point de vue hégélien, distingue le « peuple » et la « race ». La notion de race, comme on l'a dit au chapitre précédent, renvoie à la sphère anthropologique et désigne les dispositions naturelles des groupes humains. À l'opposé, la notion de peuple correspond à la sphère étatique. De la race au peuple, il y a toute la distance qui

1. *Cf. Principes de la philosophie du droit*, § 331, *W* 7, 498, trad. p. 535. C'est notamment pour cette raison que le monde africain, qui aux yeux de Hegel n'est pas organisé en États, est en dehors de l'histoire. *Cf. Raison dans l'histoire*, éd. cit. p. 216-217, trad. p. 249.

2. *Cf.* par exemple Kant, *Métaphysique des mœurs, Doctrine du droit* I § 4, Ak. 6, 319-322, trad. t. 3 p. 586-589.

3. *Principes de la philosophie du droit*, Add. du § 281, trad. p. 722.

sépare les tendances subjectives communes à un groupe humain de la norme objective – la coutume, la loi – en vigueur dans l'État. L'appartenance raciale n'est pas choisie, alors que l'appartenance à un peuple répond à la volonté d'obéir aux lois de ce dernier. Le peuple est une institution publique tandis que les caractères raciaux n'ont d'effets qu'au niveau des individus. Au demeurant, on ne peut qu'être frappé par l'insistance de Hegel sur le caractère ethniquement mélangé des peuples qui jouent un rôle dans l'histoire : « L'élément de la diversité est essentiel à un peuple historico-mondial. Les Grecs, les Romains, les Germains ne se sont unifiés qu'à partir d'une diversité. C'est une condition nécessaire pour un peuple qui peut prétendre avoir une signification historico-mondiale. »[1]. Les peuples homogènes, pour Hegel, ne jouent guère de rôle dans l'histoire mondiale. Il met au contraire l'accent sur l'héritage, la transmission et le mélange. À ses yeux, l'histoire renvoie aux contacts et aux échanges entre des peuples différents.

LES DÉTERMINATIONS GÉOGRAPHIQUES DE L'HISTOIRE

Si l'esprit est sans cesse en lien avec la nature, toutefois, comme on l'a dit au chapitre III, la nature n'explique pas l'esprit. Il y a, à cet égard, une opposition nette entre Hegel et Montesquieu. Hegel refuse d'expliquer l'histoire à partir du milieu, et repousse notamment l'analyse qui fait du climat une variable clé de l'histoire :

> Le climat est un moment tout à fait abstrait et général eu égard à la figure de l'esprit. L'histoire vit certes sur le sol de la naturalité. Mais celle-ci n'est qu'un aspect [de l'histoire], et celui de l'esprit est plus élevé. La nature n'est dès lors qu'un moment bien peu influent. L'aspect naturel [qu'est] le climat ne s'étend pas aux individus[2].

1. *PH* 1822-23, éd. cit. p. 319, trad. p. 370.

2. *PH* 1822-23, éd. cit. p. 91, trad. p. 182. *Cf.* à l'opposé Montesquieu, *L'Esprit des lois* III, 14, 10 : « Ce sont les différents besoins dans les différents climats, qui ont formé les différentes manières de vivre ; et ces différentes manières de vivre ont formé les diverses sortes de lois. » De même, Hegel s'oppose à Winckelmann qui affirme : « La nature d'un pays a toujours influé sur les indigènes et les nouveaux arrivés, en leur donnant une constitution spécifique et un mode de penser particulier. » (*Explication des pensées concernant l'imitation de l'art grec*, trad. fr. M. Charrière, Nîmes, J. Chambon, 1991, p. 102).

Par exemple, il serait absurde de chercher à rendre compte de la poésie homérique à partir de la douceur du climat ionien – puisque de nos jours, dit Hegel, les Turcs n'ont pas d'Homère.

Il peut arriver toutefois qu'un climat trop rude rende impossible l'avènement d'un peuple libre. Alors la nature, loin de se laisser réduire à un moyen, impose sa loi : « Les peuples qui appartiennent à ces extrêmes sont maintenus dans la torpeur. L'homme est [alors] déprimé par la nature et ne peut par conséquent se séparer d'elle. »[1]. Cependant cette dernière analyse, en dépit de son apparente banalité, pose un problème. L'homme, pour Hegel, peut-il être vaincu par la nature *extérieure* ? Si tel était le cas, alors un principe fondamental de l'hégélianisme, à savoir la capacité de l'esprit à opérer l'*Aufhebung* de la nature, serait battu en brèche. Un examen attentif des textes, cependant, montre que l'homme, sous les climats extrêmes (froidures de Laponie, canicules africaines...), n'est pas tant vaincu par le climat que par ses besoins. Ceux-ci relèvent certes de la naturalité, cependant non pas de la nature extérieure mais de la naturalité de l'esprit, et ils ne constituent pas un obstacle mais une déterminité constitutive : « Le besoin, dans ces zones, ne cesse jamais vraiment, jamais on ne peut l'écarter. L'homme est perpétuellement obligé de tourner son attention vers la nature. »[2]. L'esprit, alors, n'est pas subjugué par la nature mais défini tout entier par ses inclinations.

Il reste que Hegel associe les milieux naturels aux aptitudes plus ou moins développées de l'esprit à la pensée autonome. Par exemple, en Asie, la nature exerce son influence avec une grande puissance, et de manière très contrastée, ce qui engendre des formes d'existence elles-mêmes profondément distinctes. À l'opposé, en Europe, la nature est réduite au statut d'accidentalité, de sorte que l'esprit européen apparaît comme plus libre[3].

Même si les formulations hégéliennes sont parfois imprécises, plutôt qu'une relation causale entre la nature et l'esprit, il faut évoquer une relation d'incarnation. L'esprit mondial se réalise de manière à chaque fois particulière, donc dans un milieu naturel donné[4]. Précisons ce point :

1. *PH* 1822-23, éd. cit. p. 92, trad. p. 183.

2. *Raison dans l'histoire*, éd. cit. p. 191, trad. p. 220-221.

3. Cf. *ibid.*, éd. cit. p. 241, trad. p. 277.

4. Cf. *PH* 1822-23, éd. cit. p. 107, trad. p. 195 : « Dans la mesure où les peuples sont des esprits qui, à l'égard du genre, relèvent d'espèces particulières, leur déterminité est pour une part une déterminité spirituelle, à laquelle ensuite, pour une autre part, correspond une déterminité naturelle, de sorte que la relation est réciproque. »

a) Cette nature est en premier lieu spatio-temporelle. De même que les esprits des peuples se réalisent successivement dans le temps, ils se réalisent de manière juxtaposée dans l'espace. L'histoire suit un chemin qui la mène d'est en ouest[1]. Or l'est et l'ouest, pas plus que le nord et le sud, ne sont pas à entendre de manière relative. L'est – l'Asie – est la zone du commencement, le levant; l'ouest – l'Europe, l'Amérique – celle de l'achèvement, le couchant. Au sud, où les continents sont divisés, la naturalité tend à l'emporter, tandis qu'au nord, où la terre est plus compacte, la spiritualité domine[2].

b) Mais Hegel n'insiste pas seulement sur la place abstraite des peuples. Il prend en considération leur environnement. L'espace, pour Hegel, est qualifié. Par exemple, il y a un rapport entre le caractère insulaire de l'espace hellénique et l'individualisme de l'esprit grec. La belle individualité se réalise *naturellement* dans la dissémination géographique et *spirituellement* dans l'excellence individuelle: « Ce qui importe est de connaître non pas le sol comme terrain (*Lokal*) extérieur, mais le type naturel de l'endroit (*Lokalität*), qui coïncide exactement avec le type et le caractère du peuple qui est le fils de ce sol. »[3].

Comment Hegel analyse-t-il alors les différents espaces mondiaux ? Il y a lieu de distinguer soigneusement le Nouveau monde de l'Ancien monde. Ces dénominations n'ont d'ailleurs rien d'arbitraire, car elles traduisent le fait que le Nouveau Monde n'est que récemment entré dans l'histoire. D'ailleurs, il n'appartient pas vraiment à l'objet d'étude de la philosophie de l'histoire.

Hegel fait un portrait sévère du Nouveau monde. Sa jeunesse le rend débile: « L'Amérique est un monde neuf, faible et impuissant. »[4]. Ses habitants sont d'une grande faiblesse intellectuelle et physique. Hegel se fait l'écho du lieu commun selon lequel l'Amérique serait un pays d'avenir, mais avoue son manque d'enthousiasme. Il dénonce notamment le caractère artificiel des États-Unis (simple déversoir de populations venues d'Europe), ce qu'il y a d'inadéquat dans leur constitution (laquelle n'est pas unificatrice mais se contente de juxtaposer des États indépendants), leur faiblesse économique et militaire, et finalement leur caractère inintéressant par une philosophie de l'histoire[5].

1. Cf. *ibid.*, éd. cit. p. 40, trad. p. 141.
2. Cf. *ibid.*, éd. cit. p. 93, trad. p. 183.
3. *Raison dans l'histoire*, éd. cit. p. 188, trad. p. 218.
4. *PH* 1822-23, éd. cit. p. 93, trad. p. 184.
5. Cf. *ibid.*, éd. cit. p. 96, trad. p. 185-186.

L'Ancien monde, objet principal de la philosophie de l'histoire, est quand à lui divisé géographiquement en trois zones principales : l'Afrique, l'Asie et l'Europe. On remarquera que cette division ne coïncide que partiellement avec celle de l'histoire à proprement parler.

a) L'Afrique est repliée sur elle-même, elle ne communique ni avec les autres continents ni à l'intérieur d'elle-même. Les zones côtières, trop étroites pour que des civilisations s'y développent, entourent un noyau montagneux d'autant moins pénétrable que les fleuves qui en descendent sont coupés de rapides, de chutes et de cataractes. En outre sa végétation luxuriante, ses animaux féroces et son atmosphère pestilentielle la rendent parfaitement inhospitalière. Dans ces pages étonnantes, à maints égards choquantes, nous retrouvons une conception fondamentale de Hegel : ce qui est, se manifeste tel qu'il est. Dès lors, parce que l'Afrique est inconnue, on est en droit de considérer qu'elle est dépourvue de vrai contenu spirituel :

> L'Afrique, aussi loin qu'on remonte l'histoire, est restée fermée, sans lien avec le reste du monde ; c'est le pays de l'or, replié sur lui-même, le pays de l'enfance qui, au-delà du jour de l'histoire consciente, est enveloppé dans la couleur noire de la nuit [1].

b) Le milieu géographique asiatique se caractérise par l'opposition entre les hautes terres entourées de montagnes (par exemple l'Himalaya) et les plaines prodigieusement étendues (par exemple les bassins du Houang-Ho et du Yang-tse Kiang). Les deux éléments sont reliés par des fleuves puissants et fertilisateurs. Les habitants des hautes terres, dit Hegel, sont essentiellement mobiles alors que ceux des plaines sont enracinés dans leur milieu d'existence. Les premiers sont nomades, ils vont çà et là, sans but véritable. Ils ont le sens de l'hospitalité mais se livrent tout autant au brigandage. Ils mènent une vie « patriarcale », au sens où la vie sociale se réduit à celle de familles isolées. Parfois cependant, ils se réunissent en masse et déferlent sur les contrées civilisées pour les dévaster, comme les Mongols de Gengis Khan et de Tamerlan.

Les habitants des plaines, en revanche, développent leur agriculture, se munissent d'outils, renoncent à la satisfaction immédiate et apprennent la prévoyance. Ils accèdent à la propriété privée et se rendent aptes, enfin, à la

1. *Raison dans l'histoire*, éd. cit. p. 214, trad. p. 247. Il est à noter que l'Afrique du Nord, pour Hegel, appartient à l'Europe (cf. *PH* 1822-23, éd. cit. p. 101, trad. p. 190).

construction d'un État : « La possibilité d'un maître et, pour l'essentiel, la possibilité de lois en procèdent. »[1].

En troisième lieu, on trouve les régions côtières de Syrie et d'Asie mineure, mélange bigarré de montagnes et de plaines. Territoires propices au commerce et à la navigation, c'est par eux que l'Asie est en relation avec les autres continents. Le Moyen-Orient présente le caractère d'une haute terre, quoiqu'il se trouve dans la plaine. Ce sont ses habitants qui ont adopté la religion de l'Unité abstraite, l'Islam.

c) L'Europe, enfin, n'est pas caractérisée par des oppositions massives mais par une série de milieux singuliers. Alors que les plaines fluviales asiatiques sont démesurées, celles d'Europe sont ramifiées. Nous sommes donc dans l'élément de l'individualité, associé au développement de la subjectivité. L'Europe est diverse. Il y a celle qui est tournée vers l'Asie (la partie est), celle qui est tournée vers l'Ancien monde (la partie méditerranéenne), et enfin l'Europe aujourd'hui la plus vivante, la partie ouest. Son accès fut ouvert par Jules César lorsqu'il franchit les Alpes et conquit la Grande-Bretagne et la Germanie. Il établit ainsi un lien entre l'Ancien monde et le Nouveau monde. Nul élément naturel n'est dominant en Europe, c'est pourquoi l'homme y est d'emblée un être libre à l'égard de son aspect naturel[2].

Il faut en outre noter que la mer est omniprésente en Europe. Alors que l'Asie est un continent massif, tous les États européens de quelque importance ont une ouverture maritime qui leur permet de communiquer les uns avec les autres. Hegel s'élève contre le préjugé – préjugé ancré dans la science géographique française, note-t-il – selon lequel les fleuves et les mers seraient des frontières[3]. Car, bien plutôt, l'eau relie les territoires, alors que les montagnes les séparent. On constate par exemple qu'autrefois le Danemark et la Norvège ont formé un seul État, tandis que la Suède n'a pas appartenu à ce dernier ensemble[4]. Grâce à l'Atlantique, l'Amérique n'est guère séparée de l'Europe. Ainsi Cadix est plus étroitement liée à

1. *PH* 1822-23, éd. cit. p. 108, trad. p. 196.

2. *Ibid.*, éd. cit. p. 111, trad. p. 197.

3. *Cf.* le discours de Danton du 31 janvier 1793 selon lequel « les limites de la France sont marquées par la nature, [...] du côté du Rhin, du côté de l'Océan, du côté des Pyrénées, du côté des Alpes ».

4. Cf. *PH* 1822-23, éd. cit. p. 96, trad. p. 186. À partir de 1380, la Norvège et le Danemark sont unis. La Suède les rejoint en 1397 mais s'émancipe en 1523. L'union de la Norvège et du Danemark est dissoute en 1814.

l'Amérique qu'elle ne l'est à Madrid[1]. La Méditerranée est « le point d'unification spirituel de l'est et de l'ouest ». Sans elle, l'histoire mondiale serait impuissante, car elle rassemble toutes les composantes de l'histoire de l'Ancien monde. Tout comme il n'y aurait pas eu Rome sans le forum ni Athènes sans l'agora, l'Ancien monde, sans la mer, ne serait rien[2].

Hegel propose d'ailleurs une étonnante célébration de la navigation. Alors que le travail de production, destiné à satisfaire les besoins, enferme l'homme dans un cercle étroit, les voyages brisent cette limitation. Et ceci non pas seulement parce que la navigation est un moyen d'élargir ses horizons, mais aussi parce que la mer oblige l'esprit à rompre avec ses intérêts vitaux immédiats. En effet, la navigation suppose une prise de risque (la mer recèle des dangers d'autant plus redoutables qu'elle est la mollesse même et semble innocente), ce qui la rend libératrice. Le moyen (la navigation) s'oppose à la fin (l'obtention de richesses), il élève l'appât du gain au-dessus de lui-même et ennoblit l'activité commerciale : « Le navire, ce cygne si léger en son mouvement, est un instrument, qui fait le plus grand honneur à l'audace de l'esprit. »[3].

L'ÉTAT ET L'INDIVIDU

Comment penser cependant le rapport du peuple et de l'individu ? La question est complexe puisque ce rapport doit être considéré d'une part dans l'histoire en général, d'autre part dans les différents peuples.

a) Comment Hegel conçoit-il la relation *en général* du peuple et de l'individu ? Pour lui, ce n'est pas l'individu mais le peuple (et l'État comme aspect objectif du peuple), qui est une fin en soi :

> L'individu peut assurément considérer l'État comme le moyen de satisfaire ses fins. Mais cette vision des choses n'est, de la part de l'individu, qu'une erreur unilatérale. Car l'État est fin, et l'individu n'a de sens que dans la mesure où il manifeste activement en lui-même ce qu'est le [contenu] substantiel du peuple[4].

Il n'y a pas de droits individuels que l'homme aurait à défendre contre son peuple. Bien plutôt, redevable à ce dernier de ce qu'il est

1. Cf. *Raison dans l'histoire*, éd. cit. p. 196, trad. p. 227.
2. Cf. *PH* 1822-23, éd. cit. p. 106, trad. p. 194.
3. *Ibid.*, éd. cit. p. 112, trad. p. 198.
4. *Ibid.*, éd. cit. p. 73, trad. p. 168.

essentiellement, l'homme trouve dans la vie citoyenne un accomplissement. Certes, cette vie n'est pas la plus haute réalisation de l'homme puisque les moments artistique, religieux et philosophique l'emportent sur elle. Néanmoins, l'existence au sein de l'État représente, dans l'esprit objectif, un sommet.

La question est cependant de savoir quel est le rapport du peuple comme totalité à l'individu. Tout d'abord, le peuple exerce son influence sous la forme de normes, c'est-à-dire de droits dont bénéficient les citoyens en tant que tels et de devoirs auxquels ils se soumettent. Or ces normes ne sont pas « naturelles » au sens où elles feraient l'objet d'une adhésion irréfléchie. C'est dans la seule famille que l'individu en reste à une acceptation « sentimentale », basée sur l'amour, des normes institutionnelles. Dans l'État, les normes sont voulues pour elles-mêmes. Par ailleurs, pour Hegel, ces normes ne sont pas oppressives dans la mesure où elles visent le bien de l'État et, de ce fait même, du citoyen en tant que tel. Ainsi, elles affranchissent la volonté de sa particularité initiale et lui permettent de se conformer à son principe. C'est à ce titre que la règle étatique est libératrice. On ne peut donc interpréter sans précaution la relation entre l'État et le citoyen sur le modèle de la relation entre la substance et l'accident : « La personne, en tant qu'intelligence pensante, sait la substance [étatique] comme son essence propre, elle cesse, dans cette disposition intérieure, d'être un accident de celle-là. » [1].

D'un point de vue hégélien, la liberté politique ne consiste ni dans la limitation de l'État ni dans la limitation réciproque des libertés mais dans la vie citoyenne. L'État permet aux individus de s'affranchir de leurs particularités en les subordonnant au sens civique. L'homme politique par exemple, qu'il soit prince, membre du gouvernement ou parlementaire, n'agit pas selon ses intérêts « bourgeois » mais en citoyen, au sens où son vouloir est universel[2]. Hegel dénonce la représentation selon laquelle l'État contreviendrait à la liberté des individus. La puissance publique ne s'oppose, en fait, qu'au libre-arbitre au sens du bon plaisir « bourgeois »[3]. Pour cette raison, l'obéissance à l'État n'est pas une déchéance mais une éléation. Hegel rejoint clairement Aristote et Rousseau qui font de la vie dans l'État un accomplissement :

1. *Encyclopédie* III, § 514, *W* 10, 318, trad. p. 299-300.

2. Même si, en tant que citoyen, il peut entrer en lutte contre d'autres citoyens, par exemple pour accéder au pouvoir.

3. Cf. *PH* 1822-23, éd. cit. p. 72-73, trad. p. 167. *Cf.* Ch. Bouton, *Le procès de l'histoire*, *op. cit.*, p. 111 *sq.*

> C'est seulement dans l'État que l'homme a une existence conforme à la raison. Le but de toute éducation est que l'individu cesse d'être quelque chose de purement subjectif et qu'il s'objective dans l'État [1].

L'État n'est pas un simple moyen au service de l'homme privé. Il est au contraire le principe souverain qui, gouvernant l'homme selon l'universel, l'élève à son essence [2].

Cependant une autre donnée doit être mentionnée. Comme on le verra dans la suite de l'ouvrage, pour Hegel l'individu, dans l'histoire, est régulièrement sacrifié : et ceci au sens où son bonheur n'est jamais que borné et s'achève inévitablement par la mort. On le remarque spécialement dans le cas des grands hommes, mais ce sont en réalité tous les membres de l'État qui sont menacés par l'infortune. C'est là une expression de la contradiction de l'esprit objectif. L'État, à la fois, fait de la liberté rationnelle des citoyens sa fin, et traite ceux-ci en simples moyens, comme tels voués à être sacrifiés : « En général le particulier est trop petit en face du général : les individus sont sacrifiés et abandonnés. » [3].

L'erreur, cependant, serait de considérer que, pour Hegel, il n'y aurait ici rien de fâcheux et que, pour lui, le sacrifice des hommes ne seraient finalement pas à déplorer. Tout au contraire, à ses yeux, l'instrumentalisation des hommes dans l'État et dans l'histoire est expressive de la déficience de l'esprit objectif, une déficience qui rend indispensable le passage à l'esprit absolu.

b) Par ailleurs l'histoire, comme passage d'un peuple à l'autre, implique un changement progressif du rapport de l'individu à l'État. Dans le monde oriental en effet, l'influence de l'État s'exerce sur le mode de la contrainte despotique. Dans le monde grec, elle est telle que le citoyen est désintéressé et se sacrifie de plein gré en faveur de sa cité. Dans le monde romain, l'État impose une discipline militaire et exige de l'individu qu'il renonce à tout bonheur personnel. En revanche, le moment européen assure la liberté de tout homme et consacre le droit de chacun à voir ses aspirations particulières satisfaites [4]. Le progrès historique aboutit, *in fine*,

1. *PH* 1822-23, éd. cit., p. 72-73, trad. p. 167. Cf. *PH* Heimann, p. 49.

2. Il faut cependant noter que nous sommes dans l'esprit objectif, et que l'obéissance à l'État n'est qu'un devoir-être, qui ménage la possibilité de la déloyauté et de la désobéissance.

3. *Leçons sur la philosophie de l'histoire*, *W* 12, 49, trad. p. 37, cité par F. Chiereghin, « Histoire, État et *Genuss* dans la philosophie de l'histoire de Hegel », *Archives de Philosophie*, 2002/3, vol. 65, p. 411.

4. Cf. *Principes de la philosophie du droit*, R. du § 124, *W* 7, 233, trad. p. 276 : « Le droit de la particularité du sujet à se trouver satisfaite ou, ce qui est la même chose, le droit de la

à une obéissance « libre » du citoyen à l'État au sens où elle repose, de sa part, sur la reconnaissance du fait que ses intérêts – aussi bien généraux que particuliers – sont incarnés par le pouvoir politique. Le but de l'histoire est la reconnaissance de la valeur infinie de l'individu [1].

> Notre époque a pour propriété que les hommes ne se laissent plus conduire par l'autorité. Ils veulent être eux-mêmes actifs et présents [dans les affaires publiques] [2].
>
> Un État est bien administré quand sa fin est unie aux intérêts privés de tous [3].

On ne peut donc parler, avec Adorno, d'un « mépris hégélien envers l'individuel » [4]. Hegel est anti-individualiste au sens où, pour lui, le tout est plus digne d'estime que la particularité, et où la particularité ne s'accomplit que dans la mesure où le tout s'incarne adéquatement en elle. Toutefois, pour lui, un l'État qui ne respecte pas les intérêts particuliers de ses membres est déficient et voué à être surpassé par un État les honorant mieux. Et le fait que les individus ne soient que provisoirement heureux marque la déficience générale de l'histoire face à l'esprit absolu. Certes, le tout doit l'emporter : cependant non pas comme un principe de contrainte mais comme un principe de libération.

liberté subjective constitue le point d'inflexion et le point central de la différence entre l'Antiquité et l'époque moderne. »

1. Cf. *Introduction* 1830-31, *GW* 18, 153, trad. p. 63 : « Seules les nations germaniques réussirent à acquérir, dans le christianisme, la conscience que l'homme en tant qu'homme est libre, que la liberté de l'esprit constitue sa nature la plus propre. » Et *Encyclopédie* III, R. du § 482, *W* 10, 301-302, trad. p. 279 : « Cette Idée est venue dans le monde par le christianisme, suivant lequel l'individu comme tel a une valeur infinie. »

2. *PH* Heimann, p. 40.

3. *Ibid. Cf.* aussi *Introduction* 1830-31, *GW* 18, 161, trad. p. 70 : « Un État est bien géré et en lui-même plein de force si, à son but général, s'unit l'intérêt privé des citoyens, si l'un trouve dans l'autre sa satisfaction et sa réalisation effective. » C'est pourquoi on ne peut s'accorder avec l'affirmation de Marx selon laquelle « la philosophie hégélienne de l'histoire est [...] l'expression la plus pure de toute cette historiographie allemande dans laquelle il ne s'agit pas d'intérêts réels, pas même d'intérêts politiques, mais de pures idées ». (Marx, *L'idéologie allemande*, dans *Œuvres. Philosophie*, *op. cit.*, p. 329)

4. Adorno, *Dialectique négative*, Paris, Payot, 2003, p. 416.

Chapitre V

L'ENJEU DE L'HISTOIRE

Quel est le sens du devenir historique ? La question est de savoir si l'on peut rendre compte de l'histoire, si l'on peut déterminer où elle mène et justifier les peines et les souffrances qu'elle implique. La question du sens se pose notamment face à la chute des empires les plus brillants : « C'est en particulier la vision des ruines d'une ancienne splendeur, d'une grandeur passée qui nous engage à cette tristesse. Tout semble disparaître, rien ne semble demeurer, tout voyageur a éprouvé cette mélancolie. » [1]. Les luttes des hommes qui ont contribué à l'édification des empires ne doivent-elles pas être considérées comme vaines, comme n'impliquant ni progrès ni rétribution ? Plus encore, n'est-il pas insupportable de constater que des efforts extraordinaires ne produisent souvent aucun fruit, tandis qu'à l'inverse des causes minuscules changent parfois le cours de l'histoire ? « Tantôt de prodigieuses dépenses de forces ne produisent que de petits [effets], tantôt un événement en soi sans importance entraîne des conséquences prodigieuses. » [2]. La question du sens se pose donc d'abord à partir de l'apparent désordre de l'histoire : cette confusion n'est-elle qu'un effet de surface ou le fond des choses ? Apparemment, « la mêlée la plus bigarrée se présente à nous, un intérêt humain refoule l'autre » [3]. Que répondre à l'assertion selon laquelle le devenir historique est chaotique, et qu'en lui rien ne demeure ? Plus précisément, la question du sens, chez Hegel,

1. *PH* 1822-23, éd. cit. p. 18, trad. p. 124-125.
2. *Ibid.*, éd. cit. p. 20, trad. p. 126.
3. *Ibid.*

renvoie à une éventuelle essence intérieure qui rendrait compte d'une série de phénomènes :

> [La] signification (*Bedeutung*) ou [le] sens (*Sinn*) est ce qui est l'essentiel ou ce qui est l'universel, le substantiel d'un tel objet [...]. Ici sont toujours présentes deux sortes de choses – le sens, la pensée, et la présentation, l'expression du phénomène dans la perception. Nous avons ici quelque chose d'extérieur et quelque chose d'intérieur, un phénomène extérieur et une signification pour soi-même [1].

Le « sens de l'histoire » – l'expression complète n'apparaît pas en tant que telle sous la plume de Hegel – se confond donc avec son éventuel principe intérieur. Nous défendrons ici l'hypothèse selon laquelle, pour Hegel, le progrès de l'État a pour enjeu l'établissement d'un empire cosmopolitique, avec un peuple qui agit à partir de la représentation générale qu'il a de lui-même. L'histoire, pour Hegel, n'est pas une simple suite d'événements mais elle a pour fil conducteur la question de la légitimité politique. Pour Hegel, ce sont les systèmes politiques les plus évolués et les plus justifiés qui l'emportent sur la scène mondiale.

LE PROGRÈS DE LA CONSCIENCE DE SOI ET DE L'ÉTAT

Le progrès dans l'histoire présente donc une double articulation : d'un côté, celui de chaque peuple en lui-même, de l'autre celui de l'histoire en général par le passage d'un peuple à l'autre. Étudions-les successivement.

Le progrès intérieur à chaque peuple

Quel est l'enjeu de l'histoire pour le peuple ? Il ne s'agit ni de l'activité politique intérieure des peuples (objet du « droit public (ou étatique) interne », premier moment de l'État), ni de leurs conflits mutuels (objet du « droit public externe », deuxième moment) mais de leur auto-engendrement. Plus précisément, l'histoire désigne le processus par lequel chaque peuple se rend « effectif » (*wirklich*) en se donnant, subjectivement, une disposition d'esprit adéquate et, objectivement, une organisation politique appropriée [2]. Ce double mouvement est résumé par ces formules bien connues : « L'histoire mondiale est le progrès dans la conscience de la

1. *Histoire de la philosophie, Introduction*, éd. cit. p. 209-210, trad. p. 96-97.
2. Cf. *Principes de la philosophie du droit*, R. du § 270, *W* 7, 419, trad. p. 445.

liberté. »[1]. Et : « Dans l'existence d'un peuple, le but substantiel est d'être un État. »[2]. C'est ainsi que, dans l'histoire, le peuple se produit comme son œuvre propre. Initialement, il est *donné* à lui-même, il est « immédiat » ; en son achèvement, il se détermine lui-même au sens où il fait de son identité le principe de ses actes. Les dimensions subjective et objective du processus historique s'entre-expriment, et la formation de la volonté des citoyens est inséparable de celle de l'institution étatique.

a) On peut définir l'histoire, en premier lieu, comme la présentation « de la façon dont [l'esprit] arrive à élaborer le savoir de ce qu'il est en soi »[3], c'est-à-dire de son effort pour passer d'un sentiment confus à une conscience adéquate de la liberté qui lui appartient en propre. L'activité d'un peuple est donc pour lui une manière de répondre à l'injonction delphique du « connais-toi toi-même » – une injonction que la première phrase de la philosophie de l'esprit, dans l'*Encyclopédie*, définit comme un « commandement absolu » adressé à l'esprit[4]. Ceci, cependant, non pas au sens où l'esprit serait toujours déjà constitué et devrait ensuite acquérir la connaissance de ce qu'il est, mais au sens où il a à se développer et à rendre effective une identité qu'il n'incarne initialement que de manière formelle.

Comme on l'a dit plus haut, ce serait une erreur, en effet, que de considérer que, pour Hegel, l'esprit posséderait une essence fixe, et que le seul enjeu de l'histoire serait la prise de conscience progressive de cette essence. Le progrès serait alors seulement gnoséologique et non pas ontologique. En réalité, l'esprit n'est rien d'autre qu'un sujet sachant et voulant, de sorte que l'évolution de son savoir et de son vouloir implique aussi une transformation de son identité. À travers la mutation de la conception que l'homme se fait de sa liberté, c'est sa nature même qu'il bouleverse. Par exemple, si l'âme germanique est caractérisée jusqu'à l'époque de Charlemagne par la fidélité et l'amour de la liberté (cependant une fidélité et une liberté qui ignorent toute préoccupation pour l'universel), c'est seulement à l'époque du protestantisme qu'elle en vient à comprendre que l'essence de l'homme réside en sa subjectivité intérieure, c'est-à-dire dans

1. *Introduction* 1830-31, *GW* 18, 153, trad. p. 64.

2. *Encyclopédie* III, R. du § 549, *W* 10, 350, trad. p. 329.

3. *Introduction* 1830-31, *GW* 18, 152, trad. p. 63.

4. Cf. *Encyclopédie* III, § 377, *W* 10, 9, trad. p. 175. Notons que la conscience de soi du peuple se manifeste notamment dans sa capacité à saisir son histoire. Hegel insiste régulièrement sur le fait qu'un peuple dépourvu de conscience historiographique – à l'exemple, dit-il, de l'Inde – en reste à un stade primitif de développement (cf. *Introduction* 1830-31, *GW* 18, 194, trad. p. 98).

sa capacité à penser par lui-même[1]. Tout cycle historique, quelle qu'en soit l'échelle, a pour enjeu « l'éducation par laquelle on passe du déchaînement de la volonté naturelle à l'universel et à la liberté subjective »[2]. Hegel retrouve ici le thème de la *Bildung*, thème essentiel des Lumières[3].

Cependant, à la différence de ses devanciers, comme par exemple Kant[4] et Condorcet[5], il ne considère pas que le philosophe ait ici à jouer le moindre rôle en tant que tel. Bien plutôt, la *Bildung* du peuple est un mouvement spontané, que le philosophe doit penser mais non pas guider. En outre, la « conscience de la liberté » telle qu'elle se développe dans l'histoire, n'est pas un savoir philosophique. C'est un savoir pratique, qui ne fait qu'un avec la volonté. Nous reviendrons sur ce point dans le chapitre consacré au grand homme. Mais il faut d'ores et déjà noter que le progrès subjectif n'est pas un progrès du savoir contemplatif, celui qui vient « à la tombée du crépuscule ». La conscience de la liberté est en réalité aspiration à la liberté.

b) En second lieu, l'histoire politique se traduit par le passage d'une organisation politique indéterminée à un État développé :

> Un peuple est d'abord non cultivé, enveloppé en lui-même ; ce n'est pas le peuple comme tel, mais le peuple qui en vient à se constituer en État [...] qui est la fin universelle de la raison[6].

1. Cf. *PH* 1822-23, éd. cit. p. 451, trad. p. 481 ; éd. cit. p. 501, trad. p. 521.

2. *Raison dans l'histoire*, éd. cit. p. 243, trad. p. 280.

3. L'idéal de la *Bildung* tel qu'il se développe dans le milieu germanophone dans la seconde moitié du XVIIIe siècle repose, comme on le sait, sur l'idée selon laquelle l'homme n'est pas déterminé par son origine ni par la tradition. Il apparaît, par ailleurs, comme une réaction à la spécialisation du savoir, et se distingue des programmes d'enseignement des humanités (*studia humanitatis*) en ce qu'il n'est ni élitiste ni encyclopédique. Il met l'accent sur l'unité entre raison et sensibilité et sur l'autonomie de l'homme, lequel n'est pas modelé par la société extérieure mais développe ses facultés par lui-même : « Mais lorsque nous disons *Bildung* dans notre langue, nous entendons par là une chose à la fois plus haute et plus intérieure, une façon de sentir qui est insufflée par la conscience et le sentiment de toutes nos aspirations intellectuelles et morales à notre sensibilité et à notre caractère. » (W. von Humboldt, *Werke in fünf Bänden*, Darmstadt, A. Flittner et K. Giel (Hrsg.), 1963, vol. 3, p. 401 ; cité par A. Assmann, *Construction de la mémoire nationale : une brève histoire de l'idée allemande de Bildung*, Paris, Éditions de la maison des sciences de l'homme, 1994, p. 20).

4. *Cf.* Kant, *Idée d'une histoire universelle*, Ak. 8, 29, trad. t. 2, p. 203 et *Conflit des facultés* II, 8 Ak. 7, 89-90, trad. t. 3, p. 900-901.

5. Voir par exemple le rôle que s'assigne Condorcet dans ses *Mémoires sur l'instruction publique*.

6. *Introduction* 1822, *GW* 18, 136-137, trad. p. 50.

Par exemple, dans sa première période, le monde grec est incapable de produire une œuvre politique de plus haute portée qu'une union éphémère en vue de la destruction de Troie. En revanche, à l'époque de sa maturité, il est organisé en cités stables, qui souvent sont à la tête d'une ligue ou d'un empire[1]. De même, dans sa première période, l'État romain est fondé sur le simple équilibre de la plèbe et du patriciat[2], et se contente de la conquête de l'Italie. Dans sa période de plein épanouissement en revanche, Rome gouverne l'ensemble du monde (ou plutôt : de son monde), tandis que les institutions romaines sont unifiée par l'empereur[3]. En d'autres termes, l'histoire, dans son versant objectif, est tendue vers l'établissement d'un régime constitutionnel et d'un empire[4].

Plus précisément, selon le schème le plus souvent constaté, la vie d'un peuple consiste tout d'abord en une unité immédiate (existence factuelle d'un État sans institutions différenciées), puis dans un mouvement de scission par lequel ses composantes se rendent indépendantes les unes à l'égard des autres (conflit interne et guerre à l'extérieur), enfin dans un mouvement par lequel le peuple s'unifie sous un principe universel (avènement d'un État intégratif et administration d'un empire) :

> La première forme est celle où la totalité est encore enveloppée et où les cercles ne sont pas encore parvenus à une subsistance indépendante, à la subsistance-par-soi. La deuxième forme est celle où les cercles et, par là, les individus, deviennent libres. La première forme est l'unité ramassée en elle-même, la deuxième l'unité débridée, la libération des cercles, où l'unité est une nouvelle unité. La troisième forme, enfin, est celle où, les cercles, subsistant par soi, ne trouvent leur activité efficiente que dans la production de l'universel[5].

Disons les choses autrement. Chaque peuple est caractérisé en premier lieu par une « nature » anthropologique et juridique donnée : « L'esprit-du-peuple renferme une nécessité relevant de la nature et il se tient dans un être-là extérieur ; la substance éthique infinie en elle-même est, pour elle-

1. Cf. *PH* 1822-23, éd. cit. p. 330, trad. p. 379 ; éd. cit. p. 366 *sq.*, trad. p. 408 *sq.*

2. Cf. *ibid.*, éd. cit. p. 411, trad. p. 446.

3. Cf. *ibid.*, éd. cit. p. 417, trad. p. 450.

4. On trouve également chez Schelling, *Système de l'idéalisme transcendantal*, in *Sämtliche Werke*, hrsg. von K.F.A. Schelling, Stuttgart-Augsburg, Cotta, 1856-1861 (désormais *SW*) 2, 592, trad. Ch. Dubois, Paris, Vrin, 1978, p. 228, l'idée selon laquelle l'enjeu de l'histoire est, bien plus que le développement des arts et des sciences, l'établissement d'une « constitution juridique universelle ».

5. *PH* 1822-23, éd. cit. p. 80, trad. p. 173. Ici, la notion de liberté, dans le deuxième moment, est à comprendre comme cette liberté réflexive qu'est « l'unité débridée ».

même, une substance éthique particulière et bornée, et son côté subjectif est affecté de contingence, [et] coutume éthique inconsciente. »[1]. Or l'enjeu de l'histoire, pour le peuple, est d'opérer l'*Aufhebung* ce donné en en faisant son œuvre propre. L'identité particulière du peuple ne disparaît pas, mais elle est désormais connue et voulue pour elle-même, de sorte que le peuple est auteur de lui-même :

> Mais c'est l'esprit pensant dans la vie éthique qui supprime dans lui-même la finitude qu'il a, en tant qu'esprit-du-peuple [...] et qui s'élève au savoir de lui-même en son essentialité, un savoir qui a, toutefois, lui-même, l'être-borné immanent de l'esprit-du-peuple[2].

Rappelons cependant ce que recouvrent les notions de constitution et d'empire chez Hegel :

1) La notion de constitution, comme toutes les notions clés chez Hegel, a un sens relatif. Est constitutionnel un régime politique qui parvient à sa maturité. Or un État est mûr lorsqu'il s'appuie, non pas seulement sur la volonté du prince, mais aussi sur des principes collectivement reconnus. Ainsi, le pouvoir politique n'est pas arbitraire mais il obéit à une nécessité intérieure, et le peuple, quant à lui, voit sa volonté reconnue et actualisée par les gouvernants :

> La constitution est par essence un système de médiation. Dans les États despotiques où il y a seulement le prince et le peuple, ce dernier, lorsqu'il est actif, ne l'est qu'en tant que masse destructrice à l'encontre de l'organisation. Mais, s'il intervient de manière organique, l'amas d'individus fait valoir ses intérêts de manière conforme au droit et à l'ordre. Au contraire, si ce moyen n'est pas encore présent-là, l'expression de la masse sera toujours sauvage[3].

Par ailleurs, un État constitutionnel est souverain au sens fort du terme, car le pouvoir, en lui, n'est pas divisé entre factions rivales. C'est pourquoi nous pouvons dire que l'État du Moyen Âge n'a rien de constitutionnel non plus, dans la mesure où le pouvoir y appartient aux féodaux, ce qui se traduit par une privatisation (*Privateigentum*) des fonctions étatiques. À l'opposé : « Dans l'état légal, constitutionnel (*im gesetzlichen, konstitutionellen Zustande*) la souveraineté constitue précisément le moment de l'idéalité des sphères et des affaires particulières. »[4]. Ces sphères

1. *Encyclopédie* III, § 552, *W* 10, 353, trad. p. 332.
2. *Ibid.*, § 552, *W* 10, 353, trad. p. 332-333.
3. *Principes de la philosophie du droit,* Add. du § 302, *W* 7, 472, trad. p. 728.
4. *Principes de la philosophie du droit,* R. du § 278, *W* 7, 443, trad. p. 472.

particulières font l'objet d'une *Aufhebung* par le pouvoir central, qui les subordonne aux normes politiques.

2) L'empire désigne une situation dans laquelle l'État dominant assujettit une série d'États tiers. Il est une figure de la systématicité. L'analyse de l'empire perse est éclairante :

> Si nous considérons de plus près l'Empire perse, nous trouvons ici pour la première fois un Empire, c'est-à-dire un tout du pouvoir qui rassemble en soi des éléments totalement hétérogènes. [...] Dans l'Empire perse, nous voyons aussi la différence d'individualisation extérieure sous la forme des nations, mais de telle sorte que les différences, qui peuvent se développer librement et sont pourtant surmontées par un point unifiant, sont maintenues unies[1].

L'empire se traduit par une situation de paix – même si la paix en question reste tributaire de la finitude de l'esprit objectif, et donc n'exclut pas la violence. Il est le moment par lequel l'État opère l'*Aufhebung* de l'objectivité extérieure et s'élève à la dimension du monde – quoique d'un monde qui, inévitablement, reste partiel. On notera le fait que les moments de l'histoire sont dénommés à partir de la notion de *Reich* : *das orientalische Reich*, *das griechische Reich*, etc. On peut traduire *Reich*, de manière abstraite, par « règne », mais tout aussi bien, de manière concrète, par « empire ». Ce dernier choix apparaît comme plus judicieux dans la mesure où l'empire constitue, précisément, le résultat de chaque grande période de l'histoire[2].

Comme on le sait, Hegel affirme qu' « il n'y a pas de préteur entre les États »[3]. Cela signifie-t-il que nulle organisation interétatique ne serait possible à ses yeux ? En réalité, le lieu de cet énoncé, à savoir le moment consacré au droit public international, doit être rappelé. Hegel s'élève ici contre l'idée d'une ligue internationale fondée sur un *pacte* – une idée défendue notamment par Kant dans le *Projet de paix perpétuelle*. Toutefois, il ne condamne pas toute idée d'union entre les États. De fait, dans sa théorie de l'histoire, il y a des empires internationaux, et on peut dire que des personnages comme Cyrus, Alexandre, Auguste, Charlemagne, Charles Quint, etc., sont bel et bien, d'un point de vue hégélien, des gouvernants interétatiques. Il y a en effet une différence capitale entre le

1. *PH* 1822-23, éd. cit. p. 234-235, trad. p. 300-301.

2. Hegel soutient cependant qu'il existe des figures non politiques de l'empire. Par exemple, les Égyptiens se sont objectivés dans l'empire architectural formé par les pyramides : cf. *Leçons sur la philosophie de l'histoire*, *W* 12, 265, trad. p. 163.

3. *Principes de la philosophie du droit*, R. du § 333, *W* 7, 500, trad. p. 536.

préteur évoqué dans « le droit public externe » et l'empereur dans l'histoire. L'autorité du premier ne tient qu'à un *accord* interétatique, ce pourquoi elle est vaine. En revanche, l'autorité du second repose sur l'*Aufhebung* des États à légitimité politique inférieure par un État à légitimité politique supérieure, ce pourquoi elle est effective.

Dans le cas du monde germanique, note Hegel, la conquête de l'extérieur intervient d'emblée : les peuples germains soumettent dès l'origine les États décadents des peuples antérieurs. Les extensions que l'on observe ultérieurement – par exemple lors des croisades ou de la découverte de l'Amérique – ont moins d'importance, dans la mesure où elles ne correspondent pas à la rencontre de peuples jusqu'alors dominants. La vraie évolution du monde germanique, en effet, est non pas extérieure mais intérieure[1], au sens où elle se traduit par un État de plus en plus unifié. Cela signifie-t-il que, pour Hegel, le monde germanique ne serait pas un empire ? Bien plutôt, il est un empire du début à la fin, c'est-à-dire des États wisigothiques, francs et ostrogothiques[2] occupant la partie ouest des possessions romaines à la Confédération germanique[3] en passant par l'Empire carolingien et le Saint-Empire romain germanique – et ceci parce que le monde germanique achève l'histoire. Le schème de la constitution tendancielle de l'État en empire est donc, ici aussi, vérifié.

On peut encore interpréter le progrès de l'État de diverses manières corrélatives : a) À l'origine, l'État ne comprend qu'un seul peuple, à la fin, il regroupe des peuples distincts. C'est ce que l'on constate, par exemple, dans le monde perse. b) À l'origine, le peuple occupent factuellement son territoire. À la fin, il conquiert lui-même son empire. Le monde romain constitue une claire illustration de ce schéma. c) À l'origine, la vie politique se limite à l'activité des princes. À la fin, elle intègre tout individu. On voit cela par exemple chez les Grecs. d) Initialement le peuple ne produit rien qui ne soit éphémère (cas, dans l'empire perse, du peuple zend, qui se contente de travaux agricoles), au dénouement il produit des œuvres solides, voire indestructibles (cas, dans l'empire perse, du peuple égyptien, qui bâtit les pyramides). Toujours est-il que chaque règne de l'histoire commence par une phase d'immédiateté. L'histoire ne cesse de recommencer. Elle n'est pas progrès linéaire mais succession de moments dont

1. Cf. *Leçons sur la philosophie de l'histoire*, *W* 12, 414, trad. p. 265.

2. Cf. *ibid.*, *W* 12, 420, trad. p. 270.

3. *Cf.* la caractérisation du monde germanique final, *Leçons sur la philosophie de l'histoire*, *W* 12, 420, trad. p. 346, qui décrit un système dans lequel les petits États sont protégés par les grands et pour cette raison « ne sont pas des États vraiment indépendants ».

chacun passe, en lui-même, de l'incomplétude radicale à la plénitude, et souvent à la décadence.

Le progrès mondial

Par ailleurs, le passage d'un peuple à l'autre assure le progrès général de l'humanité. Ainsi, pour Hegel, le monde oriental est de part en part oppressif car les sujets n'y sont que les « accidents » de la « substance » étatique[1]. À l'opposé, l'État européen-chrétien est de part en part libérateur dans la mesure où, en lui, tout homme est considéré comme ayant une « valeur infinie »[2]. Or ce progrès n'a rien de naturel, mais il est, précisément, l'effet de l'activité historique des peuples qui luttent les uns contre les autres et dominent successivement la scène du monde.

Insistons cependant sur les implications du passage d'un peuple à l'autre à l'aide du panorama saisissant qu'en propose Hegel dans le texte suivant :

> Il peut être dit de l'histoire mondiale qu'elle est la présentation de l'esprit : la présentation de la façon dont il arrive à élaborer le savoir de ce qu'il est en soi. Les Orientaux ne savent pas que l'esprit, ou l'homme comme tel, est libre en soi. Parce qu'ils ne le savent pas, ils ne le sont pas. Ils savent seulement qu'Un [seul] est libre, mais c'est précisément pour cela qu'une telle liberté n'est qu'arbitraire, sauvagerie, passion sourde, ou bien encore une passion d'une telle douceur, d'une telle docilité, qu'elle n'est elle-même qu'un hasard de la nature ou de l'arbitraire ; – cet Un n'est donc qu'un despote, non pas un homme libre. C'est d'abord chez les Grecs que s'est levée la conscience de la liberté, et donc ils ont été libres. Mais les Grecs eux-mêmes, comme d'ailleurs les Romains, surent seulement que quelques-uns sont libres, et non pas que l'homme comme tel l'est. [...] C'est pourquoi les Grecs ont non seulement eu des esclaves – dont leur vie et la subsistance de leur belle liberté dépendaient – mais leur liberté elle aussi ne fut elle-même, d'une part, qu'une fleur contingente, passagère, non travaillée et limitée, et en même temps, d'autre part, qu'une dure servitude de l'homme, de tout ce qui est humain. – Seules les nations germaniques réussirent à acquérir, dans le christianisme, la conscience que l'homme en tant qu'homme est libre, que la liberté de l'esprit constitue sa nature la plus propre[3].

1. *Raison dans l'histoire*, éd. cit. p. 246, trad. p. 284.
2. Cf. *Encyclopédie* III, R. du § 482, *W* 10, 539, trad. p. 279.
3. *Introduction* 1830-31, *GW* 18, 152-153, trad. p. 63.

En premier lieu, donc, les orientaux s'ignorent eux-mêmes, ils ne se rapportent pas à eux-mêmes mais seulement à la nature environnante (d'où, par exemple, le fait qu'ils divinisent les animaux ou les éléments naturels). Certes, l'esprit oriental, comme tout esprit, rompt avec la nature. Cependant, il reste polarisé par elle, et se rapporte à elle non sur le mode de la réflexion mais sur celui de l'intuition, c'est-à-dire du savoir réceptif. En outre l'Orient, comme point de départ du processus historique, est caractérisé par l'unité abstraite, et non par la pluralité ou la totalité. C'est pourquoi, en Orient, l'exercice du pouvoir n'est pas collectif (paradigme grec et romain), ni expressif d'une volonté commune (paradigme européen-chrétien), mais réservé à un seul individu, à savoir au monarque. La conscience de l'État n'est pas inscrite dans un principe général partagé mais dans un individu présent sensiblement – ce dernier ne traitant pas ses sujets en concitoyens mais en enfants ou en esclaves. Pour Hegel, c'est un fait que les Orientaux n'aspirent pas à la liberté, si bien que le régime despotique sous lequel ils vivent leur est approprié. Au demeurant, le despote lui-même est aliéné, puisqu'il se contente de la satisfaction de ses désirs immédiats. La liberté orientale, irréfléchie, est celle du bon plaisir.

En deuxième lieu, le monde gréco-romain est celui de l'opposition de l'esprit et de la nature. L'esprit se saisit lui-même en affirmant son pouvoir sur l'altérité naturelle. Par exemple, dans la statuaire classique, la noblesse du profil et la dignité de la posture montrent que le sujet humain triomphe de toute animalité. De même, par son sens de la discipline, le soldat romain domine son attachement naturel à la vie. En même temps, la liberté demeure ici relative à ce qu'elle n'est pas. Elle n'est pas une pure autodétermination mais reste tributaire des circonstances extérieures (la naissance dans tel ou tel groupe social, l'appartenance à telle ou telle cité, la parole des oracles…) et a pour condition la présence d'esclaves. Aux yeux de Hegel, l'esclavage chez les Grecs et les Romains n'est pas une aberration, mais la traduction institutionnelle de leur conception de l'homme. Pour eux en effet, l'homme n'est libre que dans la mesure où il est « naturellement » affranchi de la contrainte extérieure. Une telle liberté est donc dépendante des conditions extérieures. C'est pourquoi l'esprit gréco-romain se caractérise par la juxtaposition de moments contradictoires et par là finis : par exemple les cités grecques se concurrencent et sont alternativement sujettes à la prospérité et à la ruine ; de même on voit les empereurs romains assassiner leurs rivaux et se faire tuer à leur tour. La liberté gréco-romaine est associée à la non-liberté, elle est unilatérale.

Enfin, selon les convictions qui ont cours à l'ère chrétienne, c'est l'homme en tant que tel qui est libre, si bien qu'alors tous les hommes sont libres (car dans le monde politique européen chrétien, dit Hegel, le pouvoir politique incarne la volonté de chacun[1]). Alors que, chez les Grecs et les Romains, l'homme est libre pour autant qu'il soumet la nature extérieure, selon la conception chrétienne, l'homme est libre pour autant qu'il soumet ses inclinations naturelles à sa raison. C'est pourquoi tout homme peut être libre. Sur le plan institutionnel, cette dernière conception de la liberté se traduit par le fait que les citoyens obéissent au pouvoir politique non par confiance infantile (comme chez les Orientaux) ni par inclination ou sens de la discipline (comme chez les Grecs et les Romains), mais en vertu d'une décision rationnelle[2].

Hegel établit une analogie entre le progrès de l'histoire de l'humanité et la succession des âges de la vie chez l'individu. Deux idées sont ici présentes. Selon la première, les étapes de l'histoire marquent le passage de l'enfance à l'âge adulte et à la vieillesse. Selon la seconde, chaque peuple incarne un âge déterminé de l'humanité. a) La première idée, on le sait, est déjà présente chez Saint Augustin[3]. Mais, chez lui, elle connote moins le progrès de l'humanité que la vieillesse de la génération présente[4]. En revanche, chez les modernes, elle traduit la conviction de jouir d'une sagesse supérieure à celle des anciens[5]. Avec le thème de la sortie de la

1. Cf. *Principes de la philosophie du droit*, Add. du § 260, *W* 7, 407, trad. p. 704.

2. Cf. *Leçons sur la philosophie de l'histoire*, *W* 12, 309, trad. (mod.) p. 194. On retrouve dans la séquence hégélienne un élément du plan d'Isaak Iselin, qui intitule ainsi les livres VI à VIII de sa *Geschichte der Menschheit* (1764) : « Des progrès de la classe civilisée chez les peuples orientaux, des progrès de la classe civilisée chez les Grecs et les Romains, des progrès de la classe civilisée chez les nations européennes d'aujourd'hui ». *Cf.* B. Binoche, *Les trois sources de la philosophie de l'histoire*, *op. cit.*, p. 179 *sq.*

3. *Cf.* Saint Augustin, *Quatre-vingt-trois questions diverses :* « La Providence divine qui conduit admirablement toutes choses gouverne la suite des générations humaines, depuis Adam jusqu'à la fin des siècles, comme un seul homme qui, de l'enfance à la vieillesse, fournit sa carrière dans le temps en passant par tous les âges. » Déjà l'historien Florus (vers 70 - vers 140) divisait l'histoire romaine en quatre périodes correspondant à l'enfance, l'adolescence, l'âge viril et la sénescence du peuple. *Cf.* le *Proemium* du premier livre de son *Abrégé d'histoire romaine* (traduit par Baudement, Paris, Dubouchet, 1840).

4. Saint Augustin, *Sermon 81* : « Tu t'étonnes de voir le monde toucher à sa fin ? Étonne-toi plutôt de le voir parvenu à cet âge avancé. Le monde est un homme qui naît, qui grandit et qui vieillit. Que de chagrins dans la vieillesse ! La toux, le dérangement des humeurs, la faiblesse de la vue, l'inquiétude, la fatigue, tout est réuni. Dans sa vieillesse l'homme est donc rempli de misères, et le monde dans sa vieillesse est aussi rempli de calamités. »

5. Bacon, *Novum organum* I, 84 : « Les vrais anciens, c'est nous, tandis que l'Antiquité représente l'enfance de notre espèce. » Pascal : « Ceux que nous appelons Anciens étaient

minorité dans le *Qu'est-ce que les Lumières* ? Kant fait de cette conviction un usage non plus descriptif mais normatif. b) La seconde idée se trouve développée chez de très nombreux auteurs du XVIIIe siècle, mais en particulier chez Herder. Dans *Une autre philosophie de l'histoire*, par exemple, celui-ci décrit l'Orient biblique comme la prime enfance, l'Égypte comme l'enfance à l'école, la Grèce comme l'adolescence, Rome comme la maturité et les temps modernes comme la décrépitude de l'humanité. Chaque peuple serait enfermé dans un certain degré de maturité, et la croissance de l'humanité ne tiendrait pas seulement au passage d'une génération à l'autre mais aussi au passage d'un peuple à l'autre. Toutefois, chez Hegel, cette analogie connaît un développement intense. Le trope convenu retrouve sa fraîcheur et se révèle une source d'inspiration. Pour lui, l'Oriental est un enfant en ce qu'il vit dans le sensible et obéit au monarque sans réfléchir. Le Grec est un jeune homme – un adolescent[1] – dans la mesure où, plein d'ardeur et de naïveté, il prétend conformer le monde extérieur à ses nobles idéaux. Le Romain est un homme mûr en ce qu'il se soumet à une dure discipline et travaille activement dans le monde. Enfin, l'Européen de l'époque chrétienne peut être considéré comme un vieillard dans la mesure où il parvient à la sagesse en accédant à une conscience adéquate de sa liberté[2].

L'évolution de l'histoire est donc une *Bildung* non seulement conscientielle mais aussi politique. Elle est un effort vers une organisation étatique optimale. Le thème de la volonté et de l'agir dans le monde – thème propre de l'esprit objectif[3] – se retrouve donc à deux niveaux. D'une part, le peuple aspire et œuvre à être vraiment ce qu'il est, à être un peuple effectif et non pas seulement immédiat ou scindé. D'autre part, la volonté du peuple s'incarne dans des institutions qui ne sont rien d'autre que la volonté du peuple rendue active et objective. La philosophie hégélienne de l'histoire est une philosophie de la volonté des peuples dans l'histoire.

véritablement nouveaux en toutes choses… » (Préface au *Traité du vide*, dans *Œuvres complètes*, Seuil, coll. L'intégrale, 1963, p. 232) Descartes : « Il n'y a pas lieu de s'incliner devant les Anciens à cause de leur antiquité, c'est nous plutôt qui devons être appelés les Anciens. Le monde est plus vieux maintenant qu'autrefois et nous avons une plus grande expérience des choses ». Cité par Baillet, *La vie de Monsieur Descartes* II, 53.

1. On sait qu'étymologiquement, l'*adolescens* est celui qui n'a pas encore exercé de magistrature.

2. Cf. *PH* 1822-23, éd. cit. p. 117, trad. p. 203.

3. Comme le montre notamment l'introduction des *Principes de la philosophie du droit*, essentiellement consacrée à une analyse du concept de volonté.

En définitive, le progrès historique s'analyse à partir de deux éléments complémentaires. En premier lieu, la diversité des peuples est un donné *naturel*, un état de fait qui ne peut que se constater. Les peuples sont caractérisés chacun par une certaine place dans l'espace et le temps, ainsi que par un certain caractère anthropologique. En second lieu, ces peuples s'éveillent et se développent activement. C'est ce second aspect qui constitue l'histoire à proprement parler, au sens de l'activité *spirituelle* de négation du donné naturel. L'histoire pour Hegel est un processus au sens d'une activité de transformation. Mais elle est un processus spirituel au sens où la chose même, à savoir le peuple, est auteur de son devenir [1].

La décadence des peuples

La période proprement historique est en un sens fort limitée, puisqu'elle correspond à celle pendant laquelle le peuple s'assure un empire mondial. Avant, il n'est pas encore historique, après, il ne l'est plus. En particulier, Hegel accorde une large place au thème de la décadence des peuples. Il faut d'abord en relever les effets puis en repérer le soubassement dans la logique systématique. Quel est l'élément rendant possible, voire inévitable, un tel déclin ?

La corruption du peuple intervient une fois son but atteint, un but qui n'est autre que la domination mondiale :

> Le peuple, en son activité, est cette soif infinie du fruit. Toutefois, en le goûtant, il en fait le breuvage qui empoisonne son existence [2].

> L'histoire spéciale d'un peuple historico-mondial contient d'une part le développement de son principe depuis sa situation infantile, enveloppée, jusqu'à son épanouissement [...] – d'autre part aussi la période de décadence (*Verfall*) et de corruption (*Verderben*) [3].

1. Certains commentateurs affirment que le système hégélien serait parfaitement circulaire, de sorte que l'on pourrait entrer dans le système à n'importe quel endroit tout en étant assuré de revenir finalement à son point de départ. Ou encore, dans la lignée de l'interprétation par Th. Gearets des syllogismes finaux de l'*Encyclopédie*, qu'il serait possible, du point de vue même de Hegel, de faire varier l'ordre de lecture des moments constitutifs du système. L'exemple de l'histoire, progressive et irréversible, montre les difficultés de ce genre d'interprétation.

2. *PH* 1822-23, éd. cit. p. 31, trad. p. 134.

3. *Principes de la philosophie du droit*, R. du § 347, *W* 7, 506, trad. p. 547. *Cf.* Hume, *De l'origine et du progrès des arts et des sciences*, dans *Essais et traités sur plusieurs sujets*, trad. fr. M. Malherbe, Paris, Vrin, 1997, p. 187 : « Quand les arts et les sciences ont atteint dans

Manifestement, Hegel pense cette décadence à partir du paradigme historiographique du monde romain finissant[1]. La décadence, sous sa plume, se caractérise plus précisément par les éléments suivants :

a) On observe en premier lieu le surgissement d'un « principe supérieur », opposé à celui du peuple considéré – par exemple, l'avènement du socratisme à Athènes, du christianisme au sein de l'empire romain ou du luthéranisme au Moyen Âge.

b) Le peuple perd son « intérêt absolu »[2] pour la vie historique. On peut comprendre, par cette expression, que le peuple s'affranchit de ses contradictions, de sorte qu'il n'aspire plus à l'auto-transformation[3]. Par exemple, Hegel évoque le paradoxe de Titus et des Antonins : d'un côté, ce furent des personnalités remarquables, de l'autre, parce qu'ils ne trouvèrent aucune opposition face à eux, ils ne firent pas progresser la liberté romaine[4].

c) Il y a en troisième lieu une polarisation du peuple vers des intérêts non plus concrètement universels mais particuliers. On observe ainsi une certaine dissolution de l'esprit civique. Par exemple, dans la Rome impériale, le développement du droit de propriété entraîne l'atomisation du peuple. Il y a ici quelque chose de maladif :

> De même que, dans la putréfaction du corps physique, chaque point acquiert pour soi une vie propre, qui n'est toutefois que la vie misérable des vers, de même ici l'organisme politique s'est dissout dans les atomes des personnes privées[5].

d) La vie du peuple tombe dans l'habitude, laquelle est ici à comprendre sur le modèle de la routine et de la répétition[6]. L'existence politique ne

un État leur perfection, ils commencent à décliner par une suite naturelle ou plutôt nécessaire. »

1. Cf. *Leçons sur la philosophie de l'histoire*, *W* 12, 382, trad. p. 244 : « L'empire entier succombait sous le poids des impôts comme du pillage, l'Italie se dépeupla, les régions les plus fécondes restaient incultes ; cette situation pesait sur le monde romain comme une fatalité. »

2. *Principes de la philosophie du droit*, R. du § 347, *W* 7, 506, trad. p. 547.

3. *PH* 1822-23, éd. cit. p. 46, trad. p. 146 : « Je n'ai d'intérêt pour quelque chose que dans la mesure où cela m'est encore caché, ou dans la mesure où c'est ma fin, [mais] que celle-ci n'est pas encore accomplie. »

4. *Leçons sur la philosophie de l'histoire*, *W* 12, 283, trad. p. 244.

5. *Ibid.*, *W* 12 284, trad. p. 245.

6. Cf. *PH* 1822-23, éd. cit. p. 46, trad. p. 146. Dans les textes relatifs au moment de l'anthropologie, Hegel propose, à partir d'une inspiration aristotélicienne, une analyse bien plus positive de l'habitude : cf. *Encyclopédie* III, § 409-410.

procède plus d'une volonté consciente mais d'un mécanisme extérieur. Par exemple, dans le cas de Rome : « La constitution romaine en était venue à ne plus être qu'une simple forme, quelque chose sans substance en soi. »[1]. L'empire romain est alors le lieu du rabâchage, Auguste et ses successeurs se contentant, comme on l'a dit, de reproduire l'œuvre politique de César[2].

Structurellement, il y a une parenté entre, d'un côté, la décadence de l'État et, de l'autre, la maladie et la « mort naturelle » du vivant telles qu'elles sont examinée dans la « physique organique » de la Philosophie de la nature. La maladie, pour Hegel, correspond en effet à l'insurrection des organes, qui cessent de se conformer à l'impulsion du tout. Et le vieillissement, quant à lui, est pensé comme une sclérose, une diminution de la tension interne, de sorte que la vie, alors, se réduit à une simple mécanique.

On voit que, pour Hegel, la valeur du peuple, sa signification à l'échelle de l'histoire mondiale, se phénoménalise. Ainsi, ce n'est pas seulement le philosophe qui juge que le peuple, à tel moment de son développement, n'a plus de rôle à jouer dans le progrès de l'histoire mondiale : car, bien plutôt, sa caducité se manifeste dans l'expérience : « L'esprit du peuple laisse son [être-]négatif accéder, lui aussi, au phénomène. »[3]. De même que tout peuple révèle extérieurement sa rationalité et sa légitimité (ou, plus précisément, son degré propre de rationalité et de légitimité), il montre aussi, de lui-même, dans quelle mesure son existence actuelle est utile ou non à l'esprit mondial. Pour Hegel, la valeur ne relève pas du seul jugement de l'observateur, car elle est objective et s'atteste de manière obvie dans l'expérience.

Selon G. Lebrun, « l'esprit ne se produit pas en produisant ses formations finies, mais au contraire en les récusant l'une après l'autre. Ce n'est pas la puissance des empires mais leur mort qui donne à l'histoire sa raison »[4]. En réalité, nous semble-t-il, tout peuple dans l'histoire a une valeur positive – quoique limitée – laquelle s'exprime précisément dans sa victoire sur les peuples antérieurs. Chaque peuple incarne l'esprit mondial de manière vivante, même si sa finitude aboutit inévitablement à sa corruption et à sa mort.

Il reste que la décadence du peuple n'est pas une disparition pure et simple. Il n'y a de mort radicale que dans la nature. Dans l'esprit, il y a bien

1. *PH* 1822-23, éd. cit. p. 417, trad. p. 450.
2. *Ibid.*
3. *Ibid.*, éd. cit. p. 47, trad. p. 146.
4. G. Lebrun, *L'Envers de la dialectique*, *op. cit.*, p. 28.

plutôt une vie végétative, qui s'exprime dans l'histoire par la « nullité politique »[1], c'est-à-dire par le passage à l'arrière plan de l'histoire.

Pour autant, Hegel ne traite pas les différentes périodes de l'histoire sur un mode uniforme – et ceci, vraisemblablement, en raison de son attention à la diversité du matériau fourni par les historiens. Tantôt une période s'achève avec un accomplissement, tantôt elle se conclut par un effondrement. On distingue deux grands types d'organisation thématique-systématique. a) D'abord, la clôture du soi, puis la domination du monde extérieur, enfin la décadence (par exemple, le monde grec et le monde romain). b) D'abord la simplicité native, puis la scission, enfin la réconciliation (par exemple, le monde asiatique, dont le troisième moment est la Perse, ou le monde germanique, dont le troisième moment est le moment luthérien). Les deux types d'organisation considérés se retrouvent évenuellement à l'intérieur de moments de moindre rang. Par exemple, le monde grec héroïque relève du premier type, dans la mesure où il s'achève avec la disparition des rois, laquelle est accompagnée de « crimes horribles » (allusion évidente à la geste d'Atrée). En revanche, le monde germanique initial relève du second type puisqu'il se conclut brillamment avec l'empire de Charlemagne[2].

HEGEL FACE À LA PHILOSOPHIE DE L'HISTOIRE DE KANT

On peut, à ce stade de l'analyse, esquisser une comparaison des théories de l'histoire de Kant et de Hegel – même s'il sera nécessaire de compléter cet examen dans les chapitres ultérieurs.

Quelques points communs

a) Chez Kant comme chez Hegel, on trouve un optimisme fondamental à l'égard du présent. Kant présente son propre temps comme une époque qui est, sinon « éclairée » (*in einem aufgeklärten Zeitalter*), du moins « en marche vers les Lumières » (*in einem Zeitalter der Aufklärung*)[3]. Hegel

1. *Ibid.*

2. L'agencement thématique-systématique des exposés de Hegel n'est pas toujours clair et peut varier d'un cours à l'autre. Seule l'édition critique définitive des *Leçons* permettra de mieux apprécier la manière dont il organise chaque période de l'histoire.

3. Kant, *Réponse à la question : qu'est-ce que les Lumières ?*, Ak. 8, 40, trad. (modifiée) t. 2, p. 215, cité par J. Ferrari, « Kant, les Lumières et la Révolution française », dans *Mélanges de l'Ecole française de Rome*, t. 104, n°1, 1992, p. 52.

caractérise le présent comme une époque de réconciliation[1] et l'histoire comme le « progrès du monde vers l'achèvement »[2]. Un progrès qui, chez les deux auteurs, concerne non pas l'individu mais l'espèce humaine[3].

b) En même temps, Kant et Hegel insistent sur le malheur présent dans l'histoire. Kant parle de « folie » (*Torheit*), de « vanité puérile » (*kindische Eitelkeit*), de « méchanceté » (*Bosheit*) et de « soif de destruction » (*Zerstörungssucht*)[4]. Hegel lui aussi considère que l'histoire nous met devant les yeux « le mal » (*das Übel*) et « l'iniquité » (*das Böse*)[5].

c) Mais justement, chez les deux auteurs, il s'agit de trouver un sens de l'histoire alors même que celle-ci apparaît au premier abord comme insensée[6].

d) Ils mettent l'un et l'autre l'accent sur l'histoire politique et sur l'idée que c'est la constitution raisonnable finale qui donne leur sens et leur unité aux différentes étapes de l'histoire[7].

e) Ils considèrent, en outre, que l'homme (ou l'esprit) se produit lui-même. Ou plutôt, que l'homme, qui possède certaines dispositions naturelles, doit à la fois actualiser ces dispositions et rompre avec la nature :

– Pour Kant, le donné naturel consiste, au-delà des rares atouts biologiques de l'homme, dans « la raison » et « la liberté du vouloir qui se fonde sur cette raison »[8]. Mais cette raison, qui originairement est inculte, doit s'élever à la culture[9].

1. Cf. *PH* 1822-23, éd. cit. p. 118, trad. p. 203.

2. *Ibid.*, éd. cit. p. 17, trad. p. 124.

3. *Cf.* Kant, *Idée*…, deuxième proposition, Ak. 8, 18, trad. t. 2, p. 189. Pour l'identification, chez Hegel, de « l'esprit » (sujet de l'histoire) et de « l'homme comme tel », *cf.* par exemple *Introduction* 1830-31, *GW* 18, 152-153, trad. p. 63.

4. Kant, *Idée*…, Ak. 8, 18, trad. t. 2, p. 188.

5. *Raison dans l'histoire*, éd. cit. p. 79-80, trad. p. 102.

6. *Cf.*, pour Kant, le prologue de l'*Idée d'une histoire universelle* et, pour Hegel, les citations qui ouvrent le présent chapitre.

7. Voir, chez Kant, la cinquième proposition de l'*Idée*… Pour Hegel, cf. l'*Encyclopédie* III, R. du § 549, *W* 10, 350, trad. p. 329 et les *Principes de la philosophie du droit*, § 349, *W* 7, 507, trad. p. 548.

8. Kant, *Idée*…, troisième proposition, Ak. 8, 19, trad. t. 2, p. 190. La raison et la liberté du vouloir sont en effet des dons de la nature. La raison dont parle ici Kant est moins la raison dans son opposition à la sensibilité et à l'entendement que la faculté générale de penser dans son opposition à l'instinct.

9. Kant, *Idée*…, première proposition, Ak. 8, 18, trad. t. 2, p. 189.

– Chez Hegel, le développement dans l'esprit consiste à rendre *effectivement* spirituel (idéellement) ce qui n'est d'abord que naturel (réel) : « Ce que l'homme est réellement, il doit l'être idéellement. Sachant le réel comme idéel, il cesse d'être un simple être naturel, livré à ses intuitions et impulsions immédiates. » [1].

f) Pour les deux auteurs, il y a une finalité dans l'histoire. Kant évoque « l'édifice que la nature a en vue » (*das Bauwerk, welches die Natur zur Absicht hat*)[2]. Hegel parle de « la fin universelle (*der allgemeine Zweck*) de l'histoire mondiale » [3] et de la « fin dernière de l'histoire » (*der letzte Zweck der Geschichte*)[4].

g) En même temps, pour les deux auteurs, l'histoire n'est pas ce qu'il y a d'ultime. Aux yeux de Kant, il y a quelque chose de supérieur à l'histoire, à savoir la moralité. De même, pour Hegel, l'esprit, dans l'histoire, ne s'accomplit pas parfaitement. La réconciliation véritable n'a lieu que dans l'esprit absolu.

Quelques points d'opposition

a) Pour Kant, le progrès historique n'est pas l'œuvre seulement des hommes eux-mêmes mais aussi de la *nature*[5]. La nature, dans l'opuscule de 1784, désigne l'instance qui détermine la disposition originaire de l'homme, à savoir la raison[6]. La nature, qui est sage et puissante, confère à l'homme sa détermination essentielle. En d'autres termes, selon Kant, même si c'est l'homme qui agit dans l'histoire et non pas une éventuelle Providence divine, le point de départ, qui définit la suite du cours de l'histoire, n'est pas l'œuvre de l'homme mais de la nature. L'opposition pertinente est, ici, non pas celle de la nature et de l'histoire, mais celle de la nature et de la moralité, l'histoire relevant de la nature et non pas de la moralité[7]. Car la raison pratique n'est susceptible de s'exercer directement

1. *Raison dans l'histoire*, éd. cit. p. 57, trad. (mod.) p. 77. *Cf.* aussi *PH* 1822-23, éd. cit. p. 30, trad. p. 133.

2. Kant, *Idée…*, troisième proposition, Ak. 8, 19, trad. t. 2, p. 190.

3. *Introduction* 1830-31, *GW* 18, 161, trad. p. 71,

4. *Ibid.*, *GW* 18, 162, trad. (mod.) p. 72 (la traduction renvoie par erreur à l'allemand *Endzweck*).

5. *Cf.* Kant, *Idée…*, Ak. 8, 18, trad. t. 2, p. 188.

6. Cf. *ibid.*, Ak. 8, 18, trad. t. 2, p. 189.

7. C'est pourquoi, dans l'article de 1784, la question de la détermination métaphysique de la volonté se trouve d'emblée mise entre parenthèses, les manifestation phénoménales de la

que dans l'action et non pas dans l'histoire, laquelle est bien plutôt déterminée par les passions de l'insociable sociabilité. L'histoire selon Kant est donc suspendue au plan et à l'action de la nature créatrice[1]. C'est à ce titre qu'elle vérifie l'exigence formulée dans l'introduction de la *Critique du jugement*:

> Le concept de liberté a le devoir de rendre effectif dans le monde sensible la fin imposée par ses lois, et la nature doit en conséquence pouvoir être pensée de sorte que la légalité de sa forme s'accorde au moins avec la possibilité des fins, qui sont à effectuer en elle selon les lois de la liberté[2].

Chez Kant, la nature historique permet un développement des facultés humaines qui rend *possible* l'action morale. Une telle conception s'appuie, précisément, sur la distinction de la civilisation (*Zivilisierung*) et de la moralité (*Moralität*)[3]. On ne saurait donc confondre la fin de l'histoire, qui n'est somme toute qu'une fin de la nature, et le but final de la création, à savoir la moralité[4].

Aux yeux de Hegel en revanche, l'histoire est un moment de l'*esprit*. Certes la naturalité de l'esprit, c'est-à-dire l'esprit en tant qu'il n'est pas encore effectif, intervient sans cesse. Toutefois cette naturalité n'implique pas que l'homme serait dépossédé de son pouvoir d'agir. Elle signifie seulement, on le verra, qu'il n'est pas d'emblée pleinement unifié avec lui-même. Alors que Kant considère que l'accord entre les hommes qui permet l'établissement de la société est « pathologiquement extorqué »[5], c'est-à-dire procède des passions (elles-mêmes mises en place par la nature créatrice), Hegel insiste quant à lui sur le fait que l'esprit est maître de lui-même et se façonne de manière délibérée. Qu'on compare simplement ces deux phrases, la première de Kant et la seconde de Hegel :

volonté étant « déterminées selon les lois universelles de la nature, exactement au même titre que tout autre événement naturel » (Ak. 8, 17, trad. t. 2, p. 187).

1. Cette dépendance originaire à l'égard de la nature explique d'ailleurs le paradoxe de l'histoire kantienne, qui veut que l'enjeu de l'histoire soit à la fois un accomplissement du plan de la nature et, par la culture, une libération à l'égard de la nature.

2. Kant, *Critique de la faculté de juger*, Introduction, § 2, Ak. 5, 176, trad. t. 2, p. 929.

3. *Cf.* Kant, *Idée d'une histoire…*, Ak. 8, 26, trad. t. 2, p. 199.

4. *Cf.* le § 83 de la *Critique de la faculté de juger*. La fin dernière de la nature est « ce que la nature peut faire pour préparer [l'homme] à ce qu'il peut faire lui-même pour être but final et le séparer de toutes les fins dont la possibilité repose sur des choses que l'on ne peut attendre que de la nature. » (Ak. 5, 431, trad. t. 3, p. 1234)

5. Kant, *Idée d'une histoire…*, Ak. 8, 21, trad. t. 2, p. 192.

> L'homme veut la concorde mais la nature sait mieux que lui ce qui est bon pour son espèce : elle veut la discorde [1].

> Les peuples sont ce que sont leurs actes. Les actes sont leur but. L'esprit est essentiellement actif, il se fait ce qu'il est en soi, son acte, son œuvre [2].

Chez Kant, le progrès historique répond au savoir et à la volonté d'une nature extérieure aux peuples, chez Hegel, il est l'effet de l'auto-transformation du peuple lui-même. Chez Kant, si l'histoire ne procède pas d'un *déterminisme physique* (causes efficientes), néanmoins elle découle d'un *finalisme biologique* (causes finales). Chez Hegel, en revanche, l'histoire s'inscrit dans l'esprit. C'est pourquoi elle a la liberté pour principe et pour fin [3].

b) Pour Kant, l'histoire a pour but le développement de toutes les facultés de l'*homme*. Par rapport à ce but, le développement politique n'a que le statut d'un moyen. Chez Hegel en revanche, le but de l'histoire – ou en tout cas de l'histoire dans l'esprit objectif – est le *peuple* lui-même, considéré dans la conscience qu'il a de lui-même et dans ses œuvres politiques. En outre, il ne s'agit pas, pour ce peuple, de développer ses facultés, mais *d'agir* effectivement – et plus précisément d'agir *politiquement*. Chez Kant, l'État n'est pas une fin en soi, car sa fonction est d'assurer le progrès de la culture. Chez Hegel, en revanche, l'État est une fin en soi dans l'histoire (même si l'histoire, à son tour, n'est pas la réalisation la plus haute de l'esprit).

c) Le point de départ naturel, tel qu'il est évoqué dans l'*Idée d'une histoire universelle*, est bien plus mince que dans les *Leçons sur la philosophie de l'histoire*. Dans les textes de Hegel en effet, chaque peuple se caractérise par des déterminations anthropologiques spécifiques, qui constituent la base de tout son devenir. Kant, en revanche, insiste sur le caractère *minimal* de l'équipement naturel de l'homme : d'un côté des facultés très générales, comme la raison et la liberté du vouloir, de l'autre, l'« ordonnance mécanique de son existence animale » [4].

d) Comme on sait, le point de vue de l'analyse, chez Kant, est réfléchissant, alors que, chez Hegel, il est spéculatif. Il est réfléchissant, chez Kant, parce qu'il s'agit ici, à ses yeux, de penser, à propos de

1. *Ibid.*, Ak. 8, 21, trad. t. 2, p. 193.
2. *Raison dans l'histoire*, éd. cit. p. 66-67, trad. p. 88.
3. *Cf. ibid.*, éd. cit. p. 64, trad. p. 85.
4. Kant, *Idée*..., troisième proposition, Ak. 8, 19, trad. t. 2, p. 190.

l'histoire, une téléologie *naturelle* : un concept qui, en vérité, est inaccessible à l'entendement humain, puisque « on ne peut attribuer aux produits de la nature quelque chose comme une relation de ce qui est naturel en eux à des fins »[1]. La finalité n'est donc « ni un concept de la nature, ni un concept de la liberté »[2]. C'est « un principe subjectif (une maxime) de la faculté de juger »[3]. Ainsi l'esprit est conduit à admettre que « ce qui, dans les lois de la nature particulière (empirique), est contingent pour l'intelligence humaine, contient cependant une unité légale, certes insondable pour nous, mais néanmoins pensable, dans la liaison de leur diversité en vue d'une expérience possible en soi »[4]. La nature telle qu'elle se manifeste dans l'histoire est-elle alors aveugle ou prévoyante ? On ne peut conclure de manière épistémologiquement assurée, on ne peut que forger, sur un mode hypothétique, l'idée d'une finalité naturelle de l'histoire. Aux yeux de Kant, donc, nous admettons l'existence d'une quasi-volonté de la nature historique ; mais cette quasi-volonté ne peut faire l'objet d'une connaissance au sens fort du terme. Notre vue étant trop courte pour pénétrer dans le mécanisme secret de la nature, nous ne pouvons forger qu'un « fil conducteur » permettant, « dans l'ensemble » (*im großen*), de nous représenter les actions humaines comme un système cohérent[5].

Au contraire, pour Hegel, la finalité de l'histoire est aisée à connaître, puisque qu'elle n'est rien d'autre que la volonté des peuples, une volonté qu'ils manifestent dans l'expérience. Comme on l'a dit plus haut, une thèse fondamentale de Hegel, citant l'Écriture, est que « l'esprit rend témoignage à l'esprit »[6]. La liberté de l'esprit apparaît telle qu'elle est, et rien ne s'oppose à une science de l'esprit, au sens du savoir systématiquement organisé de son développement.

e) Pour Kant, la nature vise, dans l'histoire, une « unification politique parfaite dans l'espèce humaine »[7]. Pour Hegel en revanche, la particularité

1. *Critique de la faculté de juger*, Introduction IV, Ak. 5, 180, trad. t. 2, p. 935.
2. *Ibid.*, V, Ak. 5, 184, trad. t. 2, p. 939.
3. *Ibid.*
4. *Ibid.*, Ak. 5, 183-184, trad. t. 2, p. 938-939.
5. *Cf.* Kant, *Idée…*, neuvième proposition, Ak. 8, 29, trad. t. 2, p. 203.
6. *Leçons sur la philosophie de la religion* II, éd. cit., p. 416, trad. p. 315. *Cf.* par exemple Jean 15, 26 ; Romains 8, 16 ; 1 Jean 5, 6…
7. Kant, *Idée…*, neuvième proposition, Ak. 8, 29, trad. t. 2, p. 202.

des peuples et des empires est insurmontable. Pour cette raison, chaque empire est voué à la caducité[1].

f) Comme on l'a dit plus haut, chez Kant, le discours philosophique sur l'histoire est prospectif et annonce la poursuite, dans l'avenir, des progrès de l'humanité. Il peut en outre jouer en tant que tel un rôle dans l'histoire « réelle ». Chez Hegel, le discours est rétrospectif et ne parle que du passé et du présent. Par ailleurs, Hegel théorise une stricte séparation du moment de l'histoire et du moment de la philosophie, de sorte que la seconde ne peut avoir d'influence sur la première. La philosophie vient toujours « trop tard »[2].

L'ENJEU JURIDIQUE DE L'HISTOIRE

En définitive, pour Hegel, l'histoire ne consiste pas en une simple suite d'événements. Son fil conducteur est la question « *quid juris* ? » dans la mesure où chaque moment présente une certaine forme de légitimité. Certes, cette légitimité est par définition bornée et vouée à être surpassée. Toutefois, parce que le peuple est à chaque fois *par soi*, la validité de sa conception de l'homme et de son régime politique, même limitée, est réelle. C'est pourquoi, par exemple, Hegel se refuse à récuser le bien-fondé des régimes chinois ou romain, quand bien même il n'a pour eux aucune sympathie. Et, de même que, pour lui, le philosophe doit se garder de faire, abstraitement et anachroniquement, la leçon à un peuple du passé, un État quelconque « n'a pas le droit de s'immiscer dans les affaires d'un autre. »[3].

Chaque État a la légitimité qu'il invoque : par exemple, dans le cas chinois, la puissance paternelle du monarque, ou, dans le cas romain, la légalité définie par un pouvoir à la fois général et arbitraire. Il y a donc un droit dans l'histoire, celui de chaque peuple à être ce qu'il est et à dominer son espace et son temps : « Face à ce droit absolu [du peuple dominant] d'être le vecteur du degré présent de développement de l'esprit du monde, les esprits des autres peuples sont dépourvus de droit. »[4] En d'autres termes, l'histoire selon Hegel n'a rien de cynique, et la prééminence

1. *Encyclopédie* III, § 550, *W* 10, 353, trad. p. 332.

2. *Principes de la philosophie du droit,* Préface, *W* 7, 28, trad. p. 134.

3. *Ibid.*, R. du § 331, *W* 7, 498, trad. p. 536.

4. *Ibid.*, § 347, *W* 7, 506, trad. p. 547. À ce droit répond celui des grands hommes. Cf. *PH* 1822-23, éd. cit. p. 69, trad. p. 164 : « Les hommes ont par conséquent le droit absolu de leur côté. » *Cf.* J.-F. Kervégan, *Hegel et l'hégélianisme*, « Que sais-je ? », Paris, P.U.F., 2005, p. 108.

factuelle d'un peuple quelconque sur la scène du monde est l'expression de sa légitimité[1].

Or les remarques sur le « droit absolu » des peuples qui dominent l'*histoire mondiale*, troisième moment de l'État, contrastent de manière étonnante avec l'insistance de Hegel sur l'absence de vraie légitimité d'un *droit public extérieur*, deuxième moment de l'État. En effet, ce deuxième moment s'analyse à partir du processus de la domination et de la servitude, qui en tant que tel ne fait pas droit. Certes, dit-il, les accords de paix « sont censés durer éternellement », mais le droit public extérieur, en fait, « ne contient [...] que des droits auxquels fait défaut l'effectivité véritable »[2]. Dans les rapports entre les États, il y a alors de l'arbitraire et de la contingence, de sorte que le droit reste une exigence inaccomplie. C'est seulement dans l'histoire mondiale qu'un droit interétatique plein et entier intervient, en particulier dans la phase finale de l'évolution historique de chaque État, quand il prend la forme d'un empire intégrant et dominant d'autres États. Nous pouvons avoir l'impression qu'un empire, qui repose sur la conquête et l'intimidation, n'a rien de légitime. Mais il n'en va pas ainsi pour Hegel. À ses yeux, dans un empire, le lien entre les États ne procède plus du mauvais infini des contrats réciproques mais de l'assujettissement d'États politiquement arriérés par un État qui représente la pointe avancée du progrès politique. L'empire est à ce titre l'*Aufhebung* politique du « droit public » extérieur.

Le progrès de l'histoire est donc le progrès de la légitimité des États[3] : a) L'État asiatique, patriarcal, ne repose que sur l'obéissance filiale des citoyens au monarque – pour les Orientaux, donc, l'État ne se distingue pas du monarque. b) La belle liberté grecque a pour condition l'inclination naturelle des individus. Pour les Grecs, l'État prend la forme de la cité, qui est substantielle (elle a une identité déterminée et perdure) mais particulière (par exemple Athènes s'oppose à Sparte, qui s'oppose à Thèbes et ainsi de suite). c) L'État romain, en troisième lieu, est général, car ses lois sont valables dans tout l'empire. Mais il est abstrait, au sens où les lois romaines s'imposent sur un mode violent aux peuples conquis. d) Enfin, l'État germanique est concrètement universel, car chaque peuple définit de lui-même ses lois – lesquelles sont inclusives puisque, dans un État de type germanique, l'État incarne la volonté universelle du peuple. Ainsi, dans l'État germanique, l'obéissance est libre, et tout homme est autonome.

1. *Cf.* Ch. Bouton, *Le procès de l'histoire*, *op. cit.*, p. 198 *sq.*
2. *Encyclopédie* III, § 547, *W* 10, 346, trad. p. 326.
3. Cf. *ibid.*, § 550, *W* 10, 353, trad. p. 332.

On observe ici un schéma que l'on retrouve sans cesse sous la plume de Hegel : de même que, si tous les peuples sont libres, néanmoins ils ne le sont pas de la même façon, pareillement, si tous les régimes étatiques sont légitimes, ils ne le sont pas de la même façon, et le cours de l'histoire implique un affermissement de la légitimité des États. Concrètement, cela amène à dire, par exemple, que a) le régime d'un État oriental correspond par définition à la disposition d'esprit de ses membres, et n'a à cet égard rien d'artificiel ni d'usurpé, mais que b) parce qu'il est despotique, sa forme politique est déficiente et donc vouée à être dépassée. Ainsi s'explique la succession d'États distincts au premier plan de l'histoire.

Qui est cependant juge de la validité de chaque organisation étatique ? Comme on le sait, pour Hegel citant Schiller, c'est l'histoire qui juge, et le tribunal de l'histoire est le tribunal du monde[1]. Cette formule fameuse, dans son caractère de prime abord énigmatique, présente différentes dimensions :

a) On ne peut considérer l'histoire comme se réduisant à un simple enchaînement d'événements ou de types de régimes politiques qui n'existeraient que factuellement. La question du bien et du mal, c'est-à-dire du droit et du non-droit, est l'enjeu fondamental de l'histoire[2]. C'est ce qu'implique l'inclusion de la philosophie de l'histoire dans une philosophie du droit.

b) L'histoire se juge elle-même. Alors que les philosophes ont traditionnellement considéré qu'il leur revenait de se prononcer sur la définition du régime le meilleur, pour Hegel, c'est l'histoire qui tranche.

c) Elle tranche, plus précisément, en ce que les États meilleurs se font valoir aux dépens des États moins bons, et qu'une fois leur œuvre accomplie – c'est-à-dire une fois qu'ils ont atteint leur but propre – ils entrent spontanément dans un processus de décadence. Le jugement de l'histoire n'est donc pas une simple évaluation mais aussi, selon les cas,

1. Cf. *ibid.*, § 548, *W* 10, 347, trad. p. 326. La citation de Schiller est extraite du poème « Résignation » (1786) traduit par R. d'Harcourt dans *Poèmes philosophiques*, éd. Aubier-Montaigne, Paris, 1944, p. 63 *sq.* Cf. *Vorlesungen über Naturrecht und Staatswissenschaft. Heidelberg 1817-1818*, hrsg. von C. Becker & *alii*, Hamburg, Meiner, 1983, p. 257, trad. fr. J.-Ph. Deranty, Paris, Vrin, 2002, p. 278 : « Les mots de Schiller : l'histoire du monde est un tribunal du monde, sont la chose la plus profonde que l'on puisse dire. » (cité par A. Grandjean, « Philosophie de l'histoire, théodicée spéculative et métaphysique », dans A. Grandjean (dir.), *Théodicées*, Olms Verlag, Hildesheim, 2010, p. 81)

2. C'est pourquoi nous ne pouvons admettre le lieu commun repris par Adorno selon lequel Hegel « rendit un culte au cours des choses » (*Dialectique négative*, *op. cit.*, p. 374).

une récompense ou une condamnation. Il n'est pas seulement théorique mais a des effets pratiques.

d) Cela ne signifie pas qu'un peuple vainqueur pourrait imposer son point de vue et réécrire l'histoire à partir de ses valeurs et de ses intérêts. Mais que le devenir historique est expressif de la hiérarchie des légitimités politiques. La problématique traditionnelle de la recherche du régime le meilleur est présente chez Hegel. Cependant, non pas sur le mode d'un débat atemporel, mais sur le mode de la réalisation successive.

Comme on le constate, loin de légitimer sans réserve les différents peuples et leurs États respectifs, la philosophie hégélienne est critique. Elle considère certes que les peuples se donnent à eux-mêmes des institutions qui les expriment; mais elle n'affirme pas que tous ces régimes seraient entièrement bons, c'est-à-dire pleinement libres et libérants. Précisément, le verdict du tribunal de l'histoire – la victoire ou la défaite, le bonheur ou le malheur – exprime la qualité politique du peuple à chaque fois considéré. Il n'est rien d'autre que la phénoménalisation de son être intérieur. En particulier, la chute d'un État traduit le fait qu'il est trop particulier pour subsister. La déhiscence de l'être et du devoir-être est ainsi le moteur de l'histoire.

Chapitre VI

LA RAISON DANS L'HISTOIRE

Le rôle directeur de la raison est l'un des thèmes les plus fameux de la philosophie hégélienne de l'histoire. Voici comment ce thème est présenté dans l'introduction manuscrite de 1830-31 :

> La seule pensée que [la philosophie] apporte, c'est la simple pensée de la raison, que la raison domine le monde, et donc que dans l'histoire mondiale elle aussi, il en est allé rationnellement [1].

Cet énoncé est traditionnellement entendu comme si l'histoire, pour Hegel, était gouvernée par des lois intelligibles et invariables, ou bien comme si une instance supra-historique personnelle, omnisciente et omnipotente, dirigeait l'histoire et faisait en sorte que tout phénomène historique, même le plus humble et le plus contingent en apparence, soit prévu et voulu.

Cependant cette interprétation classique de la « raison » hégélienne est-elle pertinente ? Nous proposerons ici une interprétation alternative, selon laquelle, pour Hegel, l'histoire est rationnelle au sens où les peuples se développent en eux-mêmes et par eux-mêmes. Selon nous, la rationalité de l'histoire ne signifie pas qu'elle serait satisfaisante à tous égards, ni qu'elle serait la réalisation d'un plan élaboré par une intelligence parfaite. Mais elle signifie que les peuples poursuivent des fins immanentes et à ce titre agissent de manière légitime. Il reste toutefois que, dans l'histoire, la raison est finie au sens où elle ne peut jamais transcender sa particularité. C'est

1. *Introduction* 1830-31, *GW* 18, 140, trad. p. 54.

pourquoi l'histoire, quand bien même elle assure le progrès de la liberté, reste essentiellement un lieu d'injustice et de malheur.

LA RAISON GOUVERNE LE MONDE

La notion de raison chez Hegel

Avant d'examiner la théorie selon laquelle « la raison gouverne le monde »[1], examinons la notion de raison pour elle-même. Chez Hegel, la raison ne désigne en premier lieu ni une faculté subjective ni une entité objective mais renvoie au rapport de réconciliation entre le sujet et l'objet – quels que soient par ailleurs le sujet et l'objet concernés. La raison correspond ainsi à un moment déterminé de chaque processus systématique, à savoir le troisième, et s'oppose à l'immédiateté du premier moment et au caractère scindé du deuxième. Elle exprime l'unité des contraires, et plus précisément une unité qui respecte l'autonomie des termes associés. Parce qu'elle succède à l'immédiateté et à la scission, et parce qu'elle est elle-même active, la raison n'est pas *donnée* mais s'établit *processuellement*. Et elle s'établit, donc, à l'encontre de la fusion simple des termes (premier moment, celui de la simplicité, du « formalisme » clos sur lui-même) et de leur séparation (deuxième moment, celui de la différence, qui oppose les pôles du « même » et de « l'autre »). Est rationnel, au sein d'un cycle systématique quelconque, le moment où un principe intérieur gouverne de manière cohérente une extériorité différenciée :

> Ce rationnel [...] est en même temps un concret, parce qu'il n'est pas une unité simple, formelle, mais une unité de déterminations différentes[2].
>
> La raison [ici comme moment de l'esprit connaissant] consiste justement à posséder en soi la différenciation comme unité, à saisir ce qui est différent comme un, comme concret, ce qui est l'inverse même de l'identité abstraite, indifférenciée en elle-même, de l'entendement[3].

Allons plus loin : le fait que « la raison est l'un et le tout »[4] implique non seulement qu'un moment rationnel est à la fois caractérisé par un contenu

1. *Ibid., GW* 18, 145, trad. p. 58 et *GW* 18, 162, trad. p. 71.
2. *Encyclopédie* I, R. du § 82, *W* 8, 177, trad. p. 344.
3. *PH* 1822-23, éd. cit. p. 517, trad. p. 534. Cf. *Principes de la philosophie du droit*, § 258, *W* 7, 399, trad. p. 417.
4. *Leçons sur l'histoire de la philosophie, W* 20, 313, trad. fr. P. Garniron, Paris, Vrin, 1971-1991, t. 6, p. 1756.

multiple et une forme unitaire, par l'ouverture sur l'extérieur et l'auto-détermination, mais encore qu'il est *intérieurement* déterminé et concrètement *universel* :

a) En premier lieu en effet, la rationalité est affranchie du caractère *superficiel* de l'immédiateté[1]. Ce qui est immédiat est sans profondeur, et à ce titre (objectivement) contingent ou (subjectivement) arbitraire, alors que ce qui est rationnel est pourvu d'une *raison d'être immanente*. Un processus immédiat ne concerne, dans les choses, que le « factuel », alors qu'un processus rationnel concerne le « principiel » ;

b) En second lieu, ce qui est rationnel est *totalisant*, il « relève » (*hebt auf*) toute objectivité au sens où il l'intègre en lui-même[2]. À l'opposé, dans la scission, chaque pôle est *relatif* à l'autre et de ce fait privé d'autonomie vraie. Corrélativement, son principe n'est pas universel mais particulier, il ne forme pas avec l'autre une libre unité mais asservit l'autre ou lui est asservi. En revanche, l'être rationnel se rapporte à l'autre comme à soi-même, il se reconnaît librement en lui au sens où il élève l'autre et s'élève lui-même à une loi universelle, c'est-à-dire valable pour chacun. C'est en ce sens qu'on peut dire du rationnel, c'est-à-dire du résultat, « vérité » de tout processus, qu'il est non pas seulement une substance mais aussi un sujet[3].

En d'autres termes, la raison, chez Hegel, ne désigne pas une entité qui serait analogue à un Dieu personnel omniscient et omnipotent, mais un mode de relation à soi-même, à savoir l'auto-fondation. Est rationnel le sujet qui rend compte par lui-même de son objectivité. Pour utiliser un lexique post-hégélien, on dira que la définition de la raison n'est pas substantielle mais procédurale. Ou plutôt, en termes hégéliens cette fois-ci, que la raison n'est pas caractérisée par un contenu invariable mais par une forme d'activité, celle qui assure l'unification de moments scindés.

1. Dans son analyse de la notion d'essence, Hegel ne cesse d'opposer le caractère « apparent » et « extérieur » de l'être au caractère « réfléchi » et « intérieur » de l'essence. Par exemple : « L'être immédiat des choses est ici représenté en quelque sorte comme une écorce ou comme un rideau derrière lequel est cachée l'essence. » (*Encyclopédie* I, Add. du § 112, *W* 8, 232, trad. p. 547)

2. Ainsi, dans la *Science de la logique*, Hegel oppose le concept à l'être et à l'essence en écrivant que « l'universel du concept n'est pas simplement un élément commun en face duquel le particulier a pour lui-même sa consistance, mais bien plutôt ce qui se particularise (se spécifie) soi-même et, en son Autre, reste dans une clarté non troublée auprès de soi-même. (*Encyclopédie* I, Add. du § 163, *W* 8, 312, trad. p. 592)

3. Cf. *Phénoménologie*, Préface, *W* 3, 22-23, trad. p. 68.

Insistons toutefois sur le fait que la notion de raison n'a pas un sens fixe mais un sens structural. Nul moment ne peut être dit rationnel en lui-même, car un moment n'est rationnel qu'à l'intérieur du cycle englobant qu'il achève. Par exemple, *au sein de l'esprit objectif* seule la vie éthique est à proprement parler rationnelle. Mais, *dans la vie éthique*, c'est l'État qui est rationnel, et *dans l'État*, l'histoire. En effet, a) la vie éthique est le moment de rationalité dans l'esprit objectif parce qu'en elle l'esprit se constitue comme une institution à la fois différenciée (elle comprend une pluralité de membres) et auto-organisée (elle est gouvernée par une norme reconnue par chacun). b) Toutefois, dans l'élément de la vie éthique, ni la famille (fermée sur elle-même et dont la norme, l'amour, est simplement sentimentale), ni la société civile (où les intérêts égoïstes sont mutuellement contradictoires) ne peuvent être dits rationnels à proprement parler, mais seulement l'État (où règne le souci du bien commun). c) Et, au sein même de l'État, on opposera la constitution interne (qui ne permet que la *conservation* des différentes instances du pouvoir, et ceci à chaque fois dans *un seul* État) et le « droit public extérieur » (marqué par l'*opposition* indéfinie des États) à l'histoire (dans laquelle chaque peuple *produit lui-même* sa conscience de soi et ses institutions). On pourrait d'ailleurs continuer l'analyse, puisque d) dans l'histoire, il y a, d'un peuple à l'autre, des degrés distincts de rationalité et e) une opposition, dans chaque peuple, entre les moments initiaux et le moment du plein accomplissement du peuple considéré. La rationalité, structuralement, qualifie un achèvement qui se produit à l'encontre de la simplicité (comme point de départ) et de la contradiction (comme étape intermédiaire). Plus précisément, un moment est rationnel quand il est à la fois unifié par un principe général d'auto-détermination et concrètement incarné dans le réel.

Lisons ce passage de l'introduction de la première édition de la *Science de la logique* :

> L'*entendement* détermine et fixe les déterminations ; la *raison* est négative et dialectique parce qu'elle réduit à rien les déterminations de l'entendement ; elle est positive parce qu'elle produit l'universel, et subsume en lui le particulier [1].

Cet énoncé présente une opposition structurale que l'on retrouve à chaque pas de la philosophie hégélienne, celle de l'entendement qui *fige les différences*, et de la raison qui *opère la synthèse des différences*. Un moment est positivement rationnel quand il engendre lui-même le principe

1. *Science de la logique* I, *W* 5, 16, trad. p. 6.

universel sous lequel ses éléments particuliers sont subsumés et ainsi rassemblés. D'un côté, ce moment échappe à l'abstraction de la généralité formelle car il fait droit à la particularité. De l'autre, la particularisation, en lui, n'implique pourtant aucun morcellement, car la particularité est assumée dans une organisation synthétique. En un mot, le rationnel est caractérisé à la fois par la *concrétude* et la *médiation intérieure*.

De ceci, on peut tirer dès maintenant deux résultats. En premier lieu, s'il y a de la raison dans l'histoire, il ne peut y avoir seulement de la raison, puisque cette dernière nomme le troisième moment d'un cycle systématique. Il doit donc y avoir aussi de l'immédiateté et de la réflexivité. Par exemple, si l'on s'appuie sur les textes relatifs aux différents modes d'appréhension de l'histoire, on peut dire que l'histoire présente, en premier lieu, des phénomènes extérieurs (par exemple les événements bigarrés qui se succèdent), en deuxième lieu, des principes généraux mais bornés (par exemple les intérêts égoïstes des hommes) mais aussi, en troisième lieu, un principe authentiquement rationnel : ainsi l'esprit du peuple en tant qu'il assure l'unification de ses moments finis. En second lieu, dans la mesure où elle nomme le sujet auto-organisateur qui achève un développement processuel, la raison n'a pas de signification fixe. Autant de processus systématiques (ou autant d'accomplissements des processus systématiques), autant de types et de niveaux de rationalité. Il faut notamment admettre qu'il y a des formes de raison plus hautes que d'autres[1].

La raison appliquée au cas de l'histoire

Quelle est alors la portée de l'affirmation de l'introduction de 1830-31 selon laquelle « la raison gouverne le monde » ? La question est, tout d'abord, de savoir dans quelle mesure cette affirmation vaut spécifiquement pour le monde historique. Or on constate qu'elle apparaît dans un débat où Hegel soutient qu'une approche proprement philosophique de l'histoire est légitime. À cette fin, il tend à montrer que l'histoire ne se

1. H. Putnam, *Reason, Truth and History*, Cambridge, Cambridge University Press, 1981, p. 158, reproche à Hegel d'être contradictoirement relativiste et absolutiste : relativiste parce qu'il définirait la raison à partir du niveau à chaque fois atteint par l'esprit historique, et absolutiste parce qu'il la définirait aussi à partir de l'état destinal de l'esprit, état stable et impossible à transcender. Mais Putnam ne fait cette objection que parce qu'il ne voit pas le caractère procédural de la notion de raison chez Hegel. La raison est un absolu au sens d'une réconciliation. Toutefois, c'est une réconciliation qui est à chaque fois située dans un moment déterminé. Pour une objection de même type, voir Popper, *The Myth of the Framework : In Defense of Science and Rationality*, London, Routledge, 1994, p. 47.

réduit pas à ce qui, en elle, est immédiatement perceptible (objet de l'histoire originaire) ni à ce qu'en construisent les historiens (objet de l'histoire réfléchissante), mais qu'il y a aussi, en elle, une « raison » :

> S'impose à nous la question de savoir si, derrière le vacarme, derrière la bruyante surface des phénomènes, ne se trouverait pas une œuvre intérieure, silencieuse et secrète, dans laquelle serait emmagasinée la force des phénomènes et à laquelle tout profiterait, en faveur de laquelle tout serait advenu. Telle est la troisième catégorie, celle de la raison [1].

Hegel développe alors la thèse selon laquelle l'histoire se présente comme une étape du développement de l'Idée, et plus précisément de l'Idée de l'esprit [2]. La rationalité de l'histoire, donc, n'est pas ce qui la singularise mais, au contraire, ce par quoi elle s'intègre dans le développement encyclopédique. La thèse de Hegel n'est pas que l'histoire aurait pour originalité d'être rationnelle par opposition à d'autres objets possibles d'une enquête savante, mais qu'elle est *elle aussi* rationnelle, et constitue à ce titre un objet légitime du discours philosophique.

Au demeurant, si l'on considère le passage correspondant du cours de 1826-27, restitué par Hoffmeister mais non traduit par Papaioannou, on constate de même que la raison, pour Hegel, renvoie aussi bien à la logique qu'à la nature et à l'esprit :

> Le rationnel est maintenant *1)* le logiquement rationnel, qui ne peut être ici notre objet. Mais il y a aussi *2)* la figure de la nature, qui est un reflet (*Abspiegelung*), une incarnation (*Leiblichsein*) de la raison. Ici toutefois, le rationnel naturel ne peut non plus être notre objet, mais *3)* la raison qui se manifeste comme esprit conscient de soi – et ceci non de manière générale, mais en explicitant et en exposant son essence de manière détaillée dans des actes et des actions dans le monde. L'esprit en général est le sol sur lequel nous nous trouvons, où il s'explicite en diverses figures que nous nommons les peuples. C'est sous cette forme qu'il est notre objet [3].

Dès lors, quel est l'intérêt de l'affirmation selon laquelle la raison gouverne l'histoire ? Cet énoncé a deux significations : d'un côté, Hegel veut souligner que l'histoire est un objet de plein droit pour la philosophie, de l'autre, que l'histoire, à l'instar de l'objet de la philosophie en général, se gouverne elle-même. Précisons :

1. *PH* 1822-23, éd. cit. p. 20, trad. p. 126.
2. Cf. *ibid.*, éd. cit. p. 25, trad. p. 130.
3. *Raison dans l'histoire*, éd. cit. p. 258.

a) La thèse fondamentale de Hegel est que l'histoire est un objet digne de la philosophie, ce qui n'a rien d'évident (il n'y a pas de philosophie de l'histoire chez Platon, Aristote, Descartes, etc.). Que l'histoire soit un objet philosophique, signifie qu'elle n'est pas un phénomène insignifiant, un ensemble d'anecdotes qui seraient, selon les cas, amusantes, édifiantes ou effrayantes, mais qu'elle est une étape de plein droit du devenir de l'Idée. L'histoire est rationnelle au sens où elle est l'expression vivante de l'Idée à un certain moment de son processus d'auto-transformation.

b) Pour le deuxième point, on sait que l'Idée, chez Hegel, est un sujet caractérisé par une activité d'auto-position et d'auto-manifestation. Dès lors, que l'histoire soit rationnelle signifie qu'elle rend compte d'elle-même par elle-même. En d'autres termes, l'ensemble des phénomènes historiques, aux yeux de Hegel, expriment une subjectivité intérieure qui se connaît et œuvre efficacement. On reconnaît la conviction selon laquelle le peuple est le sujet de son histoire :

> Tout est œuvre du peuple. Sa religion, ses lois, ses langues, ses coutumes, son art, les événements qui lui arrivent, ses actes et ses attitudes à l'égard des autres peuples constituent son acte [1].

À l'inverse, le peuple serait irrationnel s'il ne s'exprimait pas dans ses œuvres, ou s'il était gouverné par un autre que lui-même. Quand un peuple est asservi, sclérosé, ou corrompu et incapable d'agir, il est en proie à la déraison. Mais alors, précisément, il sort de l'histoire et perd tout intérêt pour le philosophe. L'histoire est rationnelle au sens où le peuple, dans son histoire, produit lui-même ses déterminations [2]. On retrouve bien le thème du peuple comme sujet de l'histoire :

> Le but [de l'histoire philosophique] est de connaître l'Idée dans l'histoire – de savoir, pour ce qui concerne l'esprit des peuples qui ont pris conscience de leur principe, ce que ces peuples sont et ce qu'ils font [3].

Plus précisément, dans l'introduction de 1830-31, la raison est définie comme la « substance » de toute réalité effective – donc aussi de l'histoire –, et ceci au sens de son principe objectif, qui conditionne son existence et sa pérennité : « ce par quoi et en quoi toute réalité historique

1. *PH* 1822-23, éd. cit. p. 45, trad. p. 145.

2. Hegel, en ce sens, dénonce les gouvernements paternalistes, qui interdisent aux peuples de veiller eux-mêmes à leurs intérêts (cf. *Encyclopédie* III, Add. du § 395, *W* 10, 85, trad. p. 439).

3. *Introduction* 1822, *GW* 18, 124, trad. p. 41.

effective a son être et sa subsistance »[1]. Cette substantialité se décline alors en deux autres notions, la raison est un « contenu » (*Inhalt*) et un « pouvoir » (*Macht*) :

a) La raison est un contenu au sens où ce qui est rationnel n'est pas conditionné par l'extérieur mais se rapporte à soi-même. Dans le cas de l'histoire, le peuple est centré sur lui-même et souverain à son propre égard : « C'est d'elle-même que [la raison historique] se nourrit, et elle est [pour] elle-même le matériel qu'elle élabore. »[2]. La fin du peuple lui est immanente, et ses moyens sont ses propres membres.

b) En outre, que la raison soit un pouvoir signifie que la rationalité de l'histoire n'est pas un simple programme tel qu'en forgent les politiciens d'estaminet (*Kannengießer*)[3]. Ainsi, le peuple a la puissance de se déterminer lui-même et de manière efficace, précisément parce qu'il est un esprit :

> La raison n'est pas impuissante au point de n'en arriver qu'à l'idéal, au devoir-être, et de se trouver seulement en-dehors de la réalité effective, qui sait où, – de n'être en fin de compte présente-là que comme quelque chose de particulier dans les têtes de quelques êtres humains[4].

La raison dans l'histoire est le principe actuel, immanent et efficient de l'activité par laquelle le peuple développe et actualise son identité. Cependant, la raison dans l'histoire est-elle continûment identique à elle-même ? Nullement. De même que, dans le système encyclopédique en général, la raison ne cesse de varier, dans l'histoire elle-même, elle change constamment. En effet, si l'on accepte d'identifier la raison historique au principe de souveraineté de chaque peuple, on ne peut qu'admettre qu'elle se transforme non seulement d'un peuple à l'autre mais aussi dans l'histoire de chaque peuple.

1. *Introduction* 1830-31, *GW* 18, 140, trad. p. 54.

2. *Ibid.*

3. Cf. *Encyclopédie* I, Add. du § 143, *W* 8, 283, trad. p. 576. Le mot *Kannengießer* apparaît en allemand avec la traduction de la pièce de Ludvig Holberg *Den politiske Kandestøber* (1722). Il est à noter que Kant se compte lui-même parmi les politiciens en chambre dans le *Conflit des facultés*, Ak. 7, 86, trad. t. 3, p. 896.

4. *Introduction* 1830-31, *GW* 18, 140, trad. p. 54

Un « credo » philosophique ?

Par ailleurs, comment savons-nous que la raison gouverne l'histoire ? On connaît l'analyse de Ricœur selon laquelle il s'agit là d'un « acte de foi philosophique », d'un « credo », certes tel que « le système entier le prouve » mais qui, dans le cas des *Leçons sur la philosophie de l'histoire*, « ne peut être introduit que de façon abrupte » [1]. Une telle interprtation a des appuis textuels à faire valoir, dans la mesure où Hegel déclare que le principe en question, s'il est « prouvé en philosophie » est néanmoins « présupposé ici comme prouvé » [2]. Mais la question est de savoir ce que Hegel entend par l'adverbe « ici ». S'agit-il de l'ensemble des *Leçons sur la philosophie de l'histoire* ou de sa seule introduction – une introduction étant par définition caractérisée par un point de vue « extérieur » et « subjectif » [3] ? Dans la seconde hypothèse, rien n'interdirait d'admettre que la thèse de la rationalité de l'histoire fasse l'objet d'une démonstration dans le développement des *Leçons*. Surtout, Hegel affirme, quelques lignes plus bas, qu'il n'a « pas à prendre en compte d'avance une telle foi en la raison » [4]. Il faut donc revenir sur la question du statut démonstratif de la philosophie.

Selon la première hypothèse, donc, la *Science de la logique* démontre la puissance de la raison, et la philosophie de l'histoire, quant à elle, n'est qu'une mise en œuvre de ce qui, ainsi, a déjà obtenu sa démonstration. À cela cependant, on objectera que, si la philosophie « pure » démontre que la raison gouverne l'objectivité, elle ne le démontre, par définition, que de manière abstraite – ou plutôt pour une raison abstraite. Dans la mesure où l'histoire est un objet concret, cette première démonstration ne peut suffire. Si telle était bien la position de Hegel, on serait, de fait, en droit de l'accuser de promouvoir un fidéisme de la raison. Mais il faut noter – et nous retrouvons ici la seconde hypothèse – que le processus de l'histoire constitue *en lui-même* la démonstration de la puissance de la raison. Cette puissance, comme on l'a dit, s'observe continûment dans l'expérience, puisque tout peuple unifie en lui-même (*rationalise*) des hommes aux intérêts de prime abord contradictoires (*irrationnels*). Mais, en outre, elle s'établit processuellement, puisque l'État effectif, rationnel, se fait valoir (*se rationalise*) à l'encontre de l'État dissocié (*irrationnel*). D'où cette remarque :

1. P. Ricœur, *Temps et récit* III, *op. cit.*, p. 351-352.
2. *Introduction* 1830-31, *GW* 18, 140, trad. p. 54.
3. Cf. *Principes de la philosophie du droit*, Préface, *W* 7, 28, trad. p. 134.
4. *Introduction* 1830-31, *GW* 18, 141, trad. p. 55.

> C'est [...] seulement de la considération de l'histoire mondiale elle-même qu'il s'est avéré et qu'il s'avérera qu'en elle il en est allé rationnellement, que l'histoire mondiale universelle a été la marche nécessaire et rationnelle de l'esprit du monde [1].

Chez Hegel, un processus est à la fois une auto-position et une auto-démonstration. C'est l'histoire elle-même qui authentifie la thèse de la rationalité de l'histoire face à la thèse de sa contingence. La rationalité de l'histoire n'est en aucune manière un simple préjugé, elle est un résultat : « C'est une vérité dont on pourrait donner pour preuve le traité qui porte sur l'histoire même du monde, puisqu'elle est l'image et l'acte de la raison. » [2]. Une idée essentielle de Hegel est qu'un processus n'est pas seulement un enchaînement de faits mais aussi une démonstration. On ne peut reprocher à Hegel, contempteur du savoir immédiat, de revendiquer pour une de ses thèses cardinales le statut d'une évidence à admettre [3].

La providence règne-t-elle dans l'histoire ?

Hegel accole régulièrement l'adjectif « divin » à la raison telle qu'elle apparaît dans l'histoire, et les autres qualificatifs dont il use, comme « absolu », « éternel », « tout puissant » ou « ultime », appartiennent au même registre théologique. En outre, il associe fortement la conviction philosophique selon laquelle la raison gouverne l'histoire et la croyance chrétienne à la Providence. De fait, la fonction de gouvernement qu'il attribue à la raison dans l'histoire coïncide avec celle qui est habituellement reconnue au divin, notamment dans les religions juive et chrétienne, à savoir la fonction de conduire les peuples vers un but ultime (l'accession à la Terre promise, l'avènement du Royaume de Dieu, etc.). Hegel va jusqu'à soutenir que la foi dans la Providence « est le point dont on doit partir pour arriver à la philosophie et en particulier à la philosophie de l'histoire » [4]. La tentation est donc grande d'assimiler purement et simplement les notions de raison et de Providence. D'une certaine manière, Hegel ferait sien le thème de la « double vérité » : à propos du rôle de Dieu dans l'histoire, la

1. *Ibid.*, *GW* 18, 142, trad. p. 55.

2. *PH* 1822-23, éd. cit. p. 21, trad. p. 127.

3. Cf. *Encyclopédie* III, R. du § 549, *W* 10, 352, trad. p. 331, qui oppose « croyance plausible » (*plausibler Glaube*) et « connaissance philosophique ».

4. *Raison dans l'histoire*, éd. cit. p. 46, trad. p. 66. Inversement, il considère que l'attitude qui dénie la rationalité de l'esprit objectif peut être désignée comme un « athéisme du monde éthique » (*Principes de la philosophie du droit*, *W* 7, 15, trad. p. 118).

philosophie exprimerait, en son langage propre, la même doctrine que la théologie.

C'est là, au demeurant, l'interprétation proposée par Karl Löwith dans *Histoire et salut*. Pour lui en effet, la philosophie selon Hegel « assume la tâche de la religion chrétienne et démontre que Dieu impose ses intentions dans l'histoire du monde »[1]. La philosophie serait la continuation de la théologie par d'autres moyens. En même temps, reconnaît Löwith, Hegel considère que l'attente chrétienne d'un accomplissement ultime se réalise non pas dans l'au-delà mais dans l'histoire. Ainsi, Hegel subvertirait la croyance traditionnelle. Mais, de cela, il n'aurait pas conscience, et lui-même se considèrerait comme entièrement fidèle à la conception traditionnelle de la volonté divine[2]. En réalité cependant, un examen attentif oblige à renoncer à cette interprétation :

a) Le recours à la notion de Providence a lieu, pour l'essentiel, non dans le développement systématique de la philosophie de l'histoire mais dans son introduction, c'est-à-dire dans un texte assertorique, avec de forts enjeux polémiques et diplomatiques[3]. Nous n'avons certes guère de motifs de soupçonner Hegel de double langage – hypothèse herméneutiquement ruineuse. Mais nous sommes en droit d'admettre que l'accent qu'il met sur ce qui le rapproche de la théologie traditionnelle plutôt que sur ce qui l'en éloigne répond *aussi* à des préoccupations tactiques.

b) Il est certes tentant, lorsque Hegel s'appuie sur des concepts de la religion chrétienne, d'interpréter sa pensée en projetant sur lui les concepts en question. Mais ce mode d'interprétation est discutable, dans la mesure justement où Hegel déplace ces concepts, voire les renverse. Hegel est de ce point de vue dans la même situation que bien des philosophes protestants de son temps, à commencer par Kant, Fichte et Schelling. Il y a chez ces auteurs une forte empreinte théologique, mais celle-ci est à ce point hétérodoxe qu'on a pu les accuser, non sans motifs, de panthéisme voire d'athéisme. Kant, à sa façon, vend la mèche en écrivant : « Il doit vous être parfaitement indifférent de dire [...] : Dieu l'a sagement voulu ainsi, ou bien : la nature l'a ainsi sagement ordonné. »[4]. Considérer que ces auteurs

1. K. Löwith, *Histoire et salut* (paru originellement en anglais sous le titre *Meaning and History* en 1949), trad. p. 83.

2. Cf. *ibid.* p. 86.

3. Dans la section sur l'histoire des *Principes de la philosophie du droit*, la mention de la Providence apparaît, de même, seulement dans une remarque, celle du § 343.

4. Kant, *Critique de la raison pure*, Ak. 3, 459, trad. t. 1, p. 1287.

seraient fidèles à la théologie chrétienne traditionnelle (pour autant que celle-ci puisse être définie univoquement) repose sur une identification naïve des mots aux concepts. Pour ce qui nous intéresse, il est clair que Hegel réinterprète le concept de Providence à partir de son concept original de raison[1].

c) On ne peut pas ne pas remarquer que Hegel se montre fort sévère avec la représentation de la Providence, à laquelle il reproche son indétermination et la médiocrité de sa portée : « La fin [de la Providence] est d'un genre limité, c'est seulement la fin particulière de tel ou tel individu qui en constitue le contenu. Cependant, dans l'histoire mondiale, nous avons affaire à des individus qui sont des peuples, à des touts qui sont des États. »[2]. On invoque la Providence, dit-il, pour la réussite de ses affaires privées, fussent-elles mesquines, mais non pas à propos de l'histoire. Or nous ne pouvons nous contenter de ce « petit commerce » (*Kleinkrämmerei*) de la foi[3]. De même que, pour Hegel, la raison telle qu'il la thématise se distingue du *noûs* d'Anaxagore (car l'intellect anaxagoréen est une rationalité aveugle et finalement non spirituelle), de même elle se distingue de la Providence chrétienne : « Cette foi est en effet elle aussi indéterminée. C'est une foi dans la Providence en général. Elle ne va pas jusqu'à ce qui est déterminé, jusqu'à l'application au tout, à l'ample cours des événements mondiaux. »[4]. On retrouve finalement, à propos de la

1. Pour prendre un autre exemple, il serait imprudent de faire de Montesquieu un providentialiste parce qu'il utilise la notion de Providence : « Il y a aujourd'hui une telle disproportion dans la puissance qu'il n'est pas possible qu'un petit État sorte, par ses propres forces, de l'abaissement où la Providence l'a mis. » (*Considérations sur les causes de la grandeur des Romains et de leur décadence*, chap. 3) Même remarque à propos de Tocqueville : « Le développement graduel de l'égalité des conditions est donc un fait providentiel, il en a les principaux caractères ; il est universel, durable, il échappe chaque jour à la puissance humaine ; tous les événements, comme tous les hommes, servent à son développement. » De sorte que lutter contre expansion de la démocratie revient, pour Tocqueville, à « lutter contre Dieu même » (*Démocratie en Amérique*, Introduction, dans *Œuvres* II, Paris, Gallimard, coll. « Bibliothèque de la Pléiade », p. 7). Chez l'un et l'autre auteur, la notion de Providence est indéterminée, elle nomme simplement ce qui, dans les choses, s'impose, et son usage ne revient aucunement à souscrire à une lecture théologique de l'histoire.

2. *Introduction* 1830-31, *GW* 18, 148, trad. p. 59.

3. *Ibid., GW* 18, 148, trad. p. 60. La dénonciation de la Providence est prise en relais, par exemple, dans la Remarque du § 270 des *Principes de la philosophie du droit,* selon laquelle il n'y a pas à se tourner vers la religion dans les temps de misère publique et d'oppression, ni à chercher en elle un réconfort ou une espérance (*W* 7, 415-416, trad. p. 352).

4. *Introduction* 1830-31, *GW* 18, 147, trad. p. 58-59.

Providence, la polémique développée par Hegel contre la *représentation* religieuse par contraste avec la connaissance philosophique[1].

d) La notion de divin est employé par Hegel au sens le plus large, parfois comme synonyme de rationnel et d'universel. C'est ce que l'on constate, par exemple, quand Hegel écrit que « ce qui est rationnel, divin, possède la puissance absolue de se réaliser effectivement et s'est accompli de tout temps »[2]. De même, Hegel assimile régulièrement l'Idée avec Dieu, par exemple dans cet énoncé : « Il faut examiner pour elle-même l'Idée, ce Dieu effectif. »[3]. Le vocabulaire théologique, dans le discours hégélien, a souvent une fonction simplement emphatique. De manière voisine, la notion de religion, sous sa plume, désigne souvent la préoccupation pour l'universel. Ainsi, au sein même de l'esprit objectif, l'opposition entre l'État et l'Église exprime l'opposition entre le souci égoïste du particulier et le souci civique de l'universel. L'État « vrai » est fondé sur la religion non pas au sens où il serait théocratique (car la théocratie, pour Hegel, est au contraire une figure de la confusion de l'universel et du particulier) mais au sens où il a pour assise le patriotisme et la reconnaissance de l'autre comme un concitoyen[4]. Bref : les notions théologiques, chez Hegel, sont souvent d'un usage rhétorique ou métaphorique, de sorte qu'elles doivent être prises avec distance.

e) Mais l'argument principal est philosophique. Dans la mesure où la Providence ne se présente pas elle-même dans l'expérience, si Hegel admettait qu'elle joue néanmoins un rôle, alors il se mettrait en contradiction avec sa définition de la philosophie comme science de l'effectivité. Par ailleurs, si l'histoire était gouvernée par une Providence transcendante, alors elle ne serait pas rationnelle, puisque, précisément, est rationnel le sujet qui unifie son contenu de l'intérieur.

1. Dans les *Principes de la philosophie du droit*, Hegel oppose les philosophes qui admettent la perfectibilité et l'éducabilité de l'espèce humaine à ceux qui la nient, et donne raison aux premiers. Or les seconds, dit-il, sont souvent ceux qui invoquent la Providence. Mais leur représentation, alors, est insuffisante : « Même s'ils énoncent, à ce propos, dans les expressions de Providence et de plan de la Providence, la croyance en un pouvoir supérieur, tout ceci demeure représentations en manque d'achèvement. » (R. du § 343, *W* 7, 504, trad. p. 432).

2. *Encyclopédie* III, Add. du § 396, *W* 10, 84, trad. p. 438.

3. *Principes de la philosophie du droit*, Add. du § 258, *W* 7, 403, trad. p. 702. La même addition énonce : « C'est la marche de Dieu dans le monde qui fait que l'État existe. »

4. Cf. *PH* 1822-23, éd. cit. p. 502-503, trad. p. 522.

Il y a de ce point de vue une différence essentielle entre la pensée de l'histoire de Herder et celle de Hegel, car la première est bel et bien d'essence religieuse. Pour Herder en effet, l'histoire n'a pas son principe en elle-même, elle ne repose pas sur la volonté des peuples mais sur l'action organisatrice de Dieu comme instance transcendante[1]. Seul le créateur, dit-il, voit le tout de l'histoire universelle[2], et il a pourvu lui-même l'homme des dispositions qui expliquent la diversité des civilisations[3]. En outre, de même que Dieu a pourvu aux besoins de l'humanité primitive[4], il intervient sans cesse, assignant à chaque peuple une tâche particulière et lui donnant les moyens de la réaliser. Par exemple, c'est lui qui a voulu que l'Égypte se consacre aux arts et aux techniques[5]. De même, c'est lui qui a choisi de remplacer Rome par un empire fondé sur la religion chrétienne[6].

En définitive, dans l'introduction des *Leçons*, Hegel s'appuie abondamment sur la représentation de la Providence pour illustrer la thèse de la rationalité des peuples, mais son dessein est alors double : montrer qu'il n'y a pas d'incompatibilité entre les deux thèmes (puisque la philosophie s'appuie sur la représentation religieuse comme matériau) et montrer qu'il y a néanmoins une différence (puisque la représentation religieuse est dualiste et trop générale alors que la représentation philosophique est unitaire et rend compte des transformations concrètes des peuples). Dans son analyse de l'histoire, Hegel s'inscrit pleinement dans le sillage humaniste des Lumières et du primat qu'elles accordent à une explication immanente du devenir historique : « L'esprit [...] ne plane pas seulement sur l'histoire comme sur les eaux, mais [...] tisse sa trame en elle et y est seul principe moteur. »[7].

1. *Cf.* Herder, *Une autre philosophie de l'histoire*, *SW* 5, 487, trad. p. 54.
2. Cf. *ibid.*, *SW* 5, 505, trad. p. 72-73.
3. Cf. *ibid.*, *SW* 5, 509, trad. p. 77.
4. Cf. *ibid.*, *SW* 5, 477, trad. p. 43.
5. Cf. *ibid.*, *SW* 5, 487, trad. p. 54.
6. *Ibid.*, *SW* 5, 516-517, trad. p. 86. *Cf.* L. Giassi, *La philosophie de l'histoire selon Herder en 1774*, Paris, Philopsis, 2010, p. 35-36.
7. *Encyclopédie* III, R. du § 549, *W* 10, 352, trad. p. 331.

L'ÉLIMINATION DU HASARD

La rationalité de l'effectif

On ne peut que songer ici à la formule selon laquelle le rationnel (*das Vernünftige*) est effectif (*wirklich*) et l'effectif rationnel. Cet adage est énoncé, comme on le sait, dans la préface des *Principes de la philosophie du droit* et repris dans la remarque du § 6 de l'*Encyclopédie* de 1827-1830. Il ne faut pas entendre par là, en un sens leibnizien, que tout ce qui existe aurait une raison suffisante qui le rendrait intelligible et légitime. Bien plutôt, la formule signifie que la raison existe dans l'effectivité, c'est-à-dire dans le monde de l'expérience. La raison n'est pas un pur devoir-être, un idéal régulateur dont la réalisation complète serait inaccessible, mais un principe processuel présent dans le monde et le transformant de manière efficace. Réciproquement, que l'effectif soit rationnel signifie que l'être – entendre par là l'être au sens plein du terme, l'être véritable – n'est pas dépendant d'un principe extérieur mais, à l'opposé, est auto-organisateur, et inclut en lui-même la raison de son devenir.

Selon l'interprétation traditionnelle de l'adage, il s'agirait ici d'une apologie du réel. Aux yeux de Hegel, tout ce qui est serait bon par le fait même. Cette interprétation ne résiste pas, comme on l'a dit plus haut, à la thèse du caractère processuel de l'Idée, lequel implique que le vrai, en chaque cycle, n'est qu'un résultat, qui succède à des moments d'immédiateté et de scission. En réalité, la formule a pour principal enjeu de dénoncer les utopies et les doctrines selon lesquelles le bien ne serait pas de ce monde[1]. Pour Hegel, les principes incapables de s'incarner concrètement montrent par là leur faiblesse et finalement leur irrationalité. Réciproquement, pour lui, ce qui n'est pas auto-organisateur est ontologiquement déficient : l'être irrationnel n'est pas un être « effectif » mais seulement « phénoménal »[2]. D'un côté, ce qui est désincarné n'est pas rationnel, de l'autre, ce qui est formel ou multiple n'est pas effectivement réel.

Dès lors, comme on le voit, l'affirmation de la rationalité des peuples dans l'histoire n'est pas triviale. Elle s'oppose tout d'abord à la théorie selon laquelle le devenir des peuples serait gouverné par un principe non immanent, par exemple par un intérêt infra ou supra-historique. En outre, elle conteste la conception selon laquelle le principe de l'histoire n'aurait pas un statut universel, et par exemple ne reposerait que sur des décisions

1. *Cf.* J.-Fr. Kervégan, *L'effectif et le rationnel*, *op. cit.*, p. 17 *sq.*
2. *Encyclopédie* I, R. du § 6, *W* 8, 48, trad. p. 169.

purement individuelles. Elle contredit également l'idée selon laquelle l'histoire serait gouvernée par des utopies et non par la ferme volonté de former, ici et maintenant, une totalité politique. Enfin, elle récuse la doctrine selon laquelle l'histoire ne produirait que des effets superficiels et non pas un changement véritable. Au contraire, selon Hegel, c'est l'identité même du peuple qui est mise en jeu dans l'histoire.

Le résultat obtenu jusqu'à présent est donc le suivant : la raison dans l'histoire n'est pas une entité à la fois substantielle et transcendante. La raison, chez Hegel, nomme un degré dans un processus, celui de l'achèvement. Plus précisément, est rationnel ce qui est constitué en totalité auto-médiatrice. Que la raison gouverne l'histoire signifie, avant tout, que l'histoire contient en elle-même son propre principe : « Cette raison est immanente à l'existence historique, et elle s'accomplit dans et par celle-ci »[1].

Histoire et contingence

L'affirmation de la rationalité de l'histoire est associée à l'affirmation selon laquelle « l'histoire philosophique n'a pas d'autre fin que de repousser au loin la considération de tout ce qui est contingent (*alles Zufälligen*) »[2]. Faut-il entendre par là que la contingence ne serait qu'une illusion, si bien que, dans l'histoire, tout serait nécessaire au sens où rien ne pourrait être autre qu'il n'est ? Plus encore : faut-il conclure qu'un esprit surpuissant aurait pu prévoir, dès l'origine, tout ce qui allait arriver dans l'histoire ? En réalité, la position hégélienne est à comprendre, non comme l'affirmation d'une nécessité implacable, mais comme l'affirmation selon laquelle l'histoire se caractérise par une médiation interne qui produit des effets sur le terrain même de la contingence[3]. Précisons ce point.

a) Que le hasard soit vaincu ne peut signifier, chez Hegel, qu'il soit réduit au rang d'une simple illusion, d'un pur et simple néant. En effet, pour l'auteur de la *Science de la logique*, ce qui est faux ne renvoie pas à un mirage subjectif, à quelque chose qui serait impossible, mais à un moment déficient, à la fois *réel* et *voué à être dépassé*[4]. De même qu'il y a une

1. *Introduction* 1830-31, *GW* 18, 162, trad. p. 71-72.

2. *PH* 1822-23, éd. cit. p. 40, trad. p. 141.

3. *Cf.* B. Mabille, *Hegel. L'épreuve de la contingence*, *op. cit.*, p. 149 *sq.*, dont les travaux sur ce point sont fondateurs. *Cf.* aussi B. Bourgeois, « Hegel et la déraison historique », dans *Études hégéliennes*, Paris, P.U.F., 1992, p. 273, qui cite la *Raison dans l'histoire,* éd. cit. p. 76, trad. (mod.) p. 99 : « Ici, le hasard, la particularité reçoivent du concept le pouvoir d'exercer leur énorme droit. »

4. Cf. *Phénoménologie,* Préface, *W* 3, 40, trad. p. 84.

réalité du laid, de l'arbitraire, du mal, etc., il y a une réalité du contingent. Donc, si l'histoire est en tant que telle affranchie de la contingence, cela signifie que les moments qu'elle « relève », eux, en sont affectés. L'histoire, loin de se garder pure de la contingence, la combat activement.

b) Le texte définit en effet la contingence d'une manière tout à fait particulière, à savoir comme « la nécessité externe », c'est-à-dire la nécessité « qui résulte certes de causes, mais de causes telles qu'elles-mêmes ne sont que des circonstances extérieures »[1]. La notion de contingence, sous la plume de Hegel, s'applique à ce qui est déterminé par des causes externes. Cette conception hérite de la notion spinoziste de contrainte, qui renvoie, comme on le sait, à « la chose qui est déterminée par une autre à exister et à produire un effet »[2].

c) À l'opposé, la nécessité intérieure renvoie à la notion spinoziste de liberté au sens de « la chose [qui] est déterminée par soi seule à agir »[3]. Plus précisément, chez Hegel, « nécessaire » au sens emphatique du terme signifie : qui se détermine non seulement par soi-même mais aussi au nom d'un principe universel, et qui ainsi fait de soi-même une totalité. Tel est le cas de tout moment rationnel : « La raison repose en elle-même et porte en elle-même sa fin. »[4]. L'histoire hégélienne est non contingente au sens où elle n'est pas l'effet de circonstances extérieures, et elle est intérieurement nécessaire au sens où elle fait de soi une unité auto-déterminante.

d) D'un point de vue hégélien cependant, la nécessité intérieure n'implique nullement que les effets produits seraient inéluctables et en droit prévisibles. Elle ne signifie pas davantage que leur contraire impliquerait contradiction. On ne peut identifier les adjectifs « nécessaire » et « inévitable », de même qu'on ne peut identifier « contingent » et « inattendu ». L'interprétation selon laquelle la philosophie hégélienne de

1. *PH* 1822-23, éd. cit. p. 40, trad. p. 141. Dans cette perspective, l'enchaînement des phénomènes naturels est la figure par excellence de la contingence, puisque le naturel se distingue du spirituel justement par son caractère extérieurement médiatisé. Par exemple, quand bien même le mouvement d'un corps en chute libre est susceptible d'être analysé à partir d'une loi (celle de la gravitation universelle), quand bien même la position et la vitesse du mobile en fonction du temps sont parfaitement prévisibles compte tenu des conditions initiales, le mouvement reste relatif à un centre « extérieur » et par là affecté de contingence. Car, loin de déterminer lui-même ce paramètre, le mouvement du corps est déterminé par lui.

2. Spinoza, *Éthique* I, définition VII.

3. *Ibid.*

4. *Raison dans l'histoire*, éd. cit. p. 30, trad. p. 49.

l'histoire serait « déterministe »[1] projette indûment sur elle des préoccupations auxquelles elle est étrangère. La notion de déterminisme apparaît à quelques reprises sous la plume de Hegel, cependant elle est alors associée au « mécanisme », lequel est un moment inchoatif et voué à être dépassé par le « chimisme » puis par le moment de la « téléologie »[2]. Or l'histoire, moment de la *Sittlichkeit*, c'est-à-dire de l'esprit objectif en tant qu'il est auto-déterminant, est précisément caractérisée par la finalité.

e) Sans même parler de finalité, le devenir selon Hegel est toujours pensé sur le mode de l'activité spontanée. Telle est l'une des significations de la notion de négativité : le changement ne s'explique pas en termes de conséquence inéluctable, au sens où tout devenir consisterait dans le déploiement irrésistible d'un principe antérieur, mais en termes d'initiative imprévisible, au sens où le devenir est le fait d'un sujet qui s'oppose à l'objet donné. Dans les peuples, la processualité historique s'appuie par définition sur l'agir spontané des hommes. Par ailleurs, l'esprit des peuples s'incarne dans des hommes qui, en tant que tels, ont tous une individualité particulière et contingente. Certes, tous les Romains partagent, en tant que citoyens, une même disposition d'esprit. Cependant, leurs caractères, leurs intérêts personnels, etc., sont à chaque fois donnés et fortuits.

f) Allons plus loin. Selon un principe hégélien fondamental que nous avons vu, toute détermination systématique est structurale. Cela signifie que, au sein même de l'histoire, la nécessité effective est un résultat, au sens où elle succède à une nécessité seulement formelle, puis à une nécessité seulement extérieure. Par exemple, quand bien même tous les membres d'un même peuple ont *en soi* une même disposition d'esprit qui explique leur unité politique, cet esprit commun n'est originairement que formel – superficiel – puis détermine l'apparition de factions en lutte les unes contre les autres, avant de se muer en un État à la fois différencié et rassemblé par des lois communes. On comprend ainsi que l'unité d'un peuple ne se conquiert que par la lutte contre la contingence. C'est en cela que l'histoire est la victoire de la nécessité : non pas au sens où elle serait soumise à un destin invincible, mais au sens où elle convertit les particularités divergentes des individus en un état d'esprit commun. Le renversement de la contingence n'est pas le fait de la philosophie – qui détruirait les illusions naïves de l'historiographie traditionnelle – mais le fait de

1. *Cf.* L. Ferry, *Philosophie politique*, t. 2, *Le système des philosophies de l'histoire*, Paris, P.U.F., 1984, p. 55-56.

2. Cf. *Science de la logique*, *W* 6, 412, trad. p. 220 et *W* 6, 437, trad. p. 247.

l'histoire elle-même. Et ce renversement n'est pas une abolition mais une *Aufhebung*, au sens où l'objet vaincu est subordonné et utilisé comme matériau par le sujet victorieux.

g) Plus fondamentalement, comme on l'a dit, la phrase citée caractérise la *philosophie* par opposition à l'*histoire réelle*. Cette dernière se caractérise par son extériorité, donc sa soumission aux circonstances « naturelles » données. À l'opposé, la philosophie de l'histoire opère l'*Aufhebung* de son objet en l'élevant au concept, c'est-à-dire à l'unité d'une pensée autonome et systématiquement organisée. La pensée philosophique n'est pas soumise à la contingence, elle pense librement son objet, lequel, quant à lui, est non libre. C'est à ce titre qu'elle met à l'écart la contingence extérieure.

Pour revenir à l'histoire en elle-même, on constate que, loin d'être immunisée contre la contingence, la nécessité historique l'affronte sans cesse. Elle la vainc, certes, mais elle ne peut l'ignorer. De même qu'il n'y a jamais chez Hegel de rationalité entière, il n'y a pas non plus de rationalité pure, car la raison consiste toujours à vaincre la déraison – laquelle adopte notamment, comme on le verra dans un chapitre ultérieur, la figure de la passion. Elle a donc cette dernière pour terrain. Le peuple s'établit comme sujet autonome en imposant sa volonté aux sujets égoïstes et en conflit mutuel.

LES LIMITES DE LA RATIONALITÉ HISTORIQUE

Le mal et la finitude

Y a-t-il, dans le parcours encyclopédique, une place pour le mal ? Celui-ci est en réalité omniprésent, dans la mesure où chaque moment du développement systématique, comme phase du progrès vers la réconciliation, est caractérisée par une inévitable abstraction. Si chacune des étapes du progrès de l'absolu apparaît comme une solution à la déficience de l'étape précédente, elle constitue toutefois une nouvelle forme d'imperfection. Ceci est vrai jusque dans ce moment ultime qu'est la philosophie spéculative : en effet, dans la mesure où tout moment est processuel, il présente forcément en son commencement et en son milieu quelque chose d'insatisfaisant[1].

1. *Cf.* G. Marmasse, « Hegel et le retard de la fondation », dans G. Marmasse et A. Schnell (dir.), *Comment fonder la philosophie ? L'idéalisme allemand et la question du principe premier*, Paris, Éditions du CNRS, 2014, p. 265 *sq*.

Le mal, pour Hegel, renvoie à la finitude, c'est-à-dire au fait, pour un étant quelconque, d'être borné par l'altérité[1]. Un étant est fini quand il se rapporte à l'autre sur un mode particulier et non pas universel, de sorte qu'il lui fait violence ou s'en rend dépendant. Autrement dit, il y a finitude quand la chose considérée n'est pas réconciliée avec l'autre, et cette finitude se traduit par une altération qui n'est adéquate ni à l'un ni à l'autre des étants concernés. Lorsqu'une chose est finie, elle subit ses changements au lieu de les produire elle-même. Alors elle est dépendante des circonstances extérieures et vulnérable, au lieu d'être le sujet actif de ses modifications et de garantir par elle-même son intégrité.

Pourquoi un étant est-il fini plutôt qu'infini ? Chez Hegel le fini, au sens de ce qui est non réconcilié, est premier, et l'infini au sens de ce qui est chez soi dans son autre, bref au sens de la totalité, ne peut être qu'un résultat. La finitude est soit le commencement d'un cycle (phase de l'immédiateté), soit la première négation de ce commencement (phase de la particularité, de la scission). Le mal comme commencement n'a pas d'explication, il n'est qu'un donné factuel. Par exemple, dans le cycle de la volonté telle qu'elle est présentée dans la Remarque du § 139 des *Principes de la philosophie du droit*, la première figure est celle de la volonté « naturelle » de l'enfant ou de l'homme inculte. D'un point de vue hégélien, par définition rien ne rend compte de l'inculture. Puis, dans le moment ultérieur, si le mal en tant que particularité exclusive est bien médiatisé, il n'est pourtant pas légitimé. Pour rester sur l'exemple du cycle de la volonté, la seconde figure est celle de la volonté mue par ses penchants : s'il y a bien ici une médiation, celle-ci n'est pas un principe intérieur mais une cause externe, l'excitation provoquée par l'objet[2]. Ni l'immédiateté ni la particularité abstraite ne possèdent de raison immanente.

Où se situe la finitude ? Hegel oppose-t-il une région ontologique qui serait bonne à une région ontologique qui serait mauvaise ? Aucunement car, d'un côté, le fini est une notion structurale, qui caractérise les deux premiers moments de tout cycle systématique, d'un autre côté, tout moment est constitué de l'articulation de plusieurs cycles. Or le fini peut avoir, dans chacun de ces cycles, alternativement le rang de l'immédiateté,

1. Cf. *Leçons sur la philosophie de la religion* II, éd. cit. p. 507, trad. p. 369 : « Le fini [...] s'affirmant comme fini et autosubsistant face à l'infini et à l'universel, et s'affirmant par là comme leur contraire, est le mal. » ; *Leçons sur la philosophie de la religion* III, éd. cit. p. 138, trad. p. 135-136 : « La liberté comporte en elle-même le moment essentiel de [la] séparation. C'est dans cette séparation que l'être-pour-soi est posé et que le mal a son siège ; ici se trouve la source du mal. »

2. Cf. *Principes de la philosophie du droit*, R. du § 139, *W* 7, 261-262, trad. p. 293-295.

de la particularité ou de la subjectivité concrète. Par exemple la famille relève à la fois de l'esprit, de l'esprit objectif et de la vie éthique. Elle est infinie en tant qu'esprit (achèvement du cycle logique-nature-esprit), finie en tant qu'esprit objectif (milieu du cycle esprit subjectif-esprit objectif-esprit absolu), infinie à nouveau en tant que vie éthique (achèvement de l'esprit objectif), mais finie, à nouveau, en tant qu'immédiateté de la vie éthique. La famille est adéquate en ce qu'elle est essentiellement libre (esprit) mais inadéquate en ce qu'elle est multiple (esprit objectif), elle est adéquate en tant qu'institution reposant sur une volonté partagée (vie éthique) mais inadéquate dans la mesure où cette volonté ne relève que du sentiment et non pas d'une décision délibérée (immédiateté de la vie éthique)... Comme on le constate, le bien et le mal ne s'apprécient que *relativement* aux cycles d'appartenance du processus considéré.

La priorité du bien sur le mal

Le bien, donc, n'est qu'un résultat. Or il y a, dans le système encyclopédique, un moment qui consiste précisément à se produire comme résultat, à savoir l'esprit. Par conséquent, tandis que la nature, « contradiction non résolue »[1], « déchéance de l'Idée »[2], est « abandonnée à la déraison de l'extériorité »[3], l'esprit se caractérise fondamentalement par la liberté et la vérité[4]. Alors que Hegel condamne le règne de la nature – ou rien n'est entièrement par soi –, il fait l'éloge de l'esprit en soulignant que, même dans ses œuvres les plus sottes et les plus détestables, l'esprit est par soi et à ce titre digne d'estime : « Si la contingence spirituelle, le [libre] arbitre, progresse jusqu'au mal, cela même est encore quelque chose d'infiniment plus élevé que le cours des astres, qui est conforme à des lois, ou que l'innocence de la plante, car ce qui s'égare ainsi est encore esprit. »[5]. Il y a là une prise de position lourde de conséquences : pour Hegel, dans la mesure où l'esprit est auteur de lui-même, il est essentiellement légitime.

Mais, dira-t-on, une telle conception n'impose-t-elle pas de récuser la présence du mal dans l'esprit ? Cette position serait, à l'évidence, en contradiction avec l'hypothèse avancée plus haut, selon laquelle il n'existe pour Hegel aucun bien « pur et simple », dans la mesure où le bien ne s'établit qu'en combattant et en intégrant un mal préalable. En fait, comme

1. *Encyclopédie* II, R. du § 248, *W* 9, 27-28, trad. p. 187.
2. *Ibid.*
3. *Ibid.*, R. du § 248, *W* 9, 28, trad. p. 188.
4. Cf. *Encyclopédie* III, Add. du § 382, *W* 10, 26, trad. p. 392.
5. *Encyclopédie* II, R. du § 248, *W* 9, 29, trad. p. 188-189.

on l'a dit plus haut, un même moment peut être bon à certains égards et mauvais à d'autres. Par exemple, d'un point de vue hégélien, on peut affirmer en même temps que la forme politique de tout État est assise sur la volonté de son peuple – ce qui fait que cette forme est essentiellement légitime –, et que les différents régimes ne se valent pas, puisque certains sont oppressifs et d'autres libérateurs. Ainsi, à l'intérieur d'une légitimité politique fondamentale (l'institutionnalisation politique du peuple), on observe le passage d'une volonté illégitime car instinctive à une volonté légitime car reposant sur un pouvoir articulé.

Dès lors, on peut faire de la Philosophie de l'esprit une lecture conservatrice aussi bien que progressiste. D'un côté, dans la mesure où l'esprit se produit par définition comme un résultat, il est essentiellement bon et échappe à la condamnation. De l'autre, tout moment de l'esprit s'articule en lui-même, de sorte qu'il commence par une phase de déficience, et n'atteint sa vérité qu'*in fine*. Donc, si dans l'esprit tout est bon, néanmoins l'esprit n'est jamais *immédiatement* entièrement bon. Ces deux propositions s'annulent-elles ? Non, car les niveaux sont hiérarchisés. L'esprit est bon principiellement et mauvais *accessoirement* (alors qu'il en va à l'inverse dans la nature, qui est fondamentalement dissociée, même si, dans la sphère organique, elle parvient à une esquisse de subjectivité concrète). On peut donc dire que, s'agissant au moins de l'esprit, Hegel est optimiste et conservateur davantage qu'il n'est critique et progressiste.

Cette priorité du bien sur le mal s'exprime régulièrement dans les textes. Par exemple, on lit que, même si l'Église du Moyen Âge est corrompue, néanmoins elle enseigne la vérité :

> On peut l'accuser de transgression, d'abus, de vices, de crimes : ce ne sont là cependant que des défauts singuliers. Le contenu est la doctrine du christianisme : la doctrine de la vérité suprême et de la réalisation effective de cette doctrine ; et l'Église est ce qui expose et dispense sans interruption tous les trésors de l'esprit [1].

Plus généralement, un passage des *Leçons sur la philosophie de la religion* affirme que, en dépit de leurs bizarreries, voire de leurs côtés barbares, les religions telles qu'elles se développent dans l'histoire expriment la vérité. Le philosophe n'a pas à justifier ce qu'elles contiennent d'absurde mais à reconnaître la légitimité de leurs principes :

> Se réconcilier en même temps avec ce qui se présente d'horrible, d'absurde [dans l'histoire des religions], le justifier, le trouver bien, vrai tel qu'il est

1. *PH* 1822-23, éd. cit. p. 478, trad. p. 502.

dans tous ses traits (sacrifier des hommes, des enfants), il n'en est pas question ; mais en connaître au moins le principe, la source comme quelque chose d'humain d'où cela est issu – c'est là la réconciliation supérieure [1].

Une addition de la *Science de la logique* de l'*Encyclopédie* affirme que l'histoire spéculative est le point de vue de la consolation (*Standpunkt des Trostes*), au sens où elle établit, suivant le proverbe, que « chacun est l'artisan de sa propre fortune » (*ein jeder ist seines eigenen Glückes Schmied*). Pour Hegel, ce proverbe ne signifie certes pas que l'homme pourrait se rendre indépendant des circonstances extérieures, tant il est vrai « qu'il y a dans ce qui nous arrive [...] beaucoup de contingent ». En revanche, il signifie que cet élément de contingence est secondaire, puisque l'homme est capable d'opérer l'*Aufhebung* de ce qui l'affecte extérieurement en le subordonnant à son vouloir autonome, et ainsi de se mettre en accord avec lui-même. À cette condition, « la disgrâce qui lui arrive ne détruit pas l'harmonie de son âme, la paix de son cœur » [2]. C'est à ce titre que l'esprit est justifié, quand bien même il y a en lui de la finitude et du mal.

Le mal dans l'histoire

Au-delà du caractère structurel de la déficience dans le progrès systématique, les textes de Hegel sont nombreux qui dépeignent les injustices commises par les hommes et les malheurs dont ils sont victimes. Par exemple, comme on le verra, Hegel dénonce en termes très vifs la brutalité de l'État romain et la corruption de l'Église médiévale. L'introduction des *Leçons sur la philosophie de l'histoire* évoque quant à elle, pêle-mêle, les imperfections et les vices des hommes, l'infortune à laquelle sont en butte les meilleurs d'entre eux et les coups du sort qui frappent les empires les plus brillants. L'élément le plus affligeant étant, en définitive, la disproportion qu'on observe entre la somme des efforts consentis par les peuples et les faibles succès que ceux-ci obtiennent :

Lorsque devant nos yeux, dans l'histoire, nous trouvons le mal, la méchanceté, la destruction des peuples et des États les plus nobles qui soient, l'effondrement des règnes les plus florissants qu'ait produits l'esprit humain, nous ne pouvons – lorsque nous considérons les individus, avec

1. *Leçons sur la philosophie de la religion* I, éd. cit. p. 108, trad. (légèrement mod.) p. 101.
2. *Encyclopédie* I, Add. du § 147, *W* 8, 292, trad. p. 583-584.

une sympathie profonde pour leur détresse sans nom – que finir par nous affliger[1].

On peut, sans exagération rhétorique et en faisant simplement la liste exacte des malheurs dont ont souffert les États et les peuples les plus splendides, ainsi d'ailleurs que les vertus privées, ou du moins l'innocence, dresser le tableau le plus effroyable de telles réussites[2].

Si l'on compare la conception hégélienne du mal avec celle de Leibniz, on voit qu'un nouveau type de mal apparaît : au-delà du mal physique, moral et métaphysique, Hegel évoque le scandale suscité par le contraste entre le brio des individus et des collectivités et les malheurs que subissent les uns et les autres. C'est un mal moral si l'on veut, sauf qu'il n'est pas considéré dans celui qui le commet, à savoir le coupable, mais dans celui qui le subit, à savoir la victime.

Comment rendre compte alors du mal spécifique à l'esprit objectif ? En ce dernier, comme on l'a dit, il n'y a pas de principe absolument totalisant. À la différence de l'esprit absolu, qui se développe dans l'élément du savoir général et peut assumer toutes choses en son unité propre, l'esprit objectif, qui est inscrit dans le monde extérieur, se disperse en objets particuliers. Si l'histoire est l'œuvre successive des peuples, néanmoins chaque peuple, travaillant à son accomplissement propre, reste enfermé dans ses bornes et pour cette raison même en vient à se faire mourir. En particulier, l'État moderne ne se réalise pas dans un seul peuple mais dans une pluralité de peuples, qui sont inévitablement hostiles les uns aux autres et dont chacun n'a qu'une existence précaire. Que la raison domine l'histoire signifie que chaque peuple constitue son principe et sa fin. Toutefois, c'est une raison encore abstraite, car un peuple est incapable de s'épanouir définitivement, de sorte qu'il est voué à servir de matériau au peuple ultérieur qui prendra sa place sur le devant de la scène mondiale.

En d'autres termes, parce que le principe de l'intégration des hommes est toujours particulier (le peuple a un esprit « chinois » ou « indien » ou « grec », etc.), la vie du peuple reste marquée par la contrainte et l'inégalité – et notamment par l'opposition des gouvernants et des gouvernés[3]. Il n'y a pas de peuple « mondial » au sens où un tel peuple pourrait entièrement rendre compte de ses particularités. En d'autres termes, l'esprit du peuple,

1. *Introduction* 1830-31, *GW* 18, 156, trad. p. 66.

2. *Ibid.*

3. Cf. *Leçons sur la philosophie de l'histoire*, *W* 12, 402, trad. p. 256 : « Qu'il y ait [...] un régime d'autorité (*ein Regiment der Autorität*) a plus précisément pour raison que la subjectivité humaine, en tant que telle, ne s'est pas encore développée. »

dans l'histoire, est par définition une partie de l'esprit historique en général, et non pas cet esprit tout entier. De même que, dans la nature organique, une espèce se partage entre des individus finis, qui pour cette raison sont mortels, de même la raison dans l'histoire se partage entre les peuples – des peuples qui ne sont que des étapes dans le progrès de l'histoire. C'est pourquoi l'histoire se caractérise par le règne successif des égoïsmes nationaux. Il faut donc tenir les deux bouts de la chaîne : d'un côté, le peuple est une fin en soi, de l'autre, il n'est qu'un moyen. La raison historique est morcelée, elle n'existe que sur le mode de l' « en soi », de l'objectivité extérieure.

En définitive, on mettra trois points en avant : a) Tout d'abord, la raison dans l'histoire n'est pas constamment identique à elle-même. L'histoire est marquée par un progrès, c'est-à-dire par le passage d'une raison déficiente (le despotisme oriental, la démocratie grecque qui présuppose l'esclavage, l'oppression romaine…) à une raison accomplie (l'unité du peuple dans la monarchie germanique) : « L'histoire est le dressage (*die Zucht*) par laquelle on passe du déchaînement de la volonté naturelle à l'universel et à la liberté subjective. »[1]. Et, au sein même de l'histoire germanique, il y a un progrès puisqu'on passe de la théocratie carolingienne à l'État prussien moderne. Insistons encore une fois sur le fait que jamais, chez Hegel, il n'y a de rationalité entière. Le développement systématique n'est pas également rationnel en tous ses moments. La rationalité – c'est-à-dire encore la légitimité – est un *résultat*, elle n'est ni un point de départ ni un moyen terme. À la légitimité du moment final s'oppose l'illégitimité foncière du commencement, qui est immédiat, et du moment médian, qui est scindé.

b) Ensuite, que le peuple soit rationnel ne signifie pas qu'il soit affranchi des passions ni des actions mauvaises, mais qu'il inscrit les unes et les autres dans son savoir et son vouloir. La rationalité consiste, pour un sujet, à être le principe de son devenir – fût-ce au moyen de la violence.

c) Enfin, la raison dans l'histoire n'est qu'une raison *historique*. L'unité de l'histoire reste imparfaite puisque la pluralité des peuples est irréductible. Certes, dans l'économie de l'esprit objectif, l'histoire est un sommet. Toutefois, elle est incapable d'accéder à la plénitude de l'esprit absolu, lequel, au lieu de se disperser dans le monde, se concentre dans un savoir de soi qui se réconcilie souverainement avec son monde. Il y a un bonheur de l'art (la beauté), de la religion (la réconciliation de l'humain et

1. *Raison dans l'histoire*, éd. cit. p. 243, trad. (mod.) p. 280.

du divin) et de la philosophie (la connaissance vraie) qui contraste de manière saisissante avec le malheur de l'histoire. Contrairement à ce qu'avance Ricœur, il n'y a pas, chez Hegel, de totalisation parfaite, ou de « médiation totale » dans l'histoire[1]. Seule la philosophie idéalisant l'histoire réalise une médiation parfaite, au sens où la philosophie est capable de rassembler parfaitement son objet et de se reconnaître en lui.

Par son concept de la raison, Hegel s'oppose politiquement à deux séries d'auteurs : d'un côté, ceux pour qui les principes doivent plier devant les traditions particulières – on reconnaît ici les réactionnaires comme Möser, Gentz ou Rehberg ; de l'autre, ceux pour qui il faut transformer la réalité au nom d'un idéal abstrait – on reconnaît ici des auteurs comme Kant et Fichte. Hegel, quant à lui, défend une troisième voie théorique : celle selon laquelle il y a un principe immanent de transformation de l'expérience, qui rend vains autant le fixisme traditionaliste que les exigences irréalisables. Le principe en question est fondamentalement efficace – même si la contingence de l'histoire peut lui faire obstacle. Toutefois il ne peut conduire en dehors du monde dans lequel il s'inscrit. Ainsi le progrès, en quelque façon garanti, est d'une portée limitée.

1. P. Ricœur, *Temps et récit* III, *op. cit.*, p. 186.

CHAPITRE VII

LA RUSE DE LA RAISON

La ruse de la raison est l'un des thèmes les plus fameux de la philosophie hégélienne de l'histoire. Selon certains auteurs, elle en est même le point clé[1]. Elle implique, dit-on, que, pour Hegel, l'histoire serait gouvernée par une puissance qui s'appuierait sur les illusions des hommes pour promouvoir des fins qui vont à l'encontre de leurs intérêts propres. Les hommes seraient donc essentiellement manipulés.

Si cette interprétation était pertinente, la thèse de Hegel, il faut le reconnaître, serait aussi inacceptable intellectuellement que choquante moralement. D'un côté, Hegel prétendrait avoir accès à un savoir qui dépasse toute expérience possible. Sa théorie serait donc le comble du dogmatisme et de la *Schwärmerei* métaphysique. De l'autre, il tendrait à légitimer, en la présentant comme rationnelle, une puissance qui, dans les faits, serait bien plutôt immorale et tyrannique. Il chercherait à justifier une puissance qui encouragerait perversement les hommes à se fier à leurs passions pour réaliser, contre eux, un dessein connu d'elle seule. La « raison » dont il est ici question serait moins celle d'un Dieu providentiel que celle d'un génie malfaisant qui traiterait les hommes non comme des fins mais comme de purs moyens. Nous ne pourrions que nous révolter contre une telle raison et contre Hegel, son prophète.

1. *Cf.* par exemple L. Ferry, *Philosophie politique* 2, *op. cit.*, p. 55 *sq.* Pour Ricœur, *Temps et récit* III, *op. cit.*, p. 365, la ruse de la raison n'est que le « doublet apologétique » de la thèse selon laquelle la raison gouverne le monde.

Mais cette interprétation est-elle valide ? Selon nous, le concept de ruse de la raison ne renvoie pas à une puissance occulte et omnisciente, mais à la manière dont la raison s'incarne dans les peuples et les individus. Plus précisément, il exprime la thèse selon laquelle l'histoire est, dans l'économie de l'esprit, un moment d'objectivité *unilatérale*, de sorte que l'universel se réalise dans le particulier non pas sur le mode de l'expression adéquate de soi mais sur un mode scindé. Le caractère rusé de la raison historique, loin d'être l'indice de sa souveraineté, trahit au contraire son incomplétude. La ruse de la raison exprime le fait que l'histoire se développe au sein de peuples qui, quoique autonomes, ne défendent que des intérêts égoïstes et, pour cette raison, sont voués à périr.

SIGNIFICATION DE LA RUSE DE LA RAISON

Si certains commentateurs font de la ruse de la raison la clé de voûte de la philosophie hégélienne de l'histoire, d'autres, tout à rebours, soupçonnent cette thématique de n'être pas authentiquement hégélienne, et mettent en avant la rareté de l'expression dans le corpus hégélien de philosophie de l'histoire[1]. Toutefois, à ces derniers, on objectera que l'accusation est malaisée précisément parce que l'édition critique définitive de la philosophie de l'histoire reste à faire. Ainsi, une évaluation sérieuse de ce qui pourrait avoir être ajouté indûment par E. Gans ou K. Hegel dans leurs éditions respectives n'est pas encore possible. En outre, le manuscrit Heimann fait bel et bien apparaître la notion[2]. Enfin, d'un point de vue proprement philosophique, il y a une incontestable proximité entre la ruse de la raison telle qu'elle est définie dans la *Science de la logique* et certaines analyses de la philosophie de l'histoire, lors même que le syntagme de « ruse de la raison » ne se trouve pas toujours dans les analyses en question. En définitive, la thèse de l'inauthenticité du concept de la ruse de la raison à propos de l'histoire engendre plus de problèmes qu'elle n'en résout.

1. *Cf.* les analyses, il est vrai très nuancées, de B. Mabille, *Hegel, l'épreuve de la contingence*, *op. cit.*, p. 163 *sq.* et de Ch. Bouton, *Le procès de l'histoire*, *op. cit.*, p. 163.

2. Cf. *PH* Heimann p. 42 : « C'est une ruse de la raison que de laisser ces outils [les intérêts particuliers des hommes] se combattre, en tant que cette dernière advient par [leur] destruction [mutuelle]. »

Le concept de ruse de la raison dans la Science de la logique

Dans la *Science de la logique*, la notion de ruse de la raison caractérise l'activité finalisée. Prenant place dans la « Doctrine du concept », et plus précisément dans la « téléologie » comme troisième sphère de l' « objectivité », elle renvoie à un agir téléologique indirect et dont le contenu est borné. Précisons ces deux points :

a) Il y a ruse de la raison, tout d'abord, lorsque la fin ne se rapporte pas elle-même à l'objet, mais intercale, entre elle et ce dernier, un autre objet. Par là, dit Hegel, le sujet qui détermine la fin s'immunise contre la violence « mécanique » impliquée par l'activité dans le monde extérieur, puisque c'est le moyen qui, à sa place, subit une altération : « L'activité médiatisante [laisse] les objets, conformément à leur nature propre, agir les uns sur les autres et s'user au contact les uns des autres, sans s'immiscer immédiatement dans ce processus. »[1].

À titre d'illustration, on pense bien évidemment à l'agir productif, dans lequel l'individu réalise ses buts dans le monde non pas directement mais en recourant à des outils. Dans la *Science de la logique* d'ailleurs, Hegel donne l'exemple de la charrue, moyen du labour. Déjà dans les textes d'Iéna, on trouve l'idée selon laquelle la ruse consiste à introduire, entre le sujet et l'objet, un outil inerte, qui est certes incapable de se donner à lui-même des fins, mais protège le sujet de la violence du monde extérieur :

> Mais l'instrument n'a pas encore l'activité en lui. Il est une chose inerte, il ne fait pas retour en lui-même. Il faut que je travaille encore avec l'instrument ; j'ai interposé la ruse entre moi et la choséité extérieure pour me ménager et pour protéger par ce moyen ma déterminité et pour laisser l'instrument s'user. Le moi demeure l'âme de ce syllogisme, par rapport à l'instrument le moi demeure l'activité[2].

L'analyse hégélienne de l'outil, est ambivalente. Hegel insiste tantôt sur le fait que le moyen est subordonné à la fin, tantôt sur le fait qu'il est supérieur à cette dernière, dans la mesure où il peut servir à une multiplicité de buts distincts[3]. En toute hypothèse cependant, dans l'économie propre

1. *Encyclopédie* I, Add. du § 209, *W* 8, 365, trad. p. 614.

2. *GW* 8, 206 ; *La philosophie de l'esprit de 1805*, trad. fr. G. Planty-Bonjour, Paris, P.U.F., 1982, p. 33. On retrouve cette thématique dans les *Leçons sur la philosophie de la religion* II, éd. cit. p. 437, trad. p. 327.

3. *Cf.* notamment la *Science de la logique* III, *W* 6, 451, trad. p. 261 : « L'objet [qui sert de moyen], en regard de la fin, a le caractère d'être impuissant, et de la servir ; elle est sa subjectivité ou son âme, qui a en lui son côté extérieur. » *Cf.* aussi *W* 6, 453, trad. p. 263 :

de la Doctrine du concept, la notion de ruse de la raison permet d'opposer la téléologie aux moments du mécanisme et du chimisme, lesquels sont dépourvus de tout pôle idéel capable de se préserver des effets de l'activité réelle.

b) En outre, au caractère indirect de l'action téléologique est liée la finitude de la fin : d'un côté, l'action téléologique vise un certain but à l'exclusion de tout autre, de l'autre, le sujet de l'action ne rend son moyen que superficiellement approprié à l'usage qu'il en fait.

Dans l'économie de la Doctrine du concept en effet, la téléologie et sa ruse s'opposent à l'Idée, dont le principe est infini parce qu'il est « chez soi » dans son autre. Dans l'Idée, le sujet entretient avec l'objet un rapport non pas extérieur mais intérieur. Pour cette raison, le but subjectif est infini car il vise le bien de l'objectivité toute entière[1]. À l'opposé, a) dans le rapport téléologique, la fin est à chaque fois *bornée* : il s'agit d'atteindre tel but et non pas tel autre (qui veut labourer son champ ne veut pas, dans le même temps, l'ensemencer) ; et b) le moyen n'est que *superficiellement* approprié à son usage (en un sens, la charrue n'est telle que par sa forme, non par sa matière – laquelle peut être le bois, le fer, etc. – et ce n'est pas un principe « intérieur » qui rend compte de sa configuration). Bref : « La finitude du but consiste en ce que, lors de sa réalisation, les matériaux employés pour cela ne sont qu'extérieurement subsumés sous lui et rendus conformes à lui. »[2].

Dans l'Idée, chaque objet est unitairement fin et moyen parce qu'il incarne le tout en sa plénitude. Ainsi, il est d'une valeur infinie, et en même temps au service de chacun des autres objets, eux-mêmes d'une valeur infinie. Par exemple, dans le vivant, la conservation de chaque organe est la fin permanente de tous les autres organes. En revanche, dans la téléologie, chaque objet est contradictoirement fin finie et moyen fini. Une charrue,

« L'instrument se maintient, tandis que les plaisirs immédiats disparaissent et se trouvent oubliés. »

1. Pensons par exemple à la vie, premier moment de l'Idée dans la *Science de la logique*. Selon l'analyse de Hegel, dans le vivant, l'âme est immanente au corps. Dès lors, parce qu'elle se rapporte à lui comme à *son* objectivité, elle est infinie. En effet, elle ne poursuit pas tel ou tel but qui se réaliserait dans l'environnement extérieur et serait exclusif d'autres buts, mais elle tend à assurer son bien propre, en l'occurrence sa conservation comme être vivant. Ce but n'est pas un moyen pour autre chose mais une fin en soi-même. Il est inclusif en ce qu'il consiste dans l'activation coordonnée de tous les organes. Corrélativement, l'âme du vivant détermine son corps substantiellement, c'est-à-dire, ici, non pas seulement du point de vue de son organisation mais aussi du point de vue de sa matière.

2. *Encyclopédie* I, Add. du § 212, *W* 8, 367, trad. p. 614.

par exemple, est une fin pour l'agriculteur qui l'acquiert – mais elle n'est aucunement une fin ultime. Et elle est un moyen fini car elle ne sert qu'à labourer la terre, et non pas à l'ensemencer ni à le moissonner[1].

En définitive, dans la *Science de la logique*, la ruse de la raison est ambivalente : d'un côté, elle témoigne de la supériorité de la finalité extérieure sur la processualité de type mécanique ou chimique, de l'autre, elle trahit la déficience de la téléologie par rapport à l'Idée comme moment de réconciliation entre le sujet et l'objet.

Histoire et instrumentalisation

À quelle analyse cette théorie correspond-elle dans les *Leçons sur la philosophie de l'histoire* ? Il ne faut sans doute pas chercher ici de correspondance exacte entre la téléologie et l'histoire. Les contextes systématiques étant différents, les concepts le sont inévitablement aussi, et il ne peut y avoir d'équivalence que *ceteris paribus*. La différence tient notamment au fait que l'agir téléologique, dans la *Science de la logique*, est pensé par Hegel comme portant sur un objet extérieur, alors que l'agir historique du peuple porte sur lui-même. Toutefois, dans l'économie de la philosophie de l'esprit, l'esprit objectif a justement pour originalité d'impliquer un hiatus insurmontable entre le sujet et l'objet, et donc la finitude de l'un et de l'autre. Certes, dans l'histoire, le peuple se gouverne de manière autonome : mais il est inévitablement particularisé (il n'incarne l'esprit du monde que de manière à chaque fois exclusive, donc inadéquate), n'agit pas purement et simplement comme un tout (car il est conduit par un chef singulier, doté de passions contingentes) et n'est pas non plus entièrement souverain à son égard (car ses membres sont caractérisés par des intérêts potentiellement divergents). Le peuple ne saisit son propre vouloir que partiellement, et ne réalise ses fins que laborieusement, puisqu'il n'agit que par l'entremise d'individus qui sont par définition affectés de faiblesse et d'arbitraire. Il y a dès lors un décalage inéluctable entre les aspirations des individus ou des peuples, leurs actions et le résultat effectif de ces dernières. Les peuples ne sont pas seulement des sujets mais aussi des instruments imparfaitement appropriés à leurs propres actions :

> Cette masse incommensurable de vouloirs, d'intérêts et d'activités – ce sont les instruments et les moyens qu'a l'esprit du monde d'accomplir sa fin, d'élever cette fin à la conscience et de la réaliser effectivement[1].

1. Cf. *ibid.*, § 211, *W* 8, 366, trad. p. 445.

> En général, dans l'histoire mondiale, il sort des actions des hommes autre chose encore que ce qu'ils prennent pour but et atteignent autre chose encore que ce qu'ils savent et veulent immédiatement. Ils accomplissent leur intérêt, mais quelque chose de plus se produit encore, qui est aussi dedans, intérieurement, mais qui ne se trouvait pas dans leur conscience et dans leur intention[2].

La ruse de la raison, dans l'histoire, renvoie à l'idée selon laquelle, d'un côté, le sujet agit de manière *indirecte* et avec une efficacité seulement *relative*, et selon laquelle, de l'autre, il est lui-même un simple *moyen* de cet agir, un moyen qui en outre est *inadéquat*, donc voué à être sacrifié. S'agissant des grands hommes, en premier lieu, elle traduit le fait que leurs aspirations individuelles finissent toujours par être déçues alors même qu'ils font utilement progresser leurs peuples respectifs. S'agissant des peuples, en second lieu, elle exprime le fait que les empires sont éphémères, que leur accomplissement implique tout autant leur chute, mais que c'est justement en cédant la place à des peuples neufs qu'ils font avancer l'histoire. Pour Hegel, les hommes et les peuples ignorent, respectivement, quelle est la fin de leur peuple ou quelle est la fin ultime (*Endzweck*) de l'histoire : néanmoins, par leurs actions, ils assurent l'avènement de l'une et de l'autre. La ruse de la raison nomme donc l'effet suivant : les peuples ne poursuivent que des fins relatives, et ceci non pas sur le mode d'un agir souverain mais malaisément et sur le mode du conflit mutuel ; dans ce conflit, ils se détruisent mutuellement ; et pourtant vient au jour quelque chose de supérieur à ce à quoi les peuples aspirent, et que personne ne prévoit. Les individus, ayant des intérêts opposés, se détruisent mutuellement ; toutefois c'est précisément dans cette lutte et cette dévastation réciproque que le but ultime se réalise.

Comme le relève Ricœur à juste titre, le cours du temps est lui-même un aspect de la ruse de la raison[3]. En effet, la dissociation de l'esprit du monde dans des époques mutuellement extérieures représente, à la fois, une incarnation incontestable de cet esprit et une incarnation imparfaite. En raison de son caractère déficient, chaque époque est vouée à la caducité et à être supplantée par une autre époque. De manière encore plus générale, toute réalisation de l'Idée dans l'extériorité peut être considérée comme une forme de la ruse de la raison.

1. *Introduction* 1830-31, *GW* 18, 162, trad. p. 71. Cf. *Encyclopédie* III, § 551, *W* 10, 353, trad. p. 332.

2. *Ibid., GW* 18, 162, trad. p. 72.

3. Ricœur, *Temps et récit III, op. cit.*, p. 361.

Hegel fournit lui-même un certain nombre d'analogies non historiques à la ruse de la raison historique. La construction d'un édifice, dit-il, suppose l'usage d'« éléments » naturels : par exemple le feu pour travailler le fer ou l'air pour attiser le feu, l'eau pour fabriquer du mortier, etc. Or l'édifice est un abri contre la pluie, le vent, la chaleur, et ainsi de suite. En un mot, les éléments naturels sont mis en échec par la maison dont ils ont contribué à la construction. Ils sont utilisés conformément à leur essence, mais de cela résulte, paradoxalement, une limitation de leur action. De même, les pierres et les poutres obéissent à la pesanteur et tendent vers le bas. Or, avec elles, on édifie de hautes murailles, qui ainsi s'opposent à la pesanteur[1]. Dans un autre passage, Hegel évoque le navigateur qui prend appui sur l'eau et fait de l'air un moyen de traction[2]. Un retournement s'opère et, d'une certaine manière, les causes sont vaincues par leurs effets.

Un malentendu doit cependant être évité. Y a-t-il chez Hegel une instrumentalisation *positive* de la finitude au sens où un moment antérieur serait la cause *grâce* à laquelle adviendrait le moment ultérieur ? Par exemple, est-on en droit de dire : s'il n'y avait pas eu de Moyen Âge (scindé), alors il n'y aurait pas eu de monde moderne (unifié), donc le Moyen Âge est la condition du monde moderne, et il est produit par l'absolu, précisément, de manière à rendre possible l'avènement du monde moderne ? En réalité, ce raisonnement ne peut être que fallacieusement prêté à Hegel. En effet, pour lui, les moments n'entretiennent pas les uns avec les autres un rapport de causalité, que celle-ci soit efficiente ou finale, mais un rapport d'opposition. Le Moyen Âge ne peut expliquer positivement le monde moderne car ce dernier ne se constitue qu'en rompant avec le premier. D'un côté, lorsque le Moyen Âge advient, comme tout moment du processus systématique, il est strictement auto-subsistant (*selbständig*). On ne peut donc pas soutenir qu'il existerait *en vue* du monde moderne. De l'autre, ce dernier ne s'impose qu'au prix de la disparition du Moyen Âge. On peut certes affirmer que le monde moderne fait du moment qui le précède une condition, mais il faut alors préciser que cette condition est négative. Elle n'est qu'un matériau. Elle ne produit pas par elle-même des effets mais permet seulement, à titre d'adversaire, l'auto-affirmation du monde moderne. Le mal n'est pas apprêté par ou pour le bien, car, alors que règne le mal, nul bien n'est à l'horizon. Et le bien, quant

1. Cf. *Raison dans l'histoire*, éd. cit. p. 84, trad. p. 107.
2. Cf. *PH* 1822-23, éd. cit. p. 112, trad. p. 198.

à lui, a son fondement médiatisant en lui-même et se développe *contre* le mal.

Précisons ce point. Si l'on considère le déroulement de l'histoire, peut-on soutenir que les moments antérieurs adviennent en vue, par exemple, du moment ultime ? Si tel était le cas, alors les moments antérieurs ne seraient, pour l'un, ni véritablement immédiat, pour l'autre, ni véritablement scindé. Car l'immédiateté aurait un fondement médiatisant et la scission un principe d'unité. Lire le système hégélien à partir du moment ultime (ou lire chaque cycle à partir de son moment dernier) est illégitime dans la mesure où l'ordre systématique est un ordre d'engendrement. Par exemple, à l'époque (ou dans l'espace) du despotisme oriental, par définition, il n'y a rien d'autre qu'un tel despotisme. Celui-ci advient de lui-même, en vertu de sa seule immédiateté et non pas à titre de moyen de la monarchie post-antique à venir. De même, le monde gréco-romain ne répond qu'à une médiation extérieure (les oracles, les esclaves…), et non pas, à titre de médiation intérieure, au monde européen chrétien à venir. Le mal, chez Hegel, est sans excuse.

Cependant, dans l'histoire, l'instrumentalisation des hommes et des peuples est-elle entière ? Non, car les textes insistent aussi sur le droit du sujet à trouver son intérêt et à se satisfaire dans son activité. Rien ne s'accomplit sans que les individus ne trouvent dans leur action une part de bonheur – et un bonheur qui, loin de faire fi de leur particularité, lui correspond au contraire. Plus encore, Hegel note que, de nos jours, les hommes ne se fient plus aveuglément à l'autorité, si bien que, pour qu'ils participent à une entreprise commune, leur adhésion lucide est requise :

> Il n'arrive donc rien, rien n'est accompli, sans que les individus qui agissent en la matière ne se satisfassent aussi ; sans qu'ils *se* [satisfassent] : ce sont [des individus] particuliers, ce qui veut dire qu'ils ont des besoins, des impulsions – des intérêts en général – qui sont particuliers, qui leur sont propres. […] Les hommes exigent alors aussi que, s'ils doivent agir pour une cause, celle-ci leur plaise, de façon générale. Ils veulent être impliqués en elle par leurs opinions, par leur conviction que la cause est bonne, ou encore qu'elle est juste, utile, avantageuse pour eux, etc. […] Nous disons donc ainsi que rien, absolument rien n'est advenu sans l'intérêt de ceux dont l'activité a participé à l'opération [1].

1. *Introduction* 1830-31, *GW* 18, 160, trad. p. 69.

De même, selon l'introduction de 1830-31, les individus sont des fins en soi et ne peuvent être considérés comme de simples moyens[1]. Le sceau de la haute destination de l'homme est sa capacité à savoir ce qui est bien et ce qui est mal, et à vouloir soit le bien soit le mal[2]. L'homme est responsable, ce qui exclut qu'il soit simplement un jouet aux mains d'une puissance omnipotente et manipulatrice.

Y a-t-il ici une contradiction ? Oui, mais elle tient à la chose même. Dans l'histoire, moment de l'esprit objectif, donc de la contradiction, l'individu – comme homme singulier ou comme peuple – est à la fois subsistant-par-soi et non subsistant-par-soi. Il est à la fois fin et moyen, car il vise son propre développement et sert d'étape au déploiement de l'esprit mondial. Par exemple, tout peuple tend à satisfaire sa volonté propre, mais, ce faisant, se produit seulement comme l'assise du peuple qui le vaincra et se substituera à lui au premier plan de l'histoire mondiale :

> [Les] individus et les [les] peuples, cherchant ce qui est leur et y trouvant satisfaction, [sont] en même temps les moyens et les instruments de quelque chose de plus haut et de plus large, dont ils ne savent rien, qu'ils accomplissent inconsciemment[3].

La fin de chaque peuple est sa domination sur la scène mondiale. Cependant son action aboutit inévitablement à sa subordination. Tout peuple est en tant que tel « fin à son propre égard » (*Selbstzweck*). Mais il devient un moyen par lequel un autre peuple s'impose. De même qu'un animal ne vise que son bien propre mais, dans les faits, sert de maillon intermédiaire à la perpétuation de l'espèce, un peuple n'est tendu que vers son développement propre mais sert également d'instrument au progrès général de l'histoire. Et ceci, non pas parce qu'une instance transcendante le façonnerait et le manipulerait de manière à l'employer à ses buts propres. Mais parce que, en tant que fini, il ne peut s'opposer à la victoire d'un autre peuple, de plus grande légitimité, qui l'utilise comme un simple matériau.

Désir inconscient et volonté naturelle

Comme on l'a souvent noté, le caractère sacrificiel de l'action historique est associé, sous la plume de Hegel, au caractère inconscient (versant subjectif) ou caché (versant objectif) de la fin :

1. *Ibid., GW* 18, 167, trad. p. 75. *Cf.* W. Jaeschke, « Die List der Vernunft », *Hegel-Studien* 43, 2008, p. 90-91.
2. *Ibid., GW* 18, 167, trad. p. 75-76.
3. *Ibid., GW* 18, 162, trad. p. 71.

> C'est seulement en soi, c'est-à-dire comme nature, que l'histoire mondiale commence par ce qui constitue sa fin générale : que le concept d'esprit se satisfasse. Cette fin en est l'impulsion intérieure, l'impulsion intime et inconsciente – et comme on l'a déjà rappelé de manière générale, toute l'affaire de l'histoire mondiale, c'est de travailler à l'amener à la conscience[1].

> Il semble qu'une multiplicité de faits agissent les uns sur les autres en ayant finalement un résultat, en produisant ce qui était certes déjà là à titre d'impulsion intérieure, mais qui semble tenir du miracle, parce que le but de ces circonstances était un but caché[2].

Comment comprendre ces affirmations ? Elles nourrissent l'interprétation selon laquelle, pour Hegel, les peuples et les hommes seraient mystifiés. Non seulement leur passion finirait toujours par être mise en échec, non seulement le vrai résultat de leur agir serait pour eux imprévisible, mais il y aurait en outre une puissance qui, quant à elle, connaîtrait d'avance ce résultat et ferait en sorte de l'occulter. Le but et l'issue de l'histoire, quoique toujours déjà définis, seraient dissimulés[3].

On est tenté de projeter sur ce texte l'analyse que propose Schopenhauer de la « métaphysique de l'amour sexuel ». Selon cette analyse, comme on le sait, l'instinct amoureux n'est qu'une illusion au service du vouloir-vivre. Car il tend à faire agir l'individu conformément aux intérêts de l'espèce et non en vue de sa satisfaction personnelle. La fin de l'amour, dit Schopenhauer, est inconsciente, et n'est rien d'autre que l'engendrement de nouveaux individus. Elle suscite chez l'amoureux le sentiment qu'il trouvera le bonheur chez la femme aimée, et réciproquement. Mais c'est une illusion, car la passion amoureuse, satisfaite ou insatisfaite, suscite bien plutôt toutes sortes de souffrances. L'amour a pour source la Volonté, qui, sous la forme du « génie de l'espèce », sacrifie les intérêts des individus à la perpétuation de l'espèce[4]. Peut-on alors considérer que, chez Hegel, les hommes et les peuples sont pareillement manipulés et sacrifiés en faveur d'une fin cachée ? Il se trouve que Hegel fournit lui-même un certain nombre d'énoncés qui vont directement à l'encontre

1. *Ibid.*, *GW* 18, 161-162, trad. p. 71.

2. *PH* 1822-23, éd. cit. p. 440, trad. p. 471.

3. On songe en particulier à la manière dont J. d'Hondt intitule les textes de son anthologie de la philosophie de l'histoire de Hegel (Paris, P.U.F., 1975) : « Tous floués » (p. 23), « La raison trompe l'homme » (p. 25), « Les masses font l'histoire sans le savoir » (p. 28), « Sans s'en rendre compte » (p. 29)…

4. *Cf.* Schopenhauer, *Métaphysique de l'amour sexuel*, trad. fr. A. Burdeau, revue par Y. Constantinidès, Paris, Mille et une Nuits, 2008, p. 16-71.

d'une telle interprétation. Car les textes soulignent la part d'initiative et de lucidité qui revient aux hommes :

> Les individus de l'histoire mondiale [...] savent donc l'universel et ils le veulent. [...] Les hommes [qui relèvent de] l'histoire mondiale sont les plus perspicaces dans leur monde. Ils comprennent au mieux ce qu'il s'agit de faire. Ce qu'ils veulent et font est juste et légitime [1].

Aux yeux de Hegel, le « discours » et les « actions » des grands hommes expriment ce qu'exige leur époque, et par là « ce qui est vrai, ce qui est nécessaire » [2]. Par exemple, il y a lieu d'opposer la lucidité de César, le grand homme progressiste, à l'aveuglement de Cicéron et de Caton, traditionalistes et faiseurs de discours. Pareillement, même s'il ne le connaît que sur un mode instinctif et donc particulier, « le peuple a la conscience du vrai, du vrai en tant qu'être éternel en soi et pour soi, en tant que l'essentiel » [3]. Finalement, à partir de ces affirmations, on ne peut soutenir sérieusement que, selon Hegel, les grands hommes et les peuples qui leur obéissent seraient purement et simplement manipulés. La difficulté, cependant, n'en est que plus aiguë. En quel sens Hegel dit-il que la fin est « inconsciente » et « cachée » ?

En réalité, le thème de l'inconscience ne traduit pas l'impossibilité de prendre conscience d'un but qui, en lui-même, serait d'emblée complet – et donc assumé par une volonté omnipotente et mystificatrice. Mais il signifie que la fin, originairement, n'est que « nature », c'est-à-dire « immédiateté », impulsion irréfléchie. Dans l'introduction de 1830-31, l'inconscience s'oppose à la conscience réfléchie et est prise comme synonyme d'instinct. L'inconscience ne renvoie pas à l'abrutissement ou au fait d'être victime d'une auto-censure ou d'une illusion, mais à l'irréflexion et au fait de ne pas s'être donné une *Bildung* en bonne et due forme. Elle correspond à une impulsion intérieure inaboutie :

> C'est seulement en soi, c'est-à-dire comme nature (la réalité effective n'est d'abord qu'en tant que nature), que l'histoire mondiale commence par ce qui constitue sa fin générale. [...] Cette fin en est l'impulsion intérieure, l'impulsion intime et inconsciente (*der innere, der innerste bewußtlose Trieb*). [...] Ainsi trouve-t-on, surgissant dans la figure de l'essence

1. *PH* 1822-23, éd. cit. p. 69, trad. p. 164.
2. *Ibid.*
3. *Raison dans l'histoire*, éd. cit. p. 90, trad. p. 114. C'est pour cette raison que le peuple se range sous la bannière des grands hommes : « Mais les autres [hommes] doivent nécessairement obéir [aux grands hommes], parce qu'ils le sentent, parce qu'intérieurement il s'agit déjà de leur affaire. » (*PH* 1822-23, éd. cit. p. 69, trad. p. 164).

> naturelle, de la volonté naturelle, ce que l'on a dénommé le côté subjectif, le besoin, l'impulsion, la passion, l'intérêt particulier, ainsi que l'opinion et la représentation subjective, qui sont présents là immédiatement pour eux-mêmes. Cette masse immense de vouloirs, d'intérêts et d'activités – ce sont les instruments et les moyens qu'a l'esprit du monde d'accomplir sa fin, d'élever cette fin à la conscience et de la réaliser effectivement [1].

Hegel identifie régulièrement « inconscient » à « immédiat », c'est-à-dire inchoatif. On en a l'exemple le plus pur dans la section « anthropologie » de l'*Encyclopédie*, où l'inconscience de l'âme désigne, non pas ce qui serait non manifeste, mais ce qui est antérieur à la conscience (phénoménologie) et à la pensée au sens emphatique du terme (psychologie) : « Dans l'âme [c'est-à-dire l'esprit anthropologique], la différence est encore enveloppée dans la forme de l'indifférenciation, par suite de l'inconscience (*Bewußtlosigkeit*). » [2]. L'inconscient, dans l'anthropologie, nomme l'esprit subjectif en tant qu'il n'est pas réfléchi en lui-même, c'est-à-dire ne s'apparaît pas comme un moi. Il désigne donc ce qui relève de la sensation et du sentiment. De même, dans les *Cours d'esthétique*, dans l'étude de la symbolique, la symbolique « inconsciente », qui renvoie à l'art hindou, perse et égyptien, est synonyme d' « originaire » [3].

Dans les textes cités plus haut, la fin n'est pas tant présentée comme originairement *dissimulée* que comme originairement *immature*. Son contenu est alors unilatéral. Elle est certes une aspiration à la liberté, mais à une liberté bornée. La fin est d'abord naturelle, c'est-à-dire particulière. Elle ne s'est pas élaborée elle-même et reste abstraite. Hegel n'est pas un philosophe de la mystification mais un philosophe du commencement inculte et, corrélativement, de la nécessité de la *Bildung* :

> L'élément moteur est donc la volonté particulière, qui au départ possède ses fins finies. [...] La volonté est poussée par le vrai, mais cet être-poussé, l'impulsion, est d'abord ce qui est confus [4].

Pour Hegel, on n'accède à la raison qu'en commençant par la passion : « Les lois et les principes ne vivent pas et ne s'imposent pas immé-

1. *Introduction* 1830-31, *GW* 18, 161-162, trad. p. 71.

2. *Encyclopédie* III, Add. du § 389, *W* 10, 45, trad. p. 405.

3. Cf. *Cours d'esthétique* I, *W* 13, 415, trad. p. 429. La symbolique est inconsciente au sens où « la signification [est] plus ou moins obscurcie par sa figure sensible concrète ». C'est au stade ultérieur, dans la « symbolique du sublime », c'est-à-dire notamment dans l'art musulman et la poésie hébraïque, que la signification parvient « à se dégager librement et accède ainsi pour elle-même, dans sa clarté, à la conscience ».

4. *PH* 1822-23, éd. cit. p. 439, trad. p. 470.

diatement d'eux-mêmes. L'activité qui les met en œuvre et les inscrit dans l'être-là, c'est le besoin de l'homme, son impulsion, et, au-delà, son inclination et sa passion »[1]. Un processus historique s'inaugure toujours par un savoir et un vouloir déficients :

> L'histoire ne commence pas avec une fin consciente. Dans chaque cercle humain, [seule] l'impulsion simple de la vie commune avec les autres hommes est [...] consciente dès le départ. Quand cette impulsion s'est développée, on en acquiert une claire conscience [...]. Mais l'histoire du monde commence avec la fin [abstraitement] universelle de l'auto-satisfaction de l'esprit de liberté. La fin n'est donc encore qu'en soi et, dans cette mesure, seule la nature est présente. [...] Ce qui est présent, ce qui se fait entendre et a du pouvoir, ce n'est d'abord que la volonté naturelle, et seul l'intérêt particulier se montre [alors], pas encore la pensée de la fin elle-même[2].

Qu'en est-il maintenant du thème du caché ? Un passage de la *Phénoménologie* fournit un éclairage intéressant :

> Pour la conscience, il y a dans son objet quelque chose de secret lorsque cet objet est quelque chose d'autre ou d'étranger pour elle, et lorsqu'elle ne le sait pas comme elle-même. Cet être-secret cesse en tant que l'essence absolue est, comme esprit, objet de la conscience ; car, ainsi, l'objet est en tant qu'un soi dans son rapport à elle ; c'est-à-dire que la conscience se sait immédiatement en lui, ou qu'elle est en lui manifeste à elle-même[3].

Selon ce texte, il y a un secret, non pas lorsqu'une réalité authentique est dissimulée, mais lorsque la réalité est déficiente et, en l'occurrence, lorsqu'il y a séparation entre le sujet et l'objet. Mettre fin au secret, dès lors, ne consiste pas à dévoiler l'objet mais à se réunir avec lui, c'est-à-dire, ici, en le reconnaissant à son tour comme un autre sujet spirituel, donc comme possédant la même liberté que soi. Plus généralement, le thème du caché dénote l'inaccompli, c'est-à-dire à ce qui, dans un cycle, en reste au premier ou au deuxième moment. Par exemple, dans la *Phénoménologie*, Hegel associe l'usage des masques dans la dramaturgie grecque au fait que l'art grec « ne contient pas encore en lui le Soi proprement dit en sa vérité »[4]. En définitive, chez Hegel, la thématique de l'illusion ne renvoie pas à l'idée de mystification mais à celle d'incomplétude.

1. *Raison dans l'histoire*, trad. p. 81-82, trad. (mod.) p. 104.
2. *PH* Heimann, p. 40-41.
3. *Phénoménologie*, *W* 3, 552, trad. p. 620-21.
4. *Ibid.*, *W* 3, 535, trad. p. 601.

Cependant, l'homme accède-t-il à une conscience complète du but de l'histoire au sein même de cette dernière ? La réponse, d'un point de vue hégélien, ne peut être que double :

a) On peut considérer en premier lieu, comme dans le texte ci-dessus, que la fin inconsciente désigne le seul point de départ de tout processus historique. Ce dernier commencerait donc avec une aspiration indéterminée – et, corrélativement, un État clos sur lui-même – mais s'achèverait avec un volonté adulte, qui prendrait la forme de lois délibérées et valables pour chacun – et, corrélativement, avec un empire cosmopolite. En ce sens, l'inconscience serait vaincue au sein même de l'histoire de chaque peuple, qui ainsi passerait d'un stade infantile de lui-même à un stade adulte. Ainsi « ce qui n'était que notre réflexion doit apparaître au sujet comme la sienne »[1].

b) En second lieu, on peut dire que, dans l'histoire, la volonté des peuples est inconsciente du début à la fin, dans la mesure où elle reste particulière. C'est pourquoi le savoir véritable (c'est-à-dire entièrement unifié, « absolu ») n'est obtenu que par la philosophie. C'est une telle conception qui autorise les énoncés de Hegel selon lesquels les peuples et les hommes ignorent de part en part la signification du progrès de l'histoire :

> Dans cette histoire l'Idée a régné [...] comme un intérieur caché qui accomplit sa fin avec la volonté contraire des peuples, si bien que ce qu'elle accomplit et ce que veulent les peuples sont souvent l'inverse l'un de l'autre[2].

Ce deuxième usage de l'idée d'occultation n'est pas incompatible avec le premier. Par exemple, d'un côté, la disposition d'esprit des Romains considérés en leur histoire parvient bel et bien à son achèvement à l'époque de l'empire. De l'autre, même dans cet achèvement, elle reste unilatérale. Les Romains peuvent certes faire de la philosophie et alors considérer le réel d'un point de vue universel. Mais, dans leur agir historique, ils conservent un rapport violent avec le monde, ce qui les empêche de le comprendre adéquatement.

Il faut donc associer le thème de la ruse de la raison à la finitude des peuples, une finitude qui s'exprime par le fait qu'un peuple quelconque ne dispose que d'une idée particulière de l'homme, et que son savoir et son

1. *Leçons sur la philosophie de l'histoire*, *W* 12, 388, trad. p. 248.
2. *PH* 1822-23, éd. cit. p. 439, trad. p. 471.

vouloir sont inévitablement bornés[1]. Comme on l'a dit, pour Hegel, l'histoire consiste dans le développement de peuples particuliers qui, en tant que tels, ne défendent à chaque fois que leur bien propre. Ce n'est pas l'esprit *comme tel* qui se développe dans un peuple quelconque mais exclusivement l'esprit de *tel ou tel* peuple. Dans la téléologie telle qu'elle advient dans la Doctrine du concept, la fin se réalise par des moyens extérieurs, dans l'histoire, le sujet agit par lui-même et en lui-même. Il n'empêche que, dans l'un et l'autre cas, la ruse de la raison traduit une rationalité seulement extérieure, qui s'oppose à une rationalité infinie – dans le premier cas, celle de l'Idée comme troisième moment de la Doctrine du concept, dans le second, celle de l'esprit absolu.

La ruse de la raison est habituellement comprise comme ce tour de magie en vertu duquel les intentions des acteurs aboutissent à un effet qui, d'une part, les contredit exactement, d'autre part est bon en lui-même. En réalité le point essentiel est autre :

a) Tout d'abord, que les différents moments d'un processus soient opposés les uns aux autres, et que les intentions intermédiaires soient contredites par un résultat final intrinsèquement légitime, voilà qui est tout à fait commun dans le développement systématique et n'est pas propre au phénomène de la ruse de la raison. En effet, dans tout cycle systématique, le moment ultérieur se constitue à l'encontre du moment antérieur. Et s'il s'agit du troisième moment du cycle, il est intrinsèquement fondé. Il n'y a ici un mystère que si l'on interprète la processualité à partir d'un schème causal : comment, en effet, des agents poursuivant des fins égoïstes pourraient-ils produire causalement un résultat conforme au bien commun ? Mais, comme on l'a souligné au chapitre II, l'ontologie hégélienne n'analyse pas le réel en termes de choses en interaction causale mais en termes de moments qui se nient mutuellement. Dès lors, le passage d'une situation de scission et de particularité à une situation d'unité et d'auto-fondation n'a rien de surprenant.

b) En revanche, ce qu'a de propre le phénomène de la ruse de la raison est qu'en lui le moment intermédiaire n'est pas universalisé mais sacrifié. Cela est dû, en réalité, au caractère contradictoire de l'esprit objectif.

1. Cf. *Introduction* 1830-31, *GW* 18, 155, trad. p. 64 : « Les individus veulent bien aussi, pour une part, des fins plus générales, un bien, mais un bien qui apparaît comme borné en son genre, par exemple comme un noble amour patriotique – comme l'amour d'un pays dont il se peut bien néanmoins que le rapport au monde et à la fin générale du monde soit insignifiant. »

c) La dimension d'inconscience, enfin, ne renvoie pas à une manipulation mais au fait que les peuples et les individus, dans l'histoire, ne disposent que d'une conscience particulière d'eux-mêmes et non pas d'une conscience universelle. Les peuples et les individus, dans l'histoire, ne parviennent jamais à une saisie adéquate de leur identité. Que la raison soit rusée traduit non pas sa force mais sa faiblesse. La raison dans l'histoire n'est *que* rusée au sens où elle ne se réalise que sur un mode fini. La thématique du « caché », chez Hegel, ne renvoie pas à ce qui serait à la fois effectif et dissimulé mais à ce qui est inaccompli. La raison dans l'histoire est « rusée » et « cachée » parce qu'elle divisée et imparfaite.

HEGEL DANS UNE HISTOIRE DE LA RUSE DE LA RAISON

On a l'habitude d'attribuer à Hegel spécifiquement la thèse selon laquelle l'histoire produirait des effets à la fois bénéfiques et imprévus. En réalité, c'est là un lieu commun à l'époque de Hegel. Citons par exemple Schiller : « L'homme égoïste peut certes poursuivre [dans l'histoire] des fins viles, mais inconsciemment il en promeut d'excellentes. »[1]. Et Fichte : « Il y a un processus raisonnable [...] dans les destinées de la race humaine, par lequel elle est conduite, sans le savoir ni le vouloir, vers sa fin véritable. »[2]. L'originalité de Hegel ne tient pas à son usage de ce schème mais au déplacement qu'il lui fait subir. Plus précisément, l'intérêt de l'usage hégélien de la notion est de lui donner une signification immanente. Pour éclairer ce point, rappelons quelques aspects des théories de l'histoire chez Bossuet, Kant et Schelling, avant d'examiner à nouveau la spécificité de l'analyse hégélienne.

La Providence selon Bossuet

Selon le *Discours sur l'histoire universelle* de Bossuet, l'enchaînement des événements historiques « dépend des ordres secrets de la divine

1. Schiller, « Qu'appelle-t-on histoire universelle, et pourquoi l'étudie-t-on ? » (1789), *SW* 4, München, 1962, p. 766.

2. Fichte, *Les Caractères de l'époque actuelle*, *SW* 7, 144 trad. p. 156. *Cf.* R. Picardi, « Nécessité divine et liberté humaine », dans *L'être et le phénomène : la doctrine de la science de 1804 de J. G. Fichte*, dirigé par J.-Ch. Goddard et A. Schnell, Paris, Vrin, 2009, p. 401.

Providence »[1]. On a ici, d'emblée, tous les thèmes constitutifs de la ruse de la raison :

– la double causalité, à savoir la causalité horizontale des événements les uns sur les autres et la causalité verticale de Dieu sur les événements ;

– le contraste entre la toute puissance de la Providence historique et l'impuissance des hommes ;

– l'instrumentalisation des hommes et des peuples : « Il n'y a point de puissance humaine qui ne serve malgré elle à d'autres desseins que les siens. »[2]. Par exemple, pour Bossuet, la Providence se sert des Assyriens et des Babyloniens pour châtier Israël, des Perses pour le libérer, des Séleucides pour l'endurcir, des Romains d'abord pour le protéger contre les rois de Syrie, puis pour l'exterminer après qu'ils ont refusé de reconnaître dans Jésus le Fils de Dieu[3] ;

– l'usage que fait Dieu des passions : « Tantôt il retient les passions ; tantôt il leur lâche la bride, et par là il remue tout le genre humain. » Par exemple, pour assurer le succès de certains conquérants, Dieu remplit d'effroi leurs ennemis. De même, pour faciliter la fuite des Hébreux, il égare les Égyptiens[4] ;

– le fait, dès lors, que les hommes font autre chose que ce qu'ils veulent : « Leurs conseils [au sens de leurs desseins] n'ont jamais manqué d'avoir des effets imprévus. » Par exemple, dit Bossuet, Alexandre travaillait non pour lui, puisqu'il devait mourir jeune, mais pour ses capitaines. De même, Brutus, en chassant les Tarquins, œuvrait non pour inspirer aux Romains l'amour de la liberté mais, de proche en proche, pour leur donner le goût de la licence qui devait amener la restauration de la tyrannie[5] ;

– le secret, puisque c'est seulement en vertu d'un point de vue théologique et grâce à la révélation divine que l'on peut reconnaître l'action de la Providence ;

1. Bossuet, *Discours sur l'histoire universelle*, III, 8, dans *Œuvres complètes*, t. 4, Besançon, 1836, p. 493.

2. *Ibid.*, p. 494.

3. Cf. *ibid.*, p. 457.

4. Cf. *ibid.*

5. Cf. *ibid.*, p. 494.

– l'absence de contingence. Pour Bossuet, il n'y a pas de « hasard » ni de « fortune » dans la vie des peuples. Ou plutôt, ces notions ne recouvrent que notre ignorance des décisions de Dieu : « Tout concourt à la même fin ; et c'est faute d'entendre le tout que nous trouvons du hasard ou de l'irrégularité dans les rencontres particulières. »[1].

Kant et le plan caché de la nature

Nous avons déjà proposé une comparaison des philosophies de l'histoire de Kant et de Hegel au chapitre v. Ajoutons à présent que Kant, lui aussi, met en évidence un stratagème dans l'histoire. Ce n'est ni la rationalité humaine, ni la nature aveugle qui rendent compte de l'histoire mais une intention de la nature – une intention qu'on ne peut connaître cependant que sur un mode hypothétique. Plus précisément, selon Kant, la nature « historique » veut que l'humanité développe ses dispositions natives. À cette fin, elle implante en l'homme, dès l'origine, outre des dispositions à cultiver, une « insociable sociabilité » comme aiguillon qui le pousse à les cultiver effectivement[2]. Sans l'insociable sociabilité en effet, nous ne mènerions qu'une existence de « bergers d'Arcadie ». Le texte suivant est frappant :

> Que la nature soit donc remerciée pour ce caractère peu accommodant, pour cette vanité qui rivalise jalousement, pour ce désir insatiable de posséder ou même de dominer. Sans elles, toutes les excellentes dispositions naturelles sommeilleraient éternellement à l'état de germe dans l'humanité[3].

On trouve de même, à la proposition VII, l'affirmation selon laquelle les guerres sont des tentatives pour réaliser de nouvelles relations entre les États – cependant « non pas bien entendu dans l'intention des hommes, mais dans celle de la nature »[4].

Pour Kant, l'homme tend vers la concorde (*Eintracht*), mais la nature a artificiellement introduit en lui un germe de discorde (*Zwietracht*), qui le prive de l'existence paresseuse et heureuse à laquelle il aspire, et le voue à une existence laborieuse et souffrante. Et ceci parce que la nature ne veut pas, pour l'homme, le bonheur, mais l'estime raisonnable de soi. On trouve

1. *Ibid.*, p. 493-494.

2. Parmi les sources nombreuses de ce concept, signalons Montaigne, *Essais*, Paris, Imprimerie nationale, 1998, t. 1, p. 388 : « Il n'est rien de si dissociable et sociable que l'homme : l'un par son vice, l'autre par sa nature. » (chapitre *De la solitude*).

3. Kant, *Idée d'une histoire universelle*, Proposition IV, Ak. 8, 21, trad. t. 2, p. 193.

4. *Ibid.*, Proposition VII, Ak. 8, 24-25, trad. t. 2, p. 197.

un raisonnement proche dans le *Fondement de la métaphysique des mœurs*. Kant y affirme en effet que la nature, en installant en l'homme la raison, n'a pas eu pour but son bonheur, et que c'est à une fin « beaucoup plus noble » que la raison est spécialement destinée [1]. En même temps la nature, dans la pensée kantienne de l'histoire, ne veut pas non plus que nous soyons moraux – hypothèse contradictoire dans les termes. Elle ne veut que le développement complet de nos dispositions natives. Elle ne fait pas de l'homme un être vertueux, mais se contente de le disposer à la vertu.

Il y a, chez Kant, une ruse de la raison au sens où la nature fait progresser l'homme, certes conformément à ce qui est bon pour lui, mais contre sa volonté immédiate. Bien plus, non seulement l'homme subit une contrainte, mais il est abusé dans la mesure où il se cultive pour être heureux alors même qu'il serait bien plus véritablement heureux en menant une existence de berger d'Arcadie :

> L'homme veut vivre sans effort et à son aise, mais la nature veut qu'il soit obligé de sortir de son indolence et de sa frugalité inactive pour se jeter dans le travail et dans les peines afin d'y trouver, il est vrai, des moyens de s'en délivrer en retour par la prudence [2].

En ce sens, la nature est manipulatrice. Non seulement elle est inconnue au sens où elle ne peut faire l'objet que d'un jugement réfléchissant, mais en outre, comme le montre le syntagme de « plan caché » [3], elle est trompeuse dans la mesure où elle fait prendre pour une condition du bonheur ce qui, en réalité, conduit à l'insatisfaction [4].

Assurément, l'intention générale est bonne, de sorte que l'histoire exprime l'ordonnancement d'un sage créateur et non celui d'un génie malfaisant [5]. Il n'empêche que le malheur est le prix à payer pour se cultiver – et ceci notamment en ce que de nombreuses générations doivent peiner sans bénéficier elles-mêmes du degré de culture qui autoriserait leur

1. Kant, *Fondement de la métaphysique des mœurs*, Ak. 4, 396, trad. t. 2, p. 254.

2. Kant, *Idée d'une histoire universelle*, Proposition IV, Ak. 8, 21, trad. t. 2, p. 193.

3. *Ibid.*, Proposition VIII, Ak. 8, 27, trad. t. 2, p. 200.

4. Selon J.-M. Muglioni, pour Kant, « le mal n'est pas la condition du bien » dans la mesure où, si l'homme était de bonne volonté, alors la violence de l'histoire ne serait pas nécessaire (*La philosophie de l'histoire de Kant*, Paris, P.U.F., 1993, p. 161). Il est vrai que la nature ne nous oblige qu'aux efforts qui nous font faire « ce que la raison aurait pu nous dire sans qu'il en coûtât de si tristes épreuves » (prop. VII). Il n'en demeure pas moins que, face à l'indolence de l'homme, la nature déploie une pédagogie rusée.

5. *Ibid.*, Proposition IV, Ak. 8, 22, trad. t. 2, p. 193.

« estime raisonnable de soi »[1]. Allons plus loin : d'une certaine manière, ce sont les générations les plus méritantes, car les plus laborieuses, qui sont sacrifiées, tandis que les générations les moins méritantes, qui se contentent d'arriver au terme du processus de culture, sont récompensées.

La différence entre Kant et Hegel, ici, est la suivante. Pour Kant, la seule volonté humaine ne suffit pas à expliquer l'histoire, il faut admettre l'intervention d'une « nature » à la fois sage et inconnue, qui dote l'homme de mobiles qui le poussent à se développer. Pour Hegel en revanche, la seule volonté des peuples suffit à expliquer l'histoire – même s'il est vrai que cette volonté est particulière et largement passionnelle. Chez Kant, la nature sacrifie les hommes. Chez Hegel, les peuples se sacrifient eux-mêmes, ils sont les agents de leur propre perte, en ce qu'ils sont incapables de s'élever à une existence universelle.

Schelling et l'inconscient de l'histoire

Dans son analyse de l'histoire – qui a pour enjeu, à ses yeux, l'établissement d'une constitution juridique – Schelling accorde une importance de premier plan à l'idée de Providence. La « Providence », ou le « Destin » s'exprime dans le rapport de la liberté à une « nécessité cachée » en vertu duquel, par leur agir libre lui-même, « les hommes doivent devenir cause de quelque chose qu'ils n'ont jamais voulu », ou en vertu duquel, inversement, « il faut qu'échoue et soit anéanti quelque chose qu'ils ont voulu librement et de toutes leurs forces »[2]. Ainsi, par la Providence, l'agir subjectif et libre des hommes singuliers produit des résultats objectifs et

1. Cf. *ibid.*, Proposition III, Ak. 8, 20, trad. t. 2, p. 191 : « Seules les générations les plus tardives doivent avoir la chance d'habiter l'édifice auquel a travaillé une longue lignée de devanciers (il est vrai sans l'avoir intentionnellement voulu) qui ne pouvaient pourtant eux-mêmes prendre part à la joie qu'ils préparaient. » On trouve chez Schiller une dénonciation du caractère sacrificiel du progrès de l'histoire. Cf. *Lettres sur l'éducation esthétique de l'humanité*, Lettre VI, trad. R. Leroux, Paris, Aubier, 1992, p. 133 : « Aussi considérable que soit pour l'ensemble de l'humanité le bénéfice qui résulte de cette culture parcellaire des facultés humaines, on ne peut pas nier que les individus qui y sont voués ne souffrent comme d'une malédiction de cette finalité de l'univers. »

2. Schelling, *Système de l'idéalisme transcendantal*, *SW* 2, 595, trad. p. 231. Notons en passant la place extraordinairement importante que Schelling accordait à l'histoire dans la préface des *Idées pour une philosophie de la nature*, *SW* 2, 4 : « Ce qu'est la physique [entendue au sens large de philosophie de la nature] pour la philosophie théorique, l'histoire l'est pour la philosophie pratique. C'est ainsi que se développent, à partir de ces deux parties principales de la philosophie, les deux branches principales de notre savoir empirique. » En revanche, dans le *Système de l'idéalisme transcendantal*, l'histoire perd en importance et ne correspond plus qu'à une des trois sections du « système de la philosophie pratique ».

nécessaires, conformes au vouloir de l'espèce humaine en général : « Du jeu désordonné de la liberté [...] [sort] pourtant en fin de compte quelque chose de rationnel et de concordant. »[1]. Alors même que, dans l'histoire, je crois agir librement, « doit surgir inconsciemment, c'est-à-dire sans mon intervention, ce que je n'envisageais pas »[2].

Quel est alors le statut de cette Providence ? Elle se présente avec évidence, de sorte que la tâche de la philosophie, selon Schelling, n'est pas d'établir son existence mais de l'expliquer : « Nous ne doutons pas de la Providence ; nous ne doutons pas davantage de ce que vous appelez destin, car nous sentons ses interventions dans notre propre agir, dans la réussite ou l'échec de nos propres projets. »[3]. Plus précisément cependant, la Providence se présente comme une présupposition (*eine Voraussetzung*), une exigence (*ein Verlangen*). Comme l'a montré J.-Ch. Lemaitre, pour Schelling, la croyance en l'efficace de l'histoire est la condition de l'action historique[4]. Parce que mon action n'est que singulière et requiert, pour être efficace, le concours de tous les autres hommes, je ne peux vouloir agir en vue d'une constitution juridique que si j'admets une Providence capable de rendre mon action efficace et de l'inscrire dans un cadre universel. La réalisation du but de l'histoire ne peut ni être conclue de l'expérience telle qu'elle s'est déroulée jusqu'à présent, ni être démontrée *a priori*. Elle n'est, bien plutôt, qu'« un éternel article de foi de l'homme œuvrant et agissant »[5]. De même que l'action subjective est gouvernée par un *Sollen*, son efficace objective relève du postulat.

Comment rendre compte, alors, de cette association de l'objectivité à la subjectivité ? En d'autres termes, comment « expliquer ce qui fonde l'harmonie entre cet objectif qui produit ce qu'il produit de par sa propre légalité, dans une parfaite indépendance à l'égard de la liberté, et ce qui détermine librement »[6] ? Comme on le sait, pour le *Système de l'idéalisme transcendantal*, le moi est fermé sur soi, il est une monade qui ne peut sortir d'elle-même et dans laquelle rien non plus ne peut entrer du dehors. La question n'est donc pas de savoir si par hasard il existe, hors du moi une objectivité indépendante, mais de comprendre pourquoi le moi est nécessairement amené à poser une telle objectivité.

1. *Ibid.*, *SW* 2, 598, trad. p. 233.
2. *Ibid.*, *SW* 2, 594, trad. p. 230.
3. *Ibid.*, *SW* 2, 595, trad. p. 231.
4. *Cf.* J.-C. Lemaitre, « La philosophie aporétique de l'histoire de Schelling dans le *Système de l'idéalisme transcendantal* », *Archives de Philosophie*, 2010, t. 73, p. 461.
5. Schelling, *Système de l'idéalisme transcendantal*, *SW* 2, 593, trad. p. 229.
6. *Ibid.*, *SW* 2, 599, trad. p. 234-235.

Or la thèse de Schelling est que le moi n'accède à la conscience de soi que parce qu'il est constitué d'une double activité : l'une allant à l'infini et l'autre revenant sur elle-même. En d'autres termes, pour qu'il y ait conscience de soi, il faut que l'activité originairement infinie devienne objet pour elle-même, c'est-à-dire finie et limitée[1]. L'objet n'est alors rien d'autre que la manière dont le sujet s'intuitionne lui-même. Toutefois, par définition, il ne peut s'apparaître en même temps comme objectif et subjectif : c'est pourquoi son activité d'auto-objectivation, c'est-à-dire de production objective, est pour lui inconsciente :

> Le moi, en tant qu'il est intuitionnant, est également complètement enchaîné et lié dans la production, et ne peut pas être en même temps intuitionnant et intuitionné. C'est pour cette raison seulement que la production est complètement aveugle et inconsciente[2].

L'objectivation du subjectif est indispensable pour la conscience de soi, mais implique aussi, en quelque sorte, un travestissement, si bien que seul le philosophe voit l'identité des deux termes – au moins dans les « puissances » antérieures à l'œuvre d'art, où le subjectif (le génie) et l'objectif (le beau) sont manifestés dans leur entre-implication.

Comme on le voit, la Providence telle qu'elle est pensée par Schelling n'est pas manipulatrice. Bien plutôt, elle est le principe de l'association harmonieuse, dans l'expérience historique, de la liberté de l'agir singulier et du caractère réglé, cohérent et efficient de l'objectivité. La Providence confère le sceau de la nécessité à l'ensemble des actions singulières : « Je me trouve reconduit à un inconscient grâce auquel la réussite extérieure de toutes les actions doit être assurée. »[3]. L'histoire met en jeu une pluralité de sujets – car autrui est pour le moi la condition sous laquelle seule le monde extérieur peut avoir une objectivité. D'un côté, un unique idéal est partagé par l'ensemble des acteurs : édifier une constitution juridique, de sorte que la liberté soit garantie par un ordre « qui soit aussi manifeste et aussi immuable que celui de la nature », de l'autre cet idéal ne peut être réalisé que par la pluralité des sujets agissants. Dès lors, que l'histoire ne soit pas seulement un ensemble d'actes singuliers mais qu'elle apparaisse aussi comme un monde nécessaire, c'est-à-dire gouverné par une légalité objective, est impliqué par la nature même du « moi » comme activité double, allant à l'infini et revenant sur soi. Cette activité n'apparaît pas

1. Cf. *ibid.*, *SW* 2, 380, trad. p. 44.
2. *Ibid.*, *SW* 2, 454, trad. p. 108.
3. *Ibid.*, *SW* 2, 597, trad. p. 233.

elle-même dans l'histoire, mais le philosophe la dégage comme condition de toute conscience de soi :

> Cet éternel inconscient qui, tel le soleil éternel du royaume des esprits, se cache dans l'éclat de sa pure lumière et qui, sans jamais devenir objet, marque pourtant toutes les actions libres de son identité, est à la fois le même pour toutes les intelligences – la racine indivisible dont toutes les intelligences ne sont que les puissances – et l'éternel médiateur du subjectif se déterminant lui-même en nous et de l'objectivité ou intuitionnant [1].

La Providence, chez Schelling, ne renvoie pas à une instance transcendante mais au dualisme du moi. Car le sujet agissant dans l'histoire ne peut prendre conscience de lui-même que sous la forme d'une histoire gouvernée par une nécessité objective.

Dès lors, quelle différence y a-t-il, s'agissant de l'histoire, entre la théorie de Schelling et celle de Hegel ? Elle tient en premier lieu à la différence de projet qui sépare le *Système de l'idéalisme transcendantal* et la philosophie de l'esprit de l'*Encyclopédie*. Pour Schelling, il s'agit d'expliquer l'objet du savoir (comment se fait-il qu'il y ait pour moi une histoire ?), alors que, pour Hegel, il s'agit de rendre compte du devenir de l'esprit (en quoi l'histoire permet-elle à l'esprit d'accéder à la liberté ?). Par ailleurs, l'inconscient n'a pas la même signification chez les deux auteurs. Pour Schelling, l'objectivité est l'œuvre inconsciente du sujet, qui ignore que cette œuvre ne fait que le réfléchir. Pour Hegel en revanche, l'inconscient marque l'incapacité (provisoire) de l'esprit à se produire comme un sujet véritable. En d'autres termes, pour Schelling, « inconscient » et « objectif » s'impliquent mutuellement. Pour Hegel en revanche, l'inconscient n'est que le contrecoup de la finitude du peuple en son action historique. Il reste qu'on observe chez les deux auteurs la volonté d'immanentiser la Providence. Pour Schelling et Hegel, l'histoire ne renvoie pas, comme chez Bossuet, et d'une certaine manière chez Kant, à une instance transcendante au moi (ou à l'esprit). Le moi, l'esprit est cause et effet de soi quand bien même il est affecté d'inadéquation. L'histoire exprime donc non seulement son devenir mais en outre un devenir dont il est le sujet.

En définitive, la théorie de la ruse de la raison chez Hegel peut s'analyser de deux manières. Selon une première lecture, les hommes et les peuples sont dans l'illusion, et la raison, qui leur est transcendante, tire les ficelles de l'histoire. Selon une seconde lecture, les hommes et les peuples

1. *Ibid.*, *SW* 2, 600, trad. p. 235.

sont à la fois rationnels et finis. Ils sont rationnels parce qu'ils s'inscrivent dans un processus d'unification, mais également finis parce que l'unification qu'ils réalisent est particulière.

C'est la deuxième interprétation que nous privilégions, notamment parce que la place de l'histoire en position terminale dans le cycle de l'esprit objectif implique que les hommes, en elle, sont essentiellement lucides et autonomes. Ils sont pourtant égoïstes. Chaque peuple veut appartenir à un empire – toutefois en un empire qu'il domine *lui-même*. Pareillement, chaque grand homme veut l'unification de son peuple – toutefois grâce à une forme politique qu'il dirige *lui-même*. Pour Hegel, si l'histoire est l'œuvre successive des peuples, néanmoins chaque peuple, œuvrant à son accomplissement propre, reste enfermé dans ses bornes et pour cette raison en vient à se corrompre et à mourir. Un peuple n'est qu'une étape, et à ce titre un simple instrument du cours d'ensemble de l'histoire, un instrument voué à s'user et à disparaître. Il reste qu'il incarne la raison – quand bien même il ne l'incarne que de façon bornée. Le concept de ruse de la raison traduit la situation contradictoire des hommes et des peuples qui, dans l'histoire, sont à la fois des fins en soi et de simples moyens.

CHAPITRE VIII

LE GRAND HOMME, PASSIONS ET RESPONSABILITÉ

Quelle importance Hegel accorde-t-il au grand homme ? On observe un contraste étonnant entre son insistance sur ce thème dans l'introduction des *Leçons sur la philosophie de l'histoire* et sa discrétion, à ce propos, dans le corps même des *Leçons*. Par exemple, alors que l'introduction de 1822-23 est consacrée pour plus d'un dixième de son volume au grand homme, des sections entières du développement du même cours ne citent aucun personnage susceptible de remplir ce rôle. On pourrait rendre compte de ce déséquilibre en arguant que, si Hegel admet l'action continue des grands hommes, il ne peut cependant toujours en faire mention, en raison soit des lacunes de son information (ce serait le cas, par exemple, pour l'histoire de l'Inde et de l'Égypte), soit de sa prudence politique (ce serait le cas pour la Prusse de son époque, puisque Stein et Hardenberg sont en quasi-disgrâce au moment où il présente ses cours sur l'histoire). Toutefois, ce contraste est plus probablement révélateur de la conception que se fait Hegel du grand homme. Pour lui, le grand homme assure le passage d'un moment de l'histoire à l'autre, mais non la conduite du peuple dans son existence ordinaire. Il n'apparaît que dans les moments de crise, quand le peuple et l'État se métamorphosent. Par exemple, Alexandre se distingue aussi bien des rois de Macédoine, avant lui, que des diadoques, après lui, en *fondant* l'empire grec[1]. Pareillement César, à la différence des consuls avant lui et des empereurs après lui, *bouleverse* les institutions romaines. Or, dans la mesure où les *Leçons* portent essentiellement sur les peuples, et cela non seulement dans leurs moments de mutation mais aussi dans leurs périodes

1. *PH* 1822-23, éd. cit. p. 386, trad. p. 423.

de stabilité, rien n'oblige Hegel à évoquer sans cesse les grands hommes. Ceux-ci n'apparaissent que dans les phases de tension et de transformation.

Nous chercherons ici à préciser quelle relation le grand homme entretient avec son peuple, et en quoi ses passions sont pour lui, à la fois, une force et une limite. L'hypothèse défendue sera que le grand homme, pour Hegel, saisit de manière géniale à quelle forme de régime politique le peuple aspire de manière « inconsciente ». Son devoir est alors de mettre en place un tel régime. Mais il n'est pas désintéressé, de sorte qu'il vise, tout ensemble, un changement politique global et son bonheur particulier.

LE GRAND HOMME, INCARNATION DE LA VOLONTÉ DU PEUPLE

Le grand homme fait advenir un principe qui n'est pas encore institutionnalisé, qui n'existe tout d'abord qu'« en soi » : ce principe « est déjà présent dans l'universel précédent, [mais] n'est pas encore parvenu à la validité » [1]. Comme nous l'avons vu ci-dessus, cet « en-soi » n'est autre que l'esprit du peuple dans son existence inaccomplie – un inaccomplissement qui, par définition, implique l'exigence de sa négation et de l'avènement d'un moment d'objectivation (passage au deuxième moment) ou de réconciliation (passage au troisième moment). Les grands hommes s'emparent de cette exigence et en font leur but. Ils « sont loués pour avoir accompli un universel, qui auparavant n'était qu'en soi. [...] Le réalisant en tant qu'actes, ils produisent [...] de nouvelles situations dans le monde. » [2].

Un grand homme inaugure une nouvelle période de l'histoire, il agit en fondateur de l'État (c'est le cas, pour prendre des exemples proposés par Hegel, de Cécrops ou de Romulus) ou en refondateur (Solon ou César). Il est l'homme du tournant, auquel succéderont des monarques qui, quant à eux, se contenteront de maintenir l'État tel qu'il est devenu (qu'on songe par exemple, pour la succession de César, à la suite des empereurs romains à partir d'Auguste). Le grand homme assure la transformation de la conscience et de l'organisation étatique du peuple. Il est essentiellement novateur. Si, dans le « droit public interne », c'est-à-dire dans l'activité politique formelle, le monarque se contente d'apposer le sceau de son approbation au fonctionnement paisible de l'organisme étatique, c'est-à-

1. *Ibid.*, éd. cit. p. 68, trad. p. 163.
2. *Ibid.*

dire ne fait qu'incarner et confirmer une situation qui est toujours déjà effective, le grand homme transforme l'histoire[1].

C'est en raison même de cette force d'innovation que son activité est violente et contrevient à l'ordre étatique actuel[2]. Par exemple, César se fait élire dictateur à vie à l'encontre des lois de la république romaine. Or, dit Hegel, le bon droit est de son côté, tandis que les protestations de Cicéron et de Caton d'Utique, pourtant appuyées sur la légalité, sont vaines. En effet, les vieux républicains défendent des institutions qui conduisent inéluctablement à la guerre civile et au démembrement de l'État, alors que le projet de César est unificateur. Pour cette raison, la légitimité éthique est de son côté :

> Jules César avait [...] la représentation juste de ce qu'était Rome, du fait que la République n'était plus qu'une réalité schématique – une ombre – et [...] qu'il convenait ici de se soumettre à la volonté particulière [pour mettre fin aux dissensions]. C'était ce qu'il y avait de juste à cette époque et c'est pourquoi César put le réaliser[3].

De même, Hegel prend la défense de Frédéric II contre ceux qui l'accusent d'arbitraire et d'autoritarisme : « On l'a craint, il a imposé ces réformes par ses actes et son caractère. »[4]. Hegel introduit la notion de droit des héros (*Heroenrecht*), une qualité qu'il y a lieu d'attribuer aux fondateurs d'État[5]. Réciproquement, dans la mesure où Hegel reconnaît, semble-t-il, le titre de héros à l'ensemble des grands hommes[6], on déduit que leur action caractéristique peut, à un titre ou à un autre, être assimilée à la fondation de l'État. Le grand homme agit (ou plutôt : doit agir)

1. On ne peut que penser à la distinction établie par Rousseau entre le prince et le législateur : « Le premier n'a qu'à suivre le modèle que l'autre doit proposer. Celui-ci est le mécanicien qui invente la machine, celui-là n'est que l'ouvrier qui la monte et la fait marcher. » (*Contrat social* II, 7)

2. Cf. *Encyclopédie* III, R. du § 433, *W* 10, 223, trad. p. 231.

3. *PH* 1822-23, éd. cit. p. 69-70, trad. p. 164-165

4. *Principes de la philosophie du droit*, Annotation manuscrite au § 75, *W* 7, 158, trad. p. 572.

5. *Ibid.*, § 350, *W* 7, 507, trad. p. 549 : « C'est le droit absolu de l'Idée de faire irruption dans des déterminations légales et des institutions objectives [...] – ce droit-ci est le droit des héros à fonder des États. » *Cf.* aussi *PH* 1822-23, éd. cit. p. 74, trad. p. 168.

6. Selon une interprétation restrictive, appuyée notamment sur la Remarque du § 93 des *Principes de la philosophie du droit*, on dira que le héros n'est que le *premier* fondateur de l'État, qui met fin à l'état de nature (une notion qui, de toute façon, n'a pas de sens historique pour Hegel). Selon une interprétation large, autorisée par *PH* 1822-23, éd. cit. p. 69, trad. p. 163, *tout* grand homme est un héros, puisqu'il met fin à cet état de nature relatif qu'est la division de l'État.

éthiquement, mais le principe de son action n'est pas déductible du régime historique tel qu'il est donné puisque, tout au contraire, cette action entraîne l'*Aufhebung* de ce régime.

Ici comme ailleurs, on perçoit la dimension réformiste, voire révolutionnaire, de l'hégélianisme. En même temps, pour Hegel, le changement ne peut être conduit que d'en haut : « Là où l'on doit agir, il faut qu'il y ait au sommet des individus. »[1]. Pour l'auteur des *Principes de la philosophie du droit*, le peuple en tant que masse est incapable de produire un changement significatif dans l'histoire. Certes, Hegel admet que les grands hommes puissent ne pas appartenir originairement à la caste des gouvernants – qu'on songe par exemple à Richelieu ou à Napoléon. Il n'en demeure pas moins que le changement dans l'histoire ne s'opère pas sous le schème du renversement du pouvoir par le peuple mais sous le schème de l'instauration d'un pouvoir nouveau par un homme providentiel.

Le grand homme se définit en premier lieu par son appartenance à un peuple déterminé. Il n'agit qu'en tant que membre de ce peuple, c'est-à-dire à partir du savoir et du vouloir qui le caractérise[2]. Plus précisément, l'état d'esprit du peuple intervient à titre de principe « universel » de l'action de l'individu, sa personnalité originale et les circonstances contingentes des événements déterminant quant à elles la dimension « particulière » de l'action[3]. Par exemple, Hegel comprend Périclès comme l'incarnation de l'esprit athénien, de sa culture, de son civisme, de l'équilibre qu'il montre entre sagesse et inclinations. De même, Frédéric II de Prusse exprime l'esprit germanique à l'époque protestante par son sens de l'État comme monarchie appuyée sur des principes généraux. Le rôle du grand homme est, plus précisément, de vouloir *effectivement* ce que le peuple, quant à lui, ne veut que de manière inconsciente et donc impuissante :

> La teneur des buts [des grands hommes] est leur véritable pouvoir. Elle est dans l'instinct inconscient, général, des hommes [au sens des membres du peuple]. Ils y sont poussés intérieurement, et face à celui qui a entrepris de réaliser un tel but [...], [les simples citoyens] ne peuvent pas tenir davantage, pour lui résister. Les peuples se rassemblent plutôt autour de sa

1. *PH* 1822-23, éd. cit. p. 453, trad. p. 482.
2. *Cf.* Ch. Bouton, *Le procès de l'histoire*, *op. cit.*, p. 150 *sq.*
3. Cf. *Cours d'esthétique* III, *W* 15, 259, trad. p. 240-241.

bannière. Il leur montre et réalise ce qui constitue leur propre impulsion immanente[1].

Par exemple, le peuple romain en tant que tel, au sortir de la République, aspire à un régime dans lequel les individus obéiraient à l'État comme à une puissance qui, quand bien même elle serait arbitraire, serait néanmoins générale. César, cherchant à s'imposer comme dictateur, ne fait que concrétiser pour son avantage propre le vouloir général de ses concitoyens. La tâche de César est de réaliser adéquatement (« en et pour soi ») la volonté de type romain, de même que Cyrus a à conduire à son achèvement la volonté perse, Charlemagne la volonté germanique du haut Moyen Âge et Frédéric II la volonté germanique de type protestant. Le vouloir du grand homme révèle celui de ses concitoyens :

> Les individus historiques sont ceux qui ont les premiers dit aux hommes ce qu'ils veulent. [...] L'esprit en marche vers une nouvelle forme est l'âme intérieure de tous les individus, il est leur intériorité inconsciente, que les grands hommes portent à la conscience. C'est pourtant là ce qu'eux-mêmes veulent véritablement[2].

La philosophie du droit, comme on l'a dit, est de part en part une philosophie de la volonté. De fait, l'un des enjeux de l'histoire, objet ultime des *Principes de la philosophie du droit*, est la transformation de la volonté du peuple, et plus précisément le processus par lequel cette volonté, sous l'influence du grand homme, devient consciente d'elle-même, concrète et auto-fondée.

Au demeurant, Hegel ne cesse d'insister sur la perspicacité des grands hommes : « Les hommes appartenant à l'histoire mondiale sont les plus perspicaces dans leur monde. Ils comprennent au mieux ce qu'il s'agit de faire. »[3]. Cependant, le savoir des grands hommes est pratique et non pas théorique :

1. *Introduction* 1830-31, *GW* 18, 165, trad. p. 74.

2. *Raison dans l'histoire*, éd. cit. p. 99, trad. (mod.) p. 123. Cf. *PH* 1822-23, éd. cit. p. 70, trad. p. 165 : Les membres du peuple « ne savent pas ce qui est requis par le temps, ils ne savent pas ce qu'ils veulent eux-mêmes ». Voir aussi *Principes de la philosophie du droit*, R. du § 301, *W* 7, 469, trad. p. 502 : « Savoir ce que l'on veut, et plus encore savoir la volonté de ce qui est en soi et pour soi, la raison, est le fruit d'une connaissance et d'un discernement profonds, qui n'est précisément par l'affaire du peuple. » On songe à Rousseau, *Contrat social* II, 6 : « Comment une multitude aveugle, qui souvent ne sait ce qu'elle veut, parce qu'elle sait rarement ce qui lui est bon, exécuterait-elle d'elle-même une entreprise aussi grande, aussi difficile qu'un système de législation ? [...] Voilà d'où naît la nécessité d'un législateur. »

3. *PH* 1822-23, éd. cit. p. 69, trad. p. 164. *Cf.* également *Principes de la philosophie du droit*, Add. du § 318, *W* 7, 486, trad. p. 733.

> De tels individus, dans leurs fins, n'avaient pas [de] conscience [théorique] de l'Idée en général, mais c'étaient des hommes pratiques et politiques. Toutefois ils étaient aussi des hommes pensants, qui avaient le discernement de ce qui était indispensable et de ce dont le temps était venu [1].

Le grand homme sait ce qui est à faire ici et maintenant, mais ne peut inscrire ce savoir dans une connaissance systématique de l'histoire. Il « n'est pas encore à même de savoir quelle est la pure fin dernière de l'histoire, le concept de l'esprit » [2]. Le savoir du grand homme apparaît comme analogue à la génialité de l'artiste, au sens où ce dernier dispose d'une capacité naturelle – et seulement naturelle – à représenter extérieurement ce qu'il ressent [3]. À l'instar de l'artiste, le grand homme historique est incapable de mettre son action en perspective. C'est pourquoi, quand il fait œuvre d'historien, il en reste à l'histoire originaire, comme on le voit chez César. D'une manière qui n'est qu'apparemment paradoxale, Hegel déclare que le grand homme, à la fois, a « la supériorité du génie » [4] et n'est qu' « un homme naïf [et] simple » [5].

Ainsi, le grand homme a conscience de « l'esprit caché, encore souterrain, qui frappe à la porte du présent, qui ne s'est pas encore développé jusqu'à être un être-là présent » [6]. Qu'est-ce que cet esprit caché ? Comme on l'a dit plus haut, il est l'esprit du peuple en tant qu'il se présente sous une forme encore déficiente. Il n'y a rien de fabuleux dans la volonté des grands hommes, puisqu'elle exprime l'essence de leurs peuples respectifs. L'universel qu'ils ont accompli, « il n'a pas été inventé par eux mais il était éternellement présent et, posé par eux, il est honoré en même

1. *Leçons sur la philosophie de l'histoire*, *W* 12, 46, trad. (mod.) p. 35.

2. *Raison dans l'histoire*, éd. cit. p. 87-88, trad. (mod.) p. 110.

3. Cf. *Cours d'esthétique* I, *W* 13, 363, trad. p. 373 : « Génie, en effet, est une expression tout à fait générale, qu'on n'emploie pas seulement à propos des artistes, mais aussi pour parler de grands chefs de guerre et de rois. » Et *W* 13, 369, trad. p. 379-380 : « Le véritable artiste a, en effet, la pulsion naturelle et le besoin immédiat de donner figure aussitôt à tout ce qu'il a dans sa sensation et sa représentation. Ce mode de configuration est sa manière de ressentir et de contempler, manière qu'il trouve sans peine en lui-même comme étant l'organe qui lui convient en propre. »

4. *Leçons sur la philosophie de l'histoire*, *W* 12, 377, trad. p. 240.

5. *PH* 1822-23, éd. cit. p. 416, trad. p. 449. Voir les considérations sur Frédéric II de Prusse, qu'on a appelé, rappelle Hegel, « le roi philosophe », ceci « parce qu'il avait saisi la pensée universelle de l'État, parce qu'il s'en est tenu à la fin universelle » – mais non parce qu'il aurait, en tant que roi, été capable d'appréhender son temps sur le mode de la pensée spéculative (*ibid.*, éd. cit. p. 517-518, trad. p. 535).

6. *Raison dans l'histoire*, éd. cit. p. 97, trad. (mod.) p. 121.

temps avec eux »[1]. On a une caractérisation saisissante de cet esprit défectueux dans la préface de la *Phénoménologie* :

> Il n'est, d'ailleurs, pas difficile de voir que notre temps est un temps de naissance et de passage à une nouvelle période. L'esprit a rompu avec le monde qui a été jusqu'à maintenant celui de son être-là et de sa représentation, et il est sur le point de les précipiter dans le passé pour les y engloutir. [...] L'esprit en train de se former mûrit lentement et silencieusement en allant au-devant de la nouvelle figure, il désintègre fragment après fragment l'édifice de son monde précédent[2].

Ici, Hegel pense probablement aux défauts du Saint-Empire romain germanique et de la Prusse[3]. L'esprit du peuple, dans cette étape momentanée de son développement, a perdu sa fraîcheur et se corrompt. Mais à ces carences est associée une exigence de réformes, une exigence dont la réalisation aussi soudaine et radicale qu'aisée montre la légitimité : « Cet effritement progressant peu à peu, qui n'altérait pas la physionomie du tout, est interrompu par l'éclosion du jour, qui, tel un éclair, installe d'un coup la configuration du nouveau monde. »[4].

Les grands hommes, à la différence des « aventuriers » (*Abenteurer*), ne font pas preuve d'arbitraire. Alors que ces derniers défendent des idéaux sans justification objective[5], les grands hommes saisissent l'âme même du peuple : « Leurs discours et leurs actions expriment ce que requiert le temps, ce qui est vrai, ce qui est nécessaire. C'est seulement par là qu'ils ont

1. *PH* 1822-23, éd. cit. p. 68, trad. p. 163. « Éternellement » doit ici s'entendre comme « nécessairement », au sens de « impliqué par la nature du peuple ».

2. *Phénoménologie*, *W* 3, 18, trad. p. 64.

3. Notons toutefois que, même si le texte a été écrit après les batailles d'Iéna et d'Auerstaedt (14 octobre 1806), Hegel ne semble pas encore saisir l'étendue des dommages que ces défaites vont entraîner pour l'État prussien. Le modèle auquel il a ici recours est, plutôt que celui de la ruine et de l'occupation étrangère, celui de la décrépitude, du laisser-aller et de l'aspiration au changement.

4. *Ibid.*, *W* 3, 18, trad. p. 64. D'une certaine manière, l'histoire immédiate donnera raison à Hegel, puisque, sous l'impulsion du baron von Stein, la Prusse commence à se réformer drastiquement au lendemain de la bataille d'Iéna. Mais ce constat, évidemment, ne doit pas être pris pour une justification philosophique de son propos...

5. Cf. *Raison dans l'histoire*, éd. cit. p. 97, trad. (mod.) p. 99 : « Maintenant, tout ce qui s'écarte de ce qui existe, les intentions, les fins, les opinions, ce qu'on appelle les idéaux, tout cela diffère pareillement du [monde] présent. Les aventuriers de toute sorte ont de tels idéaux et leur activité correspond toujours à des représentations qui vont à l'encontre des conditions présentes. » On songe ici à la critique du « jeune homme » (*Jüngling*) qui, lui aussi, défend des idéaux vides. Cf. *Encyclopédie* III, Add. du § 396, *W* 10, 83-85, trad. p. 437-438.

un pouvoir dans le monde et qu'ils veulent ce qui est légitime. »[1]. Il y a un signe de la lucidité des grands hommes : l'impossibilité de se débarrasser véritablement des projets qu'ils incarnent. Ainsi Brutus et Cassius croyaient qu'il suffirait d'assassiner César pour sauver la république romaine. Mais cela ne la préserva pas du joug d'Octave. De même, Napoléon croyait qu'il pourrait revenir de son exil de l'Ile d'Elbe et effacer sa défaite de Leipzig : mais la France ne put éviter la charte bourbonienne. Ainsi dit Hegel, en une formule que Marx reprendra dans l'incipit du *Dix-huit brumaire de Louis-Napoléon Bonaparte*, « deux fois il fallut que survienne une grande transformation de ce genre. [...] Il fallait qu'Auguste prenne la suite, tout comme il fallait que Napoléon soit détrôné deux fois »[2].

Cependant, pourquoi le peuple a-t-il besoin des grands hommes ? Pourquoi, d'un côté, son aspiration lui est-elle originairement obscure et pourquoi, de l'autre, cette aspiration a-t-elle besoin d'un meneur pour la réaliser ?

En premier lieu, le caractère originairement obscur à soi de la volonté du peuple exprime une constante de la conception hégélienne du processus systématique. Le *commencement* d'un processus est inévitablement *immédiat*. Chez Hegel, tout processus a pour point de départ une forme défectueuse de lui-même. C'est seulement dans son achèvement que la conscience du peuple s'élève à l'universalité concrète, c'est-à-dire à une conscience de soi s'exprimant sous la forme de lois connues et voulues pour elles-mêmes. Le processus historique étant un processus d'éducation, il ne peut commencer qu'avec un moment d'ignorance.

En second lieu, la nécessité du chef et l'incapacité du peuple à s'éduquer lui-même exprime une conviction de Hegel qu'on rencontre dans sa critique des théories du contrat social. Pour lui, ce qui est originairement pluriel ne peut de lui-même s'élever à l'unité. Une telle élévation requiert une unité présupposée. Or la fonction de l'individu en position de pouvoir est précisément d'assurer cette unité. Le grand homme est donc indispensable à l'évolution du peuple. Mais que tel individu soit un « grand homme » et non pas un simple membre du peuple, est, comme toute génialité, un fait « naturel » contingent, qui se constate mais ne s'explique pas.

1. *PH* 1822-23, éd. cit. p. 69, trad. p. 164.

2. *Ibid.*, éd. cit. p. 417, trad. p. 450. L'édition K. Hegel ajoute une allusion à l'expulsion répétée des Bourbon (*Leçons sur la philosophie de l'histoire*, *W* 12, 380, trad. p. 242).

On peut encore exprimer les choses ainsi. Alors que, dans l'esprit absolu, le sujet est en relation à lui-même (l'esprit représenté par l'œuvre d'art est principe et fin de soi-même, de même que le divin dans la religion et la pensée dans la philosophie), dans l'esprit objectif, la différence entre le sujet et l'objet est indépassable. C'est pourquoi, dans l'État, les gouvernants et les gouvernés sont irrémédiablement distincts. Ou plutôt, ils sont à la fois, et contradictoirement, mutuellement indépendants et dépendants. Ainsi, le grand homme est incapable d'agir seul et de transformer l'État par sa seule puissance de conviction, il lui faut agir concrètement et, à cette fin, s'appuyer sur le peuple ; et le peuple, quant à lui, a besoin du grand homme comme éducateur et meneur[1].

LES PASSIONS

Le caractère intéressé du grand homme

Dans l'introduction des *Leçons sur l'histoire de la philosophie*, Hegel oppose les philosophes et les acteurs de l'histoire politique au nom de l'usage différencié que font les uns et les autres de leur particularité. Les premiers, en effet, ne font guère intervenir leur personnalité et leur caractère individuel dans leurs œuvres, alors que les seconds agissent selon leur « naturel », leur « génie » et leurs « passions ». Une doctrine philosophique, dit Hegel, s'explique moins par les traits propres de son auteur que par les exigences de la pensée en général. En revanche, l'action historique tient à ce par quoi l'acteur politique « est *cet* individu »[2]. Comment comprendre cette distinction et quelle est sa portée ?

Dans le cadre de l'esprit objectif, les rôles sont différenciés, de sorte que celui d'acteur historique revient seulement, de manière contingente, à tel ou tel. Par exemple, ce ne peut être qu'un Romain précis, avec son caractère et ses tendances propres, qui transforme son État[3]. Or la personnalité originale de l'acteur historique se définit notamment à partir de ses intérêts.

1. Il est à noter que, dans un fragment de jeunesse consacré à Hume historien (*W* 1, 446, trad. fr. O. Depré cit. p. 440), Hegel dénie aux hommes d'État modernes la capacité de produire des actes historiques complets – et ceci parce que les États modernes sont fondamentalement dissociés. *Cf.* N. Waszek, « Le manuscrit de Hegel sur Hume comme historien », dans *Les Lumières et l'Idéalisme allemand*, éd. par Jean-Claude Bourdin, Paris, L'Harmattan, 2006, p. 103-116.

2. *Histoire de la philosophie. Introduction*, éd. cit. p. 5, trad. p. 86-87.

3. Cf. *Raison dans l'histoire*, éd. cit. p. 85, trad. p. 108.

Hegel insiste abondamment sur le caractère « intéressé » des acteurs de l'histoire : « Il n'arrive [...] rien, rien n'est accompli, sans que les individus qui agissent en la matière ne se satisfassent aussi ; sans qu'ils ne *se* satisfassent. »[1]. La dimension anti-kantienne de cette prise de position est nette, puisque, pour Kant, il y a un lien essentiel entre moralité et désintéressement, et que n'est digne d'estime que l'acte qui répond, non pas au désir d'être heureux, mais à la volonté de se conformer à la loi universelle. C'est d'ailleurs pourquoi, selon l'*Idée d'une histoire universelle*, le problème du bon gouvernant est « le plus difficile » et « aussi celui qui sera résolu en dernier », dans la mesure où « le chef suprême (*das höchste Oberhaupt*) doit être juste pour lui-même, et cependant un homme »[2]. Il en va à l'opposé aux yeux de Hegel, pour qui le grand homme agit afin de réaliser ses fins propres : « L'agir des grands hommes consiste en ce qu'ils agissent pour se satisfaire, non pour satisfaire les autres. »[3]. Non seulement la recherche du bien-être particulier est inévitable mais elle est justifiée : « C'est là le droit infini du sujet [...] : qu'il se trouve lui-même satisfait, dans une activité, dans un travail. »[4].

Ce thème n'est d'ailleurs pas propre à la sphère de l'histoire. C'est un leitmotiv hégélien que, dans la vie éthique, la particularité de tout homme doit être honorée. L'ordre éthique – familial, « civil » ou étatique – ne s'oppose pas à l'intérêt individuel mais, bien plutôt, lui permet de s'accomplir. L'individu cherche la satisfaction de ses buts propres et n'en est pas moins estimable puisque, dans la vie éthique comme moment de réconciliation au sein de l'esprit objectif, l'universel et le particulier s'harmonisent. De même que le bien commun s'accorde, dans la famille, avec les sentiments spécifiques de ses membres, et dans la société civile avec les intérêts des agents économiques, il s'accorde, dans l'État, avec la volonté délibérée de chaque citoyen. L'intérêt général ne se produit pas à

1. *Introduction* 1830-31, *GW* 18, 159, trad. p. 69.

2. *Idée d'une histoire universelle*, sixième proposition, Ak. 8, 23, trad. p. 77-78. Hegel s'oppose aussi à Rousseau, pour qui « il faudrait [au législateur] une intelligence supérieure, qui vît toutes les passions des hommes et qui n'en éprouvât aucune » (*Contrat social* II, 7), et à Schiller qui, dans son *Erinnerung an das Publikum* servant de postface à la *Conjuration de Fiesque* (1784), écrit que la morale de la pièce est que « chacun d'entre nous doit apprendre à rejeter, pour le bien de la patrie, la couronne qu'il se montre capable de conquérir » (Schiller, *Werke* I, München, Hanser, 1966, p. 261).

3. *PH* 1822-23, éd. cit. p. 70, trad. p. 165. On songe à la sentence de Gœthe, citée par Nietzsche dans la deuxième *Considération inactuelle :* « L'homme d'action est toujours sans scrupule » (*der Handelnde ist immer gewissenlos*), *Maximen und Reflexionen*, Hamburger Ausgabe, vol. 12, München, DTV, 1982, p. 399.

4. *Introduction* 1830-31, *GW* 18, 159, trad. p. 68.

l'encontre de l'intérêt personnel mais l'un et l'autre s'articulent : dans la famille sur un mode immédiat (l'ordre familial consiste dans l'amour réciproque, en tant que tel source de satisfaction) ; dans la société civile sur le mode du mauvais infini (les intérêts égoïstes mutuellement extérieurs s'ajustent les uns aux autres, ce qui est générateur de richesses) ; dans l'État sur un mode rationnel (l'individu choisit délibérément de se conduire en citoyen et ainsi accède à la satisfaction politique qui correspond à son rang). Corrélativement, pour Hegel, les motivations purement vertueuses n'ont aucun effet dans l'histoire[1].

Quelle est alors la nature de l'intérêt du grand homme ? Deux hypothèses sont envisageables, qui sont d'ailleurs complémentaires. Selon la première, le grand homme ne chercherait à contenter que des inclinations médiocres. Telle est l'analyse, dit Hegel, des « maîtres d'école » et des « valets de chambres », ou encore du Thersite d'Homère[2]. Ceux-ci voient – à juste titre – les penchants vulgaires du grand homme, mais croient – à tort – que son agir se borne à la satisfaction de ces penchants. Par exemple, ils prétendent qu'Alexandre était un maniaque de la conquête, et que ses bonnes actions elles-mêmes ne répondaient qu'à de viles impulsions[3]. En réalité, les détracteurs du grand homme n'expriment que leur propre étroitesse d'esprit : médiocres, ils sont incapables de concevoir ce qui leur est supérieur. Si le valet de chambre ne voit que les petits côtés de son maître, c'est parce qu'il n'est lui-même, dit Hegel, qu'un valet de chambre[4]. De même, l'instituteur moralisateur en reste aux idéaux

1. Cf. *ibid.*, *GW* 18, 155, trad. p. 65.

2. Selon l'*Iliade*, Thersite est le guerrier le plus laid de l'armée grecque. Au chant II, il outrage Agamemnon, si bien que, pour le punir, Ulysse le fait bastonner.

3. Cf. *PH* 1822-23, éd. cit. p. 71, trad. p. 166. *Cf.* aussi *Encyclopédie* III, Add. du § 377, *W* 10, 11, trad. p. 380. La dénonciation de l'ambition d'Alexandre est un lieu commun de la littérature romaine. Tite-Live, Sénèque et Lucain font de lui l'homme de la démesure, laquelle se manifeste notamment par sa violence, sa morgue, son irritabilité et son ivrognerie. Pour ce qui est de l'historiographie moderne, Hegel songe peut-être à Ch. Rollin (1661-1741) auteur d'une *Histoire ancienne* (1730-1738), traduite en de nombreuses langues et constamment rééditée et citée au XVIIIe et au XIXe siècle. Rollin écrit à propos d'Alexandre : « Mais l'ambition effrénée d'Alexandre, [...] l'audace téméraire avec laquelle il affrontait les dangers sans raison et sans nécessité, la faiblesse et le peu de mérite guerrier des peuples qu'il a eu à combattre, tout cela n'affaiblit-il point les raisons qu'on croit avoir de lui donner le surnom de grand, et la qualité de héros ? » (édition des *Œuvres complètes* de 1817, IV, 284, cité par P. Briant, « La tradition gréco-romaine sur Alexandre le Grand dans l'Europe moderne et contemporaine », dans M. Haagsma *et al.* (éd.), *The impact of classical Greece on European and National Identities*, Amsterdam, Gieben, p. 161 *sq.*)

4. R. du § 124 des *Principes de la philosophie du droit*, *W* 7, 234, trad. p. 278. On songe à Montaigne, *Essais* III, 2 : « Peu d'hommes ont été admirés par leurs domestiques. » Et à

abstraits parce qu'il n'est pas un homme d'action. Nous avons ici, typiquement, un point de vue réfléchissant : « C'est la marque de la plus grande superficialité que de trouver en toutes choses du mal et ne rien voir du bien positif qui s'y trouve. » [1]. Certes, le jugement de l'instituteur est à sa façon exact, mais il a pour défaut de perdre le sens unitaire de ce qu'il observe[2].

Selon une seconde hypothèse, la satisfaction qu'obtient le grand homme est elle-même de type politique. Par exemple, César ne cherche pas tant la richesse et la volupté que le maintien de sa position (*Stellung*), l'honneur (*Ehre*) et la sécurité (*Sicherheit*)[3] – des biens qui n'ont de signification que dans l'État : « César [...] ne veut rien d'autre, si ce n'est d'être le maître. »[4]. On pourrait dire que le héros – qualité déniée par le valet de chambre – a pour originalité de trouver sa satisfaction propre dans son rôle historique lui-même. Le § 551 de l'*Encyclopédie* évoque la gloire (*Ruhm*) comme rémunération du grand homme. Sa fin, quand bien même elle est égoïste, est de nature politique. De même qu'il y a, pour les citoyens, un bonheur proprement civique[5], il y a, pour les grands hommes, un bonheur proprement historique.

Rousseau, *Contrat social* III, 12 : « Les âmes basses ne croient point aux grands hommes. » Comme on le sait, cette thématique est déjà développée au chapitre VI de la *Phénoménologie*, *W* 3, 489, qui cite le mot attribué à une certaine Madame Cornuel : « Il n'y a point de héros pour les valets de chambre. » Hegel commente alors ainsi la formule : « Mais cela, non pas parce que le premier n'est pas un héros, mais parce que le second est le valet de chambre. » Pour l'origine et le cheminement contourné de ce trait d'esprit, *cf.* la mise au point de B. Bourgeois en note de sa traduction, p. 553. A.W. Wood, *Hegel's Ethical Thought*, *op. cit.*, p. 280, cite une anecdote rapportée par Plutarque, *Apophtegmes*, « Antigone », 182 b. Alors que le général macédonien Antigone était qualifié par le poète Hermodotos de « fils du soleil », celui-ci répliqua : « Celui qui vide tous les jours ma garde-robe sait bien le contraire. »

1. *Raison dans l'histoire*, éd. cit. p. 77, trad. p. 99. Il n'est pas impossible que Hegel songe ici à la propagande anti-napoléonienne. Sur le plan de l'histoire des sciences, Hegel est quant à lui tenté par le dénigrement d'un grand homme, Newton. Mais il explique ses commentaires acérés par le souci, justement, de répondre aux critiques injustes à l'encontre de Kepler, qui aurait largement anticipé la théorie de la gravitation universelle : « D'un côté, c'est par envie que l'on rabaisse la gloire des grands hommes, mais c'est, de l'autre, par superstition que l'on regarde leurs exploits comme ce qu'il y a d'ultime et d'indépassable. Ici, cependant, il est injuste de laminer la gloire de Kepler au nom de celle de Newton. » (*Vorlesung über Naturphilosophie, Berlin 1823/24*, G. Marmasse (Hrsg.), Frankfurt a.M., Peter-Lang, 2000, p. 207)

2. Cf. *Encyclopédie* I, Add. du § 140, *W* 8, 278, trad. p. 574.

3. *Introduction* 1830-31, *GW* 18, 165, trad. p. 73.

4. *PH* 1822-23, éd. cit. p. 415, trad. p. 449.

5. Cf. *Principes de la philosophie du droit*, § 268, *W* 7, 413, trad. p. 439. Le § 124, dans un autre contexte, évoquait déjà l'honneur et la gloire comme cas de satisfactions personnelles.

L'unité contradictoire de l'universel et du particulier

La question est plus précisément de savoir comment s'associent la particularité de l'intérêt du grand homme et l'universalité de la volonté du peuple. Deux remarques sont à faire ici.

a) En premier lieu, l'intérêt du grand homme est exclusif :

> En ce qui concerne la morale des passions, il est évident qu'elles n'aspirent qu'à leur propre intérêt (*streben nach dem eigenen Interesse*). De ce côté-ci, elles apparaissent comme mauvaises et intéressées (*eigennützig*)[1].
>
> L'activité humaine en général dérive d'intérêts particuliers, de fins spéciales ou, si l'on veut, d'intentions égoïstes (*selbstsüchtigen Absichten*)[2].

Le grand homme n'incarne pas seulement la volonté du peuple sur un mode particulier, mais sur un mode tel qu'il *s'oppose* à d'autres intérêts particuliers. On peut songer ici, par exemple, à la rivalité de César et de Pompée, abondamment commentée par Hegel. Par rapport à l'économie générale de l'esprit, le propre de l'esprit objectif, et de l'histoire qui y est incluse, tient à ce que la particularité est exclusive – une exclusivité qu'exprime précisément la notion de passion.

b) En second lieu, le grand homme, alors même qu'il vise son intérêt égoïste, réalise ce à quoi son peuple aspire. Comment justifier cette thèse ? Comme on l'a dit plus haut, l'État ne requiert pas que tous ses membres aient les mêmes intérêts. Mais il faut que chaque citoyen défende les siens en harmonie avec le bien du *tout*. Les citoyens n'ont pas à être altruistes mais à remplir leurs tâches respectives en bons citoyens.

On peut faire, ici encore, un parallèle avec la biologie hégélienne. Pour Hegel, l'organisme vivant se partage en organes distincts qui tous ont une activité spécifique et sont en concurrence mutuelle[3]. La vie du corps est saine lorsque chaque organe, ou système d'organes, fait valoir ses impulsions propres conformément à l'exigence du corps tout entier. En revanche, lorsqu'un organe se met à agir à l'encontre du tout, le corps entier est malade. La santé, donc, se caractérise par deux points : d'un côté,

1. *Raison dans l'histoire*, éd. cit. p. 84, trad. (mod.) p. 107.
2. *Ibid.*, éd. cit. p. 85, trad. (mod.) p. 108.
3. *Cf. Vorlesung über Naturphilosophie, Berlin 1823/24*, *op. cit.*, p. 247 : « Tout membre est hostile à l'égard de l'autre, chacun se nourrit de l'autre. [...] [Lors de la dissection] d'un chien affamé, on a constaté que son estomac était dévoré et en partie consommé, [ce qui montre que] l'organisme se nourrit de lui-même. »

chaque organe est animé par une impulsion particulière et opposée aux autres, de l'autre cette impulsion s'accomplit de telle manière qu'elle contribue au bien du tout. En d'autres termes, d'une part le corps vivant se caractérise par une série de particularismes, d'autre part, ces particularismes *doivent*, pour permettre la santé du corps, se mettre en œuvre de manière à permettre la conservation du tout.

On trouve, dans l'addition du § 396, une analyse qui établit que le bon citoyen, à la différence du jeune homme, n'est pas celui qui est habité par les seuls idéaux du bien commun, mais celui qui, à la fois, obéit aux lois et défend ses intérêts propres. Même si le citoyen, ici, n'est pas appréhendé en tant qu'agent historique, le texte permet, par analogie, de comprendre la logique du grand homme :

> L'homme mûr [*der Mann, par opposition à l'enfant* (*das Kind*) *et au jeune homme* (*das Jüngling*)] agit [...] d'une manière entièrement rationnelle [...] en s'efforçant de réaliser ses buts, passions et intérêts personnels seulement dans son rattachement au monde. Aussi, de cette manière, il lui reste de l'espace pour une activité honorable, de vaste portée et créatrice. [...] Le champ et le mode de sa tâche peuvent être très divers ; mais le substantiel est, dans toutes les tâches humaines, le même – à savoir ce qui relève du droit, de l'éthique et de la religion. C'est pourquoi les hommes peuvent, dans toutes les sphères de leur activité pratique, trouver de la satisfaction (*Befriedigung*) et de l'honneur (*Ehre*), s'ils accomplissent, en tout lieu, ce qui est à bon droit exigé d'eux dans la sphère particulière à laquelle ils appartiennent du fait d'un hasard, d'une nécessité extérieure ou d'un libre choix [1].

Toutes choses égales par ailleurs, le grand homme est à l'image du bon citoyen : il défend ses intérêts, mais ceci conformément à la règle éthique. La différence, en l'espèce, tient à ce que la règle éthique, pour le bon citoyen, consiste dans l'édifice présent des lois, alors que, pour le grand homme, elle consiste dans l'exigence, que lui seul saisit, de l'esprit « en soi ». L'intérêt du grand homme est d'exercer *lui-même* le pouvoir. L'aspiration inconsciente du peuple est que le pouvoir, désormais, soit exercé *à la manière du grand homme*. La congruence entre l'un et l'autre n'a rien de miraculeux. Dans la mesure où le grand homme connaît la règle éthique, s'il agit conformément à cette règle dans la défense de ses buts spécifiques, alors son action, quoique particulière, assure le bien commun.

1. *Encyclopédie* III, Add. du § 396, *W* 10, 84-85, trad. p. 438-439.

D'un point de vue structural, la carence de l'esprit objectif (par rapport à l'esprit absolu) s'exprime, dans le cas de l'histoire, par l'égoïsme du grand homme. Mais la plénitude de la vie éthique (par rapport au droit abstrait et à la moralité) s'exprime par le fait que le grand homme incarne, au cœur même de son égoïsme, le vouloir de son peuple : « L'intérêt particulier de la passion est inséparable de l'affirmation active de l'universel » [1], de sorte que l'action du grand homme est efficace et permet le progrès de l'État.

Disons cela autrement. Dans l'esprit *absolu*, c'est le tout lui-même qui agit dans la particularité. Par exemple, la religion représente le divin comme principe de sa manifestation dans le monde. Ou bien la philosophie conçoit le concept pensant comme principe de toute pensée particulière. Dans l'esprit *objectif*, en revanche, ce sont des individus finis et particuliers qui agissent. Le tout n'est pas actif en et pour soi. Pourtant, le bien commun est garanti par l'action particulière des hommes. En effet, ceux-ci disposent originairement du savoir et du vouloir de ce qu'ils doivent accomplir. Dans le cas de l'histoire, cette disposition se traduit par le fait que le peuple a une conscience (obscure) de ce qu'il doit être et que le grand homme saisit (génialement) l'esprit en soi et aspire (passionnément) à exercer le pouvoir tel qu'il doit être exercé. Si les membres du peuple et le grand homme, à partir de ces dispositions naturelles, agissent comme ils le doivent, c'est-à-dire éthiquement, ils assurent la réalisation effective de ce que le peuple est en soi.

Il est essentiel de voir en quoi le grand homme hégélien s'oppose au prince machiavélien. Pour Machiavel, le prince n'a pas à s'embarrasser de principes, car seul importe la réussite de son projet, à savoir la sécurité de l'État et la conservation du pouvoir[2]. Pour Hegel en revanche, l'action du grand homme, est associée à une exigence réformiste, laquelle a pour sujet le peuple. Le grand homme n'est pas cynique. Certes, comme on l'a vu, Hegel considère que l'éthique du grand homme l'autorise à mettre à mal la moralité et les lois en vigueur dans son État. Mais c'est pour servir une norme inédite qui, quant à elle, s'impose à lui. Il n'y a chez Hegel aucune apologie de l'immoralité au nom de l'efficacité de l'action politique.

1. *Raison dans l'histoire*, éd. cit. p. 105, trad. p. 129.

2. « Qu'un prince donc se propose pour son but de vaincre, et de maintenir l'État ; les moyens seront toujours estimés honorables et loués de chacun ; car le vulgaire ne juge que de ce qu'il voit de ce qui advient ; or en ce monde il n'y a que le vulgaire. » (Machiavel, *Le Prince*, chap. 18, dans *Œuvres complètes*, éd. par E. Barincou, « Pléiade », Paris, Gallimard, 1974, p. 343).

Apologie ou dénonciation de la passion ?

La passion, chez Hegel, hérite de la notion classique de passion comme retentissement en l'âme des mouvements du corps. Traditionnellement en effet, la passion, tenue pour sensible, hétéronome et particulière, s'oppose à la raison, vue comme intellectuelle, autonome et universelle. Si la passion est traditionnellement dévalorisée, comme on le voit encore chez Descartes et Spinoza, l'apologie de la passion est l'une des marques du romantisme. En effet, après les héros de l'âge classique, raisonnables et critiques, destinés à servir de modèles à l'humanité – qu'on songe au *Nathan le Sage* de Lessing – le romantisme valorise les personnages aux engouements violents – qu'on songe au Werther de Gœthe, au Karl Moor de Schiller ou à la Lucinde de Friedrich Schlegel[1]. Hegel, conformément à la tradition, conçoit la passion comme une expression de la particularité de l'individu, pour lui elle renvoie aux « fins des intérêts particuliers »[2]. En revanche, il est proche des romantiques en ce qu'il fait de la passion non pas un élément de passivité mais l'énergie du vouloir (*die Energie des Wollens*)[3].

En outre, pour Hegel, en vertu de la passion, l'action du grand homme est non seulement concrète mais aussi publique et a un retentissement dans le peuple tout entier :

> Je dirai donc passion en entendant par-là la détermination du caractère dans la mesure où ces déterminations du vouloir n'ont pas un contenu purement privé, mais constituent l'élément moteur (*das Treibende*) qui met en branle (*das Wirkende*) des actions universelles[4].

La passion s'oppose, sous la plume de Hegel, à l'enthousiasme (*Enthusiasmus*), lequel est à comprendre comme une aspiration indéterminée et sans traduction concrète. On rapprochera l'enthousiasme des

1. Kierkegaard radicalisera encore cette tendance, déclarant par exemple que « le christianisme veut potentialiser la passion et la porter à son plus haut point » (*Post-scriptum aux miettes philosophiques*, trad. fr. P. Petit, Paris, Gallimard, 2002, p. 119).

2. *Introduction* 1830-31, *GW* 18, 156, trad. p. 68. Cf. *PH* 1822-23, éd. cit. p. 59, trad. p. 156, pour l'opposition de l'Idée universelle et des passions particulières.

3. *Introduction* 1830-31, *GW* 18, 160, trad. p. 70. On retrouve le thème de l'énergie à propos du génie artistique : « Le génie est l'aptitude générale à la vraie production de l'œuvre d'art ainsi que l'énergie qui préside au développement et à la mise en œuvre de cette aptitude. ». *Cours d'esthétique* I, *W* 13, 366, trad. p. 376. Le thème de l'énergie du grand homme, par opposition à la mollesse des rois, revient régulièrement sous la plume de Hegel. *Cf.* par exemple, à propos de l'opposition de Charles Martel et des rois fainéants, *PH* Heimann, p. 180.

4. *Raison dans l'histoire*, éd. cit. p. 85, trad. (mod.) p. 108.

idéaux vides, constamment moqués par Hegel. L'opposition entre la passion du grand homme et l'enthousiasme rappelle également celle qu'établit une addition de l'*Encyclopédie* entre le caractère (*Charakter*) et l'entêtement (*Eigensinn*). Car le caractère a pour traits propres, dit Hegel, « l'énergie avec laquelle l'homme, sans se laisser dérouter, poursuit ses buts et intérêts » et « un contenu riche en teneur, universel » [1]. En revanche, l'entêtement n'a que la forme du caractère, non son contenu, il aiguise l'individualité de l'homme en une forme qui trouble son rapport avec autrui.

Le vouloir passionné du héros n'est pas ce qui le rend tributaire des événements mais, tout au contraire, ce par quoi il parvient à les maîtriser et à les plier à son propre vouloir. C'est parce qu'il est passionné que le grand homme n'en reste pas aux simples idéaux mais agit concrètement et efficacement. Par ailleurs, la notion de passion inclut celle d'unicité : l'homme passionné poursuit une seule fin et, à la différence de l'homme commun, ne se disperse pas en une multiplicité de buts. Hegel retrouve ainsi une affirmation de Kant, pour qui la passion a pour effet « d'ériger en un tout ce qui est partie de ses fins » [2]. Mais alors que cette détermination est, chez Kant, un motif de condamnation (l'homme passionné est monomaniaque), elle est chez Hegel un motif d'éloge (l'homme passionné est unifié avec soi) :

> En fait, [les grands hommes] ont été des passionnés, c'est-à-dire ils ont eu la passion de leur fin et leur ont consacré tout leur caractère, leur génie et leur naturel [3].

Plus précisément, une passion ne correspond pas à un intérêt parmi d'autres mais à l'intérêt fondamental de l'individu, auquel il subordonne tous les autres :

> L'intérêt, nous le nommons passion si et dans la mesure où, reléguant en arrière tous les nombreux autres intérêts, toutes les autres fins que l'on a et que l'on peut aussi avoir, l'individualité entière se met dans un seul objet de toutes les fibres intimes de son vouloir, concentrant dans ce but tous ses besoins et toutes ses forces [4].

1. *Encyclopédie* III, Add. du § 395, *W* 10, 73, trad. p. 428-429. Nous devons ce rapprochement à Élodie Djordjevic.

2. Kant, *Anthropologie*, Ak. 7, 266, trad. t. 3, p. 1083.

3. *Raison dans l'histoire*, éd. cit. p. 101, trad. (mod.) p. 125.

4. *Introduction* 1830-31, *GW* 18, 160, trad. p. 69-70. Herder considère également que l'action réformiste exige, de la part de l'agent, certaines passions, de sorte que la possession de

Cependant la passion, chez Hegel, conserve un sens fondamentalement négatif. Elle apparaît comme « quelque chose d'animal »[1]. La passion du grand homme est liée à sa particularité. Elle est également liée à son statut d'initiateur du processus historique, donc au fait qu'il n'est, quant à lui, qu'au commencement de ce processus. Si l'histoire s'achève avec la raison, elle ne commence en revanche qu'avec la passion.

Hegel tire vraisemblablement la formule « Rien de grand ne s'est fait sans passion » (*nichts Grosses [ist] in der Welt ohne Leidenschaft vollbracht worden*) de Kant, qui la cite entre guillemets et la critique : « Rien de grand n'a jamais été accompli dans le monde sans violentes passions (*nie etwas Großes [ist] in der Welt ohne heftige Leidenschaften ausgerichtet worden*) et la Providence elle-même les a sagement implantées dans la nature humaine comme autant de ressorts »[2]. Kant s'inspire probablement lui-même d'Helvétius. On trouve en effet, aux chapitres VI et suivants de la troisième partie du *De l'esprit*, une multitude d'affirmations allant en ce sens. Par exemple : les passions « doivent être regardées comme le germe productif de l'esprit, et le ressort puissant qui porte les hommes aux grandes actions ». Et : « Les moyens les plus décisifs, les plus propres à produire de grands effets, toujours inconnus à ceux qu'on appelle les gens sensés, ne peuvent être aperçus que par des hommes passionnés. »[3]. Une formule proche se trouve déjà dans l'*Apologie de Raymond Sebond* de Montaigne : « La plupart des plus belles actions de l'âme procèdent et ont besoin de cette impulsion des passions. »[4]

Certes, l'affirmation selon laquelle « rien de grand ne s'est fait sans passion » pourrait s'entendre comme une apologie de la passion : celle-ci manifesterait sa dignité par la grandeur des actions qu'elle permet. Puissante et créatrice, elle briserait les modèles établis et instituerait un monde nouveau. Mais ce serait là se méprendre sur la pensée hégélienne,

ces passions prouve la conformité de l'action en question à la volonté de la Providence : « Le réformateur a pu avoir aussi des passions que la cause, que la science même n'exigeaient même pas ; mais l'instauration de la cause les exigeait, et le fait précisément qu'il les avait, qu'il en avait assez pour parvenir au moyen d'un rien à un résultat auquel des siècles entiers avec leurs préparatifs, leurs machineries et leurs spéculations n'avaient pu parvenir, voilà précisément la lettre de créance attestant sa mission ! » (*Une autre philosophie de l'histoire*, *SW* 5, 533, trad. p. 105)

1. *PH* 1822-23, éd. cit. p. 70, trad. p. 165. Hegel propose régulièrement une analyse très négative de la passion. *Cf.* par exemple *Encyclopédie* I, Add. du § 90, *W* 8, 196, trad. p. 525.

2. Kant, *Anthropologie*, § 81, Ak. 7, 267, trad. t. 3, p. 1083.

3. Helvétius, *De l'esprit*, édition de 1758, p. 257 et p. 308.

4. Montaigne, *Essais* II, 12, éd. Villey-Saulnier, Lausanne, La Guilde du livre, 1965, p. 567.

qui dévalue toujours l'immédiateté. Il faut bien plutôt saisir cette phrase sur un mode dialectique : rien de grandiose ne s'est fait sans un point de départ minuscule. À l'apologie romantique de la passion, Hegel oppose une constante valorisation de la raison [1]. Cependant, il accorde aux romantiques le fait que la passion constitue le commencement inévitable de toute œuvre rationnelle. En définitive, d'un côté, l'action historique a sa source dans des préoccupations égoïstes, de l'autre, elle consiste précisément à dépasser ces préoccupations par une œuvre de portée globale. Hegel est résolument anti-romantique mais il fait droit au point de vue romantique comme moment inaugural de tout processus historique. Par ailleurs, Hegel milite contre la pensée d'entendement selon laquelle la particularité du point de départ interdirait la réalisation, *in fine*, de l'intérêt général. Car le processus dialectique implique, précisément, la négation de la volonté particulière – aussi bien celle du grand homme que celle du peuple au commencement du processus – au profit de la volonté universelle. La séquence, qui forme un syllogisme au sens hégélien du terme, est la suivante : a) le grand homme, lucide et égoïste, b) met à bas l'État dissocié et inadéquat c) et, en une *Aufhebung,* établit un régime adéquat à son peuple.

Dans son idée d'un usage positif des passions, Hegel s'oppose à Kant, qui, dans l'*Anthropologie*, se montre extrêmement sévère à leur égard. Elles sont en effet, pour Kant, « des gangrènes pour la raison pratique », et constituent « sans exception des états malins » [2]. Toutefois, si, au lieu de passions, on parle d'inclinations (*Neigungen*), Hegel rejoint une thématique kantienne. Car pour Kant, comme on l'a dit, dans l'histoire le jeu des inclinations contradictoires mène à la culture. Si la passion est mauvaise précisément parce qu'elle implique la monomanie, à l'opposé, la multiplicité des inclinations oblige l'homme à se civiliser. Par exemple, dit Kant dans l'*Anthropologie*, l'ambitieux, pour autant qu'il est affranchi de la passion, aspire non seulement à satisfaire sa soif d'honneurs mais aussi à être aimé des autres et à maintenir sa fortune. Dès lors, il s'interdit de réaliser son ambition de manière violente. Plus généralement, ces « mobiles naturels » obligent l'homme à vaincre sa paresse et à travailler. On peut évoquer ici la discipline (*Zucht*), analysée au § 83 de la *Critique de la faculté de juger*, qui permet « la libération de la volonté du despotisme

1. *Cf.* S. Avineri, « The Instrumentality of Passion in the World of Reason : Hegel and Marx », *Political Theory*, vol. 1, n° 4 (novembre 1973), p. 391.

2. Kant, *Anthropologie*, Ak. 7, 266-267, trad. t. 3, p. 1082-1083.

des désirs »[1]. Les inclinations, dans leur pluralité et si elles ne sont pas passionnelles, suscitent presque spontanément leur réduction et permettent à l'homme, avec et contre elles, de développer ses facultés. Ainsi les inclinations naturelles, quoique « peu sympathiques »[2], sont la condition de la réalisation du but de l'histoire.

Chez Hegel, parce que le vouloir du grand homme n'est qu'un commencement, le devenir historique implique sa négation. Alors que le but du grand homme n'est qu'individuel et n'est référé qu'à lui-même, le cycle historique s'achève avec l'apparition d'un régime adéquat au peuple tout entier. La passion est le point de départ et la raison le point d'arrivée. Que le grand homme soit intéressé et égoïste ne signifie pas que son agir ne soit pas productif ni ne rende possible l'accomplissement du bien commun. L'analyse hégélienne est double. D'un côté, contre les maîtres d'école (et, avant la lettre, contre Tolstoï analysant l'action de Napoléon dans *Guerre et paix*), il montre que les grands hommes sont grands et changent l'histoire non pas en raison de circonstances contingentes mais en raison d'un vouloir spécifique. De l'autre, contre toute vision héroïque de l'histoire (et, par exemple, contre Tite-Live), il montre que nul grand homme n'est admirable en toutes choses. D'ailleurs, comme on l'a vu dans un chapitre antérieur, la particularité même des grands hommes les condamne au malheur – ou, plus précisément, à une satisfaction seulement provisoire : « Puisqu'ils sont irrésistiblement poussés à faire ce qu'ils font, ils se donnent satisfaction. Ainsi ils satisfont leur passion. [Cependant] les grands hommes n'ont pas été heureux. »[3]. C'est là, s'il en était besoin, un signe du caractère mauvais de la passion. Pour Hegel en effet, ne disparaît que ce qui est fini, et l'échec trahit, pour une détermination quelconque, le fait qu'elle est insuffisamment fondée. L'originalité de Hegel est donc de faire de la passion un moment indispensable de l'action historique, mais, en même temps, de maintenir son caractère éthiquement subordonné.

On retrouve donc ici la structure de la ruse de la raison : parce que la volonté, dans l'esprit objectif, est divisée, l'esprit du peuple est incarné par des individus dont les intérêts sont mutuellement incompatibles. Le vouloir du peuple ne s'exprime pas dans une hypothétique conscience collective mais dans des individus chez lesquels il se particularise de manière à chaque fois égoïste. Dès lors, parce que l'intérêt du grand homme est fini, sa satisfaction ne peut être que provisoire. D'où le malheur qui le guette

1. Kant, *Critique de la faculté de juger*, Ak. 5, 432, trad. t. 2, p. 1235.
2. Kant, *Idée d'une histoire universelle*, Ak. 8, 21, trad. t. 2, p. 75.
3. *PH* 1822-23, éd. cit. p. 70, trad. p. 165.

inévitablement : « [Sa] personnalité se sacrifie, [sa] vie entière n'a été qu'un sacrifice. »[1]. Pour autant, l'acteur historique est un représentant de la volonté universelle du peuple et assure le progrès de l'histoire. Même si, dans l'histoire, la raison n'est que rusée, et non pas entièrement développée, elle s'y manifeste pourtant de manière incontestable, puisque le peuple, étant gouverné par le grand homme, est gouverné conformément à son esprit propre. Selon l'interprétation classique, la théorie hégélienne de la ruse de la raison signifierait que la passion du grand homme serait le moyen qui permettrait à la « raison » de le manipuler – la raison étant ici comprise comme une instance transcendante à l'histoire. Selon notre interprétation, il n'y a, pour Hegel, aucune instance supra-historique qui gouverne l'histoire, car la « rationalité » de l'histoire signifie, tout au contraire, que l'esprit – ici sous la figure du peuple – se gouverne lui-même. Toutefois, le peuple demeure rivé à son bien propre, de même que le grand homme ne défend que ses intérêts égoïstes. La « ruse de la raison » exprime précisément la particularité indépassable de l'agir historique – une finitude qui mène les peuples et les hommes à leur perte.

La responsabilité du grand homme

Que le grand homme soit passionné n'implique pas qu'il soit d'un caractère impulsif. Tout au contraire, les exemples fournis par les *Leçons sur la philosophie de l'histoire* montrent qu'il est un tacticien qui délibère et agit en connaissance de cause. C'est pourquoi il est responsable de ses actes. En d'autres termes, la passion n'implique aucune disparition de la capacité du grand homme à peser ses actes et à les vouloir pour eux-mêmes, c'est-à-dire pour leur signification éthique :

> Tel est le sceau qui marque la destination élevée et absolue de l'homme : [...] pouvoir être responsable, responsable non pas seulement du mal mais aussi du bien ; et responsable non pas de ceci et aussi de cela [...], mais responsable du bien et du mal qui relèvent de sa liberté individuelle[2].

1. *Ibid.* Peut-on cependant concevoir la mort du héros comme un sacrifice de soi-même ? Peut-on dire que le héros se sacrifierait *volontairement* pour une cause qu'il connaîtrait et qui le dépasserait – à l'instar par exemple d'Antigone dans la tragédie de Sophocle ou de l'Empédocle d'Hölderlin qui « périt et doit périr dans un acte idéal » ? Nous pensons que tel n'est pas le cas, dans la mesure où le héros est intéressé, tend au bonheur, et ignore tout de l'avenir. Il est victime de sa finitude, mais ne choisit pas de plein gré la défaite et la mort.

2. *Introduction* 1830-31, *GW* 18, 167, trad. p. 167.

L'individu reste le principe de ses actes, il en a conscience, et rien ne l'oblige à agir comme il agit. La vie au sein de l'institution éthique est inséparable de la possibilité de la transgression de la règle. De même que le citoyen, dans l'État, peut ne pas obéir aux lois, le grand homme peut se montrer faible et ne pas se conformer à l'exigence de son époque. Un homme, notent les *Cours d'esthétique*, est *grand* quand son individualité tout entière est adéquate à la fin propre à son peuple. Il est *petit* quand il ne s'élève pas à la hauteur de ce que requiert son temps. Enfin, il est *mauvais* quand, plutôt que d'œuvrer en faveur de « la cause de son époque » (*die Sache der Zeit*), il se contente de défendre ses seuls intérêts[1]. L'esprit objectif est le règne du devoir-être. En comparaison avec l'esprit absolu, où l'exigence se réalise spontanément, il y a, dans l'esprit objectif, une distance entre la norme et sa réalisation. Dans l'histoire, tout est suspendu à la volonté des acteurs historiques et peut demeurer inaccompli.

Au demeurant, Hegel s'inscrit en faux contre la théorie selon laquelle le grand homme serait redevable de sa grandeur à des circonstances favorables. Là-contre, Hegel affirme que la valeur extérieure des actes exprime la qualité intérieure de l'agent. Mais inversement cette dernière, si elle n'est pas illusoire, ne manque pas de se traduire extérieurement[2]. Certes, la contingence de l'histoire n'exclut nullement qu'un héros voie ses desseins gâchés. Toutefois, pour l'essentiel – et donc pour ce qui intéresse l'examen philosophique – l'homme ne se donne une véritable valeur intérieure que grâce à l'extériorisation de cette dernière, tandis que des actes extérieurs ne sont rendus adéquats que par leur principe interne. Selon l'exemple fourni par une addition de l'*Encyclopédie*, nul n'est un Raphaël ou un Mozart qui ne produit des œuvres – et nulle œuvre n'est belle si elle est tributaire de son environnement[3]. Hegel ne se lasse pas de railler les discours tendant à exalter tel ou tel individu qui, censément, aurait une dimension historique mais auquel les circonstances n'ont pas donné l'opportunité de le montrer. En réalité, dit-il, on ne devient un grand homme que dans un agir qui, de fait, change l'histoire : « Les lauriers de la pure volonté sont des feuilles desséchées qui n'ont jamais verdi. »[4].

1. *Cours d'esthétique* III, *W* 15, 259, trad. p. 240.

2. Thème schillérien : « L'homme se peint dans ses actes. » (*Lettres sur l'éducation esthétique de l'homme* V, trad. p. 113).

3. Cf. *Encyclopédie* I, Add. du § 140, *W* 8, 277, trad. p. 573.

4. *Principes de la philosophie du droit*, Add. du § 124, *W* 7, 236, trad. p. 649.

Le grand homme n'est donc pas un jouet aux mains de l'histoire. C'est pourquoi, s'il faut reconnaître sa grandeur, il ne faut pas non plus considérer sa défaite comme une injustice. De même que les héros tragiques méritent leur malheur dans la mesure où ils ne défendent qu'une éthique particulière, les grands hommes de l'histoire ne sont pas à plaindre si leur cause a été condamnée par une légitimité de plus haute portée. Plus précisément, la responsabilité du grand homme est non pas morale mais politique. On ne lui reprochera pas de contrevenir à la morale ni aux lois existantes, mais d'être en-dessous de ce que son temps exigeait. À l'inverse, il tirera sa gloire de la force avec laquelle il a incarné l'exigence de l'esprit[1].

L'adéquation entre le grand homme et son peuple explique son pouvoir intégrateur : « Tous se rassemblent autour des bannières de ces héros, car celles-ci expriment ce que le temps exige. »[2]. Or, justement, l'action du grand homme ne consiste en rien d'autre qu'à unifier son peuple. Son succès n'a donc rien de surprenant. Le grand homme n'agit pas sur les choses mais sur les volontés. C'est en cela qu'il a pleinement sa place dans le moment de la vie éthique, c'est-à-dire dans la sphère du rapport à soi de la volonté. Il se contente en effet de rendre effective la volonté obscure des peuples. C'est de manière cohérente que Hegel peut formuler l'énoncé suivant :

> Face à celui qui a entrepris de réaliser un tel but dans [l']intérêt [du peuple], [les hommes] ne peuvent pas tenir davantage pour lui résister. Les peuples se rassemblent plutôt autour de sa bannière. Il leur montre, et réalise, ce qui constitue leur propre impulsion immanente[3].

Toutefois, les grands hommes ne font preuve que d'une puissance limitée, car ils n'agissent pas sur eux-mêmes mais sur les autres. L'extériorité est, structurellement, un gage de difficulté. L'agir des grands hommes est indirect et requiert alors l'usage de moyens qui ne sont que partiellement adéquats :

1. Cf. *Encyclopédie* III, § 551, *W* 10, 353, trad. p. 332.

2. *PH* 1822-23, éd. cit. p. 68, trad. p. 164. Cf. *Vorlesung über Naturphilosophie, Berlin 1823/24*, éd. cit. p. 253 : « Tous les hommes sont en soi rationnels, l'homme qui a du pouvoir sur les autres en appelle, chez eux, à l'instinct de la raison, et ce qu'il leur rend clair possède un équivalent chez eux. Ainsi, la raison apparaît et s'élargit chez les peuples de manière irrésistible. »

3. *Introduction* 1830-31, *GW* 18, 165, trad. p. 74. Cet énoncé est, parmi d'autres, à rapprocher de celui sur le pouvoir infini de la raison, *Introduction* 1830-31, *GW* 18, 140, trad. p. 54.

> En ce qui concerne [...] la réalisation des actions historiques, [...] la réalisation des fins qu'on s'est fixées nécessite elle-même un grand nombre d'organisations et de dispositifs dont les moyens extérieurs ont une grande extension [...], et qui doivent être mises en œuvre [...] avec de l'entendement, de l'intelligence et une circonspection globale prosaïque [1].

Le grand homme est comme le monarque : dans l'histoire, c'est un devoir que de lui obéir, car ses exigences sont légitimes. Mais que les membres du peuple se conforment à ses exigences, voilà qui dépend de leurs volontés propres et n'a rien d'automatique. Hegel insiste régulièrement sur les efforts que les grands hommes ont eu à produire et sur la dépendance de leur succès à l'égard des contingences de l'histoire.

Si l'on compare la théorie du grand homme chez Hegel et celle du surhumain chez Nietzsche, il y a un certain nombre rapprochements possibles. En effet, les deux philosophes accordent une grande importance à l'individu supérieur et lui reconnaissent l'un et l'autre des traits similaires : il est un homme de passions, qui en outre a le droit de s'exonérer de la morale commune ; il crée du neuf ; il jouit d'un bonheur spécifique qui n'est pas exempt de souffrances. Ceci étant dit, les différences sont non moins essentielles :

a) Hegel accorde bien moins d'importance au grand homme que Nietzsche au surhumain. Car c'est le peuple qui, dans la théorie hégélienne de l'histoire, se trouve au premier plan. D'ailleurs, que le grand homme hégélien soit voué au sacrifice est la manifestation de sa finitude et donc de son importance seulement relative.

b) Chez Nietzsche, le surhumain n'appartient pas spécialement au peuple, alors que le grand homme est son incarnation chez Hegel. En outre, le grand homme hégélien se définit par son rôle dans l'histoire, alors que le grand homme nietzschéen fait de sa vie une œuvre d'art et ne se définit qu'indirectement par une tâche politique [2].

c) Chez Hegel, le comportement du grand homme doit être conforme à l'éthique – quand bien même il implique une rupture avec les normes existant précédemment, alors que le surhumain chez Nietzsche agit par-delà le bien et le mal. Chez Hegel, la créativité du grand homme consiste, pour lui, à établir les institutions que requiert l'esprit du peuple. Chez Nietzsche, l'action du surhumain n'obéit à aucune norme, sinon celle du

1. *Cours d'esthétique* III, *W* 15, 20, trad. t. 3, p. 241.

2. *Cf.* Nietzsche, *Par-delà bien et mal*, § 61.

dépassement de soi-même[1]. Par ailleurs, la passion est franchement valorisée par Nietzsche, alors que, pour Hegel, elle trahit la finitude du grand homme.

d) Chez Hegel, les pages consacrées à la critique du jugement du valet de chambre peuvent sembler anticiper la valorisation nietzschéenne de l'esprit aristocratique. Il reste toutefois que le couple réflexif-spéculatif ne coïncide pas avec le couple plébéien-noble. En outre, Hegel invalide toute analyse psychologisante de l'agir – et du même coup récuse d'avance une bonne partie de l'investigation nietzschéenne.

e) On trouve, enfin, chez Nietzsche une insistance sur la force vitale du surhumain qu'on ne rencontre pas chez Hegel. Chez Nietzsche, le grand homme est dur avec lui-même mais vainqueur, tandis que chez Hegel le grand homme vise le bonheur personnel et, de ce fait, est sacrifié.

Certes, pour Hegel, il faut reconnaître la grandeur du grand homme, qui saisit ce que l'époque requiert. Mais on ne peut passer sa violence sous silence. Celle-ci est assurément inévitable et il serait ridicule, pense Hegel, de s'en offusquer. Mais elle est un indice de la finitude de l'histoire. Allons plus loin : il y a toujours chez les grands hommes une part de médiocrité, voire de corruption, et ceux-ci ont inévitablement quelque chose de décevant. Même les plus nobles d'entre eux, comme les Gracques, finirent par succomber à leur injustice intérieure[2].

L'analyse hégélienne du grand homme est donc remarquablement ambivalente. D'un côté, il est indispensable, de l'autre son savoir et son vouloir sont bornés, et il est incapable d'être heureux. Les paradoxes, qui tiennent à la contradiction de l'esprit objectif, sont multiples. Loin d'être manipulé, le grand homme est la lucidité même, dans la mesure où il a une claire conscience de ce qui, chez les autres hommes, n'est qu'obscurément connu ; mais en même temps, il ne connaît la vérité que sur un mode passionnel. Par ailleurs, c'est son bien propre qu'il veut ; toutefois celui-ci est intimement lié à la transformation de l'État. Enfin, si le grand homme a le droit de réclamer la satisfaction de ses intérêts et d'ailleurs parvient à cette satisfaction, cependant il ne jouit que d'un bonheur précaire.

1. Cf. *ibid.*, § 284.
2. Cf. *PH* 1822-23, éd. cit. p. 416, trad. p. 449.

CHAPITRE IX

LA FIN DE L'HISTOIRE

À quel type de causalité l'histoire obéit-elle ? Comme on le sait, une thèse fondamentale de Hegel porte sur le caractère finalisé du devenir historique : « Nous avons à considérer l'histoire mondiale et quelle est sa fin ultime (*Endzweck*). [...] C'est à cette fin ultime que sont apportés tous les sacrifices sur l'autel du monde. »[1]. Pour Hegel, le développement de l'histoire s'explique à partir d'un but intérieur qui le mène vers une situation déterminée – une situation qui, bonne en elle-même, justifie en outre les efforts et les sacrifices qui permettent de l'atteindre. Plus précisément, le but final de l'histoire est la liberté dans ses dimensions subjective et objective : « La fin ultime du monde est la conscience qu'a l'esprit de sa liberté et, par là justement, la réalité effective de sa liberté. »[2].

La compréhension de cette théorie est cependant rendue difficile par l'ambiguïté du mot fin qui signifie tantôt « but » (*Zweck*, *Ziel* en allemand) tantôt « achèvement » ou « terme final » (*Ende*). Il faut d'emblée souligner que ce sont les termes *Zweck* et *Ziel* qui sont le plus massivement utilisés par Hegel, même si le terme *Ende* est employé à quelques reprises. En même temps, il y a un lien évident entre les deux types de notions, puisque l'accomplissement du but peut être compris comme la phase ultime du processus qui mène à lui. La question est donc de savoir quel est le statut de cette fin, quel est son mode d'action, et ce qu'implique sa réalisation.

Selon notre hypothèse, le but de l'histoire n'est autre que la fin de chaque peuple en son développement historique – un but qui s'ancre et

1. *PH* 1822-23, éd. cit. p. 24, trad. p. 129.

2. *Leçons sur la philosophie de l'histoire*, *W* 12, 32, trad. (mod.) p. 28.

s'élabore dans la volonté même du peuple considéré. Toutefois, au sens le plus englobant, la fin de l'histoire se réalise dans sa dernière période, à savoir le monde germanique chrétien, où tout homme est libre dans la mesure où l'État est fondé sur la volonté du peuple prise comme un tout. La réalisation du but de l'histoire est alors un accomplissement, une vie plénière, et non pas un arrêt. Il serait absurde de considérer que pour Hegel l'histoire serait « finie » au sens où elle serait close : bien plutôt, l'accès à la fin signifie que, dans la civilisation présente, la vie historique se développe continûment en elle-même au lieu d'être supplantée par une civilisation extérieure. Il reste cependant que, même dans son moment ultime, la déficience de l'histoire comme moment de l'esprit objectif ne peut être supprimée : chaque peuple demeure rivé à ses intérêts particuliers, et donc menacé par la corruption et la mort.

LE BUT DE L'HISTOIRE

La causalité finale

Quel est le statut du but de l'histoire ? Selon une interprétation classique, ce dessein serait le fait d'une entité supra-historique, qui se représenterait à l'avance le dénouement de l'histoire, et dès lors organiserait l'activité des peuples de manière à rendre possible un tel dénouement. La difficulté, cependant, est que cette lecture n'est guère validée par les textes. Certes, Hegel parle de la Providence dans l'introduction des *Leçons* sur l'histoire. Mais, comme on l'a vu au chapitre VI, il s'agit alors davantage d'un rapprochement vague que d'une identification rigoureuse. Si l'on admet que l'histoire est rationnelle et qu'elle a, à ce titre, son principe en elle-même, on ne peut expliquer son devenir en recourant à une entité transcendante. Au demeurant, les analyses concrètes des *Leçons* sur l'histoire montrent que, pour Hegel, le développement d'un peuple quelconque s'explique, non pas à partir d'un but transcendant, mais à partir de la nature du peuple en question.

En réalité, la fin de l'histoire, chez Hegel, est non pas externe mais interne. Elle est un *Selbstzweck*, c'est-à-dire une « fin à son propre égard » [1]. Le but, dans l'histoire, n'est pas à concevoir comme s'il était extérieur à son moyen. Il est immanent, il est le fait du sujet spirituel qui tend à s'actualiser, à s'accomplir soi-même :

1. Cf. *ibid.*, *W* 12, 50, trad. p. 37-38.

> Telle est la fin de l'esprit : celui-ci consiste à se produire, à faire de soi un objet, de telle sorte qu'il se possède comme être-là, qu'il ait un savoir de lui-même. [...] L'esprit d'un peuple est donc un esprit déterminé et son acte consiste à faire de soi, dans l'espace et le temps, un monde présent [1].

Le but de l'histoire est d'abord à entendre comme celui que poursuit chaque peuple et qu'il réalise en lui-même. Par exemple l'activité du peuple grec ne s'explique ni par un esprit oriental qui serait en contradiction avec lui-même ni par un esprit moderne qui agirait d'avance à titre d'objet d'aspiration [2], mais par l'esprit grec lui-même, qui a une certaine fin et la développe. Le but de chaque peuple est de rendre compte de soi par soi et de gouverner souverainement son monde : bref d'être en et pour soi. Ainsi l'esprit du peuple se donne une réalité objective, une « seconde nature » qui lui est appropriée, et, au cœur de cette seconde nature, se reconnaît sur un mode enfin adéquat :

> Tel est le but de l'histoire : [...] que l'esprit se développe jusqu'à constituer une [nouvelle] nature, un monde qui lui soit adéquat, en sorte que le sujet trouve son concept de l'esprit dans cette seconde nature, dans cette réalité créée par le concept de l'esprit, et possède dans cette objectivité la conscience de sa liberté et de sa rationalité subjectives [3].

Ce but est atteint quand la volonté (subjective), originairement irréfléchie, en vient à se connaître elle-même sur un mode universel, et que l'État (objectif), originairement indéterminé et clos sur soi, en vient à se pourvoir d'institutions et à intégrer les peuples étrangers.

Toujours est-il qu'il y a autant de fins dans l'histoire qu'il y a en elle de moments. Par exemple, le peuple grec tend à être « effectivement » lui-même, le peuple romain tend à être « effectivement » lui-même, mais c'est aussi le cas de chaque cité grecque et du peuple romain en chacune de ses phases. Certes, comme il y a dans l'histoire du monde un peuple suprême, à savoir le peuple européen post-antique, on peut dire qu'il y a de même une fin « ultime ». Toutefois il serait abusif d'affirmer que, d'un point de vue hégélien, les peuples non européens seraient mus, consciemment ou inconsciemment, par la visée de l'État germanique chrétien comme but. D'un point de vue hégélien, dans un peuple comme dans un vivant naturel,

1. *PH* 1822-23, éd. cit. p. 45, trad. p. 145.

2. Ou pour prendre un exemple polémique de Marx : « On [la philosophie d'inspiration hégélienne] attribue à la découverte de l'Amérique un but, celui d'avoir permis le déclenchement de la Révolution française. » (*L'idéologie allemande*, dans *Œuvres. Philosophie*, *op. cit.*, p. 325).

3. *Raison dans l'histoire*, éd. cit. p. 256-257, trad. (mod.) p. 296.

la fin ne tend qu'à l'auto-développement du sujet, si bien qu'elle est coextensive à ce même sujet. Dans la mesure où chaque peuple est un sujet et forme son but en lui-même, il ne peut avoir que lui-même pour but. Il est classique de reprocher à Hegel de chercher, dans la notion de fin, un asile par trop commode. La fin ne serait qu'une catégorie mythologique, un asile pour l'ignorance du philosophe. En réalité, comme on l'a dit, la fin chez Hegel fait l'objet d'une expérience tout à fait précise, puisqu'elle n'est rien d'autre que la conscience de soi du peuple. L'histoire est finalisée parce que c'est la volonté des peuples qui en rend compte – une volonté qui cependant n'est pas nécessairement claire à elle-même.

Fin et destin

On a parfois l'impression que la fin, chez Hegel, n'est pas choisie délibérément par le peuple, et que celle-ci s'impose à lui comme un destin. Cette impression n'est pas dénuée de fondement, puisque la base du vouloir est un donné « naturel », à savoir le peuple considéré anthropologiquement. Par exemple, pour Hegel, un peuple oriental aspire inévitablement à être organisé sur un mode patriarcal, de même qu'un peuple grec tend immanquablement vers un régime oligarchique ou démocratique. En même temps, dans la mesure où le peuple se différencie subjectivement de ses volitions, son vouloir reste libre. En effet, quand bien même il ne peut dépasser sa particularité propre, il la prend en charge pour lui-même. On retrouve ici une détermination fondamentale de l'esprit : alors que l'être naturel ne fait qu'un avec ses propriétés, l'être spirituel s'en distingue :

> Dans la mesure où l'esprit est la liberté du concept venue à l'existence, cette réalité qui lui est inadéquate constitue une borne *pour lui*. Mais du fait justement qu'elle est *pour lui*, il se tient au-dessus d'elle, et le caractère borné de l'esprit a ainsi un sens tout autre que pour les choses naturelles ; le fait qu'il se sache comme borné constitue la preuve du fait qu'il est non-borné [1].

Certes, le peuple ne peut sortir de sa particularité « naturelle ». Mais ce qu'il est, il ne le subit pas comme une contrainte qui s'imposerait à lui de l'extérieur. Bien plutôt, comme sujet distinct de sa particularité anthropologique, il l'assume librement. Par ailleurs, la *Bildung* du peuple consiste précisément pour lui, dans les bornes définies par son identité anthropologique, à faire évoluer sa conscience de soi, et à la faire passer d'un simple sentiment à une connaissance fondée. Dès lors, si la conscience de soi ini-

1. *Fragment de 1822-25 sur la philosophie de l'esprit subjectif*, *GW* 15, 221, trad. p. 595. *Cf.* aussi *PH* 1822-23, éd. cit. p. 28, trad. p. 132.

tiale est donnée (immédiate), *in fine* elle est auto-produite (concrètement subjective). L'histoire d'un peuple est donc à la fois liée à une donnée anthropologique à laquelle il ne peut échapper, et le résultat d'un agir libre. Elle est initialement imposée par la nature mais en vient ensuite à faire l'objet d'une libre auto-production.

Prévoir le futur ?

Revenons à la question de la prévisibilité ou de l'imprévisibilité de l'avenir. Selon une hypothèse naïve, on pourrait imaginer que le sens de l'histoire consisterait dans la réalisation objective, *au terme* du processus historique du peuple, d'une fin qui serait présente *dès l'origine* dans la volonté du peuple. Mais une telle hypothèse, d'un point de vue hégélien, est inacceptable. Pour Hegel en effet, à toute fin subjective correspond, *à chaque moment*, une réalisation objective. Ainsi, le peuple a d'emblée une organisation politique qui correspond à sa disposition d'esprit, et il serait absurde de poser que la réalisation objective de sa fin subjective devrait être différée jusqu'au terme de son histoire. L'évolution de l'histoire consiste en fait dans la *mutation concomitante* de la fin subjective et de la réalisation objective qui lui est associée. Ainsi, la fin subjective qui correspond à l'organisation politique terminale d'un peuple n'est pas présente à l'origine : bien plutôt, elle n'est rien d'autre que la volonté présente *au moment terminal* lui-même. Dans le cas du peuple germanique par exemple, la fin subjective qui s'incarne dans l'État moderne est définie par la mentalité protestante, qui, par sa profondeur et sa diversité, nie infiniment la mentalité germanique originaire. L'État moderne réalise une volonté : cependant non pas la volonté des peuplades germaniques primitives mais celle des Européens de l'époque moderne. Inversement, dans le premier moment de l'histoire germanique, nul n'aspire à l'État moderne, nul ne le conçoit, et celui-ci est parfaitement imprévisible.

La question est de savoir si les hommes agissent *en vue* d'une forme étatique non encore existante et qu'ils anticiperaient. Visent-ils, dans l'action historique, une situation future différente de leur situation présente ? Peut-on dire, en particulier, que le grand homme conçoit à l'avance les bouleversements que va entraîner son action dans l'État et qu'il détermine son action à partir de ce qu'il prévoit ? Il faut ici, encore une fois, faire intervenir le concept de négativité. Parce que tout processus est constitué de phases qui s'opposent mutuellement, on ne peut dire qu'une phase quelconque impliquerait en elle-même la suivante, ni que cette dernière serait déductible ou anticipable à partir de la première. Le caractère négatif du devenir historique empêche les peuples de se représenter *in origine* ce qu'ils seront *in fine*. Les peuples, à l'état immédiat, ne peuvent savoir ce qu'ils seront quand ils accéderont à l'accomplissement de leur identité, puisque par définition un peuple ne peut disposer du savoir d'une identité historique quelconque avant de s'être élevé à cette identité. Donc, même si chaque peuple a un but, on ne peut dire qu'il aspire à ce qu'il sera quand son histoire s'achèvera.

Que veut-il alors ? Il veut être « effectivement » ce qu'il n'est tout d'abord qu'immédiatement. La volonté ne se détermine pas à partir d'une représentation du futur mais à partir d'une aspiration à la *Selbstbildung* du soi tel qu'il est présentement. Il est raisonnable d'affirmer qu'aux yeux de Hegel, il n'y a pas, dans le peuple, d'aspiration au changement pour lui-même ni de tension vers la nouveauté. En revanche, le peuple a conscience du caractère insatisfaisant du présent.

D'un côté, la fin du peuple n'est rien d'autre que l'âme présente du peuple. La fin n'est pas orientée vers le futur mais vers la réalisation de soi dans le moment présent. D'un autre côté toutefois, la fin se transforme d'un moment à l'autre, elle passe par des phases d'immédiateté et de scission avant de se rendre effective. Ainsi a) la fin du peuple est toujours réalisée – le peuple est ce qu'il veut être ; b) toutefois, elle n'est pas d'emblée authentique – la fin du peuple n'est pas dès le commencement une fin autoproduite à partir d'un principe universel. C'est parce que la fin change que le devenir du peuple est imprévisible. Celui-ci implique une *rupture* avec la disposition d'esprit initiale du peuple. Certes, du point de départ à l'achèvement, le peuple reste le même, dans la mesure où il *se* fait évoluer *lui-même*. Toutefois, il y a une négation infinie du point de départ, puisque l'état d'achèvement n'advient qu'à titre de négation du moment médian, lui-même négation du point de départ.

L'agir historique ne répond pas à l'anticipation du futur mais à la mise en œuvre de l'identité *présente* du peuple. Le développement de l'histoire ne s'explique pas par la visée d'un résultat qui serait anticipé, mais par la tendance, qui habite le peuple, à la réalisation effective de sa conscience de soi telle qu'elle existe dans le moment considéré. Les hommes sont les artisans de leur propre libération – mais le contenu de celle-ci est pour eux inanticipable : « Au commencement, il est impossible que la particularité soit déjà unifiée avec la fin ultime absolue ; les fins particulières en diffèrent encore, et la volonté particulière commence par méconnaître sa fin ultime absolue. » [1].

1. *PH* 1822-23, éd. cit. p. 439, trad. p. 470.

QUEL ACHÈVEMENT ?

L'achèvement comme vie accomplie

Si la question de la fin de l'histoire est d'abord celle de son but, elle est également celle de son dénouement, puisque, quand le but est atteint, le processus est à son terme. Or ce dénouement n'est pas la fin des temps, il n'a rien à voir avec les trompettes de l'Apocalypse. L'achèvement, chez Hegel, ne dénote pas en tant que tel l'arrêt du processus considéré. Il doit être compris sur le modèle aristotélicien de l'entéléchie, c'est-à-dire de la réalisation adéquate. L'achèvement est le contraire de la mort : il est une vie au sens plénier du terme. On en a un indice clair dans le texte d'Aristote sur la vie de Dieu comme acte pur que Hegel cite en postface à l'*Encyclopédie* : « L'acte subsistant en soi de Dieu est une vie parfaite et éternelle. Aussi appelons-nous Dieu un vivant éternel parfait. »[1]. Mais alors qu'Aristote considère que l'acte immanent de Dieu est immobile (*energeia akinèsias*), Hegel soutient que l'histoire, en son accomplissement, reste processuelle : « Cette concordance de l'être et du devoir-être n'est [...] pas une concordance figée et dépourvue de processus ; car le Bien, le but final du monde, n'est qu'en tant qu'il se produit continuellement. »[2].

Au demeurant, dans la pensée hégélienne, tous les cycles systématiques sont caractérisés par un achèvement. Par exemple, la fin de la nature est le règne de la physique organique, la fin de la physique organique est l'organisme animal, la fin de la conscience dans l'esprit subjectif est la raison, la fin de la religion est la religion chrétienne, etc. L'accès à la fin signifie donc l'accomplissement de son cycle d'appartenance. Elle n'est pas une sortie hors du cycle en question mais son élévation à l'effectivité. Or cette élévation implique deux choses : d'une part l'avènement d'une subjectivité entièrement auto-déterminante, d'autre part l'affirmation de la souveraineté de la subjectivité sur l'objectivité – une objectivité qui, pour le pôle subjectif, ne représente plus un obstacle mais un moyen d'accomplissement. Si l'on applique ce modèle au cas particulier de l'histoire, on en conclut que le couronnement de celle-ci ne peut être assuré que par un État qui est parfaitement ce qu'il doit être, c'est-à-dire qui surmonte toute

1. Aristote, *Métaphysique* Λ 7, 1072 b 29-30, trad. fr. J. Tricot, t. 2, Paris, Vrin, 1970, p. 683.

2. *Encyclopédie* I, Add. du § 234, *W* 8, 387, trad. p. 621. Pour une interprétation opposée, *cf.* par exemple A. Kojève, *Introduction à la lecture de Hegel*, Paris, Gallimard, Tel, 1968, p. 504 : « [Selon Hegel] l'histoire est terminée. » Et L. Althusser, *Politique et histoire de Machiavel à Marx*, Paris, Seuil, 2006, p. 152 : « À l'époque de Hegel, l'histoire est finie. »

contradiction. *A contrario*, tant que l'État n'est pas réconcilié, il y a passage à une nouvelle forme d'État[1]. L'État de la fin de l'histoire est celui qui assure une parfaite unité politique des hommes et en même temps leur entière autonomie.

La formule de la fin de l'histoire est donc celle-ci : subjectivement, la prise de conscience de ce que tout homme est libre (et non pas seulement un seul ou quelques uns), et, objectivement, un État à la fois unifié et faisant droit à la pluralité (donc, pour Hegel, une monarchie). On reconnaît ici la représentation qu'a Hegel du monde européen chrétien : « Le monde chrétien est le monde de l'achèvement (*Vollendung*) ; le principe s'est réalisé et par suite les temps sont révolus (*das Ende der Tage [ist] voll geworden*) ; l'Idée ne peut plus rien voir d'inapaisé dans le christianisme. »[2]. Que le monde germanique soit la fin de l'histoire ne signifie pas que l'histoire s'arrête mais, tout au contraire, qu'elle accède à une entière auto-médiation.

Il est important de souligner que l'achèvement de l'histoire, pour Hegel, caractérise l'ensemble du monde germanique chrétien et non pas la seule période post-révolutionnaire. Ce point est impliqué tout d'abord par les textes eux-mêmes. Ainsi, aussi bien dans la *Leçon* de 1822-23[3] que dans l'édition Karl Hegel[4], les grandes affirmations sur l'achèvement de l'histoire interviennent dans l'introduction générale de la section du monde germanique chrétien. Mais, plus fondamentalement, il est impliqué par la structure du discours systématique. Dans la mesure où le parcours encyclopédique est un cercle de cercles, l'achèvement de l'histoire correspond au dernier sous-ensemble de premier ordre (à savoir le monde germanique en tant qu'il succède au monde romain) et non pas au dernier sous-ensemble, quel que soit son degré, cité par Hegel (par exemple le monde post-révolutionnaire ou le monde prussien post-révolutionnaire[5]). Une même conclusion s'impose pour tout moment du parcours systématique. Par exemple, la fin de doctrine de l'essence est l'effectivité (et non pas l'action réciproque), la fin de la nature est la physique organique (et non pas

1. *Cf.*, de manière générale, *Encyclopédie* I, R. du § 142, *W* 8, 279, trad. p. 393 : « L'effectif est [...] soustrait au passage [en autre chose]. »

2. *Leçons sur la philosophie de l'histoire*, *W* 12, 414, trad. p. 265.

3. Cf. *PH* 1822-23, éd. cit. p. 441-442, trad. p. 472-473.

4. *Leçons sur la philosophie de l'histoire*, *W* 12, 413, 414, trad. p. 265.

5. D'autant, il faut le noter, qu'en droit on peut toujours articuler de manière plus fine un cercle quelconque. Ainsi, le degré « ultime » dans l'approfondissement systématique est introuvable.

l'animal), la fin du système encyclopédique en général est l'esprit (et non pas l'esprit absolu)...

Il reste, toutefois, que le règne germanique lui-même n'est pas d'emblée achevé et constitue le théâtre d'un progrès. La fin de l'histoire est atteinte dès le début de l'histoire européenne, mais elle s'approfondit ensuite. La fin dans la fin, si l'on ose dire, est constituée de l'Europe luthérienne, la fin dans la fin de la fin, de l'Europe allant de Frédéric II au Traité de Vienne, et ainsi de suite. Pour Hegel, l'achèvement de l'histoire n'est pas anticipé mais effectif, il ne se dit pas au futur mais au présent – cependant un présent appelé à se développer continûment en lui-même : « Le but final (*Endzweck*) du monde est aussi bien accompli qu'il s'accomplit éternellement. »[1]. La réalisation du but de l'histoire implique non pas une disparition de la vie historique mais une vie historique qui se fonde elle-même.

Il est inutile de souligner à quel point l'interprétation kojévienne du concept de fin de l'histoire est fantaisiste. Selon Kojève, la fin de l'histoire désigne pour Hegel une situation dépourvue de conflits et de changements. Les guerres, les révolutions sanglantes, les religions et les philosophies ont disparu. Il ne reste plus que l'art, l'amour et le jeu : bref, dit le commentateur, tout ce qui rend l'homme heureux. Or, parce que le conflit est constitutif de l'humanité de l'homme, on peut aller jusqu'à affirmer que « la fin de l'histoire est la mort de l'homme proprement dit »[2]. Après cette mort il ne reste que des corps vivants ayant forme humaine, mais privés d'esprit, c'est-à-dire de puissance créatrice. Finalement, l'esprit n'existe plus que sous la forme d'une réalité inorganique, en tant qu'un Livre...[3]. Cette exégèse, qui certes n'est pas dépourvue d'intérêt philosophique, ne trouve aucun appui dans les textes, elle n'est qu'une libre construction à partir du syntagme de « fin de l'histoire ».

L'inévitable mortalité des États

La fin de l'histoire, donc, n'est pas son arrêt. Cependant nul État particulier n'est susceptible de durer éternellement. C'est un principe général de l'hégélianisme que l'objet est toujours fini, donc voué à la disparition. À cela s'ajoute le fait que, dans l'esprit objectif, il n'y a pas de principe absolument totalisant. Comme on l'a dit plus haut, l'« esprit mondial » n'existe pas en et pour soi mais seulement sous une forme

1. *Encyclopédie* I, Add. du § 234, *W* 8, 387, trad. p. 621-622.
2. Kojève, *Introduction à la lecture de Hegel*, *op. cit.*, p. 388.
3. *Ibid.*

plurielle. De même qu'il n'y a pas d'âme immortelle du monde animal en général mais une succession d'animaux mortels, il n'y a pas d'âme immortelle du monde historique en général mais un enchaînement de peuples voués à mourir : « L'esprit d'un peuple est un individu naturel ; en tant que tel, il s'épanouit, se montre fort, puis décline et meurt. Il est dans la nature de la finitude que l'esprit borné soit périssable. »[1].

Pour Francis Fukuyama, comme on le sait, la fin de l'histoire renvoie à une forme d'organisation sociale qui satisfait le désir qu'ont les hommes de progrès technique et de reconnaissance. La reconnaissance, dit-il en invoquant Kojève interprète de Hegel, est celle de la dignité de chacun : « Le problème de l'histoire humaine peut être vu, en un sens, comme la recherche d'un moyen de satisfaire *à la fois* les maîtres et les esclaves dans leur désir de reconnaissance, sur une base de réciprocité et d'égalité ; l'histoire se termine alors avec la victoire d'un ordre social qui accomplit cet objectif. »[2]. Cet ordre social n'est autre, bien sûr, que la démocratie libérale. Disons d'emblée que l'essai de Francis Fukuyama ne prétend nullement à l'exactitude historiographique, de sorte qu'il serait vain de le discuter ici, dans le cadre d'un ouvrage d'histoire de la philosophie. Il n'échappe à personne que le régime de la fin de l'histoire, pour Hegel, n'est pas la démocratie libérale mais la monarchie « constitutionnelle » chrétienne. Francis Fukuyama est non moins infidèle à Hegel en considérant que, pour lui, un « ordre social » pourrait s'imposer de manière complète et définitive. Pour Hegel, en effet, les institutions éthiques sont par définition transitoires. Il faut tenir les deux bouts de la chaîne : il y a, selon Hegel, une *forme* étatique indépassable, à savoir celle de l'État réconcilié ; toutefois cette forme s'inscrit à son tour dans une pluralité d'États *existants*, et qui sont chacun destinés à périr. L'État moderne, à la fois unifié et tel qu'en lui tout homme est pleinement citoyen, est pour Hegel une forme ultime, mais nul État moderne concret n'est quant à lui promis à prospérer indéfiniment[3]. On peut ici faire une analogie avec la nature. Son moment ultime est le monde organique, et plus précisément l'organisme animal, en lequel l'être naturel est aussi unifié qu'il est possible au sein de la nature. L'accès à la nature animale ne signifie, bien entendu, aucune disparition de la nature, mais, tout au contraire, l'avènement d'une nature adéquate en son genre. Néanmoins l'organisme est

1. *Raison dans l'histoire*, éd. cit. p. 67, trad. (mod.) p. 89.

2. F. Fukuyama, *La fin de l'histoire et le dernier homme*, trad. fr. D.-A. Canal, Paris, Flammarion, 1992, p. 3.

3. *Cf.* B. Bourgeois, *Les actes de l'esprit*, *op. cit.*, p. 156.

mortel et la vie animale ne se réalise que sous la forme d'une série interminable d'individus distincts.

LE MONDE MODERNE : LA LIBERTÉ MORALE ET LE DROIT AU BONHEUR

Pour désigner la quatrième phase de l'histoire, Hegel parle volontiers de « monde moderne », d' « époque moderne » ou d' « histoire moderne » (*die moderne Welt*[1], *die moderne Zeit*[2], *die neue Zeit*[3], *die neuere Geschichte*[4]), « d'empire (ou de règne) germanique » (*das germanische Reich*[5]), et enfin de « monde chrétien » (*die christliche Welt*[6]). Or ces désignations peuvent, quoique chacune à un titre différent, étonner :

a) Hegel parle aussi d'époque « moderne » ou « nouvelle », de manière plus spécifique, à propos de l'Europe d'après la Réforme[7]. Il y a donc tantôt un usage large, tantôt un usage restreint de la notion. b) Hegel ne confine nullement l'Europe post-antique aux seuls peuples germaniques. Il évoque de manière plus ou moins développée la plupart des autres peuples européens, depuis les Espagnols jusqu'aux Russes en passant par les Irlandais, et en insistant spécialement sur les Français et les Anglais. Pourquoi dès lors qualifier la quatrième phase de l'histoire de « germanique » ? c) Le christianisme, Hegel le souligne abondamment, est présent dès le monde romain – lequel, d'ailleurs, inclut l'empire romain d'Orient, chrétien de sa fondation à sa chute au XVe siècle. On peut se demander dès lors quelle est la spécificité du monde « chrétien », d'autant qu'il intègre, à titre d'opposé intérieur, la civilisation musulmane.

En réalité, ces catégories ont une cohérence : a) « Moderne », pour Hegel, désigne toujours une période ultime. C'est pourquoi si, à l'échelle de l'histoire, la modernité nomme le monde post-antique en général[8], en revanche, à l'échelle de ce dernier, elle équivaut à l'Europe postérieure à la

1. *Principes de la philosophie du droit*, R. du § 206, *W* 7, 358, trad. p. 372.
2. *Ibid.*, R. du § 124, *W* 7, 233, trad. p. 276.
3. *Ibid.*, Add. du § 260, *W* 7, 407, trad. p. 704.
4. *PH* 1822-23, éd. cit. p. 438, trad. p. 470.
5. *Principes de la philosophie du droit*, § 358, *W* 7, 511, trad. p. 556.
6. *PH* 1822-23, éd. cit. p. 442, trad. p. 473.
7. Cf. *Leçons sur l'histoire de la philosophie*, *W* 19, 543, trad. t. 5, p. 1059.
8. De même que, à l'échelle de l'histoire de l'art, Hegel inclut dans l'art romantique l'art médiéval et renaissant.

Réforme protestante, et, à l'échelle de l'Europe luthérienne, à la sphère constituée par le triplet Prusse frédéricienne, Europe révolutionnaire et Europe du traité de Vienne. Il n'y a rien d'inconséquent ici[1]. b) L'épithète « germanique » relève de la synecdoque, dans la mesure où, pour Hegel, la sphère proprement germanique constitue la « vérité » de la sphère post-romaine. En effet, c'est en celle-là que celle-ci se réalise de la manière la plus complète : « Les Germains se sont tenus à la pointe de ce changement. »[2]. Dès lors, « on peut appeler germaniques les nations auxquelles l'esprit mondial a confié son véritable principe »[3]. Notons en passant que cet usage absout largement Hegel, s'il en était besoin, du reproche de nationalisme. L'adjectif « germanique », chez lui, est inclusif et non pas exclusif, il ne qualifie pas une seule nation mais un ensemble de peuples qu'unifie une même disposition d'esprit. c) Enfin, pour Hegel, on peut parler spécifiquement de règne chrétien dans le cas du monde post-antique, parce qu'alors le christianisme est principiel, et que l'idée de la liberté qui le caractérise (une liberté « universelle » et « concrète ») rend compte de l'identité des hommes et de l'organisation de l'État – ce qui n'est le cas ni dans l'empire romain d'Occident, ni dans l'empire romain d'Orient.

Ce monde, dit Hegel, est le nôtre. À l'échelle de l'histoire, il s'agit du moment de la réconciliation[4] et donc de l'achèvement[5]. C'est, si l'on veut, la période de vieillesse de l'humanité, non pas au sens de la sclérose mais au sens de « la maturité parfaite », qui permet un complet savoir de soi[6].

1. L'adjectif « moderne » reste essentiellement compris, du XVIIe siècle au début du XIXe siècle, par opposition à « antique ». On songe évidemment à la querelle des Anciens et des Modernes, mais aussi à la manière qu'ont Schiller et Schlegel d'opposer la poésie moderne (respectivement « sentimentale » ou « intéressante ») à la poésie ancienne (respectivement « naïve » ou « belle »). Le dictionnaire Brockhaus de 1817 divise l'histoire en une ère antique et une ère chrétienne-moderne. *Cf.* H.U. Gumbrecht, « Modern, Modernität, Moderne », *Geschichtliche Grundbegriffe*, hrsg. von O. Brunner, W. Conze & R. Koselleck, Stuttgart, Klett-Cotta, 2004, t. 4, p. 99-107.

2. *PH* 1822-23, éd. cit. p. 117, trad. p. 203.

3. Cf. *Raison dans l'histoire*, éd. cit. p. 254, trad. (mod.) p. 293. *Cf.* aussi *PH* 1822-23, éd. cit. p. 440-441, trad. p. 472 : « Il y a [...] dans tous ces États une homogénéité liée au fait que leurs principes sont tous germaniques. [...] Ce n'est pas une différence absolue comme entre la Grèce et la Perse. Les États chrétiens ne sont distincts que formellement les uns des autres. »

4. Cf. *ibid.*, éd. cit. p. 118, trad. p. 203 : « Tel est le principe du règne germanique. On trouve en lui la réconciliation, en lui la réconciliation est accomplie en et pour soi. L'esprit s'est trouvé. »

5. Cf. *ibid.*, éd. cit. p. 441, trad. p. 472 « Avec la religion chrétienne, le principe du monde est achevé. »

6. Cf. *ibid.*, éd. cit. p. 117, trad. p. 203. Dans l'*Encyclopédie*, l'addition du § 237 compare l'Idée absolue, moment ultime de la *Logique*, « au vieillard, qui prononce les mêmes

La fin de l'histoire n'est pas à chercher ailleurs. Toutefois, que signifie plus précisément un tel accomplissement pour l'État et pour les hommes ? Nous défendrons l'hypothèse selon laquelle la réconciliation, dans le champ de l'histoire, signifie que l'homme se voit reconnu, dans l'État, le droit d'agir selon ses convictions et de défendre ses intérêts propres. L'État exprime la volonté universalisée des citoyens, qui forment cette volonté, notamment, dans le cadre de diètes et de parlements. Néanmoins, ces traits généraux du monde post-antique ne se réalisent que laborieusement dans l'expérience – d'où le temps long de l'histoire germanique.

L'autonomie

Pour Hegel, l'originalité de l'époque européenne consiste tout d'abord dans l'affirmation de la liberté *intérieure* de l'homme :

> Le droit de la liberté subjective constitue le point d'inflexion et le point central de la différence entre l'Antiquité et l'époque moderne [1].

> La liberté grecque fut celle de la fortune et du génie ; elle avait encore pour condition l'esclavage et les oracles [...]. L'homme se détermine désormais lui-même et se sait puissance universelle de tout le fini. [...] L'homme est reconnu comme la puissance infinie de décision [2].

La liberté européenne est subjective au sens où le vouloir de l'individu répond à la réflexion de l'esprit en lui-même, et non pas à une simple inclination naturelle (cas oriental et, avec des modalités différentes, cas grec), ni à une obligation extérieure (cas romain). D'une certaine manière, Hegel projette la conception kantienne-fichtéenne de l'homme *en général* sur l'homme *moderne*. C'est pourquoi, pour lui, seul ce dernier est capable de moralité, au sens où seul il agit à partir de la connaissance du bien et du mal et peut choisir l'un comme l'autre. L'agir du sujet moderne procède de ses convictions :

assertions que l'enfant, mais pour qui celles-ci ont la signification de toute sa vie » (*W* 8, 389, trad. p. 623). La vieillesse est ici encore à comprendre comme l'âge de ressaisie d'un contenu total, en tant toutefois qu'il est désormais intériorisé. L'association du monde présent et de la vieillesse est un thème herdérien fondamental. Mais, dans *Une autre philosophie de l'histoire*, par exemple en *SW* V, 538, trad. p. 111, elle a une toute autre signification que chez Hegel. a) La sénescence, chez Herder, ne renvoie pas à l'époque chrétienne en général mais aux seules Lumières ; b) la vieillesse, chez lui, n'est pas comprise positivement comme un temps d'intériorisation mais comme un temps de décrépitude, où l'intelligence l'emporte fâcheusement sur la vitalité.

1. *Principes de la philosophie du droit*, R. du § 124, *W* 7, 233, trad. p. 276.

2. *Leçons sur la philosophie de l'histoire*, *W* 12, 404, trad. p. 257.

> C'est principalement cette liberté subjective ou morale qui s'appelle liberté au sens européen du terme. En vertu du droit de cette liberté, l'homme doit en général posséder en propre une notion de la différence du Bien et du Mal, les déterminations éthiques comme les déterminations religieuses ne doivent pas requérir son obéissance seulement comme des lois et prescriptions extérieures d'une autorité, mais avoir dans son cœur, sa disposition intérieure (*Gesinnung*), sa conscience morale (*Gewissen*), son discernement (*Einsicht*), etc., leur approbation (*Zustimmung*), leur reconnaissance (*Anerkennung*) ou même leur fondation (*Begründung*)[1].

La conscience morale moderne connaît le bien et le mal, donc est capable d'opter en faveur de l'un aussi bien que de l'autre. Le sujet exige que son obéissance aux normes puisse procéder d'une adhésion intérieure, d'une conviction (*Überzeugung*)[2]. La caractéristique du monde moderne, donc, n'est pas seulement que l'homme accepte les normes auxquelles il se conforme, car ce point est vérifié chez tous les peuples de l'histoire. Mais elle est que l'homme fait sien leur principe de légitimation, de sorte qu'il se reconnaît en elles. En d'autres termes, le monde moderne se caractérise par la « sphère inviolable de l'intériorité »[3]. Parce que la liberté est intérieure, elle ne dépend pas de circonstances naturelles ou extérieures. Dès lors, l'homme est libre *en tant que tel,* ce qui implique que *tout* homme est libre[4].

Notons, ici encore, que le progrès ne consiste pas dans la simple reconnaissance d'une propriété qui serait, par ailleurs, un attribut universel de l'homme. Car, bien plutôt, c'est une nouvelle identité de l'humanité qui advient. Le progrès est indissociablement subjectif et objectif : la conscience nouvelle manifeste un être inédit. L'enjeu de la modernité n'est pas seulement gnoséologique mais aussi ontologique. Cela signifie, par exemple, que si Platon et Aristote ont ignoré la liberté subjective, ce n'est pas par aveuglement mais parce qu'à leur époque, la liberté de l'homme dépendait effectivement de circonstances extérieures, de vertus natives ou d'un état contingent[5] – de sorte que cette liberté était bornée par ses conditions. À l'époque européenne, en revanche, l'esprit rentre en lui-même et décide d'être autonome : « En lui vivait un esprit complètement nouveau qui devait régénérer le monde, à savoir l'esprit libre qui repose sur lui-même, le sentiment autonome absolu de la subjectivité. »[6].

1. *Encyclopédie* III, R. du § 503, *W* 10, 312-313, trad. p. 294.
2. Cf. *Encyclopédie* I, Add. du § 81, *W* 8, 173, trad. p. 513.
3. *PH* 1822-23, éd. cit. p. 145, trad. p. 227.
4. Cf. *PH* Heimann p. 73.
5. Cf. *Encyclopédie* III, R. du § 482, *W* 10, 301-302, trad. p. 279.
6. *Ibid.*

On posera alors la question : qu'est-ce qui fait que l'esprit européen est libre ? Cette liberté est-elle l'effet de son choix ? Certes, il y a une dimension ethnique de l'esprit européen – Hegel parle du « caractère national » – au sens où celui-ci est d'emblée et naturellement caractérisé par la prépondérance de la subjectivité[1]. Toutefois, si seul le peuple européen a une disposition à la liberté subjective véritable, néanmoins, parce que l'esprit n'est ce qu'il est que par son acte, il ne se constitue en peuple libre que s'il actualise activement cette disposition. L'esprit européen, à partir d'une disposition naturelle favorable, se rend libre en décidant de penser et d'agir de manière libre. La liberté de l'homme, dans le monde européen, est inconditionnée. Cela ne signifie pas qu'elle ne soit pas inscrite dans une particularité donnée, mais que cette particularité est une circonstance et non pas une cause. Car la cause de la liberté réside non pas dans l'appartenance ethnique mais dans la décision de se comporter de manière autonome.

Assurément, l'homme n'est pas libre de la même manière dans l'empire de Charlemagne, au Moyen Âge ou dans la Prusse moderne. Car ces différentes époques correspondent au progrès interne de la liberté de type germanique : une liberté qui s'exprime d'abord dans la fidélité personnelle au monarque, puis dans l'allégeance, exclusive et donc unilatérale, à l'Église ou à l'État féodal, et enfin dans le patriotisme à l'égard de l'État protestant, lequel est appuyé sur des principes intellectuels universels. Néanmoins, à chaque fois, la liberté est inconditionnée au sens où l'homme est, en tant que tel, le principe de ses actes propres et des institutions politiques communes. L'inconditionnalité – en termes hégéliens : l'absoluité – de la liberté ne signifie pas que la liberté serait déliée de toute relation avec des conditions contingentes données, mais que ces conditions sont parfaitement assumées par le sujet. Dès lors, loin de borner la liberté, elles en constituent l'assise.

Parce que tout homme est libre, son « intériorité doit être respectée »[2]. « Ce que je suis m'appartient en propre et ne doit pas être lésé. Si quelqu'un porte atteinte cette sphère, il s'agit pour moi d'une offence infinie. »[3] L'esclavage ne pouvait que disparaître avec le monde européen. Car, dans l'esclavage, le maître ne regarde pas son serviteur comme une personne

1. Cf. *ibid.*, Add. du § 394, *W* 10, 66, trad. p. 422.
2. *PH* 1822-23, éd. cit. p. 146, trad. p. 227.
3. *Ibid.*

mais comme une « chose dépourvue de moi »[1]. Or, dans le monde européen, chacun dispose d'une intériorité et d'une subjectivité autonome :

> L'esclavage cesse d'avoir lieu uniquement lorsque l'homme ne se sait pas comme chose, mais comme personne, infiniment libre pour soi, lorsqu'il saisit que le concept de l'homme signifie qu'il est libre en tant qu'homme[2].

Certes, il y a eu, dans l'histoire européenne, des formes d'asservissement, comme par exemple le servage – et Hegel se félicite de son abolition récente en Prusse. Il n'en reste pas moins, dit-il, que le serf lui-même était reconnu comme chrétien et donc comme promis au salut[3] (ce pourquoi il pouvait, dit Hegel, entrer dans l'état ecclésiastique). En un mot, le monde européen reconnaît l'unicité de la nature humaine :

> Dans le christianisme, l'esclavage est proscrit ; comme chrétien, l'homme est en effet considéré selon ce qu'il est en lui-même, il est posé en lui-même comme quelque chose qui a une valeur absolue. [...] L'homme ne vaut pas en tant qu'il est grec, romain, brahmane, juif, en tant qu'il est bien ou mal né, mais il possède en lui-même une valeur infinie en tant qu'homme, il est en et pour lui-même déterminé à la liberté[4].

Cette extraordinaire valorisation de l'individu n'apparente-t-elle pas l'hégélianisme à la philosophie de Kierkegaard ? Assurément, l'une et l'autre pensée sont inscrites dans le développement de l'individualisme occidental. Cependant, pour Kierkegaard, l'individu dont il s'agit de proclamer la grandeur se distingue par son originalité irréductible, une originalité qui peut notamment s'attester dans des choix religieux qui apparaissent aux tiers comme absurdes. Pour Hegel en revanche, si l'individu présente une incontestable particularité (il a tel caractère, tels intérêts, etc.), ce qu'il s'agit de valoriser, ici, est bien plutôt son autonomie, sa capacité à être le principe de ses actes. Le sujet hégélien, en tant qu'il agit de manière unifiée, n'est certainement pas en rupture avec la rationalité. Ce qui est reconnu dans le monde européen germanique selon Hegel n'est pas ce qui distingue irréductiblement les individus les uns des autres mais, bien plutôt, leur capacité à fonder eux-mêmes, en vertu d'un principe intérieur,

1. *Encyclopédie* I, Add. du § 163, *W* 8, 312, trad. p. 592-593.

2. *PH* 1822-23, éd. cit. p. 362, trad. p. 405.

3. On songe évidemment à la Lettre de Saint Paul à Philémon. Parmi les très nombreuses dénonciations de l'esclavage au Moyen Âge, citons l'encyclique *Sicut dudum* de 1435, par laquelle le pape Eugène IV condamne l'esclavage et menace les esclavagistes d'excommunication.

4. *PH* 1822-23, éd. cit. p. 433, trad. p. 464.

leur savoir et leur vouloir[1]. Alors que l'individualisme de Kierkegaard le conduit à faire de l'individu une exception radicale, l'individualisme de Hegel le conduit à faire de l'individu un être unifié et souverain. Il n'y a chez l'auteur de l'*Encyclopédie* aucune exaltation de l'authenticité de choix existentiels par lesquels l'individu se distinguerait du groupe. L'important, bien plutôt, est que l'individu s'élève à l'universel, de sorte qu'il renonce à son arbitraire et à son enfermement en lui-même.

Monde moderne et christianisme

Hegel associe de manière essentielle la liberté de la subjectivité et le christianisme. Toutefois, cela ne signifie pas que le christianisme serait la *cause* de cette liberté plénière. En réalité, nous avons affaire à un rapport d'entre-expression : la liberté de l'esprit se manifeste aussi bien, religieusement, dans le Dieu chrétien et la vie cultuelle de la communauté chrétienne que, politiquement, dans les monarchies européennes. Il ne s'agit pas d'une causalité transitive mais de deux particularisations d'un même esprit chrétien, tantôt dans la sphère religieuse, tantôt dans la sphère politique.

Hegel interprète le christianisme comme la religion de la réconciliation, de l'universalisme et de la valorisation infinie de l'individu[2]. Cette interprétation s'appuie sans doute, en premier lieu, sur le commandement d'amour du prochain énoncé par le Christ, ainsi que sur l'ouverture dont il fait preuve à l'égard de ses interlocuteurs habituellement méprisés par le groupe social. D'un point de vue évangélique, peu importe le sexe, le rang, l'appartenance nationale ou la respectabilité, car tout être humain est appelé à être disciple du Christ. La conversion et le salut éternel sont individuels et concernent tout être humain. Par ailleurs, l'analyse hégélienne évoque irrésistiblement l'universalisme paulinien : « Il n'y a ni Juif ni Grec, il n'y a ni esclave ni homme libre, il n'y a ni homme ni femme, car tous vous ne faites qu'un dans le Christ-Jésus. »[3]. On trouve ainsi ces lignes dans l'introduction des *Leçons sur l'histoire de la philosophie* :

1. Cf. *Encyclopédie* I, Add. du § 395, *W* 10, 71, trad. p. 427 : « Les âmes singulières se différencient les unes des autres par une multitude de modifications contingentes. Mais cette unité relève de la mauvaise espèce de l'infini. C'est pourquoi l'on n'a pas le droit d'attacher un trop grand prix à la particularité propre des hommes. »

2. *Cf.* Ch. Bouton, « Die Auslegung des Christentums in der Hegelschen Geschichtsphilosophie », Hegel-Jahrbuch 2003, *Glauben und Wissen*, Erster Teil, p. 229-235.

3. Ga 3, 28.

> Dans la religion chrétienne advint la doctrine que tous les hommes sont libres devant Dieu [...]; qu'égaux devant Dieu, il les a libérés pour la liberté chrétienne – ces déterminations rendent la liberté indépendante de la naissance, de la situation, de la culture, etc. [...] C'est avec ce savoir seulement que la liberté devient un droit – non pas un privilège positif extorqué par la violence, la détresse, etc., mais le droit en et pour soi – un concept identique à la vie [1].

L'inspiration de Hegel est également paulinienne lorsqu'il insiste sur le caractère total du salut accordé aux hommes. Qu'on pense par exemple à l'Epître aux Colossiens: « Dieu s'est plu à faire habiter [dans le Christ] toute plénitude et par lui à réconcilier (*apokatallassai*) tous les êtres. » [2]. Alors que, dans le monde gréco-romain par exemple, la séparation des dieux immortels et des hommes mortels est irrémédiable, dans le christianisme l'incarnation de Dieu assure la résurrection de tout homme. Enfin Hegel attribue au christianisme, comme l'un de ses traits caractéristiques, la découverte de la profondeur de l'expérience intérieure. On songe sur ce point à la dénonciation par Jésus du ritualisme et du traditionalisme des pharisiens au profit d'une conversion authentique, et à l'opposition qu'il établit entre la pureté du corps, qu'il relativise, et la pureté du « dedans » (*esôthen*), du « cœur » (*kardia*), qu'il exalte [3]. À la différence de l'esprit oriental, l'esprit chrétien, dit Hegel, se saisit lui-même dans ce qui le distingue de la nature. Et, à la différence de l'esprit grec et romain, il ne se détermine pas par un rapport à l'altérité *extérieure* mais par un rapport à son altérité *intérieure* [4]. Si l'on ose dire, le monde européen chrétien opère un vaste renversement copernicien, car il considère le moi comme le gond autour duquel tout se meut [5].

Le droit au bonheur

Comme on le sait, la société civile, qui est propre à la modernité [6], exprime le droit qu'ont les individus de promouvoir leurs intérêts. Plus généralement, le monde germanique reconnaît à chacun le droit d'être heureux comme il l'entend. Hegel, dans l'introduction des *Leçons sur la philosophie de l'histoire*, propose un vibrant éloge de l'intérêt individuel :

1. *Histoire de la philosophie, Introduction*, éd. cit. p. 36, trad. p. 48.
2. Col 1, 19-20. *Cf.* aussi He 10, 14.
3. *Cf.* par exemple Mc 7, 14-23. *Cf.* aussi *Première épître de Pierre* 3, 18-22.
4. Cf. *Cours d'esthétique* I, *W* 13, 251, trad. p. 256.
5. Cf. *Encyclopédie* I, Add. du § 147, *W* 8, 291, trad. p. 583.
6. Cf. *Principes de la philosophie du droit*, Add. du § 182, *W* 7, 339, trad. p. 677.

> Pour que je fasse de quelque chose une œuvre et un être, il faut que j'y sois intéressé. [...] Je dois en même temps satisfaire mon propre but, même si la fin pour laquelle j'agis présente encore beaucoup d'aspects qui ne me concernent pas. [...] C'est là le droit infini du sujet : que le sujet se trouve lui-même satisfait dans une activité, dans un travail [1].

Le droit de la particularité ne signifie certes pas que l'individu pourrait légitimement réclamer, d'autrui ou d'une instance publique, qu'ils le rendent heureux. Mais il implique que la recherche du bonheur ne peut être en tant que telle condamnée, qu'elle n'a rien d'injustifié. Il n'est pas licite de reprocher à quelqu'un de vouloir être heureux, ni de vouloir être heureux à sa façon, au lieu de trouver sa satisfaction dans le seul exercice de la vertu. Hegel cite l'adage : « Chacun est l'artisan de sa propre fortune » et affirme que l'homme ne reçoit sa jouissance que de lui-même [2].

C'est dans ce contexte qu'il faut comprendre la critique du rigorisme kantien dans la remarque du § 124 des *Principes de la philosophie du droit*. La position de Kant est ici évoquée à travers une citation de Schiller (qui cependant en constitue une évidente caricature) : « faire avec aversion ce que prescrit l'obligation » [3]. Certes, pour Kant, il n'est nullement nécessaire de se rendre malheureux pour agir vertueusement. Il reste vrai, toutefois, que pour lui il y a un lien essentiel entre moralité et désintéressement (*Uneigennützigkeit*), et que n'est digne d'estime que l'acte qui répond, non pas au désir d'être heureux, mais à la volonté de se conformer à la loi universelle. À l'opposé, Hegel, depuis ses textes de jeunesse, ne cesse d'affirmer que la vraie morale suppose la réconciliation de la raison et de la sensibilité. Il ne défend pas une morale hédoniste, au sens où la recherche du bonheur aurait le rang d'une vertu. Mais il considère que la morale « moderne » encourage l'homme à agir de manière à se satisfaire tout en faisant son devoir.

Hegel insiste par ailleurs sur l'égalité des hommes. En effet, la religion chrétienne reconnaît à tous une valeur absolue, de sorte que chacun doit posséder la même « dignité éthique » (*sittliche Würdigkeit*) [4]. Finalement, « les supérieurs sont égaux aux inférieurs et [...] l'égalité devant la loi, le droit de la personne humaine et celui de propriété sont acquis à chaque

1. *Introduction* 1830-31, éd. cit. p. 159, trad. p. 68.

2. Cf. *Encyclopédie* I, Add. du § 147, *W* 8, 292, trad. p. 583.

3. *Principes de la philosophie du droit*, R. du § 124, *W* 7, 233, trad. p. 277. Le vers de Schiller est extrait du poème « Decisum » (1797), *Werke und Briefe in 12 Bänden*, Frankfurt a.M., 1992, I, 627.

4. Cf. *Leçons sur la philosophie de l'histoire*, *W* 12, 184, trad. p. 114.

classe »[1]. Soulignons en particulier le libre accès de chacun à la propriété, corrélatif de l'abolition de l'esclavage. Ces deux éléments sont pour Hegel caractéristiques de l'opposition entre le monde romain et le monde germanique.

Il n'en demeure pas moins, toutefois, que Hegel valorise l'inégalité des conditions et donc des rôles politiques. Non seulement celle-ci est de fait inévitable et relève de la variété « naturelle » des talents natifs et des héritages – sans parler des différences d'âge et de sexe –, mais en outre elle est juste, car l'État doit s'appuyer en premier lieu sur les talents supérieurs :

> L'égalité dans la vie de l'État est une chose complètement impossible ; car à tout moment se présentent les différences individuelles du sexe et de l'âge, et même quand on dit : tous les citoyens doivent participer également au gouvernement, on néglige tout de suite les femmes et les enfants qui restent exclus. On ne peut pas davantage ne pas tenir compte des différences de pauvreté et de richesse, de l'influence qu'exercent l'habileté et le talent[2].

Pour Hegel, la hiérarchie, comme organisation des différences, est plus concrète que l'égalité simple, comme juxtaposition des identités. Il demeure cependant que, pour lui, dans le monde moderne, il y a une égalité concrète au sens où l'État exprime la volonté universelle des citoyens.

LE MONDE MODERNE : LA LIBERTÉ POLITIQUE

La liberté subjective n'intervient pas seulement dans le domaine moral mais aussi dans le domaine politique : « La liberté subjective [...] constitue dans notre monde [...] l'assise (*Grundlage*) absolue de notre État. »[3]. Quelles sont ses composantes ?

La liberté du particulier et les devoirs envers le monarque

a) La liberté du particulier est reconnue non seulement dans la société civile mais aussi dans l'État, et plus précisément dans les assemblées. Le monde germanique se caractérise par les assemblées populaires, les diètes et les parlements. Chez les Germains par exemple, dit Hegel, la communauté n'est pas maîtresse de l'individu et, pour les affaires communes comme par exemple la guerre, il faut délibérer collectivement pour

1. *Ibid.*
2. *Ibid.*, *W* 12, 182, trad. p. 113.
3. *Ibid.*, *W* 12, 309, trad. (mod.) p. 194.

décider[1]. Les « assemblées du peuple, dont les membres [sont] tous des êtres libres qui [délibèrent] sur chaque chose »[2] sont l'organe de cette liberté et permettent la formation de l'opinion publique (*die öffentliche Meinung*). Toutefois – et le point capital est là – les hommes interviennent dans les assemblées non seulement en tant que patriotes conscients de l'intérêt de l'État, mais aussi au nom de leurs états sociaux (*Zustände*) respectifs : « Le fait que dans l'assemblée du peuple l'individu vaille dans sa particularité est un trait fondamental. »[3]. L'assemblée ne vise pas comme telle le bien commun, cette fonction étant plutôt dévolue au monarque. Mais elle est le lieu où les individus, sans nuire au tout, défendent leur indépendance et leurs intérêts respectifs. Pour illustrer ce moment de la liberté individuelle, Hegel évoque le mouvement des communes, en vertu duquel les villes tendent à prendre leur indépendance à l'égard des princes et à se gouverner elles-mêmes.

b) L'homme, dans le monde moderne, a un devoir de fidélité à l'égard du monarque. Hegel insiste longuement sur l'originalité de ce rapport en prenant l'exemple de la relation entre le chevalier et son suzerain. Si la liberté constitue la première « bannière » des peuples germaniques, la fidélité est la seconde[4]. La fidélité repose sur le libre choix de l'homme et mobilise son intériorité :

> La fidélité, au niveau où nous en sommes, n'est pas celle des esclaves et des valets, qui certes peut être belle et émouvante, mais est dépourvue de l'autonomie libre de l'individualité et demeure par là même subordonnée. Ce que nous avons en revanche sous les yeux, c'est la fidélité vassalique de la chevalerie, dans laquelle le sujet, en dépit de son dévouement à un supérieur, un prince, un roi, un empereur, conserve comme un moment parfaitement prédominant sa libre assise sur soi-même[5].

La fidélité est inaltérable et constitue, pour l'homme fidèle, un motif d'honorabilité. L'articulation de la liberté du particulier et du devoir de fidélité, dans l'État européen, est notamment illustrée par les ducs et les comtes, qui à la fois bénéficient d'une grande indépendance, donnent des

1. Pour ce qui concerne le Saint-Empire, on songe au *Reichtag* qui se tint alternativement à Nuremberg, Spire, Augsbourg et Ratisbonne.

2. *PH* 1822-23, éd. cit. p. 452, trad. p. 480. *Cf.* aussi *Principes de la philosophie du droit,* § 315, *W* 7, 482, trad. p. 518.

3. *Ibid.*, éd. cit. p. 453, trad. p. 481.

4. *PH* 1822-23, éd. cit. p. 453, trad. p. 482.

5. *Cours d'esthétique, W* 14, 192, trad. t. 2, p. 180-181.

avis au roi, et lui doivent soutien et assistance. Les Grecs, dit Hegel, ont ignoré la fidélité car le lien au chef, pour eux, était plutôt fondé sur l'inclination amicale, et non pas sur la décision, et liée à des fins déterminées, donc provisoires. La fidélité, à la différence de l'amour et de l'amitié, ne concerne pas des égaux mais suppose une hiérarchie entre les individus. D'un point de vue hégélien, le passage de l'amitié à la fidélité exprime donc un progrès.

Il faut associer à la notion de fidélité celle du patriotisme moderne, dont nous lisons une caractérisation dans les *Principes de la philosophie du droit*. De manière général, le patriotisme consiste, dit Hegel, à considérer la vie en commun comme un but et un fondement substantiel[1]. Mais, dans l'État moderne, le sentiment patriotique est lié à « l'organisme de l'État »[2]. En tant que *libre* adhésion à des principe *généraux*, il se distingue autant du lien infantile à l'État patriarcal (oriental) que de l'attachement sensible à la cité (grecque) et de la subordination contrainte à chose publique (romaine). On peut dire, en détournant quelque peu le concept habermassien, que Hegel théorise un « patriotisme constitutionnel ».

La rationalité de l'État

À l'échelle de l'histoire, seul l'État européen moderne est auto-médiatisé. En effet, l'État oriental et l'État grec sont chacun immédiats en leurs genres (le premier parce qu'il est suspendu à la personne contingente du despote et le second parce qu'il ne repose que sur l'excellence naturelle des citoyens), tandis que l'État romain est aux mains de factions (les patriciens, les gardes prétoriens…). En revanche, l'État germanique est médiatisé de l'intérieur par la volonté réfléchie du peuple. En lui, les individus se rapportent à l'État au nom de principes généraux : non pas de manière puérilement confiante, ni par inclination, ni par sens de la discipline, mais à partir de leur savoir réfléchi et de leur vouloir délibéré. Comme le note l'introduction de 1830-31, à notre époque les hommes ne se laissent plus conduire seulement par l'autorité des dirigeants, il ne leur font plus spontanément confiance. Bien plutôt, c'est à partir de leurs propres convictions – et de leurs intérêts – qu'ils se dévouent pour une cause[3].

L'unité de l'État ne repose ni sur la crainte ni sur les penchants, mais sur un principe général intériorisé. À la différence de ce qu'on observe, par exemple, en Grèce ou à Rome, le comportement des citoyens ne répond pas

1. Cf. *Principes de la philosophie du droit*, R. du § 268, *W* 7, 413, trad. p. 439.
2. *Ibid.*, § 269, *W* 7, 414, trad. p. 351.
3. Cf. *Introduction* 1830-31, éd. cit. p. 160, trad. p. 69.

à un principe « substantiel » qui s'imposerait à eux mais dépend de leur libre décision :

> Dans les États antiques, la fin subjective était tout simplement confondue avec le vouloir de l'État ; aux temps modernes, au contraire, nous exigeons d'avoir un point de vue propre, un vouloir et une conscience-morale propres. Les Anciens n'en avaient pas en ce sens là ; la volonté de l'État était pour eux le point ultime [1].

Plus précisément, le principe de l'État n'est autre que le sens civique partagé. L'État est la réalisation effective de la liberté, « non pas selon le bon plaisir subjectif, mais au contraire selon le concept de la volonté, c'est-à-dire selon son universalité et sa divinité » [2]. Le monarque incarne cette volonté universalisée et, corrélativement, préserve la liberté des individus en n'exigeant d'eux que ce qui est conforme à leur volonté. Par exemple, lorsque Frédéric II impose à ses sujets un code civil, il ne leur prescrit, pense Hegel, que ce qu'ils veulent. En outre, ce principe universel fait droit aux intérêts particuliers de chacun. C'est à ce titre qu'il est concrètement universel :

> Le principe des États modernes a cette vigueur et profondeur prodigieuses qu'il laisse le principe de la subjectivité se parachever jusqu'à être l'extrême subsistant par soi de la particularité personnelle, et le reconduit en même temps dans l'unité substantielle, et maintient ainsi celle-ci en cet extrême lui-même [3].

L'autonomie de l'homme dans le monde germanique s'exprime alors par la nature monarchique du régime. La collectivité politique a un chef unique à sa tête – un chef qui n'est pas choisi par les gouvernés et donc, d'un point de vue hégélien, est un chef véritable [4]. Cependant la monarchie n'est pas un despotisme dans la mesure où le prince n'agit pas selon son bon plaisir mais exprime la volonté universelle du peuple : « Devoirs et droits ne sont plus abandonnés à l'arbitraire individuel. » [5]. Hegel exprime

1. *Principes de la philosophie du droit*, Add. du § 261, *W* 7, 410, trad. p. 705.

2. *Ibid.*, Add. du § 260, *W* 7, 407, trad. p. 704.

3. *Ibid.*, § 260, *W* 7, 407, trad. p. 431.

4. Ce qui n'est pas le cas, on s'en souvient, dans la Grèce démocratique, mais pas non plus dans la Rome aristocratique, où les consuls dépendent du sénat, puis l'empereur de ses gardes prétoriens.

5. *Leçons sur la philosophie de l'histoire*, *W* 12, 426, trad. (mod.) p. 273. Comme on le sait, dans *Théorie et pratique* II (Ak. 8, 290-291, trad. t. 3, p. 271), Kant fait une distinction entre la constitution patriotique et la constitution paternaliste. La première est républicaine et

ce point en disant que, dans l'Europe chrétienne, le prince est soumis à la volonté de Dieu – « Dieu » étant ici la désignation représentative de la volonté universelle :

> Chez nous [dans l'Europe post-antique], le prince gouverne, mais Dieu également, et le prince est lié par les commandements divins. En Chine en revanche, l'empereur étend sa domination même sur la nature et gouverne les puissances naturelles : c'est pourquoi, sur terre, il est tout ce qui est [1].

Le prince européen n'est pas un potentat tout puissant mais l'organe conscient de la volonté universelle, en l'occurrence de la volonté du peuple. C'est légitimement que « dans l'État [...], les multiples volontés des individus veulent avoir part à la décision [politique] » [2]. Certes, l'État moderne, selon Hegel, n'est pas démocratique puisque, pour lui, l'opinion publique est, en tant que telle, trop immature pour être souveraine [3]. De nos jours, rien ne garantit plus que les citoyens aient tous une disposition d'esprit adéquate. Mais le Prince par sa noblesse naturelle, les parlementaires par le fait qu'ils possèdent un patrimoine indépendant et par leur âge, enfin les fonctionnaires par leur expérience permettent à l'État d'accéder à une volonté universalisée [4]. C'est pourquoi la liberté, dans l'État européen-germanique, n'est pas le fait d'un seul, comme dans le monde asiatique, ni de quelques-uns, comme dans le monde gréco-romain, mais de tous.

À l'unité du citoyen et de l'État s'ajoute l'unité des États européens et du monde extérieur : « Le monde chrétien n'a plus d'extérieur absolu mais seulement un extérieur relatif, qui est en soi dépassé, de sorte qu'à son égard il ne s'agit plus que de faire apparaître qu'il est dépassé. » [5]. En effet les empires européens – qu'il s'agisse des empires intra-européens comme par exemple le Saint-empire romain germanique, ou des empires ayant des ramifications en dehors de l'Europe comme par exemple l'empire espagnol – reposent sur un même état d'esprit, à savoir sur le principe « chrétien » de la liberté subjective :

basée sur le principe de la liberté, la deuxième est despotique et basée sur le principe du bonheur.

1. *Leçons sur la philosophie de la religion* II, éd. cit. p. 447, trad. p. 335.

2. *Cahier* K. Hegel, cité à la suite du *Cahier* Heimann dans l'édition K. Vieweg, *op. cit.*, p. 229.

3. Cf. *Principes de la philosophie du droit*, Add. du § 318, *W* 7, 486, trad. p. 733 : « Dans l'opinion publique, tout est faux et tout est vrai, mais trouver en elle le vrai est l'affaire du grand homme. Celui qui dit à son époque ce qu'elle veut et exprime, est le grand homme de l'époque. »

4. Cf. *Cahier* K. Hegel, p. 229.

5. *Leçons sur la philosophie de l'histoire*, *W* 12, 414, trad. (mod.) p. 265.

> Lorsqu'il est soumis à l'autre, lorsqu'il est annexé à l'autre, chaque État ne perd son indépendance que formellement, il ne perd pas ce qui est concret, sa religion et ses lois [1].

Les empires antérieurs, à l'opposé, se caractérisent soient par une homogénéité abstraite (cas du monde chinois et du monde indien qui sont dépourvus de différence ethnique ou religieuse), soit par la juxtaposition (cas du monde gréco-romain, caractérisé par l'assemblage des ethnies et des religions locales). De même, on observe chez l'homme européen, dit Hegel, un rapport spécifique au monde : la certitude que celui-ci ne saurait opposer aucune résistance à sa conquête aussi bien théorique que pratique. Il y a chez l'Européen une infinie volonté de savoir et un désir sans borne de maîtrise du monde au service de ses fins propres [2].

1. *PH* 1822-23, éd. cit. p. 441, trad. p. 472.
2. Cf. *Encyclopédie* III, Add. du § 393, *W* 10, 63, trad. p. 419.

CHAPITRE X

L'ORIENT, ENTRE SUBLIMITÉ ET PUÉRILITÉ

L'analyse hégélienne du monde oriental est intimement liée à la découverte de la culture indienne par l'Europe intellectuelle. Au tournant du XVIIIe et du XIXe siècles en effet, les savants européens accèdent pour la première fois aux textes sanscrits. Cette lecture modifie en profondeur leur vision du monde. Nombreux sont ceux pour qui l'Inde, alors, apparaît soudain comme le berceau de l'humanité, et, plus encore que la Grèce, comme la patrie de la sagesse et du sens poétique. On a pu parler d'une « Renaissance orientale »[1] analogue à la Renaissance gréco-latine qui clôt le Moyen Âge. Or c'est largement à partir de la vision qu'ont de l'Inde ses contemporains, et notamment Friedrich Schlegel, que Hegel interprète l'Orient.

Toutefois, si son analyse est à maints égards tributaire de celle des philosophes et philologues allemands de l'époque, son appréciation est différente. Pour Hegel, précisément parce que la civilisation orientale n'est qu'un commencement, elle est immature. Elle n'a donc rien d'un paradis perdu. Elle est interprétée par contraste avec l'Europe chrétienne : même si elle a quelque chose de sublime, elle est irréfléchie et incapable de se faire évoluer elle-même. D'une certaine manière, Hegel reste ainsi fidèle à la vision qu'ont de nombreux historiens grecs de l'Asie (laquelle, pour eux, désigne essentiellement l'Asie mineure) : un monde qui impressionne par son faste et sa puissance, mais qui, à l'image de Xerxès prétendant jeter des entraves sur l'Hellespont, est tout autant marqué par le despotisme et la démesure.

1. *Cf.* R. Schwab, *La renaissance orientale*, Paris, Payot, 1950.

Pour Hegel, et conformément à l'étymologie, l'Orient est la contrée du soleil levant[1] : spectacle admirable certes, mais qui n'est que le commencement du jour. D'ailleurs c'est précisément parce qu'elle est fascinante qu'une telle vision rend l'esprit incapable de se tourner vers lui-même : « On a souvent décrit l'état d'esprit de l'homme qui à l'aube voit venir la lumière et le soleil se lever dans sa majesté. Une telle image provoque le saisissement, l'admiration, l'oubli infini de soi-même dans la clarté [naissante]. »[2]. Selon notre hypothèse, le schème du commencement est la clé de l'analyse hégélienne de l'Orient, qui ne voit en elle qu'enfermement dans la naturalité et puérilité de la volonté. Cependant, d'un État à l'autre, les changements sont significatifs, puisque l'enquête hégélienne mène de la Chine immobile à un Empire perse qui se modifie continûment. D'une certaine manière, donc, c'est seulement en cours de route que l'histoire, comme processus d'auto-transformation, démarre véritablement.

LA RENAISSANCE ORIENTALE AU TOURNANT DU XVIIIe ET DU XIXe SIÈCLE EN EUROPE

Si c'est seulement dans la seconde moitié du XVIIIe siècle que l'Inde fait l'objet d'une véritable appropriation intellectuelle de la part des Européens, la Chine, en revanche, est à cette époque connue du monde occidental depuis longtemps. Dès le Moyen Âge en effet, à la suite de Marco Polo, les témoignages de voyageurs se sont multipliés, relayés au XVIIe et au XVIIIe siècles par les missionnaires[3]. Le regard sur les Chinois est cependant contrasté. Certains récits insistent sur le pittoresque de leurs usages, et notamment sur l'importance qu'ils accordent aux cérémonies ancestrales et aux rites de politesse. D'autres s'indignent de la sévérité excessive des châtiments ou de la toute-puissance du père sur les membres de sa famille. Nombre d'auteurs soulignent aussi la sagesse des philosophes chinois, souvent dans un but de polémique anti-chrétienne[4]. La plupart des observateurs, toutefois, s'accordent sur le caractère

1. Le grec *anatolè* étant, comme on le sait, l'exact pendant du latin *oriens*.

2. *Raison dans l'histoire*, éd. cit. p. 242, trad. p. 279.

3. *Cf.* par exemple les *Lettres édifiantes et curieuses, écrites des Missions étrangères, par quelques missionnaires de la Compagnie de Jésus*, Paris, 1703-1776, ainsi que J.-B. du Halde, *Description géographique, historique, chronologique, politique et physique de l'empire de la Chine et de la Tartarie chinoise*, Paris, 1735.

4. *Cf.* P. Hazard, *La crise de la conscience européenne*, Paris, rééd. Fayard, 2005, p. 32-33.

stationnaire du monde chinois, qui ne semble pas avoir évolué, précisément, depuis Marco Polo[1].

Les textes du monde indo-iranien, quant à eux, sont presque entièrement ignorés en Europe jusqu'à la seconde moitié du XVIIIe siècle. En 1771, Anquetil-Duperron (1731-1805), après s'être initié à la langue des Parsis, publie une traduction du *Zend-Avesta* et donne ainsi accès à l'avestique. En 1801-1802, il traduit une cinquantaine d'Upanishads à travers une version persane, l'*Oupnek'hat*. La découverte du sanscrit est quant à elle l'effet du développement de la Compagnie anglaise des Indes orientales. C'est William Jones (1746-1794), juge à la Cour suprême de Calcutta à partir de 1783, qui ouvre le monde européen à la langue et aux textes sanscrits. Il fonde la *Royal Asiatic Society in Calcutta* et traduit, entre autres, *Shâkuntalâ* de Kâlidâsa, les *Lois de Manou*, le *Gîtagovinda* et quelques extraits des *Veda*. William Jones remarque la parenté du sanscrit d'une part, du grec ancien et du latin d'autre part, et, dans son ouvrage *The Sanskrit Language* (1786), fait l'hypothèse d'une origine commune[2].

L'intérêt intellectuel de l'Europe pour l'Orient est cependant antérieur à la découverte des textes. L'enthousiasme suscité par ces derniers est donc préparé par d'importants débats philosophiques.

a) Citons en premier lieu Herder. Il ne connaît certes pas les langues orientales et ne découvrira *Shâkuntalâ* de Kâlidâsa qu'après la publication des *Idées pour une philosophie de l'histoire de l'humanité* (1784-91). Dans *Une autre philosophie de l'histoire* (1774), l'Orient, pour lui, s'identifie au monde patriarcal de la Bible. Mais il en défend la grandeur avec enthousiasme. À l'encontre notamment du Français Nicolas-Antoine Boulanger (1722-1759), qui cherche à expliquer les superstitions et les pratiques religieuses de l'humanité par la terreur que le Déluge inspira aux hommes[3], Herder s'efforce de montrer que le despotisme oriental n'est devenu nocif que sous la forme qu'il revêtit sur le tard. À l'origine en effet, il repose non pas sur la crainte mais sur le respect filial. Herder célèbre l'époque des

1. *Cf.* G. Lehner, « Le savoir de l'Europe sur la Chine : transferts franco-allemands au miroir des encyclopédies (1750-1850) », *Revue germanique internationale*, 2008, p. 21-31.

2. On peut trouver des antécédents à la découverte de William Jones, notamment chez le voyageur italien Philippo Sassetti (1540-1588) et le jésuite français Gaston-Laurent Cœurdoux (1691-1779). La preuve scientifique de la parenté structurale entre le sanscrit et le grec ne fut fournie que par Franz Bopp (1791-1867). Hegel cite William Jones : cf. *PH* 1822-23, éd. cit. p. 190, trad. p. 264.

3. *Cf.* Nicolas-Antoine Boulanger, *Recherches sur l'origine du despotisme oriental*, Paris, 1761.

patriarches, qu'il voit comme une période ingénue et d'un rafraîchissant naturel. L'Orient est un âge d'or, une époque essentiellement poétique, supérieure à cet égard à la Grèce. Comme le note P. Pénisson, Herder tend à détrôner la Grèce de sa fonction paradigmatique pour la culture occidentale[1].

Dans les *Idées pour une philosophie de l'histoire de l'humanité*, toutefois, Herder destitue l'Orient de son rang premier en faveur de la Grèce. Il revient, pour ainsi dire, au classicisme de Winckelmann. Cependant, comme le remarque René Gérard, Herder maintient l'hypothèse de l'origine orientale de l'humanité et de toute civilisation[2] – à ceci près que la notion d'Orient s'est désormais élargie à l'Extrême-Orient et à l'Inde. C'est dans les pays himalayens que sont nés, dit Herder, les langues, les sciences, les arts et l'organisation politique. En même temps toutefois, il reproche aux peuples asiatiques leur superstition et dénonce la toute-puissance qu'a chez eux le clergé.

En troisième lieu enfin, Herder découvre la littérature hindoue à proprement parler, et notamment *Shâkuntalâ*, traduite en allemand par Forster à partir de la traduction anglaise de William Jones. Herder affiche alors pour l'Orient hindou l'enthousiasme qu'il avait eu auparavant pour l'Orient biblique. *Shâkuntalâ* lui apparaît, selon les termes de sa lettre de remerciement à Forster, comme « une vraie fleur de l'Orient, la première et la plus belle en son genre, [...] une œuvre comme il n'en paraît que tous les deux mille ans »[3]. Herder montre également sa dilection pour le monde indien dans sa préface au *Zur Kulturgeschichte der Völker* (*Pour une histoire culturelle des peuples*) de Friedrich Majer (1798) et publie de nombreux poèmes ou dialogues – ainsi les *Gedanken einiger Brahmanen* (*Pensées de quelques brahmanes*) – où il illustre et défend la philosophie indienne, qu'il loue notamment pour son panthéisme[4].

1. *Cf.* P. Pénisson. « L'Orient de Herder », dans l'*Orient dans la culture allemande*, S. Grimm-Hamen et Ph. Alexandre (dir.), Nancy, Presses universitaires de Nancy, 2007, p. 103. Sur l'indianisme de Herder, *cf.* aussi A.L. Wilson, *A Mythical Image : The Ideal of India in German Romanticism*, Duke University Press, 1964 ; Ernst Behler, « Das Indienbild der deutschen Romantik », *Germanisch-Romanische Monatsschrift*, 1968, vol. 18, p. 21-37 et M. Hulin et Ch. Maillard (dir.), *L'Inde inspiratrice. Réception de l'Inde en Allemagne*, Strasbourg, Presses universitaires de Strasbourg, 1996.

2. R. Gérard, *L'Orient et la pensée romantique allemande*, Paris, Université de Paris, 1963, p. 57.

3. Herder, *Nachlass*, Frankfurt a.M., Meidinger, 1856-57, 2, 418, cité par R. Gérard, *op. cit.*, p. 16.

4. *Cf.* par exemple *Erläuternde Belege der Denkart, die zum Glauben einer Metempsychose geneigt macht* (1797), *SW* 16, 369, qui énonce que c'est à ce « grand principe, l'un

b) Le deuxième auteur fondamental est Friedrich Schlegel. Chez Schlegel comme chez Herder, l'enthousiasme pour l'Orient n'est ni constant ni univoque. Toutefois, la publication en 1808 de l'essai sur *La langue et la sagesse des Indiens* est une date clé de la renaissance orientale européenne.

Dès l'époque de l'*Atheneum*, F. Schlegel avait écrit que « c'est en Orient que nous devons chercher le suprême romantisme »[1]. Mais c'est seulement en 1803 que, en séjour à Paris, il décide de s'initier au sanscrit, ce qu'il fait auprès d'Alexander Hamilton, officier de la marine britannique et prisonnier en France sur parole. La même année, Schlegel écrit à Tieck : « Ici [en Inde] se trouve la source de toutes les langues, de toutes les pensées et de toute l'histoire de l'esprit humain ; tout, sans exception, provient de l'Inde. »[2].

L'enthousiasme pour l'Inde est notamment sensible dans les Leçons de Cologne sur *Le développement de la philosophie* (1804-1805), qui défendent l'émanatisme et la métempsychose. En 1808, dans *La langue et la sagesse des Indiens*, Schlegel reprend plusieurs thèses décisives en vogue dans les milieux orientalistes européens, et contribue à leur donner le sceau de l'évidence : le sanscrit est antérieur au grec et au latin, il reflète un monde stationnaire, il est philosophiquement supérieur à toutes les autres langues. Ainsi les Indiens forment « le peuple le plus cultivé et le plus sage de l'Antiquité »[3]. Schlegel reprend en outre à son compte l'hypothèse de la civilisation primitive (qu'il ne nomme pas encore « indo-européenne ») – civilisation qui cependant diffère, à ses yeux, de celle des textes sanscrits[4].

Il reste que Schlegel montre de plus en plus de réserves à l'égard du monde indien. Dans *La langue et la sagesse des Indiens*, la croyance en la métempsychose et en l'émanation, l'astrologie, l'animisme, le dualisme et le panthéisme sont présentées à la fois comme typiquement indiens et

dans le tout, [le] tout en vue de l'un », qu'il faut attribuer la naissance de « cette morale sublime » qui caractérise le brahmanisme (cité par R. Gérard, *op. cit.*, p. 48).

1. Schlegel, KFSA 2, 320. *Cf.* R.-P. Droit, *L'oubli de l'Inde : une amnésie philosophique*, Paris, Seuil, 2004, p. 123 *sq*.

2. Schlegel, Lettre du 15 septembre 1803, in K. v. Holtei (Hrsg.), *Briefe an Ludwig Tieck*, 3, 325, Breslau, 1864, cité par R. Gérard, *op. cit.*, p. 92.

3. Schlegel, *La langue et la sagesse des Indiens*, KFSA 8, 209.

4. Cf. *ibid.*, 8, 295-297.

comme des motifs de dénonciation[1]. L'enthousiasme de naguère a donc perdu de son intensité. D'ailleurs, Schlegel reçoit le baptême catholique quelques jours seulement avant la parution du traité sur *La langue et la sagesse des Indiens*.

Hegel, on le verra, est largement tributaire des représentations de ses contemporains. Il reprend le thème de l'Orient comme monde originaire, ingénu, stationnaire, caractérisé par le panthéisme, par l'inscription dans la nature et, politiquement, par le despotisme et le paternalisme. Toutefois, si Hegel admet le caractère inaugural de l'Orient, il refuse de considérer cet attribut comme un mérite. Il dénonce l'hypothèse schlégélienne du peuple primitif, antérieur aux Indiens actuels et doué d'une sagesse accomplie[2]. Surtout, non content d'insister sur la puérilité des Chinois, il met durement en cause les qualités intellectuelles prêtées aux Indiens, leur contestant, par exemple, toute vraie science astronomique[3] et réduisant leur philosophie à une simple scolastique, sans indépendance par rapport à la religion[4]. La violence de la charge contre le monde indien est toutefois à rapporter à la position de l'Inde, moment médian, donc contradictoire, entre la Chine et la Perse. À l'opposé, Hegel souligne les qualités d'organisation et d'élévation morale que l'on trouve dans le monde perse, et dans les territoires qui en dépendent comme la Judée et l'Égypte.

L'Asie est-elle cependant, aux yeux de Hegel, un pur commencement ? C'est le cas pour ce qui concerne l'histoire, mais non pour ce qui concerne la diversité des races telle qu'elle est thématisée dans le moment de l'« anthropologie ». Selon ce dernier point de vue en effet, il faut opposer l'ingénuité puérile des Africains à la mobilité inquiète des Orientaux. Le portrait proposé par l'addition de l'*Encyclopédie* sur les races humaines insiste sur le caractère contradictoire (donc second dans le cycle des races humaines) des Orientaux, sous la rubrique générale de « race mongole ».

1. *Cf.* R.-M. Pille, « À la fracture du classicisme et du romantisme : l'Inde, sujet de discorde entre Goethe et Friedrich Schlegel », dans M. Cluet (éd.), *La fascination de l'Inde en Allemagne. 1800-1933*, Rennes, Presses universitaires de Rennes, 2004, p. 42.

2. Cf. *Raison dans l'histoire*, éd. cit. p. 158, trad. p. 187-188.

3. Cf. *Histoire de la philosophie. Introduction*, éd. cit. p. 374, trad. p. 169. Hegel s'appuie alors sur les exposés de J. Bentley, *On the Antiquity of the Suryā Siddhānta*, in : *Asiatic Researches* 6, 1799, p. 540-593 et de J.-J. Delambre, *Histoire de l'astronomie ancienne*, 2 vol., Paris, 1817, qui contestent la thèse de Bailly, présentée dans son *Histoire de l'astronomie ancienne depuis son origine jusqu'à l'établissement de l'école d'Alexandrie*, sur l'extraordinaire ancienneté de l'astronomie indienne.

4. Cf. *Histoire de la philosophie. Introduction*, éd. cit. p. 374, trad. p. 171. *Cf.* aussi *PH* 1822-23, éd. cit. p. 87, trad. p. 179.

Tantôt les Mongols sont nomades et se répandent sur les nations environnantes, tantôt ils tombent dans l'apathie et l'indifférence (Hegel pense ici manifestement à l'empire fondé par Gengis Khan, qui, après son apogée sous Kubilaï Khan, entre en décadence et se divise, les guerriers mongols finissant, à l'image de la dynastie Yuan en Chine, par être chassés). Les Mongols, dit Hegel, allient, d'un côté, le sens du sublime et de l'immense, de l'autre, le pédantisme le plus mesquin. Bref, « l'Asie représente, sous le rapport spirituel comme sous le rapport physique, le moment de l'opposition, l'opposition non médiatisée » [1].

À quoi bon lire les textes hégéliens sur l'Orient ? demandera-t-on cependant. Le parti-pris n'est-il pas ici trop clair ? Assurément, mais c'est justement la stratégie de Hegel qui mérite d'être examinée. Il ne s'intéresse pas à l'Orient pour lui-même mais cherche à y trouver le commencement de l'histoire. Dès lors, tous ses concepts ont un sens structural. Ils doivent être lus non comme une description érudite mais comme un segment dans la grille de lecture générale de l'histoire – en termes hégéliens : comme un moment dans un processus d'ensemble. En particulier, les déficiences du monde oriental sont censées se trouver résolues dans le monde germanique chrétien. Par exemple, l'évocation du « despotisme » annonce par contraste la monarchie moderne. Les thèmes abordés par Hegel n'ont donc rien d'innocent. D'un côté, il s'appuie sur les données fournies par les historiens, de l'autre il opère consciemment leur *Aufhebung* en faisant de son objet un tout qui lui-même est une simple étape dans une sphère de plus vaste envergure. Lire Hegel n'a sans doute guère d'intérêt pour un orientaliste, la cause est entendue. Mais il mobilise à juste titre le philosophe dans la mesure où il construit des concepts originaux qui tendent à se légitimer par leur propre dynamique.

LES CARACTÈRES GÉNÉRAUX DE L'ESPRIT ORIENTAL

Engloutissement dans le tout et arbitraire

L'Orient est donc le moment de la substantialité unilatérale, au sens où nulle particularité ne subsiste face au tout : « Dans le monde oriental [...], le substantiel pour soi est la chose principale et, à cela est immédiatement lié, chez les individus, l'absence de droits, de volonté et de conscience, ainsi

1. *Encyclopédie* III, Add. du § 393, *W* 10, 60, trad. p. 418.

que l'engloutissement dans l'élément substantiel. »[1]. L'individu n'a aucune autonomie, rien de solide en lui-même qui lui permettrait de se faire valoir comme ayant un contenu propre : c'est pourquoi il n'a que le statut d'un accident[2]. L'homme oriental change de contenu au gré des circonstances : « L'individualité n'est ici que quelque chose de superficiel, au point que, lorsqu'on croit avoir affaire à des personnes tout à fait déterminées, [la personnalité de chacun] se perd pourtant d'emblée à nouveau. »[3].

La pensée orientale se caractérise donc logiquement par le panthéisme : « De manière générale, c'est en Orient [que nous trouvons] l'intuition non divisée, l'intuition de Dieu en toutes choses et sans différence. Dieu est toutes choses – *hen kai pan* – le ciel, les astres, la terre, les plantes, les animaux, l'homme : tout cela constitue un unique royaume céleste, une unique vie divine. »[4]. Comme on le constate, Hegel projette sur le monde oriental le concept spinoziste – tel qu'il l'interprète – d'une substance qui réduit tout individu particulier au statut d'un simple mode, dépourvu de teneur véritable et d'autonomie. La représentation orientale, dit Hegel, s'oppose à la représentation occidentale selon laquelle c'est au contraire le singulier qui a de l'importance : « Selon la conscience orientale, c'est l'universel qui est véritablement auto-subsistant. [...] En Occident, c'est la singularité des choses et des hommes qui l'emporte. »[5].

Outre le panthéisme, l'Orient se caractérise par la sublimité. Les deux traits sont liés mais distincts. Dans l'une et l'autre figure, l'Un l'emporte infiniment sur le particulier. Toutefois, a) le panthéisme voit l'Un à même le particulier. Il y a ainsi une immanence positive des phénomènes au sein de l'absolu. On trouve un tel panthéisme, dit Hegel, dans la poésie

1. *Histoire de la philosophie, Introduction*, éd. cit. p. 368, trad. p. 162.

2. Cf. *PH* Heimann, p. 72. Notons, en passant, que cette dénonciation par Hegel du caractère étouffant de l'esprit oriental permet assez directement de répondre au reproche de « holisme » au sens de L. Dumont qu'on lui adresse souvent sans précaution.

3. *Histoire de la philosophie. Introduction*, éd. cit. p. 366, trad. p. 160. *Cf.* également *ibid.* : « L'individualité n'est pas stable, car la liberté lui manque, et là où des représentations universelles donnent lieu à des images individuelles, il n'y a pourtant qu'une forme superficielle. »

4. *Leçons sur la philosophie de la religion* II, éd. cit. p. 5, trad. p. 36. On retrouve ici la formule de Lessing transmise par Jacobi : « Les concepts orthodoxes de la divinité ne sont plus rien pour moi, je n'en retire plus aucune jouissance. *Hen kai pan* ! Je ne sais rien d'autre. » (Jacobi, *Lettres sur Spinoza*, 2e édition, Breslau, 1787, p. 22, 23, 62 ; *Werke* 4-1, 54, 55, 89).

5. *Leçons sur la philosophie de la religion* II, éd. cit. p. 469, trad. p. 347. Pour Hegel, Spinoza est, en tant que juif, d'ascendance orientale (cf. *Encyclopédie* I, Add. du § 151, *W* 8,295, trad. p. 584).

indienne, par exemple dans la *Bhagavadgita*, qu'il cite dans les *Cours d'esthétique* :

> Tu dois reconnaître en moi [...] un être supérieur, qui fait vivre le terrestre, qui porte le monde. [...] Je suis le goût dans le liquide, je suis l'éclat dans le soleil et dans la lune, je suis la parole mystique dans les Écritures sacrées [1].

b) En revanche, la substance s'élève au sublime lorsqu'elle s'abstrait du cours changeant des choses et se pose comme pure intériorité. Alors, elle s'oppose au mondain et au naturel. C'est ce qu'on observe, dit Hegel, dans la religion juive, et notamment dans le récit de la création du monde, où Dieu, sans figure, est à la fois tout puissant et distinct du monde qu'il crée [2].

Toutefois, dans l'un et l'autre cas, le principe divin reste impersonnel : « Cet Un, cet universel qui constitue la signification fondamentale, n'est pas encore parvenu en soi-même à une détermination et à une différenciation plus poussées, et par là même n'est pas encore arrivé à l'individualité, à la personnalité proprement dite. » [3]. Si l'Orient pense l'infinie majesté du principe, en revanche il ignore son caractère subjectif.

En outre, l'homme oriental apparaît comme dénué de *Bildung*. Nous sommes à l'âge infantile de l'histoire [4], de sorte que l'État repose sur l'obéissance et la confiance [5]. Hegel se livre à une analyse extrêmement sévère des sciences orientales et polémique contre ceux qui s'en émerveillent. Pour lui, l'homme oriental est sans profondeur et ne vit qu'à la surface de lui-même. Sa vie intellectuelle est seulement intuitive, elle n'est ni réflexive ni pensante au sens fort du terme [6]. De même, sa volonté n'est pas appuyée sur une raison immanente [7]. Bref, l'homme oriental agit sur un mode impulsif, il veut assouvir ses désirs sensibles mais non pas améliorer sa connaissance ni faire progresser sa liberté. Plus généralement, l'esprit oriental est obscur à lui-même, et les Orientaux ignorent ce qu'est l'homme véritable : « Les Orientaux ne savent pas que l'esprit ou l'homme en tant que tel est en soi-même libre. Parce qu'ils ne le savent pas, ils ne le sont

1. *Bhagavadgita*, 7, 4 *sq.* cité dans les *Cours d'esthétique* I, *W* 13, 472-473, trad. p. 490-191.

2. Cf. *Cours d'esthétique* I, *W* 13, 480-481, trad. p. 500-501. Hegel s'appuie sur Longin, qui donne le récit de la création comme exemple de poésie sublime : cf. *Du Sublime* 8, 8.

3. *Cours d'esthétique* II, *W* 14, 15-16, trad. p. 13-14.

4. Cf. *Raison dans l'histoire*, éd. cit. p. 245, trad. p. 282.

5. Cf. *ibid.*, éd. cit. p. 156, trad. p. 185.

6. Cf. *ibid.*, éd. cit. p. 245, trad. p. 283.

7. Cf. *PH* Heimann, p. 74.

pas. »[1]. C'est ainsi que le sphinx, pour qui l'homme est une énigme irrésolue, est le symbole du monde égyptien, moment ultime et vérité de l'Orient.

L'art oriental, dès lors, ne peut être que symbolique. L'art symbolique, pour Hegel, se distingue de l'art classique en ce qu'il présente, non pas la révélation de l'esprit dans le sensible, mais la juxtaposition de l'un et de l'autre. Par exemple, Osiris désigne deux choses dans la religion égyptienne : le Nil et le dieu, car le dieu ne pénètre pas le sensible mais lui est simplement associé. Or cette juxtaposition est telle que le sensible n'exprime l'intelligible qui lui correspond que de manière inadéquate. Dans le symbole, la vérité est obscurcie et finalement occultée par le sensible[2]. À l'opposé, dit Hegel, le dieu grec n'est pas un symbole, car il se présente en personne, y compris dans l'idole[3]. L'art symbolique met en scène la « lutte du contenu, encore réfractaire à l'art vrai, et de la forme, tout aussi peu homogène à ce contenu »[4]. L'expression symbolique est une unité contradictoire et énigmatique : « Nous ne nous sentons pas vraiment à notre aise dans le monde des figures et des ouvrages de la Perse antique, de l'Inde et de l'Egypte ; nous avons le sentiment d'évoluer parmi des problèmes à résoudre. »[5].

Le rapport à la nature et à l'État

L'homme oriental a pour objet propre la nature. Par exemple, il s'adonne principalement à l'agriculture, tandis que l'œuvre des peuples gréco-romains et des peuples germaniques est davantage artistique, juridique et politique. L'Oriental a certes un art mais celui-ci se contente d'imiter la nature[6]. Pour ce qui est de la religion, il divinise les éléments naturels (le ciel, les fleuves, etc.) et pratique la zoolâtrie ou le culte d'hommes singuliers (car le lama et l'empereur de Chine sont vénérés

1. *Raison dans l'histoire*, éd. cit. p. 62, trad. p. 83.

2. Cf. *Science de la logique* III, *W* 6, 296, trad. p. 91. *Cf.* aussi *Cours d'esthétique* II, *W* 14, 20-21, trad. p. 18-19.

3. Cf. *Leçons sur la philosophie de la religion* II, éd. cit. p. 537, trad. p. 386.

4. *Cours d'esthétique* I, *W* 13, 412, trad. p. 425.

5. *Ibid.*, *W* 13, 400, trad. p. 412-413. Au caractère symbolique de l'art oriental est liée sa démesure : par exemple Hegel ne cesse de rappeler les proportions extraordinaires des statues et des temples égyptiens (*cf.* par exemple *Cours d'esthétique* II, *W* 14, 285, trad. p. 273-274).

6. Par exemple, dit Hegel, les pyramides d'Égypte sont « de simples cristaux » (*Cours d'esthétique* I, *W* 13, 294, trad. p. 281).

comme des dieux)[1]. En effet, il ne sait pas que Dieu est infiniment supérieur au donné de l'expérience immédiate[2]. À l'opposé, chez un dieu grec par exemple, la forme humaine n'est pas seulement une forme extérieure, « mais le contenu est lui-même spirituel, la nature ne constituant qu'un point de départ »[3].

Le rapport de l'État aux hommes est analogue à celui de Dieu aux hommes. La volonté étatique est substantielle, au sens où elle ne laisse aucune marge de manœuvre aux individus. Le régime est « patriarcal », c'est-à-dire de type familial. Les hommes entretiennent avec l'État une relation de confiance et d'obéissance infantile. Il n'est pas exclu, dit Hegel, que l'homme oriental soit grand, noble ou sublime. Mais il est dépourvu de droits, et sa volonté procède soit de la nature, soit de son arbitraire[4].

Pour comprendre ce point, il suffit de citer, par contraste, la manière dont Hegel analyse l'esprit occidental : « Le sujet libre ne disparaît pas dans l'objectivité de l'esprit mais conquiert un droit indépendant. »[5]. Dans le monde oriental, les lois n'ont pas à s'accorder avec la volonté individuelle. Les sujets se comportent à leur égard comme des enfants dépourvus de volonté et d'autonomie à l'égard de leurs parents. Corrélativement, l'immoralité règne : « Une telle liberté n'est qu'arbitraire, sauvagerie, passion sourde, ou bien encore une passion d'une telle douceur, d'une telle docilité, qu'elle n'est elle-même qu'un hasard naturel, ou de l'arbitraire. »[6]. Hegel insiste d'ailleurs sur l'inhumanité des coutumes chinoises et indiennes, comme celle qui consiste à exposer les enfants ou à pratiquer l'infanticide[7].

1. Cf. *ibid.*, *W* 13, 420, trad. p. 434 : « Dans le lamaïsme par exemple, tel homme effectif, singulier, est immédiatement su et vénéré comme dieu, de même que dans d'autres religions de la nature, le soleil, les montagnes, les fleuves, la lune, certains animaux singuliers comme le taureau ou le singe, etc., sont considérés comme des existences divines immédiates et sont honorés comme sacrés ». *Cf.* aussi *Raison dans l'histoire,* éd. cit. p. 246, trad. p. 284, qui affirme que l'empereur de Chine est un « Dieu-homme ».

2. Cf. *Leçons sur la philosophie de l'histoire*, *W* 12, 143, trad. p. 89 : « En Orient, on n'a pas encore conscience de ce que nous appelons Dieu, car notre Dieu se manifeste seulement quand on s'élève au suprasensible ». Le peuple hébreu constitue de ce point de vue une exception remarquable, puisqu'il adore un Dieu qui relève de la pensée pure. Néanmoins ce Dieu conserve une dimension naturelle, en ce qu'il est associé à une lignée, celle des fils d'Abraham, qui elle-même est dépendante d'une terre, Canaan.

3. Cf. *ibid.*, *W* 12, 298, trad. p. 187.

4. Cf. *Histoire de la philosophie, Introduction*, éd. cit. p. 267, trad. p. 144.

5. *Raison dans l'histoire,* éd. cit. p. 244, trad. p. 281.

6. *Introduction* 1830-31, éd. cit. p. 152, trad. p. 63.

7. Cf. *Encyclopédie* III, Add. du § 393, *W* 10, 60, trad. p. 418.

On peut alors parler de « théocratie », au sens où nul pouvoir intérieur (« religieux » au sens large du terme) n'est autonome. Comme on l'a dit, le souverain est adoré comme un dieu. Le principe de l'État n'est pas une norme générale ou un but partagé mais un individu présent sensiblement, à savoir le monarque : « L'État [...] n'est rien d'universel pour soi : ce n'est pas la fin, c'est le souverain qui est l'État. » [1]. Dans les États germaniques, tous les individus ont la même volonté : c'est pourquoi la volonté du pouvoir n'est pas despotique. Dans les États orientaux en revanche, elle est assumée par le seul monarque, qui se rapporte à ses sujets sur le mode de la domination [2].

C'est pourquoi, dans le monde oriental, un seul homme est libre, à savoir le despote. Selon une remarque des *Principes de la philosophie du droit,* le despotisme désigne un état de chose où il n'y a pas de loi, où la volonté particulière comme telle vaut comme loi, qu'il s'agisse de celle du monarque ou de celle du peuple : « Un arbitraire déchaîné est attaché au splendide édifice de cette puissance unique. » [3]. À cette puissance, nul ne peut échapper, face à elle, nul ne peut se donner une existence indépendante. En Occident, dit Hegel, la contrainte existe certes : par exemple, on peut me forcer à honorer un contrat. Mais alors l'obligation ne réside pas seulement dans la contrainte mais aussi dans les convictions partagées des hommes [4]. En Orient, la volonté du prince est extérieure et coercitive, fût-ce sur un mode sentimental [5].

Articulation générale

L'évolution, en Orient, n'est pas la transformation d'un seul et même peuple, mais le passage d'un peuple à l'autre. Ainsi, l'évolution n'est pas historique mais géographique, elle est spatiale et non pas temporelle :

1. *Raison dans l'histoire,* éd. cit. p. 249, trad. p. 287.

2. *Cf.* Euripide, *Hélène* 283 : « Chez les barbares [c'est-à-dire en l'occurrence chez les Perses], tous sont esclaves sauf un seul. » Le thème du despotisme est aussi, comme on le sait, un aspect fondamental de la caractérisation de l'Asie chez Montesquieu. *Cf.* par exemple *Esprit des lois* XVII, 6 : « Il règne en Asie un esprit de servitude qui ne l'a jamais quittée ; et, dans toutes les histoires de ce pays, il n'est pas possible de trouver un seul trait qui marque une âme libre ».

3. *Raison dans l'histoire,* éd. cit. p. 248, trad. p. 286

4. Cf. *PH* Heimann, p. 74.

5. *Cf.* M. Hulin, *Hegel et l'Orient,* Paris, Vrin, 1979, p. 56, qui insiste à juste titre sur l'ambiguïté de l'Orient hégélien. *Cf.* aussi J.-M. Moura, « L'Extrême-Orient selon G.W.F. Hegel : philosophie de l'histoire et imaginaire exotique », *Revue de littérature comparée,* 2001-1, n° 297, p. 31-42.

« L'Orient reste enfoncé dans son unité compacte et n'entre pas dans le mouvement de l'histoire du monde. »[1]. En effet, l'État oriental est incapable d'évoluer vraiment sans devenir un autre : « N'étant pas développée au dedans, l'opposition éclate au dehors. »[2].

On distingue en premier lieu deux empires immobiles : l'empire chinois et l'empire « mongol ». En Chine, l'État est extérieurement organisé, tandis que l'État mongol est purement spirituel (son chef étant le Lama). Chacun de ces deux États est abstraitement homogène, sans différences intérieures. Il ne se donne pas lui-même ses lois mais les a depuis toujours.

En deuxième lieu, l'empire indien est en mouvement perpétuel, il est en proie à une « transformation sans trêve »[3]. Mais ce mouvement est purement répétitif et ne mène nulle part. Il se caractérise par l'opposition des castes, auxquelles l'appartenance est héréditaire, « naturelle », et ne repose pas sur la réflexion des individus.

Enfin, en troisième lieu, la monarchie perse réunit des peuples différents les uns des autres. On en a donc fini autant avec l'homogénéité de type chinois qu'avec l'opposition pure et simple des castes indiennes. Les peuples sont désormais organisés sous la domination de l'un d'entre eux, nous sommes dans le moment systématique. Cette unité est cependant de type patriarcal et repose sur la seule bienveillance du Grand roi.

LA CHINE, EMPIRE IMMOBILE

Pour Hegel, l'État chinois est patriarcal : l'empereur se rapporte à ses sujets comme un père à ses enfants, et corrélativement son pouvoir est illimité[4] :

a) L'empereur, dit-il, connaît l'intérêt véritable de l'État. Il a en outre une entière conscience de sa dignité, de sorte que son attitude est pleine de noblesse. Toutefois, à la différence des chefs grecs, sa personnalité particulière ne joue aucun rôle dans son agir, et, à la différence de ce qu'on observe chez les dirigeants chrétiens-germaniques, son vouloir n'est pas intérieurement médiatisé. En vérité, son vouloir est « naturellement » adéquat aux besoins de son empire.

1. *Raison dans l'histoire*, éd. cit. p. 211, trad. p. 244.
2. *Ibid.*, éd. cit. p. 248, trad. p. 286.
3. *PH* 1822-23, éd. cit. p. 115, trad. p. 201.
4. *Ibid.*, éd. cit. p. 135, trad. p. 219.

b) La soumission de l'individu à l'État est non moins naturelle : l'individu « n'a pas la moindre conscience de soi en face de la substance qu'il ne pose pas encore comme une puissance adverse ». C'est pourquoi « la volonté générale en Chine dit directement ce que l'individu doit faire et celui-ci suit et obéit de même sans réfléchir et sans songer à soi »[1]. En Chine, comme dans le monde oriental tout entier, il n'y a pas de subjectivité politique, c'est-à-dire de réflexion intérieure de l'individu face à la puissance étatique, et les intérêts particuliers n'ont rien de légitime[2].

La vie politique suit un modèle familial[3]. D'un côté, la norme publique règle les rapports familiaux. Hegel souligne ainsi l'extraordinaire respect dont les Chinois font preuve à l'égard de leurs parents et la rigueur des rituels de funérailles et de deuil. De l'autre, les rapports interindividuels et politiques sont de nature familiale, et les sujets de l'empereur sont considérés comme des mineurs[4]. En un sens, il n'y a pas de lois[5]. Puisqu'il n'y a pas lieu de prendre en considération la volonté délibérée de l'agent, en matière pénale on ne distingue pas entre l'acte coupable et l'accident. De même, face à un crime, on ne tient pas compte de la préméditation de l'acte, et on punit toute la famille du criminel. Et comme il n'y a aucun sens de l'honneur, dit Hegel, il n'y a que des châtiments corporels. L'auteur des *Leçons sur la philosophie de l'histoire* insiste longuement sur le fait que des fautes qui, en Europe, donneraient lieu à des réprimandes morales ou à des sanctions bénignes se traduisent en Chine par des punitions violentes. Par exemple, le fils qui manque de respect à son père reçoit des coups de bâton, et s'il se plaint à tort de l'injustice de son père, il est étranglé…

D'une certaine manière, les Chinois sont non seulement des enfants mais aussi des esclaves[6]. « Chacun peut se vendre lui-même et les parents

1. *Ibid.*, *W* 12, 152, trad. p. 96.

2. Cf. *ibid.*, *W* 12, 158, trad. p. 99.

3. *Cf.* Montesquieu, *Esprit des lois* XIX, 19, Paris, GF-Flammarion, 1979, p. 475 : « Cet empire est formé sur l'idée du gouvernement d'une famille. […] Les magistrats […] doivent considérer [les peuples] comme des enfants. » Montesquieu évoque de même, à propos de la Chine, « ce rapport d'amour qui est entre le prince et les sujets ».

4. Cf. *PH* 1822-23, éd. cit. p. 149, trad. p. 230.

5. Cf. *Raison dans l'histoire,* éd. cit. p. 245, trad. p. 282 ; *Leçons sur la philosophie de l'histoire*, *W* 12, 201, trad. p. 123 : « Dans l'État chinois, c'est la volonté morale de l'empereur qui est la loi. »

6. On trouve une idée similaire chez Iselin : « Tous les citoyens [dans les États orientaux] n'étaient donc que des enfants ou des valets (*Knechte*), dépendant des instructions de leur père ou de leur maître. Chacun ne se souciait que de soi, et, pour tous leurs soins, s'en remettait aux princes. » (*Über die Geschichte der Menschheit*, Basel, 1786, t. 2, p. 93).

pevent vendre leurs enfants.»[1]. Certes, la naissance n'emporte aucune différence, et chacun peut s'élever aux plus hautes dignités. Cependant cette égalité s'explique non par l'importance reconnue aux vertus intérieures de l'homme mais par le caractère rudimentaire de l'esprit chinois, qui reste incapable de faire des distinctions entre les individus. Ni les hommes ni les corporations ne disposent de droits autonomes les uns par rapport aux autres ou par rapport à l'État. L'empereur est un maître absolu, et les différences extérieures tiennent seulement à sa volonté, laquelle élève et abaisse alternativement les hommes, en les admettant dans l'administration ou en les en chassant. Il y a donc lieu, dit Hegel, de distinguer la constitution germanique moderne, dans laquelle les hommes ne sont égaux que devant la loi mais sont en revanche inégaux à tous autres égards, et le régime chinois, dans lequel les hommes sont – égalitairement – réduits à néant[2].

L'empereur est donc le centre autour duquel tout tourne et vers lequel tout revient. À la différence, par exemple, de ce qu'on observe dans le monde germanique dans le cas des *Stände*, il n'y a aucune sphère qui se mouvrait de façon indépendante[3]. Cependant, s'il veille sur son empire, il ne le modifie pas. Le monde chinois se caractérise par l'incessant retour du même: car il est d'emblée tout ce qu'il doit être, et donc incapable d'évoluer. Immobilisme et homogénéité sont ses deux traits fondamentaux. L'immobilisme est une caractéristique générale de l'Orient selon Hegel, l'homogénéité étant propre, quant à elle, à son premier moment (comme on le verra, l'Inde se spécifie au contraire par l'hétérogénéité des castes, et la Perse se présente comme un empire unifiant de multiples peuples).

Le confucianisme, dit Hegel, n'est pas vraiment une religion. En effet, la religion à proprement parler suppose une vie intérieure du croyant qui soit indépendante de l'État[4]. Or, en Chine, la religion est entièrement

1. *PH* 1822-23, éd. cit. p. 146, trad. p. 228.

2. *Cf.* Iselin, *op. cit.* t. 2, p. 93 : « Il n'était permis qu'au prince et au prêtre d'agir selon des principes sublimes. L'honneur, l'amour des sciences, la connaissance et le goût authentique du beau, les divertissements raffinés étaient presque inconnus au reste de la nation. »

3. Cf. *PH* 1822-23, éd. cit. p. 139, trad. p. 222.

4. Le lamaïsme, en revanche, est une religion au sens propre. Son défaut, cependant, est alors de n'être associé à aucun État. Mais le lamaïsme vénère lui aussi un homme comme un Dieu, à savoir le lama – lequel est de fait d'une grande noblesse de caractère (cf. *Leçons sur la philosophie de la religion* II, éd. cit. p. 217-218, trad. p. 186-187). C'est seulement dans la religion perse et les religions associées (dont le judaïsme) que les Orientaux vénèrent une puissance universelle.

soumise à l'État, puisque l'empereur est honoré comme une puissance divine qui gouverne la nature[1]. Certes, il y a Tian, le dieu du ciel : cependant, dans les faits, celui-ci reste une puissance indéterminée qui n'a pas de pouvoir effectif sur le monde terrestre[2]. La religion chinoise, affirment les textes, est essentiellement superstitieuse au sens où l'homme se rend dépendant des dieux et tend, à son tour, à les utiliser à son profit. Par ailleurs, le culte rendu aux morts est d'une telle importance qu'on peut dire que le Chinois n'a de valeur que comme un mort. Cette vénération des défunts représente en un sens une élévation au dessus de l'existence immédiate : le souvenir ne fixe que les qualités générales du défunt et transcende l'apparition phénoménale. Mais cette élévation reste insuffisante, car les morts ne sont que des individus singuliers[3].

Qu'en est-il de l'activité intellectuelle ? Hegel insiste sur l'extraordinaire développement de la science chinoise et sur le grand honneur dont elle jouit dans l'Empire du milieu. Cependant elle n'est pas libre mais au service de l'utile. Il y a lieu, dit-il encore, de critiquer la langue chinoise. a) En ce qui concerne le langage parlé, la différence entre les mots n'est pas obtenue par la différence *objective* des sons, mais par la différence *subjective* des accents. Pour le dire autrement : on ne peut pas apprendre le chinois à l'aide de grammaires et de dictionnaires mais seulement en parlant avec des Chinois. C'est un signe d'immédiateté. b) En ce qui concerne par ailleurs le langage écrit, Hegel récuse l'éloge leibnizien de l'écriture chinoise : car celle-ci, à la différence de l'écriture en lettres, n'exprime pas les noms de manière phonétique mais dans les représentations qui leur sont associées. Or la pensée vraie a pour matériau le nom sensible et son expression en lettres. La pensée n'est authentique, en effet, que si elle s'appuie sur les noms (premier moment), à partir desquels elle construit les représentations abstraites (deuxième moment) et enfin se constitue en une pensée concrète (troisième moment). L'écriture idéogrammatique (Hegel dit : hiéroglyphique) rend impossible un tel processus, puisqu'elle prétend aller directement aux représentations,

1. C'est pourquoi, dans la sphère extrême orientale, la religion tibétaine est le contrepoint du bouddhisme chinois, car le lamaïsme « n'est pas devenu une formation politique, mais comprend la religion comme conscience libre, spirituelle, désintéressée. » (*Leçons sur la philosophie de l'histoire*, *W* 12, 166, trad. p. 103). Dans les *Leçons sur la philosophie de la religion* II, Hegel évoque également le Tao, en lequel il voit un commencement d'intériorisation (*cf.* éd. cit. p. 453 *sq.*, trad. p. 337 *sq.*).

2. Cf. *ibid.*, éd. cit. p. 447, trad. p. 335. Au passage, Hegel égratigne les jésuites qui, au XVIIe siècle, voulurent identifier Tian et le Dieu chrétien.

3. Cf. *Encyclopédie* III, Add. du § 393, *W* 10, 60, trad. p. 418.

qu'elle fige et embrouille par là même. Cette écriture, dit Hegel, est à comparer aux signes en chimie et en minéralogie, qui expriment des définitions, ce qui rend très difficile le progrès en ces sciences. La pensée chinoise manque le moment négatif des noms sensibles, « réalités extérieures dépourvues de sens pour elles-mêmes, qui n'ont une signification que comme signes ». Elle s'assujettit à des représentations toujours déjà données et incapables d'évoluer[1].

L'INDE, EMPIRE DU RÊVE ET DE LA CONFUSION

Pour Hegel, grand lecteur de Colebrooke[2], l'Inde n'est que celle des Hindous. Il est indifférent à la présence de Musulmans en Inde et, plutôt que des « Hindous » (*Hindus*), parle des « Indiens » (*Inder, Indier,* voire *Indie*)[3]. Pour lui, l'Inde conserve les traits de l'esprit oriental que l'on observe en Chine : engloutissement dans le sensible et absence de volonté autonome. Toutefois elle est aussi la négation de la Chine, dans la mesure où elle n'est plus caractérisée par l'unité d'un empire unique mais par une multiplicité de principautés ou de castes en lutte les unes contre les autres. La guerre est continuelle, de sorte que la civilisation ne peut progresser. L'Inde, comme la Chine, a des historiens mais pas d'histoire.

En outre, le monde indien est pour Hegel celui de la fantaisie et du rêve. Ce rêve s'exprime dans les idoles, par exemple dans celle du danseur cosmique aux quatre bras (allusion à Shiva Nataraja). Alors que la Chine est le pays de l'entendement prosaïque, l'Inde est celui de l'imagination[4]. C'est pourquoi elle ne peut que séduire : par ses femmes à la carnation d'une rougeur aimable et légère, par ses perles, ses parfums et ses trésors de sagesse… Mais elle ne fournit rien de solide. L'esprit indien transforme arbitrairement tout donné : « L'idéalisme y est [...] un idéalisme de la pure

1. Cf. *ibid.*, R. du § 359, *W* 10, 273-276, trad. p. 256-259. *Cf.* Leibniz, Gerhardt VII, 12, cité par Y. Belaval, *Leibniz, initiation à sa philosophie*, Paris, Vrin, 2005, p. 103.

2. *Cf.* H.T. Colebrooke, *On the Vedas, or sacred Writings of the Indus,* paru dans les *Asiatic Researches* en 1805 et *On the Philosohy of the Hindus,* dont le premier volume est paru en 1824 à Londres. Hegel paraphrase largement ces deux textes dans la partie de l'introduction des *Leçons sur l'histoire de la philosophie* consacrée à la philosophie indienne.

3. Cf. *PH* Heimann, p. 88-89.

4. Cependant, les *Leçons sur la philosophie de la religion* II, éd. cit. p. 264, trad. p. 217, expliquent que, précisément parce que le monde indien est enchanté, nul miracle ne s'y produit à proprement parler. Car il ne peut y avoir de miracles que là où règne l'entendement, dont la prose est alors çà et là interrompue par un cas merveilleux.

imagination, sans liberté, un pur rêve, où la vérité n'est qu'un jeu intérieur, et où la masse du contenu est l'imagination abstraite. »[1]. Nul objet n'a de réalité, de limites déterminées qui ne soient transformées par l'imagination en autre chose.

L'esprit indien est « doux », « tendre » et « souple » à l'image de sa poésie et de ses récits mythologiques : cependant il n'est que pur changement, sans pôle identitaire. Hegel analyse l'esprit indien à partir du contraste entre la veille et le sommeil, lui-même pensé à partir de l'opposition de la subjectivité et de l'objectivité. Le rapport de l'esprit au monde, dit-il, est objectif – d'une objectivité réflexive – lorsque l'esprit rassemble dans un principe constant ce qui, dans le rêve, est dispersé en une multitude de singularités : alors le sujet entretient avec le monde une relation fixe et organisée. Dans le rêve en revanche, il n'y a pas de distinction entre le sujet et l'objet, pas de rapport de causalité dans les choses et, dans les hommes, pas de personnalité ni d'autonomie. Or justement, pour l'Indien, tout est animé : nous sommes dans le moment du panthéisme à proprement parler, celui pour lequel toute chose est divine[2] – le soleil, les fleuves, les animaux, les fleurs... Le divin n'est pas un sujet, pas même une substance, mais un accident périssable, sans noblesse ni raison. La vérité, dit Hegel, consiste dans la subordination du fini à l'infini, une subordination par laquelle le fini est rendu beau et significatif. Ici, à l'opposé, le fini est honoré comme divin. Mais loin que le fini soit par là embelli, c'est le divin qui est rendu « fantasque, absurde et sans valeur »[3].

La critique de l'art indien est, comme on l'a vu, prégnante chez Herder. On la trouve également chez Goethe qui, dans les *Xénies*, s'emporte contre ces religions « barbares » pour lesquelles l'absurde s'incarne en crocodiles et en éléphants[4]. Pareillement, Hegel multiplie les quolibets à l'encontre de l'art indien, jugé difforme, voire monstrueux[5]. Mais il dénonce également

1. *PH* 1822-23, éd. cit. p. 167, trad. p. 246.

2. Très régulièrement, Hegel insiste sur l'opposition entre le vrai panthéisme, pour lequel tout est divin, et le spinozisme, qui théorise, à l'opposé, la distinction entre la substance, seule divine, et les modes finis. *Cf.* par exemple *Leçons sur la philosophie de la religion* II, éd. cit. p. 469, trad. p. 347-348.

3. *PH* 1822-23, éd. cit. p. 170, trad. p. 248.

4. *Cf.* les *Xénies apprivoisées* de 1821, dans Gœthe, *Poésie II*, trad. fr. R. Ayrault, Paris, Aubier-Montaigne, 1982, p. 691, cité par R.-M. Pille, « À la fracture du classicisme et du romantisme : l'Inde, sujet de discorde entre Goethe et Friedrich Schlegel », art. cit. p. 35.

5. *Cf.* par exemple *Leçons sur la philosophie de la religion* II, éd. cit. p. 332, trad. p. 365. *Cf.* I. Viyagappa, *Hegel's Concept of Indian Philosophy*, Rome, Università Gregoriana Editrice, 1980, p. 151-153.

ce qui lui apparaît comme la prétendue sagesse des Indiens. Certes, il mentionne les hypothèses qui font du sanskrit l'origine des langues européennes comme le grec, le latin et le gotique : mais il note que l'important, à cet égard, n'est pas ce qui a été reçu de l'Inde mais ce qu'en ont fait les peuples d'Europe. De même, on a vu plus haut que le philosophe entend récuser les théories qui valorisent les connaissances astronomiques des savants indiens. Il affirme en outre que les Indiens n'ont rien produit dans l'histoire, et, par exemple, n'ont conquis aucun territoire. Ce sont eux qui, à l'opposé, ont été envahis : dans l'Antiquité par les armées d'Alexandre et de nos jours par les Anglais. Encore une fois, l'Inde est un pays oriental, c'est-à-dire essentiellement stérile et voué à être dominé par les autres : « C'est la destinée fatale des empires asiatiques que de se soumettre aux Européens. »[1].

Nous avons évoqué ci-dessus le caractère tourbillonnant de l'Inde. Mais, contradictoirement, elle est également caractérisée par la rigidité des différences sociales. Alors que la Chine est homogène, l'Inde est un pays clivé. La différenciation indienne est celle des castes, auxquelles on appartient de naissance et sans échappatoire possible. Le peuple indien est formé de « masses » qui ne résultent d'aucun choix. Hegel évoque de manière assez précise les brahmanes (caste des prêtres), les ksatriyas (guerriers), les vaisyas (agriculteurs, artisans et commerçants), enfin les sudras (serviteurs). Il mentionne aussi les intouchables, voués aux tâches impures et contraints de vivre dans l'isolement. Le système indien est pour lui à condamner, dans la mesure où les prescriptions éthiques se définissent seulement en fonction de la caste d'appartenance. Ainsi, la différence sociale n'est pas une différence relative, idéalisée (*aufghoben*) dans une appartenance à une même identité politique, mais elle est au contraire absolutisée : « Les devoirs et les droits sont ceux des castes en tant que telles, et non pas ceux des castes en tant qu'elles sont composées d'hommes. »[2]. L'Indien ignore l'universalité de l'humanité. À ses yeux, l'homme se

1. *Leçons sur la philosophie de l'histoire*, *W* 12, 179, trad. p. 111. Pour illustrer le caractère inévitable de la domination de l'Inde par l'Europe, Hegel évoque un épisode au cours duquel « quatre cent Français terrassèrent soixante mille Indiens en une bataille » (*PH* 1822-23, éd. cit. p. 366, trad. p. 408). Comme le suggère l'Addition du § 327 des *Principes de la philosophie du droit*, il s'agit sans doute d'une réminiscence confuse de la bataille d'Arcot (14 novembre 1751) qui vit la victoire de la Compagnie anglaise des Indes orientales (500 soldats) sur les troupes du Nawab d'Arcot (plus de 7 000 soldats). D'un point de vue hégélien en effet, les Indiens, prisonniers de la particularité sensible, ne pouvaient qu'être défaits par les Européens, attachés à l'universel concret.

2. *PH* Heimann, éd. cit. p. 94.

définit par sa particularité contingente : « Les différences sont pétrifiées. La dignité éthique de l'homme reste absente. »[1].

À cette ignorance de l'universel, il faut associer le culte des animaux. Comme le notent les *Principes de la philosophie du droit*, les Indiens, à l'instar des Égyptiens, honorent les animaux comme des êtres qui leur sont supérieurs. La religion indienne est scindée entre le principe général abstrait du Brâhman (au neutre) et la série des dieux personnels (notamment Brahmâ, Vischnou et Shiva). Cependant le Brâhman n'est pas une divinité positive. Il nomme simplement l'état auquel accède l'homme pieux. Plus précisément, cet état est celui de l'anéantissement, lorsque l'individu se dépouille de toute attache humaine. Le Brâhman n'est pas vénéré par les Indiens, car il n'est qu'un état individuel, un sentiment – et en outre un état d'auto-anéantissement[2]. La vertu, dit Hegel, consiste chez les Indiens d'une part dans un renoncement hyperbolique, d'autre part dans des rites purement extérieurs. Ainsi l'état d'esprit intérieur des indiens ne mérite-t-il aucune estime :

> Si nous considérons plus précisément la vie indienne en sa floraison et voyons ce qu'est vraiment en Inde la dignité de l'homme, alors la délicatesse extérieure ne [suscite] en nous que dégout et mépris, et la dépravation éthique que répugnance[3].

Cette vacuité se retrouve dans le domaine politique, car les princes ne sont puissants qu'autant qu'ils sont craints. Alors que le despotisme, en Chine, peut être qualifié de « moral », en Inde en revanche, il est sans principe : « Il y a un despotisme […] totalement dénué de principe, de loi. En Inde, ce qui est déterminant est le despotisme le plus avilissant. »[4].

On retrouve dans l'effort d'auto-négation qui, selon Hegel, caractérise la religion, ce que l'on disait plus haut sur la mobilité et l'absence d'objectivité du monde indien. L'esprit indien, dans l'interprétation hégélienne, semble acharné à se défaire de tout contenu qui posséderait une teneur véritable : « La moralité que l'on exige se limite à l'aspect négatif, à la destruction des passions. »[5]. Hegel décrit avec une certaine fascination les

1. *Ibid.* Herder avait déjà sévèrement critiqué le système des castes. *Cf.* ses *Idées pour une philosophie de l'histoire de l'humanité* XI, 4, où il dénonce notamment le sort infligé aux parias.

2. Cf. *PH* 1822-23, éd. cit. p. 267, trad. p. 325.

3. *PH* Heimann, p. 89.

4. *PH* 1822-23, éd. cit. p. 173, trad. p. 299.

5. Deuxième article de la recension de la dissertation d'A.W. von Humboldt sur la *Bhagavad Gîtâ*, *W* 11, 172, traduit dans M. Hulin, *Hegel et l'Orient*, *op. cit.*, p. 180.

sacrifices des renonçants (qu'il nomme fakirs et non pas sâdhu, semblant ignorer que le fakir désigne à proprement parler un renonçant musulman en Inde), ainsi que le sati, le sacrifice rituel et public des veuves sur le bûcher funéraire de leur époux[1]. Mais cet héroïsme, juge-t-il, est celui de la stupidité. Les macérations représentent certes une victoire de l'esprit sur la nature, mais interdisent tout autant à l'esprit de se réfléchir en lui-même. L'esprit, chez les Indiens, n'a encore aucune consistance. Plus encore, dit Hegel, le trait fondamental du culte indien est le mépris de la vie et de l'homme vivant.

On constate l'animosité de Hegel à l'égard de l'Inde quand on compare son appréciation de la *Bhagavad Gîtâ* avec celle d'A.W. von Humboldt. Pour ce dernier, « cet épisode du Mahâbhârata est le plus beau et peut-être le seul vrai poème philosophique que nous puissions trouver parmi toutes les littératures connues »[2]. Humboldt reconnaît dans la doctrine de l'acte sans désir une « disposition d'âme confinant au sublime »[3]. Pour Hegel en revanche, le texte montre seulement que la religion des brahmanes est un tissu de superstitions et que la philosophie indienne est inextricablement mêlée de religion. Il s'en prend en particulier au ritualisme de la religion indienne, et à sa tendance à vénérer les brahmanes comme des dieux[4]. S'agissant plus particulièrement de la doctrine de l'accomplissement spirituel obtenu en se libérant des attachements matériels, Hegel écrit :

> L'esseulement de l'âme indienne pénétrant dans la vacuité est plutôt une manière d'abrutissement qui ne mérite peut-être même pas le nom de mysticisme et qui ne peut conduire à la découverte d'aucune vérité, car il est dépourvu de contenu[5].

1. Cf. *Leçons sur la philosophie de la religion* II, éd. cit. p. 28, trad. p. 50.

2. A.W. von Humboldt, *Gesammelte Schriften*, hrsg. von A. Leitzmann, Berlin, 1906, t. 5, p. 159.

3. *Ibid.*, 5, 195.

4. *Cf.* Deuxième article de la recension de la dissertation sur la *Bhagavad Gîtâ*, *W* 11, 174, trad. p. 182.

5. Deuxième article de la recension de la dissertation sur la *Bhagavad Gîtâ*, *W* 11, 161, trad. p. 171. *Cf.* Ch. Maillard, « La Bhagavad Gîtâ : fortune(s) d'un texte en Allemagne de 1785 à 1825 » dans Ph. Alexandre et S. Grimm-Hamen (éd.), *L'Orient dans la culture allemande aux 18e et 19e siècles*, Nancy, Presses universitaires de Nancy, 2007, p. 131-143. *Cf.* aussi C. Menze, « Das indische Altertum in der Sicht W. von Humboldts und Hegels » *in* A. Gethmann-Siefert & O. Pöggeler (Hg.), *Welt und Wirkung von Hegels Ästhetik*, Bonn, Bouvier, 1986, p. 245-294.

En définitive, l'Inde est le pays, à la fois, du tourbillon et des différences pétrifiées. Le seul élément unificateur y est l'anéantissement[1].

LA PERSE, VÉRITÉ DU MONDE ORIENTAL

La « Perse », sous la plume de Hegel renvoie à l'ensemble du Moyen Orient ancien, au sens des civilisations couvrant le Levant, la Mésopotamie, l'Anatolie et l'Iran. Mais ces civilisations, pour Hegel, ont leur expression la plus claire et la plus complète dans l'empire perse achéménide fondé par Cyrus le Grand. La Perse a donc, par rapport au Proche-Orient ancien, une fonction analogue à celle du monde germanique par rapport à l'Europe post-antique : comme « vérité » de l'ensemble dont elle relève, elle sert à le désigner. La Perse est étudiée tout d'abord sous les traits du « peuple zend » – c'est-à-dire du peuple pratiquant le mazdéisme, religion qui, réformée par Zoroastre, nous est connue par son livre sacré, l'*Avesta*[2]. Puis sous les traits de peuples concurrents, qui formèrent eux-mêmes des empires au Moyen Orient – Assyriens, Babyloniens et Mèdes. Enfin, sous les traits de peuples et de territoires inclus, à une période ou à une autre, dans l'Empire perse : Perse achéménide à proprement parler (qui se bâtit à l'encontre des Mèdes et des Babyloniens), Syrie, Phénicie, Palestine et Égypte.

Pour Hegel, la Perse est la première contrée à avoir une histoire au sens strict du terme. Alors que la Chine et l'Inde, renfermées sur elles-mêmes, n'ont qu'une vie végétative et statique, la Perse, en contact avec l'Ouest, c'est-à-dire avec le reste de l'histoire du monde[3], est le théâtre d'une transformation. Toutefois, conformément au modèle oriental, cette transformation n'est pas celle d'un seul et même peuple, mais conduit au passage d'un peuple à l'autre, qui diffèrent par leurs langues, leurs mœurs et leurs religions. L'histoire ne se monnaie pas encore par la métamorphose positive d'un seul et même peuple, mais par la mort des peuples que l'esprit mondial abandonne. C'est pourquoi, des empires qui autrefois ont constitué la sphère perse, il ne reste aujourd'hui que des ruines.

1. Cf. *PH* Heimann p. 99.

2. L'*Avesta* est parfois désigné sous le nom de *Zend Avesta*, traduit en français par Anquetil-Duperron en 1771 (et en allemand à partir du français par J.F. Kleuker de 1776 à 1783). La question de savoir si la religion officielle de la Perse achéménide était bel et bien le zoroastrisme est aujourd'hui discutée. *Cf.* P. Briant, *Histoire de l'Empire perse de Cyrus à Alexandre*, Paris, Fayard, 1996.

3. Cf. *PH* 1822-23, éd. cit. p. 233, trad. p. 299.

La Perse, à l'instar des autres empires orientaux, reste engloutie dans la naturalité et l'immédiateté. Elle ignore l'excellence individuelle (propre au monde grec), le sens de la discipline (caractéristique du monde romain) et l'autonomie (spécifique au monde germanique-chrétien). En conséquence, la valeur guerrière, chez les Perses, ne consiste que dans la rudesse des mœurs, tandis que les hommes sont tentés par la mollesse qui fait d'eux les esclaves d'une sensibilité languissante[1]. Toutefois, la Perse accède à la représentation d'un principe bon, qui s'incarne en toutes choses et les rend bonnes à leur tour. La religion perse peut être considérée, dit Hegel, comme la « religion du Bien », car pour elle « le Bien est immédiatement dans les choses, il est immédiatement la substance des choses »[2]. On retrouve ici le panthéisme, détermination clé de l'esprit oriental, toutefois élevé à son degré suprême, dans la mesure où le Bien a le statut d'un universel concret. Alors que la Chine ne vénère que des objets naturels singuliers (le ciel, telle ou telle montagne…) et que l'Inde est polythéiste, la Perse adore Ormuzd, dieu de la lumière, comme principe naturel universel[3]. La lumière, en effet, est « un sensible saisi comme totalement universel, donc dans la forme du penser »[4]. C'est pourquoi la religion des Perses, dit Hegel, ne ressortit pas à l'idolâtrie (*Götzendienst*). Alors que le Brâhman représente l'anéantissement de toute figure, Ormuzd est à la fois universel et inscrit dans une figure concrète. Nous avons donc atteint la vérité de l'Orient, continent du soleil levant[5].

Pour les Perses, note Hegel, la lumière du soleil luit pour tous, accordant à tout homme les mêmes bienfaits et la même prospérité. Sans aucunement diviser, elle permet aux différences particulières de se révéler. C'est pourquoi les Perses se rapportent au monde sur le mode de la bénédiction : « Tout ce qui est bon, noble et excellent dans le monde est ainsi honoré, aimé et prié, car il passe pour le fils, pour le rejeton d'Ormuzd en lequel celui-ci s'aime et se plaît à soi-même. »[6]. La lumière n'est pas oppressive mais vivifiante, elle « ne gouverne les individus que pour les exciter à acquérir pour eux-mêmes de la force, à développer et mettre en

1. *Cf.* Strabon, *Géographie* 15, 3, 22.

2. *Leçons sur la philosophie de la religion* II, éd. cit. p. 255, trad. p. 210.

3. Ormuzd, ou Ahura Mazdâ, est le dieu du bien, de l'ordre et de la lumière.

4. *PH* 1822-23, éd. cit. p. 240, trad. p. 305.

5. Significativement, comme le rappellent les *Leçons sur la philosophie de l'histoire, W* 12, 235, trad. p. 146, c'est l'intervention du soleil qui décide de l'élévation de Darius Ier au rang de Grand Roi après l'assassinat du faux Smerdis (*cf.* Hérodote, *Histoires* 3, 86-87).

6. *Leçons sur la philosophie de la religion* II, éd. cit. t. 2, p. 258, trad. p. 212-213.

valeur leur caractère particulier »[1]. Cela signifie que le peuple perse est uni par un principe commun. Si, en Chine, la volonté de l'empereur absorbe celle de ses sujets, et si, en Inde, les droits et les devoirs des hommes ne sont déterminés que par leur appartenance à telle ou telle caste, en Perse, en revanche, tous les individus honorent la lumière, laquelle assure la cohésion du groupe : « Pour la première fois donc l'unité est principe et non un lien extérieur. »[2].

Hegel insiste sur la forte exigence morale de la religion perse. En effet, l'*Avesta* appelle à la pureté et recommande la bienveillance à l'égard d'autrui :

> [L'homme] n'est pas coupé ni isolé du reste de la vie comme chez les Hindous. La loi religieuse [...] exige que le [Perse] pratique le bien, que ses pensées, ses paroles et ses actions soient pures, qu'il protège et favorise la vie, qu'il la stimule et la rende féconde et gaie. Partout, à l'intérieur comme à l'extérieur, le [Perse] doit être comme la lumière et produire des effets à son instar. C'est ainsi que, dans le but de soutenir la vie, l'homme doit planter des arbres et s'adonner aux travaux de l'agriculture. Il lui revient également de se préoccuper qu'il y ait partout lumière et fertilité, il doit soigner les malades, rassasier les affamés, héberger les voyageurs, ensemencer les déserts, désaltérer la terre[3].

Cependant le Bien reste un principe abstrait. À la beauté des dieux grecs, il faut opposer le caractère « amorphe » (*gestaltlos*) et « informe » (*ungeformt*) des dieux perses[4]. Car si le Bien accède à l'universalité, toutefois il n'est pas réfléchi en lui-même. Corrélativement, il a l'opposition en dehors de lui-même. La religion perse est dualiste : Ormuzd-le Bien doit vaincre Ahriman-le Mal mais n'y parvient jamais[5]. Relatif aux ténèbres,

1. *Leçons sur la philosophie de l'histoire*, *W* 12, 216, trad. p. 133.

2. *Ibid.*, *W* 12, 217, trad. p. 134.

3. *Leçons sur la philosophie de la religion* II, éd. cit. p. 259, trad. p. 214.

4. Selon Hérodote, *Histoires* 1, 131, le zoroastrisme proscrivait les temples et les images des dieux. *Cf.* aussi Strabon, *Géographie* 15, 3, 13 : « Les Perses n'élèvent à leurs dieux ni statues ni autels. »

5. *Leçons sur la philosophie de l'histoire*, *W* 12, 314, trad. p. 197. Comme on le sait, le terme même de dualisme fut forgé en latin par l'évêque anglican d'Oxford Thomas Hyde (1636-1703) au tout début du XVIIIe siècle, à propos précisément du zoroastrisme. Certes, Ormuzd et Ahriman sont engendrés par un unique principe, Zervan Akarana, le temps indéterminé (cf. *PH Heimann* p. 102) – mais Ormuzd et Ahriman sont extérieurs à ce dernier, de sorte que le dualisme s'impose une nouvelle fois. *Cf.* Kant, *La Fin de toutes choses*, Ak. 8, 328-329, trad. t. 3, p. 311, qui évoque le dualisme de la religion perse. Cf. *Leçons sur la philosophie de l'histoire*, *W* 12, 221, trad. p. 138.

le principe lumineux est sans différence et sans organisation intérieure[1]. Toutefois, il est un principe objectif, auquel on obéit volontairement[2]. La divinisation de la lumière montre la naturalité persistante du monde perse. Néanmoins, nous avons quitté l'infantilisme chinois et l'onirisme indien.

Politiquement, la volonté du Grand Roi définit la « légalité, une légalité qu'il partage avec ses sujets »[3]. Nous avons donc affaire à un régime « constitutionnel », au sens d'un régime organisé sur la base de principes généraux. Certes, le caractère naturel du régime perse s'exprime dans le fait que les peuples qui le composent restent mutuellement extérieurs. Toutefois, face à l'homogénéité simple du monde chinois et à la rigidité des appartenances de caste en Inde, l'empire perse apparaît comme un moment d'organisation, qui assure l'unité tout en respectant les différences. Les peuples ne se mélangent certes pas (à la différence de ce qu'on observera, par exemple, chez les Grecs), mais ils s'unissent :

> On perçoit ici [...] une unité de peuplades qui ont conservé leur subsistance par soi et dépendent pourtant d'un point unifiant qui les maint[ient] en équilibre et [peut] permettre leur satisfaction[4].

Si les composantes de l'empire perse sont dépendantes les unes des autres, néanmoins chacune conserve son individualité propre. Le souverain perse n'est pas un « roi régnant sur des sujets », mais « un *basileôn basileus*, un roi régnant sur des rois »[5]. Il y a des lois générales, mais elles ne font pas tort au régime particulier de chaque peuple[6].

1. Cf. *ibid.*, *W* 12, 216, trad. p. 133. Cf. *ibid.*, *W* 12, 221, trad. p. 138 : « Ce facteur universel, éternel, infini ne contient tout d'abord aucune détermination, si ce n'est une identité illimitée. »

2. Cf. *PH* Heimann, p. 100.

3. *Ibid.*, *W* 12, 145, trad. (mod.) p. 90.

4. *PH* 1822-23, éd. cit. p. 235, trad. p. 300.

5. *PH* Heimann, p. 75.

6. Hegel pense sans doute ici à l'attitude libérale de Cyrus le Grand à l'égard des peuples conquis, telle qu'elle apparaît par exemple chez Hérodote, *Histoires* 1, 134 : « Les Perses, dont l'empire et l'administration s'étendent au loin, ont aussi dans la même proportion des égards pour les peuples qui leur sont soumis ». La Bible hébraïque, de son côté, raconte comment Cyrus autorisa les Hébreux exilés à Babylone à rentrer à Jérusalem, et donna l'ordre de reconstruire le Temple détruit lors de la prise de la ville par Nabuchodonosor (*Chroniques* 2, 36 ; *Esdras* 1). Le Deuxième Isaïe exalte l'action de Cyrus, tolérant en matière religieuse, restaurateur du droit violé par les Babyloniens et libérateur des peuples opprimés (*Isaïe* 44-45).

La domination perse est comme la lumière : elle éclaire chaque peuple mais lui conserve son caractère spécifique :

> L'unité perse n'est pas l'unité abstraite de l'empire chinois, mais elle est destinée à dominer sur nombre de peuples divers qu'elle unit sous la douce puissance de son universalité et à les éclairer d'en haut, les réveillant et les réchauffant, comme un soleil qui bénit. Cette universalité permet à tout ce qui est particulier, car elle n'est que la racine, de pousser librement des jets, de s'étendre et de se ramifier à son gré [1].

Le peuple zend

La première composante de l'empire perse – la plus ancienne pour Hegel – est le « peuple zend » – c'est-à-dire le peuple dont la religion nous est connue par le *Zend Avesta*, celle-là même qui, de nos jours est encore pratiquée en Inde par les Parsis et en Iran par les Guèbres. Hegel mentionne bien entendu la figure de Zoroastre, évoquée par de nombreux auteurs antiques, dont Platon dans l'*Alcibiade majeur* et Plutarque dans *Isis et Osiris*. Hegel situe le peuple zend en Bactriane. Le *Zend Avesta*, note-t-il, désigne ses membres non comme des Perses mais comme des « Aryens ». Il signale également la parenté de la langue zende et du sanscrit.

Nous rencontrons chez le peuple zend, sans surprise, les attributs du commencement, mais aussi de multiples traits qui l'opposent au peuple indien. Pour le premier point, Hegel insiste sur son ingénuité [2]. La religion zoroastrienne contient aussi de nombreux préceptes de pureté [3] – la pureté, chez Hegel, étant toujours associée à l'idée d'originarité. Enfin, le peuple zend s'offre des sacrifices à lui-même [4], ce qui signifie qu'il ne fait preuve d'aucune négativité à son propre égard, ce qui, ici encore, est un trait de candeur. Pour le second point, Hegel note que, chez les Zends, les castes sont abolies [5]. Le peuple rend un culte à la nature, mais sans idolâtrie [6]. Hegel insiste, enfin, sur les travaux qu'il accomplit (alors que les Chinois, dit-il, se complaisent dans des cérémonies stériles et que les Indiens sont ivres de destruction). Mais le travail n'est, bien entendu, relatif qu'à la nature extérieure : planter des arbres, creuser des fontaines, fertiliser les

1. *Leçons sur la philosophie de l'histoire*, *W* 12, 145, trad. p. 91.
2. Cf. *PH* 1822-23, éd. cit. p. 246, trad. p. 309.
3. Cf. *ibid.*, éd. cit. p. 245-246, trad. p. 308-309.
4. Cf. *ibid.*, éd. cit. p. 246, trad. p. 310.
5. Cf. *Leçons sur la philosophie de l'histoire*, *W* 12, 220, trad. p. 138.
6. Cf. *PH* 1822-23, éd. cit. p. 240, trad. p. 304.

déserts, afin que paraisse partout l'élément vivant, positif, pur et que de tous côtés s'étende le règne d'Ormuzd[1].

Assyriens, Babyloniens et Mèdes

Dans sa description des empires concurrents de l'empire achéménide, Hegel insiste, comme il est prévisible pour un moment médian, sur les éléments d'extériorité. L'Assyrie se caractérise par des villes immenses, comme Assur ou Ninive, en tension à l'égard des populations restées nomades (certaines d'entre elles étant contraintes de quitter le territoire, ce qui est le cas d'Abraham et de son clan). Le nom de Sardanapale est devenu le symbole des mœurs dissolues des Assyriens. La chute de son empire entraîna le morcellement de la région en une série d'entités politiques irréconciliables.

Babylone est décrite comme un centre de commerce, vers lequel affluent les richesses de toute la région. S'appuyant sur Hérodote, Hegel cite des traits ethnographiques qui montrent le dérèglement des Babyloniens : les filles à marier qui sont belles sont vendues, ce qui permet de financer la dot des filles laides ; toute épouse doit pratiquer une fois dans sa vie la prostitution sacrée[2].

Il faut citer enfin les Mèdes, fameux par la grossièreté de leurs mœurs et leur courage guerrier. Leurs prêtres, appelés mages, pratiquent une forme modifiée de la religion zende, qu'ils contribuent à répandre dans la région. Cependant l'image qui demeure de ces trois empires, dit Hegel invoquant les prophètes de la Bible hébraïque, est celle de l'immoralité.

L'empire achéménide : les Perses, les Phéniciens et les Hébreux

a) La population perse de l'empire achéménide, nomade, renoue avec les vertus du peuple zend primitif. Hegel ne cesse d'insister sur la douceur des mœurs perses et sur les liens d'amitié qui unissent les individus : les repas sont pris en commun[3] et le roi se comporte avec ses sujets comme un ami au milieu d'amis[4]. L'éducation du prince est, comme en Chine, l'objet de mille soins, mais elle a ici pour originalité de proscrire spécialement le

1. Cf. *ibid.*, éd. cit. p. 244-245, trad. p. 308. *Cf.* Strabon, *Géographie* 15, 3, 18.
2. *Cf.* Hérodote, *Histoires* 1, 196 et 199.
3. *Cf.* Xénophon, *Cyropédie* 7, 2.
4. Cf. *ibid.* On songe aussi à Cyrus proclamant sa volonté d'entretenir un lien d'amitié avec Crésus (*cf.* Hérodote, *Histoires* 1, 87). De même, Strabon, *Géographie* 15, 3, 8, cite l'inscription du tombeau de Darius : « J'ai été l'ami de mes amis. »

mensonge[1]. Par ailleurs, Hegel rappelle l'importance que les Perses accordent à l'art des jardins (les monarques perses encourageaient la construction de jardins clos dans les capitales régionales, remplis de toutes sortes d'animaux à chasser ; les Grecs les nommaient *paradeisoi*, de l'avestique *pairi-daeza* : plantation, jardin, verger)[2].

L'empire achéménide présente à la fois des traits d'organisation avancée et des traits de naturalité persistante. Pour le premier point, le Grand Roi ne gouverne pas seul comme l'empereur de Chine mais est assisté d'une sorte de diète formée par les dignitaires de l'État et les mages, lesquels sont capables de discuter de manière sensée. En outre, le régime monarchique non seulement est adéquat à l'esprit perse, mais cette adéquation est reconnue « en soi et pour soi » (Hegel s'appuyant ici sur le récit que fait Hérodote du débat mené entre les dignitaires perses, après que le faux Smerdis eut été démasqué, sur la forme de gouvernement qu'il convenait désormais d'adopter[3]). Enfin, les Perses sont essentiellement tolérants et l'administration de l'empire n'est pas oppressive. Pour le second point, on remarque que l'armée, dont les troupes sont de toutes nations, est foncièrement désordonnée (ce qui rendra la victoire des Grecs aisée lors des guerres médiques). Par ailleurs, comme dans tout le monde oriental, il n'y a pas de propriété privée, le roi possédant la terre et l'eau, c'est-à-dire tout le pays[4]. Il n'y a pas d'impôts uniformes mais seulement des dons spontanés faits au roi par les populations qu'il visite. Enfin, l'administration des satrapes, quoique bienveillante, est à la fois superficielle et arbitraire.

b) La Phénicie est analysée par Hegel comme une composante de l'empire achéménide (elle est de fait transformée en satrapie sous le règne de Darius III). Elle est un moment d'extériorité en ce qu'elle est tournée vers la mer. Les Phéniciens sont un peuple de marins et de commerçants. Ils naviguent jusqu'à l'Océan atlantique, et se procurent, rappelle Hegel, de

1. Cf. *Leçons sur la philosophie de l'histoire*, *W* 12, 235, trad. p. 146. *Cf.* Hérodote, *Histoires* 1, 136.

2. Xénophon dit du Grand Roi : « Dans quelque pays qu'il aille, il veille à ce qu'il y ait de ces jardins appelés paradis, qui sont remplis des plus belles et des meilleures productions de la terre. » (*Économique* 4, 13) *Cf.* également Diodore de Sicile, *Bibliothèque historique* 2, 10 et Joseph, *Antiquités* 10, 226.

3. Cf. *Leçons sur la philosophie de l'histoire*, *W* 12, 235, trad. p. 147. *Cf.* Hérodote, *Histoires* 3, 80-83.

4. Hegel s'appuie ici sur le message envoyé par Darius aux Grecs en - 491, avant de les envahir : ceux-ci devaient lui remettre « la terre et l'eau » en signe de soumission (*cf.* Hérodote, *Histoires* 7, 32).

l'étain dans les îles britanniques et de l'ambre en Prusse. Ils créent des colonies tout à l'entour de la Méditerranée. Leur état d'esprit diffère profondément de celui des Perses, agriculteurs et éleveurs. Alors que ces derniers se rendent dépendants du cours de la nature, et plus particulièrement du soleil, les Phéniciens se signalent par leur inventivité et leur esprit d'entreprise : « Nous voyons ici les peuples délivrés de la peur de la nature et de son culte servile. »[1]. Ceci est vrai du navigateur, qui doit sans cesse rester aux aguets et n'accorder aucune confiance à la mer, mais tout autant de l'artisan, qui transforme la matière. Les Phéniciens sont aussi des inventeurs, qui mettent au point la fabrication de la pourpre et du verre, et améliorent également la langue écrite, moyen de communication par excellence[2]. Significativement, les Phéniciens se réclament d'Hercule, qui par son énergie extraordinaire s'éleva jusqu'à l'Olympe.

Les peuples de Phénicie adorent Baal et Astarté (on peut considérer cette dernière, dit Hegel, comme une variante de la déesse phrygienne Cybèle) et se livrent aux débauches sacrées, aux sacrifices d'enfants et à l'automutilation. Mais, en opposition à ces pratiques sensuelles et cruelles (les Phéniciens relèvent en effet du moment de la contradiction dans l'économie générale du monde perse), ils célèbrent douloureusement Adonis, figure d'une vie trop brève. Ainsi l'homme, chez les Phéniciens, prend conscience de sa souffrance et de sa finitude[3]. Alors que, chez les Indiens par exemple, la souffrance est niée, elle est célébrée dans le culte d'Adonis. Il y a ainsi un premier pas en direction du « connais-toi toi-même ». Il est clair que ce pas reste insuffisant, car l'homme ne s'apparaît encore que sous la figure d'un autre, à savoir Adonis. Néanmoins, nous avons affaire ici à « la conscience de l'esprit concret à ses débuts »[4].

c) Aux Phéniciens tentés par la sensualité, Hegel oppose les Hébreux, qui vénèrent un Dieu relevant de la pensée pure. Comment analyse-t-il cependant la religion juive ? Il trouve en elle les traits d'une religion orientale dans la mesure où elle célèbre un Dieu sublime – car infiniment au-dessus de la création – et abstraitement unique. Pour lui, elle est par ailleurs étroitement associée à la nature. Car, dans le judaïsme, Dieu crée la nature, fait des miracles et promet une terre en récompense à la fidélité des hommes. De même, l'appartenance au peuple hébreu est affaire de naissance. Par ailleurs, la religion juive s'inscrit dans le monde perse : pour

1. *Leçons sur la philosophie de l'histoire*, *W* 12, 237, trad. p. 148.
2. *Cf.* Hérodote, *Histoires* 5, 58.
3. Cf. *PH* 1822-23, éd. cit. p. 266, trad. p. 325.
4. *Leçons sur la philosophie de l'histoire*, *W* 12, 245, trad. p. 152-153.

les Hébreux, Yahvé est, à l'instar de la lumière, un universel existant mais sans figure. Enfin, comme moment médian du monde perse, le peuple hébreu est exclusif : à ses propres yeux, dit Hegel, lui seul est élu, de sorte que les autres dieux ne sont que de faux dieux (cette haute idée que le peuple hébreu a de lui-même signalant seulement, dit Hegel, un « manque de culture » [1]).

Le judaïsme met en avant la création de la nature par Dieu. Toutefois, pour lui, les choses naturelles sont indépendantes et obéissent à des lois propres. En un mot, la nature hébraïque est dé-divinisée (*entgöttert*)[2]. Or c'est justement pour cette raison que la notion de miracle, comme exception au cours ordinaire de la nature, a un sens. Yahvé fait des miracles, mais non pas continûment. Dans la religion indienne à l'opposé, il n'y a pas encore de miracles parce que la nature, alors, est en proie au tourbillon et au rêve. Et il n'y en a plus dans la représentation moderne des « lois de la nature », car alors les choses sont appréhendées comme liées par une connexion nécessaire[3].

Face à Yahvé, l'homme éprouve un sentiment de crainte. Mais cette crainte, paradoxalement, est une libération à l'égard des intérêts finis : « La crainte du Seigneur est cette négation de sa négativité propre, l'acte de relever (*das Aufheben*) toute dépendance. L'affirmatif surgit alors par et dans la crainte du Seigneur. Cette négativité, infinie et telle qu'elle fait retour à soi, est l'affirmation pure. »[4]. La crainte débouche donc sur la foi, laquelle, dit Hegel, est digne d'admiration et se traduit par des victoires multiples et éclatantes[5]. En même temps cependant, le culte est un « dur service ». Dieu se comporte comme un maître qui réduit l'homme à la servitude[6]. La désobéissance se paie de sévères châtiments, tandis que l'obéissance est gratifiée d'une récompense toute matérielle, à savoir la terre promise. L'intériorité de l'homme n'est donc pas mobilisée[7]. Par

1. Cf. *ibid.*, *W* 12, 244, trad. p. 152.

2. *Ibid.*

3. Cf. *Leçons sur la philosophie de la religion* II, éd. cit. p. 331, trad. p. 264-265.

4. *Ibid.*, éd. cit. p. 344, trad. p. 271.

5. Cf. *ibid.*, éd. cit. p. 345, trad. p. 272. Hegel fait allusion aux victoires remportées par le peuple hébreu sur les habitants de Canaan, telles qu'elles sont relatées par exemple dans le Livre de Josué.

6. On songe de fait aux nombreux psaumes dans lesquels le juste se présente comme le serviteur de Yahvé (par exemple le Ps. 115 : « Ne suis-je pas, Seigneur, ton serviteur ? »), alors que Jésus, notamment dans l'épisode du lavement des pieds en Jn 13, met en cause la relation de servitude entre l'homme et le divin.

7. Cf. *Leçons sur la philosophie de la religion* II, éd. cit. p. 349, trad. p. 274-275.

ailleurs, la possession de la terre d'Israël n'est pas une propriété au sens fort du terme, car cette terre est inaliénable. L'absence de propriété privée comme caractère général du monde oriental est donc maintenue.

Comment Hegel analyse-t-il l'histoire du peuple hébreu ? On observe le passage classique d'un commencement familial et nomade (Abraham) à une période où le peuple est conduit par des héros (on songe évidemment à Moïse et aux juges), et enfin à un achèvement étatique et sédentaire (l'établissement à Jérusalem des rois d'Israël comme David et Salomon). Alors, le roi est choisi par des prêtres qui définissent les qualités qu'il doit posséder. La masse du peuple ne devient véritablement libre que dans ce troisième moment, lorsque le roi le gouverne conformément à sa volonté (les récriminations du peuple pendant l'exode traduisant en revanche, d'un point de vue hégélien, une situation politique inadéquate). Toutefois, après une période brillante, le peuple hébreu se divise en deux royaumes, celui de Samarie au nord et celui d'Israël au sud. L'un des deux royaumes est dès lors voué à l'idolâtrie, puisque le dieu unique ne peut être adoré dans plusieurs temples. Enfin, les deux royaumes tombent sous le joug des étrangers – celui des Assyriens pour la Samarie et celui de Babylone pour Israël[1]. Il n'en reste pas moins que le peuple hébreu représente le « renversement » du monde oriental, au sens où il assure le passage du primat de la nature au primat de l'esprit. Dans les formes précédentes de la religion de la nature, en effet, le divin apparaît sous une forme naturelle : le ciel, la lumière, etc. Désormais, la nature est subordonnée et les hommes adorent l'esprit. Certes, Yahvé n'est qu'un esprit abstrait, car il est dépourvu de négativité intérieure. Néanmoins, dans la puissance du Dieu juif, « toute l'extériorité est anéantie »[2].

L'empire achéménide : les Égyptiens

L'Égypte fut conquise par la Perse sous le règne de Cambyse. C'est ce qui justifie son insertion dans le monde perse. Certes, par de nombreux aspects, l'Afrique est présente dans l'esprit égyptien : « Nous rencontrons ici la solidité condensée de l'Afrique unie à l'infinie poussée [orientale] vers l'objectivité en soi. »[3]. Mais c'est l'élément oriental qui domine, au sens où l'Égypte associe des caractères qui apparaissent séparément dans les autres nations du monde perse : d'un côté la tendance à s'abîmer dans le sensible rencontrée chez les Babyloniens, de l'autre la conscience

1. Cf. *Leçons sur la philosophie de l'histoire*, *W* 12, 244, trad. p. 152.
2. *Leçons sur la philosophie de la religion* II, éd. cit. p. 325, trad. p. 261.
3. *Leçons sur la philosophie de l'histoire*, *W* 12, 255, trad. p. 158.

inchoative de l'esprit rencontrée chez les Phéniciens et surtout les Hébreux[1]. Pour autant, si ces traits se manifestent simultanément en Égypte, celle-ci ne parvient pas à les unifier véritablement : d'où son caractère essentiellement énigmatique.

L'esprit égyptien reste inscrit dans la sphère orientale par de multiples traits. En premier lieu, il demeure prisonnier de la nature. Par exemple, le divin est toujours associé à une réalité naturelle particulière, comme Osiris au Nil, de sorte que, religieusement, « nous nous trouvons encore ici au sein d'une intuition de la nature »[2]. Le soleil, emblème de l'Orient aux yeux de Hegel, continue d'ailleurs à jouer un rôle fondamental, comme le montre la statue colossale de Memnon, qui vibre au soleil levant[3]. Osiris est d'ailleurs le soleil en tant qu'il règle le cours du Nil[4]. En outre, la religion égyptienne reste zoolâtrique, et considère que l'âme humaine, après la mort, peut se réincarner dans un corps animal[5]. Puisqu'il ne s'appréhende que comme lié à la nature, l'esprit ne se connaît pas encore comme tel.

L'art égyptien, de même, reste symbolique au sens où un donné intuitif n'exprime pas une signification générale mais se trouve associé à une autre intuition particulière. On constate ce point, par exemple, chez le sphinx, mi-homme mi-lion. Comme on l'a dit, dans le symbole le spirituel n'apparaît pas à même le donné sensible, mais lui est simplement juxtaposé, il est un « autre » auquel le donné sensible renvoie. La progression relève donc du mauvais infini de l'association de pensée, il n'y a pas encore de généralité : « Osiris est le symbole du Nil et du Soleil, ce même symbole est symbole de la vie humaine, et, à l'inverse, ce dernier est à son tour le symbole du Soleil, du Nil, etc. »[6]. Du point de vue intellectuel, les Égyptiens en restent à l'intuition sensible, ce qui leur permet, plus qu'à nous, de sympathiser avec les animaux[7]. Ils en viennent même à considérer la vie animale comme supérieure à la vie humaine, ce qui est pour Hegel la preuve d'une superstition essentiellement « stupide » et « inhumaine »[8]. Alors que l'esprit grec se rapporte à *son* corps, l'esprit égyptien se rapporte à un corps contingent. L'agriculture et les activités para-agricoles (comme

1. Cf. *ibid.*, *W* 12, 245, trad. p. 152.
2. *PH* 1822-23, éd. cit. p. 280, trad. (mod.) p. 337.
3. Cf. *Cours d'esthétique* II, *W* 14, 282, trad. p. 270.
4. Cf. *PH* 1822-23, éd. cit. p. 282, trad. p. 339.
5. Cf. *Cours d'esthétique* II, *W* 14, 40, trad. p. 37.
6. *PH* 1822-23, éd. cit. p. 285, trad. p. 341.
7. Cf. *ibid.*, éd. cit. p. 287, trad. p. 343.
8. *Ibid.*, éd. cit. p. 289, trad. p. 345.

le creusement de canaux et l'édification de digues) sont au centre la civilisation égyptienne. L'architecture n'est pas non plus éloignée de la nature, puisque les pyramides ont la forme de cristaux. En définitive :

> Le spirituel n'est pas [...] devenu objet en tant qu'esprit libre, en tant qu'universel, mais il n'est apparu que comme une force particulière à côté de la force de la nature, comme [un être] particulier, également selon son contenu [1].

On trouve dans l'esprit égyptien, par ailleurs, de multiples traits perses. En particulier, dit Hegel, la religion égyptienne, dans la vénération d'Osiris, se rapporte à une puissance cosmique générale. De même, le Nil n'est pas, pour les Égyptiens, un fleuve particulier mais le principe de la nature. Pareillement, ce qu'ils adorent dans les animaux n'est autre que la vitalité en général [2]. En outre, de même que la religion perse oppose Ormuzd et Ahriman, la religion égyptienne oppose Osiris et Typhon [3]. L'esprit égyptien est dualiste à de multiples égards. Par exemple, « tout le pays se divise en un règne de vie et un règne de mort » [4]. Alors que le monde chinois est simple, et que le monde indien est à la fois pétrifié et tourbillonnant, le monde égyptien, comme le monde perse, associe des qualités opposées.

L'Égypte est fortement réglementée, mais, à la différence des Chinois, non pas sur un mode patriarcal, de sorte que ses habitants ont le sens de l'initiative [5]. D'ailleurs, chaque individu doit avoir des moyens de substance qui lui soient propres. La population égyptienne est divisée en castes. Mais ces castes ne sont pas rigides comme chez les Indiens, car l'on peut passer de l'une à l'autre. Hegel souligne par ailleurs le haut degré de connaissance des Égyptiens, notamment en matière de mathématique [6], ce qui les distingue encore une fois des Chinois et des Indiens. De même, il met en évidence leur ouverture d'esprit et leur vivacité [7], ainsi que leur

1. *Ibid.*, éd. cit. p. 294-295, trad. p. 349.

2. Cf. *Leçons sur la philosophie de la religion* II, éd. cit. p. 266, trad. p. 218-219 : « Le dieu n'est encore ici qu'une nature intérieure, la puissance en soi, et pour cette raison même la figure de cette puissance est contingente et arbitraire. Peu importe quelle figure, d'homme ou d'animal, est conférée à cette puissance [...]. La puissance est une intelligence qui [n']est active [que] de manière inconsciente [...] : elle n'est que [...] la vitalité inconsciente, la vie en général. Elle n'est toutefois pas la subjectivité, elle n'est pas un soi. »

3. *Cf.* Plutarque, *Isis et Osiris* 18.

4. *Leçons sur la philosophie de l'histoire*, *W* 12, 246, trad. p. 153.

5. Cf. *ibid.*, *W* 12, 255, trad. p. 158.

6. *Cf.* Aristote, *Métaphysique* A, 1, 981 b 24.

7. Cf. *PH* 1822-23, éd. cit. p. 281, trad. p. 338.

sagesse politique : « À cause de ces sages institutions, l'Égypte a été considérée par les Anciens comme le modèle d'un État moralement ordonné, à la manière d'un idéal. »[1]. Néanmoins, ils n'en sont restés qu'à des inventions particulières et se sont montrés incapables de s'élever à la pensée libre.

Quelle est cependant l'originalité de l'Égypte si on la compare aux autres moments de l'empire perse ? L'esprit accède à une première forme d'autonomie et de puissance. Osiris est la synthèse de la lumière perse et du Dieu unique des Hébreux. Si le Bien perse est quasi-naturel, et si Yahvé est abstrait, Osiris, quant à lui, est à la fois subjectif et incarné dans un corps. En outre, il meurt et ressuscite, vainquant sa propre finitude[2]. Il accède donc à une forme de plénitude – même si, bien entendu, Osiris reste inscrit dans la naturalité[3]. En outre, les Égyptiens sont les premiers à avoir cru en l'immortalité de l'âme[4]. Les pratiques d'embaumement des défunts expriment la conviction que l'individu ne se réduit pas à son existence extérieure mais doit également vivre dans le royaume des morts. Toutefois, remarque Hegel, l'immortalité ne signifie pas, pour les Égyptiens, que l'âme serait essentiellement autonome, ni qu'elle serait destinée à dépasser les intérêts particuliers de la vie finie. Elle implique simplement une existence indéfiniment durable. L'embaumement des morts montre que, pour eux, le corps continue d'avoir une valeur essentielle. C'est pourquoi cette croyance ne mérite, de notre part, qu'une estime limitée[5].

On note également, dit Hegel, que la religion égyptienne est l'une des premières à *représenter* ses dieux plutôt qu'à adorer des éléments naturels (la lumière) ou humains (l'empereur de Chine, le lama, le brahmane...). D'une certaine manière, le contenu même de la religion égyptienne exprime le fait que le dieu relève de la représentation. Car Osiris est tué et en vient à régner sur le royaume des morts : à ce titre, il n'appartient pas à l'expérience immédiate. Mais l'universalité d'Osiris reste déficiente, dans la mesure où il est dépourvu de connaissance de soi :

1. *Leçons sur la philosophie de l'histoire*, *W* 12, 255, trad. p. 157.

2. Cf. *Cours d'esthétique* I, *W* 13, 449, trad. p. 466 : « L'absolu devient pour la première fois concret en lui-même. »

3. Cf. *Leçons sur la philosophie de la religion* II, éd. cit. p. 267, trad. p. 220 : « Nous n'avons affaire qu'à une subjectivité première, dont le contenu ne peut pas être encore une sagesse et une justice infinie, car cette subjectivité appartient exclusivement à tel ou tel peuple et à telle ou telle localité. »

4. Cf. *PH* 1822-23, éd. cit. p. 301, trad. p. 354. *Cf.* Hérodote, *Histoires* 2, 123.

5. Cf. *ibid.*, éd. cit. p. 302, trad. p. 356.

> La subjectivité n'est présente que de manière abstraite en son assise [...]. Parce qu'elle n'est pas encore sue dans la profondeur de l'universalité, [...] elle reste une universalité contingente, superficielle et extérieure [1].

L'activité du peuple égyptien, dit Hegel, ne consiste pas à conquérir un empire mais à produire des œuvres d'art durables. Il est significatif, selon lui, que les travaux des Perses n'aient pas résisté au temps, alors qu'on peut encore aujourd'hui contempler les pyramides d'Égypte[2]. Toutefois l'esprit égyptien ne s'objective pas sous la forme d'individus ayant conscience d'eux-mêmes : d'où le caractère incomplet et problématique de ces représentations. On observe « une poussée travaillant dans son cercle propre, poussant infiniment vers l'objectivation en soi, sans cependant parvenir à la libre conscience de soi de l'esprit »[3]. Le principe de liaison est « fantastique » (*phantastisch*)[4] puisqu'il relie des choses en lesquelles il ne s'exprime pas. Les œuvres des Égyptiens sont essentiellement énigmatiques[5], au sens où, pour eux, le vrai est essentiellement un là-bas, un au-delà (*ein Drüben*)[6]. Hegel interprète la vie égyptienne comme un dur combat pour accéder à la vérité – un combat qui cependant n'est jamais couronné de succès. Alors que les Indiens sont essentiellement des renonçants, et vont jusqu'à se donner la mort, les Égyptiens supportent vaillamment l'effort, quand bien même il est vain. C'est en cela, dit Hegel, que les Égyptiens sont Africains[7]. La lutte pour la liberté spirituelle s'exprime notamment dans ces extraordinaires travaux par lesquels les Égyptiens transportent et façonnent d'immenses masses rocheuses pour la construction de leurs pyramides.

Hegel ne cesse d'insister sur le manque d'intelligibilité de l'Égypte. Il mentionne les difficultés qu'eut Hérodote à s'instruire sur le pays. Par ailleurs, les Égyptiens ne disposent pas de littérature nationale (ils ont en tout et pour tout un unique chant, le *maneros*, appelé *linos* par les Grecs[8]), preuve supplémentaire de leur incapacité à accéder à la conscience de soi. Nombre de leurs œuvres sont déconcertantes, à l'exemple du labyrinthe du lac Moeris[9]. Surtout, les Égyptiens ont pour écriture d'impénétrables

1. *Leçons sur la philosophie de la religion* II, éd. cit. p. 522-523, trad. p. 378.
2. Cf. *Leçons sur la philosophie de l'histoire*, *W* 12, 265, trad. p. 163.
3. *PH* 1822-23, éd. cit. p. 280, trad. p. 337.
4. Cf. *ibid.*, éd. cit. p. 282, trad. p. 338.
5. Cf. *ibid.*, éd. cit. p. 288, trad. p. 344.
6. Cf. *ibid.*, éd. cit. p. 29, trad. p. 346.
7. Cf. *ibid.*, éd. cit. p. 297, éd. cit. p. 351.
8. Cf. Hérodote, *Histoires* 2, 79.
9. Cf. *ibid.*, 2, 148.

hiéroglyphes. Certes, ceux-ci sont en passe d'être déchiffrés (Hegel évoque les recherches de Thomas Young et de Champollion [1]), mais il est à prévoir, dit-il, qu'alors ils ne nous donneront à lire que d'incompréhensibles messages :

> La plupart des représentations sont de nature religieuse, elles sont énigmatiques et expriment [...] seulement la tâche, la poussée visant à résoudre les énigmes. Les grandes découvertes récentes ne nous ont pas beaucoup fait avancer dans la compréhension des hiéroglyphes égyptiens. Nous n'avons pas encore pu renoncer à l'espoir de trouver de véritables œuvres de la langue, mais même ces dernières, leur contenu, ne seraient jamais autre chose que ce que les œuvres d'art nous représentent. [Même si nous réussissions à déchiffrer les hiéroglyphes] les énigmes que l'esprit égyptien s'est posées à lui-même demeureraient toujours des énigmes et ne deviendraient jamais entièrement claires pour nous [2].

L'énigme – qui est tout aussi bien celle que le sphinx pose à Œdipe le Grec – ne correspond pas à un savoir occulté par celui qui formule la question, mais à un savoir non disponible. L'Égypte en reste à l'ingénuité orientale, car, si elle présente des formes spirituelles ayant une puissance générale, celles-ci demeurent inscrites dans la réalité naturelle. En même temps, l'Égypte aspire à s'affranchir de la naturalité. Alors qu'en Grèce l'esprit se réconcilie avec la nature en faisant d'elle le matériau plastique de sa manifestation, en Égypte on assiste à la lutte interminable de l'un contre l'autre : « Nous voyons la contradiction de la nature et de l'esprit et non l'unité immédiate, ni même l'unité concrète où la nature n'est posée que comme terrain pour la manifestation de l'esprit. » [3]. C'est pourquoi l'Égypte est le moment de l'embarras en même temps que de la servitude. Elle a pour emblème l'inscription associée à la déesse Neith dans le temple de Saïs : « Je suis ce qui est là et ce qui était, aucun mortel n'a soulevé mon

1. Cf. *Leçons sur la philosophie de l'histoire*, *W* 12, 247, trad. p. 153-154. *Cf.* aussi *Cours d'esthétique* II, *W* 14, 294, trad. p. 281.

2. *PH* 1822-23, éd. cit. p. 299, trad. p. 353.

3. *Leçons sur la philosophie de l'histoire*, *W* 12, 270, trad. p. 165. *Cf.* aussi *Cours d'esthétique* I, *W* 13, 449, trad. p. 466 : « À cause de leur abstraction, les significations rencontrées jusqu'à présent en rest[ent] à l'indétermination pure et simple, à l'absence de figure, ou bien, lorsque inversement elles progress[ent] vers la déterminité, coïncid[ent] immédiatement avec l'exigence naturelle, voire s'engage[nt] dans une lutte de la configuration qui ne débouchaient sur aucun repos ni sur aucune réconciliation. »

vêtement, mon voile. »[1]. Seule la Grèce arrache le voile de l'ignorance et accède au « connais-toi toi-même »[2].

1. Cf. *PH* 1822-23, éd. cit. p. 310, trad. p. 362.

2. Cf. *ibid.* On retrouve ici un thème herdérien, même si Herder reproche à la Grèce sa superficialité, ce qui n'est nullement le cas de Hegel : « À la religion de l'Orient, son voile sacré fut enlevé [en Grèce] [...]. La sagesse orientale, enlevée au rideau des mystères, devint beau bavardage, système et dispute des écoles et des marchés de la Grèce » (*Une autre philosophie de l'histoire*, *SW* V, 497, trad. p. 64).

CHAPITRE XI

LA BELLE LIBERTÉ GRECQUE

Pour Hegel, le monde grec est à l'histoire ce que l'adolescence est aux âges de la vie. Cette analogie a une signification chronologique, puisque le monde hellénique succède aux empires orientaux (puérils) et précède l'empire romain (pleinement adulte). Mais elle renvoie aussi à l'imaginaire de l'adolescence. Pour Hegel, de même que le jeune homme vit dans l'idéal, la Grèce échappe aux contraintes prosaïques de l'existence. Elle s'adonne au loisir, rendu possible par le travail des esclaves, et pratique ces activités désintéressées que sont l'art et les jeux sportifs. Enfin, elle possède la beauté et l'énergie de la jeunesse – lesquelles cependant sont vouées à s'étioler, puisque, comme on le voit chez Achille et Alexandre mais aussi dans la brièveté de la splendeur athénienne, l'esprit grec périt dans la fleur de l'âge.

La Grèce fait l'objet d'une double analyse chez le Hegel des *Leçons sur la philosophie de l'histoire*. D'une part, elle constitue le commencement du cycle Grèce-Rome-monde germanique. En tant que point de départ, elle se caractérise par sa *simplicité* native : sa « plasticité » et son caractère « poétique » l'opposent alors au prosaïsme romain, comme deuxième moment, et à la liberté concrète du monde germanique, comme troisième moment. D'autre part, elle partage avec Rome un statut *dissocié* : d'où son caractère multiple et extérieurement individualisé. Le couple Grèce-Rome s'oppose ici à l'immédiateté orientale et à la totalité germanique. Ce double principe d'interprétation confère au discours hégélien une grande complexité. L'enthousiasme de Hegel pour le monde grec a quelque chose d'étrange du point de vue de l'économie du système, car la Grèce n'est en aucune manière un achèvement et reste une simple étape du progrès historique. À l'évidence, cette valorisation du monde hellénique est un trait d'époque, à associer notamment aux écrits de Winckelmann, de Schiller, de Friedrich Schlegel et de Wilhelm von Humboldt. Certes, Hegel n'a aucune nostalgie de la Grèce et ne considère pas qu'un retour à la civilisation grecque soit souhaitable ni même possible. Néanmoins, il fait de la Grèce un sommet de l'histoire. En même temps, la perfection de la Grèce la rend d'une certaine manière inhumaine. L'histoire post-hellénique, davantage marquée par la contingence et la prise en charge de la finitude, sera caractérisée par un « retour à soi » de l'humain.

LES CARACTÈRES GÉNÉRAUX DE L'ESPRIT GREC

Individualité, substantialité, assujettissement de la naturalité

Pour Hegel, la Grèce est le pays de la diversité, de l'unité seulement superficielle ou passagère. Ce point se marque d'abord dans sa géographie, puisqu'elle est morcelée en un chapelet d'îles et de territoires cernés par la mer. Le caractère fragmenté de l'espace grec s'oppose au caractère massif de l'espace chinois, vaste continent où tout se tient. De même, on ne trouve en Grèce aucun de ces grands fleuves qui, comme en Inde ou dans le monde perso-égyptien, font à chaque fois de la contrée qu'ils traversent un unique bassin. Par ailleurs, d'un point de vue politique, la Grèce est constituée de populations distinctes et de cités rivales, liées seulement par des jeux et des sanctuaires communs : « Il n'existe aucun pouvoir despotique qui aurait uni cette multitude, comme c'est le cas en Asie. » [1]. Alors que, d'un point de vue hégélien, chaque peuple oriental est homogène (y compris dans l'empire perse, puisque ses divers peuples ne se mélangent pas), le peuple grec est hétérogène, et ceci aussi bien en raison des migrations étrangères qui ont contribué à sa formation qu'en raison de la diversité de ses tribus autochtones : « Le commencement de la vie grecque nous montre un mélange (*Gemisch*), un métissage (*Durchkreuzen*) et une migration (*Durchwandern*) de tribus et de peuples, dont nous ne savons pas dans quelle mesure ils étaient de nature grecque, et de tribus, dont nous savons que leur nature n'était absolument pas grecque. La naissance du peuple athénien – d'Athènes, où se trouve le sommet de l'esprit grec — provient du fait qu'il était un refuge pour des individus de différentes tribus, de

1. *PH* 1822-23, éd. cit. p. 329, trad. p. 378. *PH* Heimann, p. 136, souligne par ailleurs qu'il n'y a aucun centre politique en Grèce.

familles et de peuples les plus divers. »[1]. Corrélativement, les populations grecques sont mobiles, et leurs membres se répandent aussi bien sur les mers que sur les continents. Le monde grec est essentiellement pluriel. Il est le lieu de l'individualité extérieure, au sens où les hommes se définissent par leurs différences réciproques. Il incarne donc cette forme unilatéralement objective de la liberté qu'est l'indépendance.

La Grèce est en outre caractérisée par la substantialité, au sens où les individus savent et veulent ce qui est essentiel. Elle échappe à ce titre à la superficialité du monde oriental. Les hommes grecs, courageux et énergiques (*mutig und selbstkräftig*[2]), ne sont pas submergés par leurs sentiments, ni n'en restent aux impressions sensibles : au contraire, leur vouloir a d'emblée une dimension éthique et leur sagesse est digne d'éloge. Ils ont certes des passions, comme on le constate par exemple chez Achille ou Alexandre – mais ce sont des passions de haut rang. C'est pourquoi, si l'homme grec, à la différence du chrétien, ne se rapporte pas à l'universel et ne s'assigne aucun devoir abstrait, il n'est pas non plus l'esclave d'inclinations contingentes :

> Ce que nous appelons [...] conscience morale n'a pas encore trouvé sa place ici. L'homme grec agit certes souvent à partir de sa propre passion, qu'elle soit bonne ou mauvaise, mais le pathos authentique qui [...] l'anime [...] vient des dieux, dont le contenu et la puissance sont l'universel d'un tel pathos[3].

Hegel fait de l'esprit grec un esprit essentiellement individualiste : « L'individu en tant que tel n'est plus illégitime, dépourvu de droits, et il ne doit plus disparaître dans le tout. »[4]. On songe ici, évidemment, aux héros homériques et aux personnages des tragédies classiques. Car, au lieu d'armées luttant en masse, Homère présente des guerriers engagés dans des combats singuliers. De même, les auteurs tragiques mettent en scène des individus solitaires – une solitude soulignée par le chœur, qui commente l'action sans y participer. Cependant, l'individualisme grec n'a rien de superficiel, puisque aussi bien les héros d'Homère que les personnages

1. *Ibid.*, éd. cit. p. 319, trad. p. 370. Cette insistance sur le caractère mêlé du peuple grec est d'autant plus étonnante, à dire vrai, que l'autochtonie constitue un thème fondamental de la compréhension qu'ont les Grecs d'eux-mêmes, et notamment les Athéniens. *Cf.* N. Loraux, « L'autochtonie : une topique athénienne. Le mythe dans l'espace civique », *Annales. Économies, Sociétés, Civilisations*, 1979, n° 1, p. 3-26.

2. *PH* Heimann, p. 122.

3. *Cours d'esthétique* II, *W* 14, 52, trad. p. 49.

4. *PH* 1822-23, éd. cit. p. 329, trad. p. 378.

tragiques ont une force d'âme qui leur permet d'affronter l'adversité sans faiblir.

C'est dans la même perspective que Hegel analyse la religion grecque. La religion est polythéiste, caractérisée par un divin dissocié en une multiplicité de figures. Néanmoins, le contenu de chacune d'entre elles est substantiel, dans la mesure où chaque dieu a des traits originaux et la maîtrise d'un domaine propre[1].

En somme, les Grecs se caractérisent chacun par une individualité à la fois *différenciée* et telle qu'elle présente un *contenu objectif*. Comme nous le verrons plus loin, c'est justement la sagesse et l'attachement spontané des individus au bien commun qui, à l'époque classique, rend possible la démocratie. Les chefs grecs, quant à eux, ne tirent leur légitimité ni des sentiments d'amour ou de crainte qu'ils inspirent (comme chez les Orientaux) ni de la fidélité librement décidée des citoyens au chef ou à l'État (comme chez les peuples germaniques), mais de leur valeur personnelle[2]. Ainsi, Périclès s'impose au peuple athénien par sa supériorité intellectuelle et morale[3].

Par ailleurs, l'esprit grec se caractérise par sa clarté et son intelligibilité, ce qui le distingue de l'esprit oriental, obscur et énigmatique. Ce dernier ne se connaît pas lui-même parce qu'il n'accède pas à la conscience de ce qui l'oppose à la nature. En revanche, l'esprit grec sait ce qui le distingue de son autre (même si, comme on le verra, il ne se saisit pas en sa libre subjectivité). Hegel ne se lasse pas de rapporter l'épisode du sphinx – monstre égyptien et à ce titre oriental[4] – posant à Œdipe le Grec la question : qu'est-ce qui, le matin, marche sur quatre pattes, à midi sur deux et enfin, le soir, sur trois ? Le sphinx formule le problème précisément parce qu'il n'en connaît pas la solution. En revanche Œdipe connaît le mot de l'énigme : c'est lui-même, l'homme grec, et, par cette réponse, précipite le sphinx dans l'abîme. Victoire de la clarté sur l'obscurité[5]. Le fait que les Grecs inscrivent au fronton du temple de Delphes le commandement du « Connais-toi toi-même » montre, à la fois, qu'ils accèdent à la conscience

1. Cf. *Leçons sur la philosophie de la religion* II, éd. cit. p. 361, trad. p. 279.

2. Cf. *PH* 1822-23, éd. cit. p. 325-26, trad. p. 375. *Cf.* aussi *PH* 1822-23, éd. cit. p. 327, trad. p. 377 : « Ce n'est pas le pouvoir royal en lui-même qui est honoré [chez les Grecs]. »

3. Cf. *PH* 1822-23, éd. cit. p. 377, trad. p. 416.

4. Hegel est ici victime de la confusion par laquelle les Grecs baptisèrent « sphinx » la statue de Sésostris, gardien de la pyramide de son père Chéops, une confusion qui amène Hegel à soutenir que le monstre auquel s'oppose Œdipe est une divinité de type oriental.

5. Cf. *Cours d'esthétique* I, *W* 13, 465-466, trad. p. 483-484.

de soi et font de l'approfondissement de leur identité l'enjeu de leur *Bildung*[1].

L'esprit apparaît donc dans toute sa gloire, et les Grecs ont à cœur d'afficher leur excellence. Ils ne se satisfont pas de l'expérience intérieure de leur valeur mais tendent à la manifester publiquement. Si, à la différence par exemple des Perses tels que les présente Hérodote, ils méprisent les parures, en revanche ils tiennent à démontrer leur excellence dans des joutes physiques ou verbales :

> Les Grecs possèdent une trop forte individualité, les individus grecs avaient une vitalité trop exacerbée pour s'astreindre à porter des parures extérieures et être capables de s'en contenter. Ils ont déjà très tôt manifesté un sentiment de soi, consistant à s'estimer eux-mêmes. Les individus doivent cependant faire la preuve de ce qu'ils sont seulement pour eux-mêmes, ils doivent le montrer et le faire reconnaître auprès des autres. Cela se manifeste tôt chez les Grecs sous la forme d'une compétition pacifique[2].

De même, alors que le dieu oriental est dissocié entre une signification générale et une expression concrète qui sont simplement accolées l'une à l'autre, le dieu grec apparaît en personne, de sorte qu'il y a une relation nécessaire entre son essence et son existence donnée. Il exprime lui-même ce qu'il est : « Signification et représentation sensible, intérieur et extérieur, chose et image ne sont plus dès lors distincts l'un de l'autre et ne se donnent pas pour simplement apparentés comme dans le symbolique à proprement parler, mais se donnent comme un tout »[3].

L'esprit grec est « pour soi » au sens où il s'oppose à ce qui n'est pas lui, à savoir la nature. Telle est la signification fondamentale de la victoire continue de la Grèce contre l'Asie depuis l'expédition en Troade et les guerres médiques jusqu'aux conquêtes d'Alexandre : alors que l'Asie reste engloutie dans la naturalité, la Grèce s'en assure la maîtrise. Révélatrice est par exemple la transition de la Cybèle-Artémis d'Asie mineure, protectrice des animaux et symbole de fécondité, à l'Artémis grecque, chaste et chasseresse. Selon Hegel, de nombreuses représentations religieuses sont d'origine asiatique, mais elles sont alors transformées en représentations proprement spirituelles. On note par exemple l'abandon de toute zoolâtrie au profit d'un anthropomorphisme généralisé. De même, un des éléments

1. *Cf.* le *Fragment de 1822-25 sur la philosophie de l'esprit subjectif*, *GW* 15, 208, trad. p. 588.

2. *PH* 1822-23, éd. cit. p. 335, trad. p. 384. On songe ici au *kleos* homérique et à l'*agon* comme lutte de prestige.

3. *Cours d'esthétique* I, *W* 13, 406, trad. p. 419.

fondamentaux de la religion grecque est la gigantomachie, le combat des dieux conduits par Zeus, le «dieu politique», contre les Titans comme puissances naturelles (Ouranos le ciel, Gaïa la terre, Séléné la lune, Hélios le soleil…). Ces derniers sont renversés de leurs trônes et exilés aux confins de la terre: «L'esprit libre l'est quand il se rend libre, quand il surmonte la nature. L'esprit grec transforme quelque chose de trouvé-là et se produit à partir de lui.»[1].

Beauté, sérénité, disposition d'esprit démocratique

Hegel analyse la Grèce à partir des thèmes de la juste mesure (*to metrion*) et du «rien de trop» (*méden agan*), de l'équilibre et de l'harmonie. Par exemple, l'homme en a fini avec la nature asiatique, sublime et écrasante. On ne trouve en Grèce ni montagne ni désert infranchissables. Bien plutôt, l'espace grec est facile à parcourir, car la mer y relie les différentes portions du territoire[2]. En outre, les Grecs à la différence des Romains, ne se livrent ni aux guerres de conquête, ni aux guerres de vengeance[3].

Parce qu'il idéalise le sensible, l'art grec est beau. Il ne reproduit pas les défauts accidentels des corps mais représente des individus élevés au-dessus de toute contingence[4]. Il présente une humanité idéale, «purifiée dans son objectivité des infirmités de la finitude»[5]. (C'est d'ailleurs pourquoi, prenant ironiquement le contre-pied de Xénophane[6], Hegel soutient que la religion, chez les Grecs, n'est pas vraiment anthropomorphique, puisque leurs dieux ne présentent pas une forme humaine

1. *PH* Heimann, p. 117.

2. Cf. *PH* 1822-23, éd. cit. p. 318, trad. p. 369.

3. Cf. *ibid.*, éd. cit. p. 333, trad. p. 382. *Cf.* aussi *ibid.*, éd. cit. p. 332, trad. p. 381 : «Les Grecs n'ont pas été conquis, pas plus qu'ils n'ont conquis d'autres pays.» Hegel a peut-être songé au texte dans lequel Plutarque projette sur Alexandre un idéal cosmopolitique : « Son dessein ne fut pas de courir fourrager l'Asie, comme un capitaine de larrons ; ni de la saccager et de la piller, comme si une félicité inespérée eût résidé dans le ravage et le butin. […] Sa volonté fut de rendre toute la terre habitable sujette à une même raison, et tous les hommes, citoyens d'un même État et d'un même gouvernement.» (*Sur la fortune ou la vertu d'Alexandre* I, 8)

4. Cf. *Cours d'esthétique* II, *W* 14, 364-365, trad. p. 346-347.

5. *Ibid.*, *W* 14, 20, trad. p. 17.

6. *Cf.* le fragment B 15 de Xénophane, directement évoqué dans l'Introduction de *L'histoire de la philosophie*, éd. cit. p. 74, trad. p. 74. *Cf.* aussi *Cours d'esthétique* II, *W* 14, 23, trad. p. 21.

commune mais une forme humaine magnifiée[1].) Plus généralement, tout individu veut que son apparence et son comportement soient les témoignages sensibles de son excellence :

> L'homme [grec] a eu de la valeur, il avait de la dignité pour autant seulement qu'il faisait de sa propre personne une apparition phénoménale du beau, qu'il était parvenu, par son activité, à former une belle figure[2].

Comme on le sait, dans la postérité de Johann Joachim Winckelmann (1717-1768), le monde cultivé germanique s'enthousiasme pour la Grèce, en laquelle il voit l'un des sommets de l'esprit humain. Alors que, chez les classiques français par exemple, l'art grec est valorisé pour son aptitude à représenter la nature éternelle de l'homme, Winckelmann et ses successeurs reconnaissent à la Grèce le mérite d'avoir représenté une beauté idéale[3]. Cet idéal se caractérise notamment par la « noble simplicité » (*edle Einfalt*) et la « calme grandeur » (*stille Grösse*) des personnages représentés[4]. Un exemple fameux est fourni par l'analyse du Laocoon, cette statue découverte à Rome au début du XVIe siècle et exposée au Vatican – en fait la copie romaine d'une statue rhodienne du premier siècle avant notre ère. Le groupe représente le prêtre troyen Laocoon qui a tenté de dissuader ses compatriotes de faire entrer dans la ville le cheval de bois dans lequel les Achéens sont dissimulés. C'est alors que deux serpents surgissent de la mer et l'étouffent avec ses enfants. Or la statue montre que les personnages, malgré la douleur, conservent une entière dignité. À l'opposé, le récit de l'épisode fourni par Virgile dans l'*Enéide* insiste sur l'horreur de la scène et les cris déchirants de Laocoon et de ses fils. Il y a donc lieu, aux yeux de Winckelmann, d'opposer, à l'outrance *romaine* (et, plus lointainement, moderne), la puissance expressive de l'art *grec*, qui présente, « même en proie aux passions les plus violentes, une âme grande

1. Cf. *PH* 1822-23, éd. cit. p. 343-344, trad. p. 390. *Cf.* Schiller, « Les dieux de la Grèce » (1788), v. 191-192 : « Comme les dieux étaient plus humains, les hommes étaient plus divins. »

2. *PH* 1822-23, éd. cit. p. 341, trad. p. 388.

3. Winckelmann oppose par exemple l'art hollandais et l'art grec en ces termes : « La première démarche consiste à faire une copie ressemblante, un portrait, c'est la voie qui conduit aux formes et figures des Hollandais. La seconde est la voie qui conduit au beau universel et à ses images idéales : c'est la voie qu'ont suivie les Grecs. » (*Réflexions sur l'imitation des œuvres grecques en peinture et en sculpture*, trad. p. 26. Nous devons ce rapprochement à J. Darriulat.)

4. Winckelmann, *Réflexions*, trad. p. 38. Sur l'origine de cette caractérisation chez De Piles et Du Bos, *cf.* E. Décultot, *Johann Joachim Winckelmann*, Paris, P.U.F., 2000, p. 297.

et toujours égale à elle-même »[1]. Hegel reprend et développe cette thématique, en évoquant, à propos de l'art grec, l'harmonie imperturbable de la libre individualité dont l'existence est adéquate, sa satisfaction (*Befriedigung*), sa sérénité (*Heiterkeit*) et sa félicité (*Seeligkeit*) qui demeurent jusque dans la douleur et le malheur[2].

La beauté grecque, pour lui, consiste à investir le donné naturel d'un sens spirituel. Alors que l'art oriental, symbolique, consiste à *juxtaposer* le sens spirituel et le donné naturel (par exemple, le sphinx égyptien est composé d'une tête d'homme et d'un corps de lion), l'art classique fait du sens le *fondement* du sensible. L'art oriental, comme on l'a vu, présente un esprit et une existence sensible (un « être-là ») qui sont étrangers l'un à l'autre : l'être-là de l'esprit est non pas gouverné (« posé ») par l'esprit mais contingent, et la signification de la figure sensible ne constitue qu'un aspect de celle-ci[3]. À l'opposé, dans l'art grec, l'esprit se manifeste tel quel dans le corps, et fait sien ce dernier en l'investissant de manière complète. L'esprit grec fait de la nature l'expression extérieure de l'intériorité spirituelle : « L'esprit [...] ressort tout entier dans la corporéité et peut s'identifier complètement à elle. »[4].

S'appuyant sur les analyses du médecin hollandais Petrus Camper (1722-1789)[5], Hegel établit ce point notamment à partir de la géométrie du profil des statues grecques. Ce profil est en effet caractérisé par une ligne presque droite ou légèrement recourbée qui joint le front au bas du visage, et par un angle presque droit avec une ligne que l'on peut tirer depuis la racine du nez jusqu'au canal de l'oreille. Dans cette conformation, dit Hegel, le front, partie théorique et désintéressée, s'avance, tandis que le nez et la bouche, parties pratiques et utilitaires, se retirent. Un tel profil est à opposer à celui des animaux, chez lesquels en revanche le museau est en saillie, et la mâchoire (qui broie) et le nez (qui flaire) forment la partie proéminente – exprimant ainsi la priorité que l'animalité accorde aux besoins naturels. Les figures de la statuaire grecque sont donc, quant à elles,

1. Winckelmann, *Réflexions*, trad. p. 34. Hegel reprend l'analyse de Winckelmann, même s'il juge que le *Laocoon*, par son maniérisme, appartient à la statuaire grecque tardive : cf. *Cours d'esthétique* II, *W* 14, 435, trad. p. 410-411.

2. Cf. *Cours d'esthétique* II, *W* 14, 24, trad. p. 22.

3. Cf. *ibid.*, *W* 14, 21, trad. p. 18.

4. *Ibid.*, *W* 14, 22, trad. p. 20. On ne peut que songer ici à Schiller. *Cf.* sa lettre du 8 février 1793 à Körner : « La beauté n'est rien d'autre que la liberté dans le phénomène. »

5. *Cf.* sa *Dissertation sur les traits caractéristiques du visage de différents peuples* (1777), et sa *Dissertation sur les variétés naturelles qui caractérisent la physionomie des hommes des divers climats et des différents âges* (1791).

exemptes d'animalité et affranchies des déficiences contingentes que présentent les corps humains «réels». Cette statuaire a quelque chose d'intemporel et d'impersonnel, elle n'est en désaccord ni avec elle-même, ni avec son environnement. Elle a pour fond l'essentiel et l'invariable, et non l'accidentel ou le passager.

Ainsi, la nature à laquelle l'homme grec se rapporte n'est pas la nature immédiate, telle qu'elle est donnée, mais une nature idéalisée, au sens où elle est transformée en quelque chose d'essentiel. Le sensible n'est pas abandonné à son insignifiance originaire mais sert à l'expression d'un sens de haute teneur. C'est pourquoi, si les grecs vivent dans la jouissance, celle-ci n'a rien de grossier mais est au contraire expressive de leur excellence. Dans les jeux, les chants et les danses, l'homme fait de son corps le parfait instrument de l'esprit. Nous n'avons plus affaire à un sérieux factice, lié aux besoins vitaux et aux tâches productives, mais à ce sérieux authentique par lequel l'homme, jusque dans ses plaisirs, manifeste sa liberté[1]. De même, la religion grecque ne se traduit par aucune privation ni aucune tristesse, dans la mesure où les sacrifices consistent en libations et en festins. Cependant ces réjouissances, loin d'être impies, expriment l'union amicale des hommes et des dieux[2].

On peut encore ici évoquer la notion de plasticité, du grec *plassein*: « façonner », que Hegel associe fréquemment au monde grec[3]. Elle renvoie à l'adéquation non pas pensante mais sensible de l'universel et du particulier. La plasticité nomme, à la fois, le caractère substantiel de l'esprit grec et son inscription dans la nature[4]. Par sa plasticité, celui-ci s'oppose

1. Il est inutile d'insister sur ce que cette valorisation des jeux grecs doit à Schiller. Pour revenir à la question de la statuaire, *cf.* cette analyse de la Quinzième des *Lettres sur l'éducation esthétique de l'homme :* les Grecs « effaçaient du front des immortels bienheureux l'expression de sérieux et d'effort qui ride les joues des hommes et ils ne leur donnaient pas celle de plaisir vide qui dans un visage insignifiant en supprime les plis ; ils affranchissaient ceux qui vivent dans la béatitude éternelle des chaînes inséparables de toutes les fins, de tous les devoirs et de tous les soucis. » (trad. p. 223)

2. Cf. *Leçons sur la philosophie de la religion* II, éd. cit. p. 77-78, trad. p. 84.

3. Hegel présente régulièrement les Grecs comme des individus « plastiques ». *Cf.* par exemple, à propos de Périclès, *PH* 1822-23, éd. cit. p. 384, trad. p. 422.

4. *Cf.* par exemple *Science de la logique*, *W* 5, 240, trad. p. 219. *Cf.* l'analyse de C. Malabou, *L'Avenir de Hegel*, Paris, Vrin, 1996. La notion de plasticité est sans doute à rapporter, entre autres choses, à cette affirmation de Périclès dans l'*Oraison funèbre* restituée par Thucydide : « À considérer les individus, le même homme sait plier son corps à toutes les circonstances avec une grâce et une souplesse (*eutrapelôs*) extraordinaires. » (*Guerre du Péloponnèse* 2, 41) Comme on le verra plus loin, on trouve aussi la notion de plasticité chez Schiller.

aussi bien à l'esprit oriental, soumis à la contingence, qu'à l'esprit chrétien, entièrement intériorisé. Cette propriété s'exprime par exemple dans le discobole de Myron, plusieurs fois cité par Hegel, qui dompte « physiquement » la nature mais non pas « intellectuellement » – ce que feront les européens modernes, par exemple grâce à la connaissance des lois de la cinétique.

L'influence de Schiller s'affirme non moins que celle de Winckelmann dans les écrits de Hegel. Schiller dépasse l'abord principalement esthétique de Winckelmann pour insister sur la noblesse morale des Grecs. Prenant appui sur l'exigence de *kalokagathia*[1] comme excellence aussi bien morale que physique, il souligne le caractère équilibré de l'homme grec. À la différence de l'homme moderne, explique-t-il par exemple dans l'essai *Sur le pathétique*, le Grec ne refoule pas ses penchants sensibles[2]. La sensibilité et la raison, le devoir et l'inclination s'allient harmonieusement en lui, sans contrainte ni raideur. D'un côté, l'homme grec satisfait ses tendances sensibles, de l'autre nulle de celles-ci n'est dépourvue de spiritualité : « Or ce sens délicat des Grecs, qui invariablement ne tolère le matériel qu'accompagné du spirituel, ignore tout mouvement volontaire en l'homme qui n'appartiendrait qu'à la seule sensibilité sans être en même temps l'expression d'un esprit moralement ressentant. »[3]. Ainsi, montre-t-il encore dans les *Lettres sur l'éducation esthétique de l'homme*, toute la dignité de la sagesse et toutes les séductions de l'art s'associent chez les Grecs, de sorte qu'ils sont à la fois délicats et énergiques, doués d'esprit philosophique et de force plastique, indépendants et capables de se mettre au service de la collectivité[4]. L'homme grec illustre la notion de « belle âme », au sens de l'individu qui trouve du plaisir à accomplir son devoir[5].

1. Sur ce thème, *cf.* W. Jaeger, *Paideia, la formation de l'homme grec*, tome I : « La Grèce archaïque, le génie d'Athènes », trad. fr. d'A. et S. Devyver, Paris, Gallimard, 1964. Le point est aussi souligné par F. Beiser, *Schiller as philosopher. A Re-examination*, Oxford, Oxford University Press, 2005, p. 85 *sq*.

2. *Cf.* Schiller, *Sur le pathétique*, NA XX, 192, trad. fr. par N. Briand, dans Schiller, *Textes esthétiques*, Paris, Vrin, 1998, p. 152 : « Jamais le Grec n'a honte de la nature, il laisse à la sensibilité tous ses droits et est pourtant sûr qu'il ne lui sera jamais assujetti. »

3. Schiller, *Grâce et dignité*, NA XX, 255, trad. *ibid.*, p. 16.

4. *Cf.* Schiller, *Lettres sur l'éducation esthétique de l'homme*, Lettre VI, trad. p. 120-123.

5. *Cf.* Schiller, *Grâce et dignité*, NA XX, 288, trad. *ibid.*, p. 42 : « C'est donc dans une belle âme que la sensibilité et la raison, le devoir et l'inclination s'allient harmonieusement, et la grâce est son expression dans le phénomène. » La belle âme schillérienne ne doit cependant pas être confondue avec la belle âme telle qu'elle est présentée dans la *Phénoménologie*, où, dans la filiation de Jacobi (*Allwill* et *Woldemar*), elle renvoie à l'individu qui se refuse à agir pour éviter toute déterminité et toute impureté (cf. *W* 3, 483-484, trad. p. 547).

L'idée selon laquelle, chez les Grecs, nature et liberté s'unissent harmonieusement, de sorte que le sensible est l'organe d'expression de la liberté est donc un thème schillérien décisif :

> Pour le Grec, la nature n'est jamais simplement nature, c'est pourquoi il n'a pas non plus à rougir de la vénérer. [...] La nature et la moralité, la matière et l'esprit, la terre et le ciel s'unissent dans ses créations poétiques d'une façon merveilleusement belle. Il introduisit la liberté, dont l'Olympe est l'unique domicile, également dans l'activité de la sensibilité et on lui pardonnera en échange d'avoir fait entrer la sensibilité dans l'Olympe [1].

Pour Hegel, de même, sensibilité et intelligibilité ne sont plus dissociées mais s'entre-expriment : « La beauté classique a pour intérieur propre la signification libre, autonome, autrement dit non pas la signification d'une chose quelconque, mais ce qui se signifie soi-même et par là s'interprète également soi-même. » [2].

Par ailleurs, pour Hegel, le régime politique en Grèce est essentiellement démocratique, quand bien même la démocratie se réalise de manière différenciée d'une cité à l'autre. Même à Sparte, où nous trouvons pourtant « presque une aristocratie et une oligarchie », « l'assise était bien démocratique » [3] puisque les hommes sans fortune pouvaient accéder à la magistrature. Au-delà du régime lui-même, c'est la disposition d'esprit de l'homme démocratique qui intéresse Hegel. Cette disposition se définit par deux traits : un égalitarisme foncier et un attachement « naturel » au bien commun.

a) Selon les *Leçons sur la philosophie de la religion*, l'égalitarisme grec s'exprime en premier lieu dans la représentation de la Némésis, qui a pour fonction de « rabaisser le supérieur » [4], c'est-à-dire de punir ceux qui échappent au sort et à la mesure commune [5]. Hegel cite Diogène Laërce

1. Schiller, *Grâce et dignité*, NA, XX, 254-255, trad. *ibid.*, p. 16.

2. *Cours d'esthétique* II, *W* 14, 13, trad. p. 11-12.

3. *Leçons sur la philosophie de l'histoire*, *W* 12, 321, trad. (mod.) p. 201. Cependant, *PH* 1822-23, éd. cit. p. 374-375, trad. p. 414, affirme de manière assez contradictoire que « Sparte était une démocratie avec des rois » et, quelques lignes plus bas, que « Sparte n'avait de démocratique que le nom, et était en réalité une aristocratie ou une oligarchie ».

4. *Leçons sur la philosophie de la religion* II, éd. cit. p. 539, trad. p. 387.

5. Cf. *ibid.*, éd. cit. p. 49, trad. p. 65. L'*Encyclopédie* I, Add. du § 107, *W* 8, 225, trad. p. 543, établit un lien entre la Némésis, le respect du *pan metron* et l'interdiction de l'*hubris*. Dans la représentation grecque en effet, une des fonctions de la Némésis (le « juste ressentiment » ou la « vergogne ») est de veiller à ce que la fortune de chacun soit proportionnelle à ses mérites. Sur le *phtonos* (envie ou méfiance à l'égard de ce qui réussit trop bien),

rapportant le jugement d'Héraclite à l'égard de ses compatriotes d'Éphèse : « Ils ont exilé le meilleur d'entre eux [Hermodore] en disant : Que personne ne se distingue ici par ses vertus ; s'il en est un, qu'il aille vivre ailleurs ; nous ne voulons point de lui. »[1]. On peut penser également au phénomène des sycophantes, délateurs professionnels qui, dit Hegel, dénigrent toute grandeur[2].

Par ailleurs, l'égalitarisme grec se traduit par la précarité des dirigeants. En effet, comme on l'a dit, leur autorité repose sur leurs talents personnels. Dès lors, pour mériter la confiance de leurs subordonnés, ils doivent constamment établir leur supériorité[3]. Dans l'*Iliade* par exemple, le retrait d'Achille montre qu'Agamemnon ne se fait pas obéir sans mal des princes achéens[4]. De même, Zeus doit sans cesse pallier le risque de sédition des dieux et des déesses[5]. Le pouvoir du chef n'est que provisoire et, à Athènes par exemple, il se conclue souvent par l'ostracisme. Comme le montre l'attitude de Cleithos, qui dénonce l'humiliation qu'Alexandre fait subir à ses compagnons en leur imposant le geste de la *proskynèse*, même l'entourage du chef macédonien reste capable de contester sa toute puissance[6].

b) En outre, la démocratie, en Grèce, tient au fait que les individus sont essentiellement désintéressés ou plutôt que « les intérêts de l'État, les décisions et les dispositions concernant l'État sont l'affaire de tous les citoyens »[7]. Toutefois, comme on l'a dit plus haut, cet intérêt s'impose en Grèce sur le mode de la règle objective et non pas de l'exigence subjective. Si l'État patriarcal oriental repose sur un attachement *puéril* au chef comme personne singulière, et si l'État européen chrétien a pour assise le choix *délibéré* des citoyens en faveur de l'État comme totalité intérieurement différenciée, le régime grec a pour condition, quant à lui, l'attachement *naturel* des hommes à leur cité. À la différence des Orientaux, les Grecs

cf. J.-P. Vernant et P. Vidal-Naquet, *Mythe et tragédie chez les Grecs*, Paris, Maspero, 1976, p. 124-125.

1. *Leçons sur l'histoire de la philosophie*, *W* 18, 321, trad. t. 1, p. 154. *Cf.* Diogène Laërce, *Vies et doctrines des philosophes illustres*, I, 1, 1.

2. Cf. *PH* Heimann, p. 127. En effet, les sycophantes s'attaquaient en priorité à ceux dont la mise à l'amende les enrichirait *Cf.* M. Humbert, *Institutions politiques et sociales de l'Antiquité*, Paris, Dalloz, 2003, § 165-166.

3. *PH* 1822-23, éd. cit. p. 327, trad. p. 377.

4. *Ibid.*, éd. cit. p. 325-26, trad. p. 375-376.

5. *Ibid.*, éd. cit. p. 327, trad. p. 377. On songe, dans l'*Iliade* I, 396, à l'épisode du complot d'Héra.

6. Cf. *ibid.*, éd. cit. p. 389-390, trad. p. 426. *Cf.* Arrien, *Expédition d'Alexandre*, IV, 9, 2.

7. *Ibid.*, éd. cit. p. 359, trad. p. 402.

n'entretiennent pas avec l'État un rapport d'obéissance infantile et, à la différence des Européens chrétiens, ils ne se conforment pas à la loi étatique en vertu d'un principe général intérieur. En revanche, ils obéissent aux règles communes par inclination. Les règles étatiques se présentent sous forme de mœurs et d'habitudes, elles ont la nécessité de la nature[1].

Dès lors, point n'est besoin d'être spécialement vertueux, ni compétent, ni d'une condition sociale déterminée pour être un citoyen actif, car le patriotisme des Grecs est naturel. La norme grecque, à la différence de la norme germanique, n'a pas besoin, pour être reconnue comme valide, d'une approbation subjective et individuelle, elle vaut simplement par son inclusion dans les mœurs objectives et communes :

> La loi de l'éthique vaut ici parce qu'elle vaut immédiatement comme loi de la patrie, pas encore parce que *je* la trouve bonne, parce que je *m*'en forge une conviction, mais il s'agit simplement des mœurs selon lesquelles nous vivons[2].

À l'ère moderne au contraire, nous ne disposons plus, dit Hegel, du désintéressement ni de l'excellence naturelle des Grecs. Pour cette raison, la démocratie est impossible, et la constitution requiert, outre le parlement, un monarque – par définition désintéressé –, et un corps de fonctionnaires – par définition compétents: « Lorsque la volonté s'est retirée dans la conscience morale intérieure et que la séparation s'est produite en elle [...], le temps de la constitution démocratique est révolu. »[3]. Mais, chez les Grecs, tous les citoyens sont aptes à gouverner :

> L'intérêt de toute la communauté, l'être en commun, peut pour cette raison être confié à la décision des individus, des citoyens, et il est nécessaire que cette volonté des citoyens soit le fondement de la constitution, car elle ne constitue pas un principe susceptible d'empêcher la réalisation de l'éthicité existante. La constitution démocratique est donc ici la forme absolument nécessaire[4].

Disons les choses autrement. À la suite de Montesquieu, Hegel considère que la condition de la démocratie est la vertu[5] et que la démocratie ne

1. *Ibid.*, éd. cit. p. 358, trad. p. 401-402.

2. *Ibid.*, éd. cit. p. 358, trad. p. 401.

3. *Ibid.*, éd. cit. p. 359, trad. p. 402.

4. *Ibid.*, éd. cit. p. 358, trad. p. 402. À l'inverse, lorsque la réflexion subjective s'affirme du fait de l'enseignement des sophistes, elle est un ferment de corruption. Cf. *Principes de la philosophie du droit*, R. du § 185, *W* 7, 341-342, trad. p. 353 et R. du § 206, *W* 7, 358-359, trad. p. 372.

5. *Cf.* Montesquieu, *Esprit des lois* III, 5, évoqué en *PH* Heimann, p. 125.

peut dès lors convenir à un peuple moderne[1]. En effet, les modernes se décident à partir d'une délibération intérieure. Dès lors il y a chez eux, de prime abord, autant de convictions particulières que de citoyens, et la volonté universalisée de l'État incarnée par le monarque est indispensable pour unifier cette diversité. En revanche, les Grecs « n'ont pas encore conscience du particulier, ni par conséquent du mal ; en eux n'est pas brisée la volonté objective ». Le Grec est naturellement porté à contribuer au bien commun. Il n'y a pas dans la cité d'intérêts antagonistes, et le fait que le cité soit de faibles dimensions – expression du morcellement du monde grec – produit une culture commune favorable à la démocratie vivante. Le citoyen grec n'est pas, comme le citoyen moderne, dédoublé entre une volonté subjective et un agir objectif. Bien plus : sa participation à la politique ne se réduit pas, comme dans l'État moderne, à l'approbation lointaine du pouvoir au moyen d'un bulletin de vote, mais il joue un rôle actif et prend la parole dans la délibération législative. Pour Hegel, une démocratie qui consisterait seulement à compter les suffrages dans toutes les villes d'un État se dévoie ; elle n'est vivante que si les citoyens s'investissent avec énergie dans la discussion :

> Le caractère démocratique est un caractère essentiellement plastique, trempé dans une solide unité. Le caractère plastique exige précisément que ce ne soit pas une seule chose qui emporte la décision ; mais celle-ci doit prendre en compte l'affaire tout entière, avec toutes ses circonstances, ses intérêts, avec tous ses aspects et ses raisons. C'est pourquoi les citoyens doivent nécessairement être présents, et avoir une image vivante des intérêts en jeu[2].

Alors que l'État romain et l'État germanique incluent l'un et l'autre une multiplicité de villes et de territoires, un État grec se réduit à une cité singulière. L'homme grec adhère à l'État non pas de manière intellectuelle mais dans le contact physique avec ses concitoyens. La vie politique se déroule dans l'élément de la discussion publique. À l'opposé, dans les vastes monarchies modernes, elle est médiatisée par l'écrit abstrait, par un « monde de paperasses » (*Papierwelt*)[3]. C'est pourquoi, si la monarchie moderne est grise, la démocratie athénienne est belle.

Il n'en reste pas moins que l'association de l'individualisme et du règne de la collectivité est contradictoire : « La démocratie [...] tombe par elle-même dans la contradiction suivante: d'un côté, l'individualité doit

1. *Cf.* Montesquieu, *op. cit.*, III, 3 et VIII, 16.
2. *PH* 1822-23, éd. cit. p. 363, trad. p. 405.
3. *Leçons sur la philosophie de l'histoire*, *W* 12, 312, trad. p. 196.

nécessairement être portée aux nues (*auf die höchste Spitze*) pour être effective, de l'autre, le peuple doit régner lui-même. »[1]. Par exemple, Athènes exigea de Périclès que celui-ci renonçât à tout loisir ; mais, par la suite, le règne de Critias fut un temps d'oppression. Après Périclès « l'État fut sacrifié à l'individualité particulière, tout comme auparavant celle-ci s'était sacrifiée pour l'État »[2]. La cité a besoin d'un chef chargé d'appliquer les décrets de la multitude, mais l'un et l'autre entrent inévitablement en conflit.

L'absence de subjectivité et une victoire seulement partielle sur la nature

Si la liberté grecque apparaît, néanmoins elle ne s'apparaît pas à elle-même. On peut observer ce point, en premier lieu, dans la religion. D'un côté, parce que l'esprit se manifeste objectivement, les dieux grecs ont une forme humaine : il n'y a plus rien chez eux qui soit, comme chez les dieux orientaux, extravagant ou informe. Significativement, les monstres chtoniens sont continûment refoulés par les héros de la mythologie[3]. D'un autre côté cependant, les dieux grecs ne disposent pas d'une entière subjectivité. La subjectivité n'est pas en eux mais au-dessus d'eux, elle est le destin – lui-même abstrait, et en l'occurrence aveugle – auquel ils ne sont pas unis mais soumis.

On note aussi que les statues des dieux et des déesses sont dépourvues de regard. Alors que le Dieu chrétien voit et est conscient de soi (comme on l'observe, par exemple, dans les peintures représentant le Christ), les dieux grecs ne s'apparaissent pas à eux-mêmes[4]. Significativement, dans la statuaire, art classique par excellence, la lumière ne vient que de l'environnement extérieur alors que la peinture, art romantique, produit en elle-même sa lumière[5]. Si l'art classique est le seul art véritablement beau, il n'est cependant pas le plus vrai. En effet, les dieux grecs ne sont pas entièrement réconciliés dans la mesure où ils ne font pas l'épreuve de la finitude. Telle est la différence de l'art grec avec l'art chrétien, lequel représente des corps non idéaux, une sensibilité en proie aux affres de la souffrance et de la mort mais qui, pour cette raison même, ressuscite en une spiritualité

1. *PH* 1822-23, éd. cit. p. 384, trad. p. 421-422.
2. *Ibid.*, éd. cit. p. 384-385, trad. p. 422.
3. Cf. *Cours d'esthétique* II, *W* 14, 19, trad. p. 19-20.
4. Cf. *Encyclopédie* I, Add. du § 147, *W* 8, 291-292, trad. p. 583.
5. Cf. *Cours d'esthétique* II, *W* 14, 131-132, trad. p. 123-124.

absolue. C'est pourquoi l'art classique ne satisfait pas les profondeurs de l'esprit[1].

L'homme grec, quant à lui, est dépourvu d'une autonomie véritable. Par exemple, il est dépendant des oracles, lesquels sont des signes sensibles. Hegel donne l'exemple de la bataille de Platées, pendant les guerres médiques : alors que le destin de la Grèce face à l'Asie était en jeu, le général spartiate Pausanias, ne pouvant décider par lui-même du positionnement de ses troupes, fit dépendre sa décision de l'examen des entrailles des animaux offerts en sacrifice[2]. De même l'homme grec agit non pas en vertu d'une décision qui lui serait propre et s'appuierait sur une délibération interne, mais par adhésion aux principes de la famille ou de la cité[3] – une adhésion qui constitue une seconde nature :

> [La]constitution, [les] lois [des Grecs], le juridique et l'éthique ont pris la forme de l'habitude. La manière dont ils ont été vécus et estimés est encore celle, immédiate, des mœurs et de l'habitude ; et il manquait encore à la conscience la connaissance du principe de la subjectivité, de la conscience morale : la réflexion de la pensée en elle-même, selon laquelle ce qui doit ici valoir comme le vrai, est confirmé par *ma* raison ou par le témoignage de *mon* esprit, par *mon* sentiment. Il manque donc ici l'infinité de l'esprit, qui est un tribunal intérieur, devant lequel tout ce qui a une valeur doit se justifier[4].

L'excellence des Grecs s'identifie à celle de leur agir extérieur, elle ne repose pas sur la bonne volonté subjective. Dans son analyse de l'œuvre d'Aristote, Hegel souligne que, pour le Stagirite, l'État est le substantiel, le principal. C'est là, dit Hegel, une conception diamétralement opposée au principe moderne, lequel part de l'individu[5]. Les *Cours d'esthétique* proposent, de même, une analyse de la différence entre l'individu « héroïque » et l'homme d'aujourd'hui. Nous-mêmes, dit le texte, nous différencions nos fins personnelles et celles du tout éthique auquel nous appartenons. Par exemple, nous faisons une distinction entre la personne et la famille. Ce n'est pas le cas du héros grec. C'est pourquoi, chez lui, la faute de l'ancêtre retombe sur le descendant, de même que son exploit vaut au descendant d'être honoré. Alors que la modernité se caractérise par une

1. Cf. *ibid.*, *W* 14, 24, trad. p. 21.

2. Cf. *Encyclopédie* III, Add. du § 392, *W* 10, 56, trad. p. 413. *Cf.* Hérodote, *Histoires* IX, 61-62.

3. Cf. *Leçons sur la philosophie de la religion* II, éd. cit. p. 536, trad. p. 385.

4. *PH* 1822-23, éd. cit. p. 379-380, trad. p. 418. *Cf.* D. Janicaud, *Hegel et le destin de la Grèce*, Paris, Vrin, 1975, p. 175-177.

5. Cf. *Leçons sur l'histoire de la philosophie*, *W* 19, 226, trad. t. 3, p. 591.

attitude consistant à ne répondre que de soi, l'individualité héroïque est intimement soudée aux institutions éthiques[1]. Corrélativement, l'homme grec admet les coups du destin, les châtiments d'une nécessité transcendante et aveugle. Il accepte avec tranquillité qu'une puissance extérieure pèse sur sa vie et échappe ainsi à l'insatisfaction liée à l'inadéquation entre ce qu'il veut et ce qui est. Mais il ne s'agit là toutefois que d'une liberté abstraite :

> Dans la mesure où il se tient à ce point de vue et dit : "c'est ainsi", il écarte toute ce qui est particulier, il renonce à tous les intérêts et à toutes les fins particulières et en fait abstraction[2].

Par ailleurs l'esprit grec, tout admirable soit-il, reste exclusif. Par exemple, la démocratie athénienne suppose la présence d'esclaves, puisque les citoyens ne cessent de discourir sur l'agora, de s'exercer dans les gymnases et de s'adonner à des réjouissances[3]. La liberté grecque écarte certains hommes et, tout autant, est conditionnée par eux. Dans le monde grec, seuls *quelques-uns* sont libres, ceux que leur naissance ou leur culture ont élevé à la substantialité :

> L'esprit libre est l'esprit effectif. [...] Des continents entiers, l'Afrique et l'Orient, n'ont jamais eu cette Idée et ne l'ont pas encore ; les Grecs et les Romains, Platon et Aristote, également les Stoïciens, ne l'ont pas eue ; ils savaient seulement, au contraire, que l'homme est effectivement libre par la naissance (en tant que citoyens athénien, spartiate, etc.) ou par la force du caractère, par la culture, par la philosophie (le sage est libre aussi en tant qu'esclave et dans les chaînes)[4].

On retrouve ce caractère exclusif chez les personnages des tragédies grecques. D'un côté, les héros agissent de manière *substantielle* et non pas accidentelle : par exemple ils défendent les lois de la cité ou de la famille et non pas leurs intérêts égoïstes. D'un autre côté, ils ne défendent jamais que *leur* cité ou *leur* famille, et parfois l'une contre l'autre, comme Antigone

1. Cf. *Cours d'esthétique* II, *W* 14, 247-248, trad. p. 252-253.

2. *Leçons sur la philosophie de la religion* II, éd. cit. p. 543, trad. p. 390.

3. Cf. *Leçons sur la philosophie de l'histoire*, *W* 12, 311, trad. p. 196. Comme on le verra, dans la mesure où l'éthique chrétienne, et plus particulièrement luthérienne, valorise le travail, elle intériorise le moment de l'effort et du renoncement au plaisir sensible. Ainsi, au lieu d'en être dépendante, elle exprime en lui sa liberté.

4. *Encyclopédie* III, R. du § 482, *W* 10, 301, trad. p. 279. On songe au vers d'Euripide dans *Iphigénie* : « Au Barbare doit commander le Grec, non point [...] au Grec le Barbare ! À lui l'esclavage, au Grec la liberté ! » (1400-1401). S'agissant de l'esclave libre dans les fers, c'est évidemment une allusion à Épictète.

qui privilégie les « dieux intérieurs du sentiment, de l'amour et du sang » contre « les dieux diurnes de la vie nationale et étatique libre et consciente d'elle-même » [1]. Parce que cette attitude renvoie à des valeurs particulières, les héros grecs sont condamnés au nom des valeurs opposées. Allons plus loin : en raison du caractère inévitablement partiel de leurs valeurs éthiques [2], leur châtiment n'a rien d'injuste et ils méritent leurs souffrances.

On peut faire une même remarque à propos des commandements formulés par les dieux, des commandements qui expriment les particularités de leurs auteurs et par là même sont souvent incapables de résoudre les conflits [3]. C'est encore dans cette perspective que Hegel commente le caractère ambigu des oracles. Les divinations grecques sont fréquemment à double sens, et l'homme doit se résoudre à ne choisir qu'un seul sens : d'où les conséquences souvent funestes de son agir [4].

La Grèce est donc le pays de la culture, mais d'une culture encore juvénile. D'un côté, les individus ont rompu avec la naturalité puérile de l'Orient en opérant sur eux-mêmes un travail d'éducation, de l'autre cependant ils ignorent la subjectivité infinie du monde germanique chrétien et vivent dans un mélange de raison et de passion :

> Le spirituel n'est pas encore leur objet. Cette libre individualité est l'esprit libre. Les Grecs *sont* donc libres, mais précisément pour cette raison, ils sont encore pris dans cette détermination de la naturalité [5].

Par exemple, Zeus est certes le protecteur de la moralité et de l'hospitalité, mais il a la foudre et le tonnerre pour attributs. Ou encore, Poséidon est une figure éthique puisqu'il bâtit des murailles : cependant il reste lié à la sauvagerie de l'océan. Les mystères grecs, et notamment ceux d'Eleusis, sont également à interpréter à partir d'un fond primitif naturel : en effet, loin de receler des vérités supérieures, ils ne sont constitués, dit Hegel, que de grossières représentations des métamorphoses de la nature. De même enfin, les Titans détrônés et les anciens dieux restent présents dans le culte et la représentation artistique. Par exemple, comme on le voit dans les tragédies d'Eschyle, Prométhée intervient sans cesse dans les

1. *Cours d'esthétique* II, *W* 14, 60, trad. p. 57.

2. Cf. *Cours d'esthétique* III, *W* 15, 525-526, trad. p. 497-498.

3. *Cours d'esthétique* II, *W* 14, 52, trad. p. 48.

4. *Ibid.*, *W* 14, 51-52, trad. p. 48. On pense par exemple à la prédiction ambiguë que fit l'oracle d'Apollon à Crésus, qui s'interrogeait sur ses chances de vaincre les Perses, dont le royaume était séparé du sien par le fleuve Halys : « Si Crésus traverse l'Halys, il détruira un grand empire. » (*Cf.* Hérodote, *Histoires* I, 91)

5. *PH* 1822-23, éd. cit. p. 345, trad. p. 391.

représentations tardives, de même que les Euménides[1]. Les Grecs ne se rapportent pas encore à l'esprit en tant que tel mais seulement à la nature qui leur fait face – quoique sur un mode spirituel.

Extrêmement significative est également la *manteia*, l'interprétation des oracles, qui requiert aussi bien le donné naturel que la libre activité de donation de sens. Alors que, en Égypte, la nature apparaît comme mystérieuse, en Grèce elle est interprétée et donc rendue intelligible. Toutefois elle n'est interprétée que sur un mode poétique[2]. En effet, les Grecs n'ont encore, dit Hegel songeant à la dénonciation platonicienne du sensible, aucune idée d'un cours régulier de la nature, si bien que, pour eux, elle est essentiellement changeante. Le sens est donc produit dans des circonstances à chaque fois particulières et par une individualité déterminée. Par exemple, dans l'*Iliade*, c'est Calchas qui fournit les raisons de la peste frappant le camp des Achéens, et Nestor qui explique le bruit fait par la mer lors des funérailles d'Achille. De même, à Delphes, seul le *mintis* peut interpréter les paroles inarticulées de la pythie. Cependant la *mantéia* n'est pas une divagation capricieuse mais l'introduction d'un sens véritable dans la sensible – un sens, ici encore, à la fois individuel et substantiel.

C'est dans la même perspective que Hegel reprend le développement d'Aristote, au premier livre de la *Métaphysique*, sur l'étonnement (*taumazein*) comme origine de la philosophie et en fait un trait général de l'esprit grec[3]. Les *Cours d'esthétique* notent que, d'un côté, l'homme qui ne s'étonne *pas encore* reste plongé dans l'hébétude et l'apathie (des traits que Hegel attribue, en d'autres lieux, à l'homme oriental) et que, d'un autre côté, l'homme qui *ne* s'étonne *plus* a atteint le degré de l'entière conscience de soi – ce qui est le cas de l'homme à l'ère chrétienne[4]. L'étonnement grec, quant à lui, consiste dans le « pressentiment » que le donné naturel a une signification proprement spirituelle. La figure du dieu Pan joueur de flûte exprime également le fait que, pour les Grecs, la nature est indéterminée et néanmoins telle qu'elle se fait entendre et suscite chez l'homme de riches impressions. Alors que, pour les Orientaux, la nature est essentiellement énigmatique, et que, pour l'esprit chrétien, elle acquiert un sens rationnel (puisqu'elle est comprise sur un mode universel, aussi bien dans

1. Cf. *Cours d'esthétique* II, *W* 14, 68, trad. p. 64.

2. *Cf.* Schiller, *Grâce et dignité*, NA XX, 252, trad. p. 14 : « Le tendre sentiment des Grecs distinguait déjà ce que la raison n'était pas encore capable d'élucider, et s'efforçant d'en trouver une expression, il emprunta à l'imagination des images, parce que l'entendement ne pouvait encore lui offrir aucun concept. »

3. Cf. *Leçons sur la philosophie de l'histoire*, *W* 12, 288, trad. p. 179.

4. Cf. *Cours d'esthétique* I, *W* 13, 408, trad. t. 1, p. 421.

les sciences de la nature qu'en philosophie), le sens « poétique » de la nature, chez les Grecs, est à la fois substantiel et particulier.

Telle est la contradiction originaire de l'esprit grec : s'il accède à la liberté en vainquant la nature extérieure, néanmoins il reste en lien avec cette dernière. S'il tire de lui-même son contenu, il est cependant éveillé et stimulé par les conditions externes. Il se distingue à ce titre aussi bien de l'esprit oriental, qui est englouti dans la nature et s'ignore lui-même, que de l'esprit germanique, qui se rapporte à lui-même et, ainsi, est pleinement subjectif. Le principe de la subjectivité commence à émerger chez les Grecs, mais cette subjectivité en reste au « phénomène », et se scinde entre un côté spirituel encore unilatéral (par exemple Œdipe, qui ne prend conscience de lui-même que stimulé par la question du sphinx) et un côté naturel (par exemple le sphinx, qui s'ignore lui-même) :

> De ce point de vue, nous devons dire que le principe grec n'est pas encore développé, élevé jusqu'à former un monde de la pensée ; mais le principe pensant, individuel, a pour objet l'unité substantielle [et non subjective] du spirituel et du physique. Le monde supérieur, non sensible, ne se tient pas encore au-dessus du sensible [1].

Le Grec ne tire pas le principe de son savoir et de son vouloir de lui-même mais de suggestions extérieures. Il fait preuve de spontanéité mais, plutôt que de se rapporter purement et simplement à son intériorité, il reste influencé par son environnement. Alors que, d'une certaine manière, l'Orient se spécifie par la passivité, et l'Occident chrétien par une activité entièrement spontanée, le monde grec est un mixte de passivité et d'activité : « Si nous voulons résumer ce qu'est l'esprit grec, nous dirons que la détermination fondamentale en est que la liberté de l'esprit est conditionnée et se rapporte, pour l'essentiel, à une excitation naturelle (*Naturerregung*). » [2]. Par exemple, Héraclès, par sa force et son énergie, accomplit des travaux extraordinaires : cependant ceux-ci sont constamment associés à la corporéité extérieure et ne peuvent, de ce fait, être considérés comme « moraux ». D'un côté, ses travaux consistent toujours à lutter contre des monstres ou à surmonter des épreuves de type naturel, comme par exemple nettoyer les écuries d'Augias, de l'autre il les

1. *PH* 1822-23, éd. cit. p. 341, trad. p. 388.

2. *Leçons sur la philosophie de l'histoire*, *W* 12, 293, trad. (mod.) p. 181. Cf. *PH* 1822-23, éd. cit. p. 340, trad. p. 388 : « Chez les Grecs, l'être libre était bien l'un des côtés, mais là où il apparaît, il est encore la spiritualité immanente enfoncée dans la matérialité. »

accomplit non pas spontanément mais sur l'ordre d'un autre, à savoir du prince Eurysthée[1].

Corrélativement, le savoir et l'agir grecs ne reposent pas sur des principes universels librement produits, mais sur des représentations et des inclinations particulières. Hegel souligne ce point, par exemple, à propos des sept sages : certes, ceux-ci énoncèrent des sentences générales, « toutefois, à cette époque, on situait encore davantage la sagesse dans l'intelligence concrète ». De même, si l'on considère les sophistes, qui à certains égards pourtant s'opposent aux sept sages, on voit qu'ils ne s'appuient pas non plus sur l'idée de l'homme comme tel. En effet, dit Hegel, ils ne se réfèrent qu'à l'homme subjectif et déclarent que le bon plaisir est le principe de ce qui est juste et utile. Socrate lui-même, pourtant promoteur de l'intériorité, invoque constamment son *daimon* : preuve qu'il reste dépendant du donné naturel. Finalement, même s'il « progresse vers la pensée pure dans la philosophie, ([mais] seulement en elle, non dans la religion), [le Grec] ne peut se défaire de l'abstraction, du fait d'être, dans la pensée, prisonnier de l'immédiateté. Ainsi, il ne parvient pas au concept de l'esprit. »[2].

L'esprit grec ne représente que la jeunesse et non pas la maturité de l'esprit[3]. Il a en propre « le sérieux dans le jeu et le jeu dans le sérieux – un sérieux accompagné de sérénité enjouée »[4]. Il est plein de charme mais se révèle finalement incomplet. L'esprit grec ne travaille pas à sa libération infinie, c'est-à-dire à son pur rapport à soi, mais seulement à l'assujettissement de l'extérieur. C'est pourquoi la liberté grecque reste naturelle :

> Les Grecs et les Romains ne s'étaient pas encore élevés au concept de la liberté absolue, étant donné qu'ils ne connaissaient pas que l'homme est libre en tant que tel – en tant que ce moi universel […] a droit à la liberté. Chez eux, l'homme n'était, bien plutôt, tenu pour libre que lorsqu'il était né

1. Cf. *Cours d'esthétique* II, *W* 14, 244, trad. p. 249.

2. *Fragment de 1822-25 sur la philosophie de l'esprit subjectif*, *GW* 15, 248, trad. p. 610. Heidegger note à juste titre que, pour Hegel, la philosophie grecque est le degré du « pas encore » (« Hegel et les Grecs », dans *Questions I et II*, trad. fr. J. Beaufret et D. Janicaud, Paris, Gallimard, 1968, p. 364).

3. Cf. *PH* 1822-23, éd. cit. p. 314-315, trad. p. 367. Dans l'*Iliade*, I, 352, Achille déclare à Thétis : « Ô mère, puisque tu m'as enfanté pour une vie brève, que Zeus olympien […] me donne au moins la gloire. » On retrouve ici, au demeurant, un thème herdérien fondamental : « La Grèce restera éternellement l'endroit où [l'humanité] a vécu sa plus belle jeunesse et sa fleur virginale » (*Une autre philosophie de l'histoire*, *SW* V, 495, trad. p. 62).

4. *Leçons sur la philosophie de la religion* II, éd. cit. p. 73, trad. p. 81.

comme quelqu'un de libre. La liberté avait, ainsi, chez eux, encore la détermination de la naturalité [1].

LES ÉTAPES DE L'HISTOIRE GRECQUE

La Grèce archaïque

Selon l'analyse hégélienne, pendant sa première période, le monde grec reste essentiellement cantonné en lui-même, si l'on excepte de brèves incursions guerrières en Asie (guerre de Troie, expédition des Argonautes…) ou la fondation de modestes colonies. Sa structure politique demeure rudimentaire : il n'y a pas de cités mais seulement des maisons royales qui monopolisent le pouvoir : « Le lien social (*der gesellschaftliche Verband*) n'est pas encore développé ici. » [2]. Hegel évoque le brigandage, le danger des bêtes féroces, et des crimes qui montrent le peu de poids qu'ont alors les règles sur les esprits (allusion évidente à la geste des Atrides). Qui sont cependant les Grecs puisque, selon Thucydide, le nom d'« Hellènes », à l'origine, ne renvoie qu'à une peuplade particulière [3] ? Le début de l'histoire grecque procure une sorte de vertige. On ne sait pas quels territoires entrent véritablement dans l'espace grec (la Thrace ? la Thessalie ?), ni quelles populations font partie de cette nation (les Phrygiens ? les Cariens ?). Le peuple grec est essentiellement mélangé :

> Seule une folie superficielle s'imagine qu'une belle totalité éthique [comme la Grèce] a pu naître par le simple développement d'une seule et même lignée, […] par un développement endogamique [4].

On note ainsi le grand nombre des colonies étrangères présentes sur le sol de la Grèce primitive : Hegel rappelle par exemple les noms de Cécrops, premier roi d'Athènes, natif de Saïs en Égypte, de Cadmos, premier roi de Thèbes, fils d'un roi de Tyr, ou de Pélops, venu de Lydie. Ces étrangers apportent avec eux des savoir-faire civilisateurs, comme l'usage de l'alphabet. D'un côté, « le caractère propre et spécifique des Grecs ne se rencontre nulle part ailleurs qu'en Grèce » [5], de l'autre « les Grecs sont

1. *Encyclopédie* III, Add. du § 433, *W* 10, 223-224, trad. p. 534.

2. *PH* 1822-23, éd. cit. p. 328, trad. p. 377.

3. Cf. *ibid.*, éd. cit. p. 321, trad. p. 372. *Cf.* Thucydide, *Guerre du Péloponnèse* I, 3.

4. *PH* 1822-23, éd. cit. p. 318, trad. p. 370. On peut de ce point de vue, note Hegel, comparer la Grèce et l'Amérique du Nord (*ibid.*, éd. cit. p. 334, trad. p. 382-383).

5. *Ibid.*, éd. cit. p. 331-332, trad. p. 380.

partis de ce qui leur était étranger »[1]. En effet, cette présence d'éléments extérieurs suscite chez le peuple grec une action d'assimilation :

> [Le peuple grec] a dès le début en lui une double [culture], qui provient d'une part de lui-même, d'autre part de quelque chose d'étranger, d'une impulsion étrangère, et son éducation consiste à réunir ces deux cultures en une unité. Car ce peuple doit assimiler cet élément étranger, et rejeter hors de lui ce qui est destiné à rester étranger[2].

Il faut noter, toutefois, que l'intégration des autres peuples n'est pas naturelle mais éthique. Elle ne consiste pas tant dans le métissage que dans l'établissement de maisons royales qui donnent une cohésion aux populations initialement hétérogènes. Au reste, dès l'origine, la Grèce se fait inventive et se rend capable de domestiquer la nature : elle apprend à maîtriser le cheval, la métallurgie et la culture de l'olivier ; elle institue le mariage ; elle met au point les techniques du filage et du tissage ; elle construit des villes. Toutefois ces villes ne sont que des forteresses (Hegel, en s'appuyant sur Pausanias, évoque les murs cyclopéens de Tirynthe, Mycènes, Smyrne et Mélos[3]). Cette clôture est l'image de la vie grecque primitive, incapable de s'élancer sur les mers – ou, pour les colonies d'Asie mineure, de s'enfoncer dans l'intérieur des terres

De quel type est alors le lien politique ? Nous le connaissons par Homère. Le pouvoir appartient aux maisons nobles, dont les chefs sont des héros. Leur autorité repose sur leur supériorité individuelle. Ils sont les plus braves, les plus sages et les plus riches. Toutefois, comme on l'a dit, l'autorité du chef n'est jamais que provisoire, car il a sans cesse à établir de nouveau sa supériorité[4]. Les guerriers veulent être écoutés et respectés par leur seigneur, ils ne se comportent ni comme des mercenaires, ni comme des esclaves, mais en compagnons de leur chef, en témoins de ses exploits et en auxiliaires lorsqu'il est en péril. Hegel décrit le conseil d'Agamemnon comme une préfiguration de la démocratie :

1. *Ibid.*, éd. cit. p. 332, trad. p. 380.

2. *Ibid.*, éd. cit. p. 316, trad. p. 368. *Cf.* Winckelmann, *Réflexions*, trad. p. 15 : « Les inventions des peuples étrangers ne constituèrent pour la Grèce qu'une première semence et prirent une nature et une forme différente dans ce pays. »

3. Cf. *PH* 1822-23, éd. cit. p. 323, trad. p. 373 (la traduction française évoquant par erreur Tyr au lieu de Tirynthe).

4. Comme le montre, dit Hegel, le dialogue où Achille demande des nouvelles de son père à Ulysse descendu aux Enfers, et pense que Pélée, en raison de son âge, n'est plus honoré – ou bien encore le fait que les prétendants s'emparent du pouvoir à Ithaque et de tous les biens d'Ulysse en son absence et sans égard pour son fils (cf. *ibid.*, éd. cit. p. 327, trad. p. 377).

> Agamemnon était à la tête de tous les rois. Sans eux il n'entreprend rien d'essentiel. Dans son camp, Agamemnon tient conseil avec les princes, dont chacun fait valoir sa personnalité. Ils ne se contentent pas de donner leur accord ; mais chacun exprime son opinion, et le prince d'un côté se règle sur celle-ci, de l'autre décide selon sa volonté [1].

Nous n'avons alors ni rapport de castes, ni rapport patriarcal. Le lien politique n'est pas légal mais personnel et souple.

En même temps, Hegel insiste sur la faible portée de l'activité politique – une activité dont le peuple est essentiellement exclu : « Cette forme de royauté procurait et garantissait aux peuples bien peu de choses. » [2]. La population est comme le chœur dans la tragédie : elle commente l'action mais n'y participe pas [3]. Il est significatif que, dans l'*Iliade*, Homère n'évoque jamais les simples soldats ni l'armée combattant en masse, et ne raconte pour ainsi dire que des duels mettant aux prises des guerriers de noble lignage. De fait, la cause des princes n'est pas celle des peuples. C'est pourquoi le régime royal, en Grèce comme plus tard à Rome, devait facilement disparaître. Pareillement, les opérations guerrières sont sans véritable effet politique. Certes, la lutte contre le brigandage peut se montrer efficace, mais les campagnes étrangères ne permettent pas encore de conquérir de territoires extérieurs à la Grèce, comme le montrent les exemples de la guerre de Troie et de l'expédition de Jason en Colchide [4]. Des occasions de rencontres existent aussi, comme les jeux sacrés, à l'exemple de ceux d'Olympie, la consultation des oracles, ou les amphictyonies, ces ligues chargées d'administrer un sanctuaire religieux. Toutefois, nous n'avons affaire ici qu'à des formes d'unité encore décevantes.

La Grèce classique

La deuxième période du monde grec est celle de l'objectivation. L'esprit grec s'engendre activement et produit des œuvres. Parmi ces dernières, on trouve l'établissement des cités et la constitution de ligues panhelléniques. En outre, en vainquant la Perse, le peuple grec prend place

1. *Ibid.*, éd. cit. p. 325, trad. p. 375.
2. *Ibid.*, éd. cit. p. 327, trad. p. 377.
3. Cf. *ibid.*, éd. cit. p. 329, trad. p. 378.
4. Cf. *ibid.*, éd. cit. p. 330, trad. p. 379. On peut, dit Hegel, comparer la guerre de Troie et les croisades : à chaque fois il s'agit de la lutte contre le principe asiatique, mais rien de solide n'en résulte.

au premier plan de l'histoire mondiale. Même si cette phase de l'histoire reste marquée par la désunion [1], elle apparaît comme un temps de bonheur.

Considérons en premier lieu l'avènement des cités. À la différence de la première période de l'histoire grecque, la seconde voit l'avènement de constitutions politiques au sens où le pouvoir politique est désormais organisé et différencié. On observe ainsi le passage de la royauté primitive, où seuls les grands sont actifs, à la démocratie, où le peuple participe à la vie politique. Cependant, fidèle à sa diversité, la Grèce est politiquement divisée en une série d'États rivaux. La lutte entre Athènes et Spartes, qui est aussi une lutte entre la démocratie et l'aristocratie, définit le clivage essentiel de l'histoire grecque.

Athènes, rappelle Hegel, se caractérise par la diversité de ses populations : Pédiens, Diacriens et Paraliens, aux physionomies politiques et sociales opposées. Athènes donne le spectacle d'un État adonné à la beauté, associant hardiesse et sens pratique [2]. L'histoire d'Athènes est avant tout celle de l'établissement progressif de la démocratie. Cependant le coup d'État de Pisistrate montre avec quelles difficultés la constitution est passée dans les mœurs. Hegel insiste bien entendu sur le rôle de Solon, qui contribue à abattre les factions, à accoutumer les citoyens à l'ordre et à la paix, et à leur apprendre à délibérer de concert. Mais c'est Périclès qui, pour lui, est la personnalité la plus remarquable d'Athènes, joignant un caractère admirable à un entier dévouement à la cause de l'État.

L'interprétation de Sparte fait d'elle, sans surprise, l'exacte antithèse d'Athènes. Se consacrant entièrement à la vie de l'État, les Spartiates montrent une vertu rigide et renoncent tant à la vie familiale qu'à la propriété privée. La vie spartiate est caractérisée par la dureté : cruauté avec laquelle sont traités les Ilotes (plus rude à supporter, dit Hegel, que le régime imposé aujourd'hui aux Grecs par les Turcs) ; rudesse des rapports sociaux, qui excluent les pauvres des repas en commun et autorisent le vol pour autant que le voleur ne se fait pas prendre ; grossièreté d'une culture qui se désintéresse des arts et de la science ; brutalité politique, enfin, puisque les éphores finissent par exercer une véritable tyrannie.

Dans les cités grecques, l'égalitarisme est un trait que l'on retrouve communément, mais sous des formes variées. À propos de la constitution d'Athènes, Hegel mentionne bien entendu la « liberté juridique » [3], c'est-à-

1. Une désunion, note Hegel, qu'on observe même au cours des guerres médiques, où pourtant les enjeux étaient considérables. Cf. *ibid.*, éd. cit. p. 330, trad. p. 379.

2. Cf. *ibid.*, éd. cit. p. 372, trad. p. 412.

3. *Ibid.*, éd. cit. p. 370, trad. p. 411.

dire l'isonomie établie par Clisthène. Mais il évoque également une égalité « vivante », qui concerne les mœurs et la formation spirituelle. Une telle égalité n'interdit pas la disparité des fortunes, laquelle cependant ne va pas jusqu'aux extrêmes. Surtout, elle permet aux différences des caractères et des talents de se faire valoir [1]. En revanche, l'égalité qui règne à Sparte n'est qu'une égalité « sans esprit », dans la mesure où elle ne tend qu'à la parité des fortunes et n'est assurée que par des règles contraignantes. En effet, rappelle Hegel, pour garantir l'intégrité des patrimoines, il est interdit aux Spartiates de vendre leurs biens fonciers – un projet qui, dit-il, échoue entièrement dans les faits [2]. De même, pour éviter l'enrichissement de quelques-uns, Lycurgue impose une monnaie de fer – ce qui se traduit par la disparition de l'industrie et du commerce extérieur. Enfin, pour garantir l'uniformité des mœurs, les Spartiates prennent ensemble leurs repas. Mais cette attitude, une fois encore, est moquée par Hegel qui, invoquant le *Banquet* de Platon et le *Banquet* de Xénophon, considère que les relations véritables ne sont pas assurées seulement par le manger et le boire. Chez les Athéniens, les repas sont l'occasion d'échanges spirituels, tandis que, chez les Spartiates, ils se réduisent à leur dimension matérielle.

On peut aussi évoquer Thèbes, dont l'influence devient prépondérante après la guerre du Péloponnèse. Alors que Sparte est caractérisée par une vie massive et sans différence, Thèbes est au contraire une cité sentimentale, où s'illustrent des poètes lyriques comme Pindare. Significativement, le bataillon sacré, qui forme le noyau de l'armée thébaine, a la réputation d'être composé d'amants.

En second lieu, Hegel interprète les victoires grecques lors des guerres médiques comme les victoires de la liberté face au despotisme. C'est parce qu'ils défendaient leur belle liberté que les Grecs ne pouvaient pas perdre, alors même qu'ils étaient très inférieurs à leurs adversaires en nombre et en puissance. Cet épisode guerrier, note-t-il, n'est sans doute pas le plus remarquable de l'histoire d'un point de vue militaire. Mais il a une signification de premier plan, et la gloire qu'il valut aux guerriers grecs n'est pas indue : « L'Ouest et l'Est se tenaient face à face, en mettant en jeu l'intérêt de l'esprit du monde. » [3].

La guerre du Péloponnèse est en revanche un moment de scission. Hegel dénonce avec force les traîtrises de Sparte : appel à la Perse, mise en place de régimes anti-démocratiques dans les villes soumises (dont

1. Cf. *ibid.*, éd. cit. p. 371, trad. p. 412.
2. Cf. *ibid.*, éd. cit. p. 374, trad. p. 414.
3. *PH* 1822-23, éd. cit. p. 365, trad. p. 407.

Athènes), abandon des cités grecques d'Asie mineure au Grand Roi. La guerre du Péloponnèse fut-elle cependant vaine ? Non, dans la mesure où elle nous a valu cette œuvre immortelle qu'est le texte de Thucydide. Toujours est-il qu'elle se traduit par un affaiblissement général de la Grèce, de sorte que même Thèbes est incapable de conserver longtemps sa suprématie. La scission se confirme en ce que des guerres civiles éclatent dans chaque cité. La victoire des uns entraîne l'exil des autres, lesquels ont recours aux ennemis traditionnels de la ville pour lui faire la guerre. Le dernier épisode de cette lutte de la Grèce contre elle-même est la profanation du sanctuaire d'Apollon à Delphes : la disparition de l'oracle, principe extérieur de gouvernement, rend indispensable l'avènement d'un autre principe extérieur, et ce fut Philippe roi de Macédoine[1].

Philippe conquiert la Grèce, et Alexandre le monde. Hegel fait de ce dernier un portrait enthousiaste : il est initié à la plus profonde métaphysique par Aristote, si bien que son naturel est entièrement pur et délivré des liens de l'opinion et des vaines représentations[2]. Toutefois la valeur d'Alexandre est native : elle n'est pas le fruit d'un dur labeur mais un don de la nature. La manière qu'il a de surmonter les obstacles par le seul exercice de sa volonté tient du génie : par exemple il dompte Bucéphale et dirige la phalange macédonienne comme en se jouant. En cela, il est le symbole même de la Grèce. C'est à ce titre qu'il prend en charge la lutte contre l'Asie : car la Grèce n'est elle-même qu'en opérant l'*Aufhebung* de sa provenance.

Le déclin

L'édition Karl Hegel des *Leçons sur la philosophie de l'histoire* insiste sur la dégénérescence de la Grèce. Selon le manuscrit Heimann, il y a peu à dire sur cette période, qui est une histoire du malheur[3]. Les cités perdent toute indépendance réelle à l'égard de la Macédoine, mais survivent à leur liberté dans la vanité et la violence intérieure. Seule demeure l'obstination et l'opiniâtreté stérile à préserver sa particularité. Des États brigands prétendent dominer les autres, des tyrans cruels prennent la tête des cités. Quelques individus de grande valeur apparaissent certes, que Plutarque nous fait connaître, comme Agis et Cléomène, Aratus et Philopœmen. Toutefois même ceux-là sont incapables d'enrayer le déclin et périssent. Rome étend déjà son ombre sur la Grèce, qui ne peut lui résister.

1. Cf. *ibid.*, éd. cit. p. 385, trad. p. 423.
2. Cf. *PH* Heimann, p. 137.
3. Cf. *ibid.*, p. 138.

Il faut ici évoquer les figures de Socrate et des sophistes. Pour Hegel, tous, quoiqu'à des titres distincts, constituent des germes de mort pour la démocratie athénienne. Car ils font advenir le règne de l'intériorité au sein d'une culture à laquelle elle est essentiellement étrangère. Les Sophistes font de la subjectivité arbitraire, du bon plaisir (*das Belieben*), la mesure de toute chose. Quant à Socrate, il oppose au monde effectif un monde idéal. Socrate invente la morale – et ceci non pas au sens de l'agir conforme au devoir, mais au sens de l'agir conscient et appuyé sur une maxime subjectivement décidée. Certes, Socrate accomplit tous ses devoirs de citoyen : néanmoins la vraie patrie, pour lui, n'est que le monde de la pensée[1]. À sa suite, nombreux sont les citoyens qui de désintéressent de la vie de l'État pour vivre dans un monde idéal. La cité grecque effective, dépeinte dans ses traits essentiels dans la *République* de Platon, ne peut pas survivre à l'intervention dissolvante de Socrate[2].

Comme on le constate, l'évaluation hégélienne de la Grèce est ambivalente : « Ce monde est beau, mais le vrai est toujours supérieur ; la beauté n'est pas encore la vérité. »[3]. D'un côté, Hegel partage le philhellénisme de ses contemporains. De l'autre, les principes de son système l'amènent à faire de la Grèce un moment inférieur au moment européen-chrétien. La force de la Grèce tient à son caractère harmonieux, mais son unilatéralité est sa faiblesse. La vie grecque, dit-il, est belle, mais l'esprit ne peut trouver en elle sa satisfaction suprême. L'esprit grec n'est qu'objectif[4], il lui manque l'unité subjective de la conscience de soi :

> Les Grecs [...] ne restèrent pas dans l'unité orientale non libre, qui a pour conséquence un despotisme religieux et politique dans la mesure où le sujet, oublieux de soi, se noie dans la substance universelle unique ou dans l'un quelconque de ses côtés particuliers, parce qu'il n'a en lui-même, comme personne, aucun droit et par là aucun point d'attache ; mais ils ne progressèrent pas non plus jusqu'à cet approfondissement subjectif dans

1. Cf. *PH* 1822-23, éd. cit. p. 381, trad. p. 419 *sq.*

2. Cf. *Principes de la philosophie du droit,* R. du § 185, *W* 7, 342, trad. p. 352-353. *Cf.* D. Janicaud, *Hegel et le destin de la Grèce*, *op. cit.*, p. 232 *sq.*

3. *PH* 1822-23, éd. cit. p. 357, trad. p. 401. On trouve une ambivalence similaire dans certains écrits de Friedrich Schlegel. Par exemple : « Or, qu'est-ce qui fait le caractère de l'Antiquité classique ? Outre l'idéal classique, c'est-à-dire cette plénitude organique de l'individuel et son accomplissement heureux, c'est justement cette individualisation même, ou séparation. Scission et division sans cesse poursuivie et prolongée de l'Un et du Tout que sont toutes les forces et toutes les pensées humaines. » *Voyage en France*, trad. fr. Ph. Marty, Montpellier, 2002, cité par R.-M. Pille, « À la fracture du classicisme et du romantisme : l'Inde, sujet de discorde entre Goethe et Friedrich Schlegel », art. cit. p. 40.

4. Cf. *PH* 1822-23, éd. cit. p. 375, trad. p. 415.

lequel le sujet singulier se coupe du tout et de l'universel afin d'être pour lui-même selon son intériorité propre, et ne parvient à la réunification et l'essentiel que par un retour supérieur à la totalité intérieure d'un monde purement spirituel – mais dans la vie éthique grecque, l'individu était autonome et libre en lui-même sans pour autant se détacher des intérêts universels donnés de l'État effectif, ni de l'immanence affirmative de la liberté spirituelle dans le présent temporel [1].

L'homme grec n'est pas réconcilié. Parce qu'il vit dans la particularité, quand bien même celle-ci est substantielle, il ne peut échapper à la contradiction. On peut encore exprimer ce point ainsi : même si l'esprit grec vainc la naturalité, il demeure non réconcilié avec elle. Il y a en lui « un antagonisme (*Widerstreit*) entre [sa] grandeur bienheureuse, qui est un être-en-soi-même, et [sa] beauté, qui est extérieure et corporelle » [2]. Il nie la naturalité extérieure mais non pas sa naturalité propre. C'est pourquoi, par exemple, si les dieux grecs sont de marbre et non de chair, s'ils ne font l'épreuve ni du déchirement ni de la mort, et restent éternellement jeunes et gais, à l'écart de toute réelle infortune, toutefois ils ne vainquent pas le malheur, qui demeure une puissance inentamée. Les *Cours d'esthétique* soulignent la mélancolie, le parfum de tristesse qui flotte sur les images des dieux. À la différence du Dieu chrétien, ils sont pour ainsi dire en deuil de leur félicité [3].

1. *Cours d'esthétique* II, *W* 14, 25, trad. p. 22-23.

2. *Ibid.*, *W* 14, 84, trad. p. 78.

3. Cf. *Cours d'esthétique* II, *W* 14, 85, trad. p. 81. « Apprenons à les estimer sans devenir nous-mêmes Grecs », écrit Herder dans les *Ideen* (XIII, 2). La soixante-douzième lettre des *Lettres pour servir à l'avancement de l'humanité* (1793-97) dit que l'amour du beau a fait périr la Grèce.

CHAPITRE XII

ROME, EMPIRE PROSAÏQUE ET BRUTAL

Rome représente un moment de maturité dans l'histoire du monde. Les Romains sont prévoyants, laborieux, et disposent d'un savoir-faire éprouvé qui leur permet de réaliser leurs fins. Il suffit sur ce point de comparer l'éphémère empire d'Alexandre et celui, extraordinairement solide, que Rome se gagna grâce aux efforts successifs de ses généraux[1]. Pourtant, le jugement de Hegel sur Rome est d'une sévérité extrême. Pour lui, les Romains sont avides, violents, et finalement voués au malheur. La civilisation romaine est au mieux oppressive, au pire monstrueuse: « Le mal (*das Übel*), l'iniquité (*das Böse*) apparaît ici. »[2]. On ne dira pas, sans doute, que Rome illustre pour Hegel la thèse kantienne selon laquelle il peut y avoir un peuple de démons[3]. Mais on ne peut qu'être frappé de la détestation qui s'exprime à l'encontre d'un État romain caractérisé, dit le texte, par la confusion, la ruse et la violence[4].

À l'instar de la situation du monde grec, celle du monde romain est ambiguë dans le dispositif historique hégélien. a) D'un côté, Rome est associée à la Grèce dans une commune opposition à l'Orient. Les deux règnes rompent en effet avec le despotisme au profit d'un régime où « quelques-uns » sont libres – par exemple les citoyens grecs par opposition aux esclaves et les patriciens romains face aux plébéiens. Rome comme la

1. *Cf.* par exemple *Leçons sur la philosophie de l'histoire, W* 12, 376, trad. p. 240.
2. *PH* 1822-23, éd. cit. p. 432, trad. p. 463.
3. *Cf.* Kant, *Projet de paix perpétuelle*, Ak. 8, 366, trad. t. 3, p. 360.
4. Cf. *PH* Heimann, p. 157.

Grèce est le terrain de la « liberté populaire » (*Volksfreiheit*)[1]. Et, même s'il insiste surtout sur les distinctions, Hegel reconnaît la grande proximité de la Grèce et de Rome en matière d'art et de religion. b) De l'autre côté cependant, comme on l'a dit, Hegel a tendance à faire de la Grèce un commencement. Dès lors, Rome occupe une position médiane et s'oppose à la Grèce : prosaïsme contre esprit poétique, sens de la discipline contre goût du jeu, avidité contre désintéressement. Or cet axe de lecture est privilégié par Hegel. À l'exaltation du monde grec, figure naïve de la vérité, répond une violente dénonciation du monde romain.

Les caractères généraux de l'esprit romain

La contradiction de la généralité et de l'intériorité

Aux yeux de Hegel, l'esprit romain se caractérise en premier lieu par le prosaïsme, c'est-à-dire par l'intelligence calculante[2]. Alors que l'homme grec est tout d'inclination, l'homme romain, à la « sèche imagination », ajuste ses moyens pour atteindre ses fins, lesquelles sont souvent médiocres : à Rome, « on ne songeait toujours qu'à l'utilité extérieure et vulgaire »[3]. L'esprit romain est à la fois désincarné et rigide, il ne s'exprime pas dans des œuvres vivantes mais est obnubilé par le respect des formes légales et l'accomplissement des rites sacrés[4]. Il y a chez lui une « vénération de l'ordre »[5] – mais d'un ordre qui n'est qu'obéissance à la volonté arbitraire du chef[6]. Alors que la nature provoque chez les Grecs un frémissement intérieur, les Romains restent muets et amorphes face à une nature qu'ils considèrent comme dépourvue d'esprit[7].

Au prosaïsme s'ajoute l'abstraction, laquelle se traduit notamment par le fait que l'homme, à Rome, se réduit à la « personne » du droit, simple atome incapable de se déterminer lui-même :

1. Cf. *Raison dans l'histoire*, éd. cit. p. 144, trad. p. 171.
2. Cf. *PH* 1822-23, éd. cit. p. 399, trad. p. 436. Dans les *Considérations*, Montesquieu insiste sur l'intelligence pragmatique et l'absence de scrupule des Romains, qui utilisent tous les moyens disponibles pour accroître leur puissance à l'encontre des autres nations. *Cf.* en particulier le chap. 6 : « De la conduite que les Romains tinrent pour soumettre tous les peuples ».
3. *Leçons sur la philosophie de l'histoire*, *W* 12, 354, trad. p. 226.
4. Cf. *PH* Heimann, p. 146.
5. *PH* 1822-23, éd. cit. p. 398, trad. p. 435.
6. Cf. *ibid.*, éd. cit. p. 417, trad. p. 451.
7. Cf. *PH* Heimann, p. 146.

> Par opposition à la poésie des Grecs, qui plane de façon équilibrée entre l'indéterminé et le déterminé, ce qui surgit à présent [...], c'est la prose de la vie, l'élément du fini, l'abstraction de l'entendement. [...] [Les Romains ont] élaboré le droit au sens juridique et le moment sans âme de la personnalité abstraite[1].

L'État ne résulte pas d'une *Bildung* organique mais d'une auto-fondation artificielle et de la violence des annexions extérieures, de sorte que l'appartenance à l'État repose sur une subordination imposée plutôt que sur l'attachement naturel à la cité dans laquelle on est né[2]. L'art romain quant à lui, s'il révèle un métier consommé, est dépourvu de liberté[3]. Enfin, alors même que la religion adopte la mythologie grecque, elle le fait sur le mode « d'un froid entendement et de l'imitation »[4], sans gaieté ni invention. Rome se spécifie par son indifférence à la beauté[5], elle est une nation d'historiens et de juristes plus que de poètes[6]. Qui étudie les auteurs romains ne peut qu'admirer leur perspicacité et la clarté de leur expression[7], mais est tout autant gagné par l'ennui...[8]. Il est significatif que les Romains refusent de participer aux jeux, se contentant d'en être les spectateurs[9]. En définitive, Hegel oppose le sérieux superficiel des Romains, qui consiste à poursuivre avec énergie un but limité[10], au sérieux profond des Grecs, « jouissance libre de la vie éthique »[11].

D'un autre côté cependant, le monde romain découvre l'intériorité. C'est à ce titre aussi qu'il est antithétique du monde grec, qui vit dans le sensible. Toutefois, si le Romain se reconnaît une « valeur intérieure », s'il

1. *PH* 1822-23, éd. cit. p. 399-401, trad. p. 435-437.
2. Cf. *Leçons sur la philosophie de l'histoire*, *W* 12, 345-346, trad. p. 220.
3. Cf. *PH* 1822-23, éd. cit. p. 401, trad. p. 437. Hegel remarque que, dans la sculpture romaine, le portrait exact se substitue à l'« animation spirituelle », au « souffle » et à « la noblesse intérieure de la manifestation phénoménale parfaite en elle-même » qu'on trouve dans les œuvres grecques (cf. *Cours d'esthétique* II, *W* 14, 456, trad. p. 431).
4. *Leçons sur la philosophie de l'histoire*, *W* 12, 356, trad. (mod.) p. 226.
5. Cf. *Cours d'esthétique* II, *W* 14, 123-124, trad. p. 115.
6. *Leçons sur la philosophie de l'histoire*, *W* 12, 362, trad. p. 230.
7. Cf. *ibid.*, *W* 12, 362, trad. p. 230.
8. Cf. *ibid.*, *W* 12, 353, trad. p. 224.
9. Il est remarquable, dit Hegel, que, au théâtre, les rôles d'acteurs aient été abandonnés aux esclaves et aux affranchis – ce pourquoi l'attitude de Néron apparaissant sur la scène a été jugée honteuse : cf. *PH* 1822-23, éd. cit. p. 404-405, trad. p. 440.
10. Le sérieux romain est un lieu commun de l'historiographie. *Cf.* par exemple Voltaire, article « Histoire » dans l'*Encyclopédie* de Diderot et d'Alembert, 1766, t. 8, p. 220.
11. *PH* 1822-23, éd. cit. p. 402, trad. p. 438.

sait être une « fin en soi » (*Selbstzweck*)[1], néanmoins il poursuit des buts qui sont sans lien avec son intériorité, des buts médiocres et parfois cruels. Sans parler des spectacles de gladiateurs, on remarque par exemple que les tragédies de Sénèque, ne présentent, à la différence de celles de Sophocle, aucun principe éthique…[2].

La valorisation romaine de l'intériorité, et donc de la pudeur, se constate dans le soulèvement par lequel les Romains chassèrent les rois étrusques à la suite du viol de Lucrèce[3]. Pour autant, les femmes sont traitées à Rome comme de simples biens, qu'on peut acheter ou aliéner à son gré. De même, si les philosophies stoïcienne, épicurienne et sceptique qui s'épanouissent à Rome rendent l'homme inébranlable en sa pensée, néanmoins cette forme de subjectivité reste inchoative, dans la mesure où elle n'est qu'indifférence face au monde extérieur[4]. Alors que les Grecs sont sereins et enjoués, les Romains sont graves[5]. Mais cette gravité ne manifeste rien d'autre que leur absence d'imagination et leur incapacité à être vraiment libres : « L'intériorité et la subjectivité ne se montra, chez les Romains, que de manière abstraite en tant que personnalité dépourvue d'esprit dans la dureté cassante (*Sprödigkeit*) du moi. »[6].

Hegel fait du droit romain une interprétation à charge. Il voit en lui le signe d'une mentalité vétilleuse et tracassière, voire malhonnête, qui absolutise ce qui, en soi, est insignifiant. On trouve cette tournure d'esprit dans la manière qu'a le peuple romain d'invoquer les traités pour justifier ses conquêtes. Certes, le droit romain est une grande œuvre, qui fait honneur à la capacité d'abstraction de ses auteurs. Il a en outre la vertu de consacrer la propriété, premier moment de l'accès de l'esprit à la liberté objective[7]. Néanmoins, il se signale par son formalisme et son absence de vitalité. Hegel lui reproche de s'imposer uniformément et de réduire tout homme à son statut de propriétaire : « En vertu du principe de sa personnalité, le sujet

1. *Ibid.*, éd. cit. p. 432, trad. p. 463.

2. Cf. *Leçons sur la philosophie de la religion* II, éd. cit. p. 641, trad. p. 461.

3. Cf. *PH* 1822-23, éd. cit. p. 407-408, trad. p. 442-443. La pudeur romaine se traduit aussi par le refus de la nudité en art : cf. *PH* 1822-23, trad. p. 405, trad. p. 440.

4. Cf. *PH* Heimann, p. 158.

5. La notion de *gravitas*, qui renvoie à la fermeté et à la dignité du caractère, est une pièce essentielle de la vertu telle qu'elle est définie par Cicéron. *Cf.* J. Hellegourac'h, *Le vocabulaire latin des relations et des partis politiques*, Paris, Les Belles lettres, 1972, p. 279-290.

6. *Leçons sur la philosophie de l'histoire*, *W* 12, 398, trad. (mod.) p. 254.

7. Pour Hegel, lecteur de la *République* de Platon, le monde grec condamne la propriété privée. De même, à ses yeux, il n'y a pas de propriété privée en Asie, où le despote est propriétaire de la totalité du sol.

n'a que le droit de posséder. »[1]. Par exemple le droit introduit les rapports de propriété, avec l'arbitraire qui les caractérise, dans la vie familiale, amenant les individus à négliger leurs devoirs proprement éthiques[2].

Le droit romain se signale en outre par une série de contradictions : d'un côté il traite les individus en personnes, de l'autre il autorise l'esclavage[3] ; d'un côté il prétend assurer la justice, de l'autre les sanctions qu'il prévoit sont d'une brutalité effrayante[4] ; d'un côté il prétend encourager l'honnêteté, de l'autre il pousse à l'immoralité[5]. En définitive : « Ce droit privé est [...] tout autant la non-existence de la personne, son désaveu, et cette condition juridique est une complète absence de droit. »[6].

Brutalité et sens du sacrifice

L'homme romain est aussi violent qu'austère. Pour Hegel, le peuple de Rome est issu de la fraternisation de bergers et de brigands, puis accueillit un ensemble bigarré d'affranchis et d'apatrides[7]. Cette origine le marque définitivement : « Une telle origine implique la discipline la plus dure ; dans une bande de brigand, le sacrifice de soi est nécessairement porté à l'intensité la plus grande. [...] Cette dureté se montre dans le caractère romain. »[8]. Parce que l'appartenance à l'État n'a rien de spontané, la conservation de l'État repose sur la rigueur et la discipline[9]. Par ailleurs, alors que les Grecs sont épris de plaisirs raffinés, les Romains se font remarquer par la grossièreté et l'immoralité de leur mode de vie[10].

1. *Leçons sur la philosophie de l'histoire*, *W* 12, 387, trad. p. 248.

2. Cf. *Principes de la philosophie du droit*, R. du § 180, *W* 7, 334, trad. p. 344-345.

3. *Ibid.*, R. du § 40, *W* 7, 99, trad. p. 186-187.

4. Cf. *ibid.*, R. du § 3, *W* 7, 39, trad. p. 146.

5. Hegel donne l'exemple de Cicéron – grand défenseur de la vertu – qui répudie sa femme et en épouse une nouvelle pour payer ses dettes grâce à la dot de cette dernière. Cf. *ibid.*, R. du § 180, *W* 7, 335, trad. p. 346. L'anecdote est racontée par Plutarque, *Cicéron*, LIV.

6. *Leçons sur la philosophie de l'histoire*, *W* 12, 387, trad. (mod.) p. 248.

7. Cf. *PH* 1822-23, éd. cit. p. 395, trad. p. 432. *Cf.* Tite-Live, *Histoire romaine* I, 4 et Denys d'Halicarnasse, *Antiquités romaines* I, 79-80. Dans la *Vie de Romulus*, Plutarque explique que la troupe de Romulus et Rémus était composée de bannis et d'esclaves en rupture de ban. Rome fut ainsi, originairement, un refuge pour fugitifs : « Tout le monde y était reçu sans distinction ; on ne rendait ni l'esclave à son maître, ni le débiteur à son créancier, ni le meurtrier à son juge. » (IX)

8. *PH* Heimann, p. 144.

9. *PH* 1822-23, éd. cit. p. 398, trad. p. 435.

10. Cf. *Leçons sur la philosophie de l'histoire*, *W* 12, 349, trad. p. 222.

Sur un autre plan, l'homme romain se caractérise par un extraordinaire sens du service de l'État[1] – et ceci alors même que ce dernier est oppressif. Ce dévouement, on ne le remarque pas seulement chez les soldats qui marchent héroïquement à l'ennemi, mais aussi, politiquement, chez la plèbe, lorsqu'elle accepte de se soumettre au patriciat. « Chez les Romain, l'assujettissement était une religion, alors que, chez les Grecs, c'était la sérénité enjouée et la libre fantaisie. »[2]. La fin de l'État romain, dit Hegel, est que les citoyens renoncent pour lui à leur vie éthique[3]. C'est pourquoi la *virtus* romaine désigne l'aptitude à se sacrifier en faveur de l'État. Il faut distinguer le courage romain du courage grec. Le premier s'exerce dans le combat collectif et non dans le combat singulier[4]. En outre, alors que le soldat grec bataille tout autant pour lui que pour le bien commun (car il identifie son bien propre au bien commun), dans le cas romain il y a une nette divergence d'intérêts. Or, justement, le soldat romain n'hésite pas à se sacrifier : « La vertu romaine, la *virtus* est ce froid patriotisme qui veut que l'individu ne fasse que servir les affaires de l'État, de la puissance dominante. »[5].

Pour cette raison même, le monde romain est essentiellement malheureux : « Rome [...] a accumulé tous les malheurs et toutes les douleurs. Elle a brisé le cœur du monde. »[6]. C'est cette infortune, au demeurant, qui fournit leur thème essentiel aux jeux du cirque, lesquels ne consistent que dans le massacre réciproque des gladiateurs : « Ce meurtre froid était un régal pour les yeux [des Romains], [car] en lui était intuitionnée la nullité de l'individualité humaine. »[7]. Au-delà de la bravoure des soldats et des gladiateurs, le suicide des grands personnages, tel Néron, est pour Hegel une illustration de l'indifférence romaine face à la mort. Mais

1. Cf. *PH* 1822-23, éd. cit. p. 412, trad. p. 446.

2. *Leçons sur la philosophie de l'histoire, W* 12, 352, trad. (mod.) p. 223.

3. Cf. *ibid., W* 12, 339, trad. p. 215.

4. Cf. *PH* Heimann, p. 144.

5. *Leçons sur la philosophie de la religion* II, éd. cit. p. 589, trad. p. 415. On peut voir ici l'influence de Tite-Live, qui met au premier plan, chez les Romains, le respect des règles de droit public et privé, le scrupule religieux et la loyauté à l'égard de l'État.

6. Cf. *PH* 1822-23, éd. cit. p. 393, trad. p. 431.

7. *Leçons sur la philosophie de la religion* II, éd. cit. p. 589, trad. p. 415. Pour l'opposition des jeux grecs et des jeux romains, *cf.* Schiller, *Lettres sur l'éducation esthétique de l'homme* XV, trad. p. 221 : « Tandis qu'aux jeux d'Olympie les peuples grecs prennent plaisir à des joutes où, sans répandre de sang, on rivalise de force, de vitesse, de souplesse, ainsi qu'à la compétition plus noble des talents, le peuple romain se délecte à l'agonie d'un gladiateur abattu. ».

cette indifférence n'a rien d'admirable, elle ne traduit que l'incapacité à se représenter le futur[1].

À la différence des Grecs, les Romains ne peuvent s'identifier à leur État. La cité grecque a quelque chose de naturel, et, corrélativement, permet un lien « libéral » (*ein liberaler Zusammenhang*)[2] entre les hommes. À l'opposé, l'État romain est artificiel : « De naissance, Rome fut quelque chose de produit (*gemachtes*), un effet de la violence (*gewaltsames*), sans rien d'originel. »[3].

Un monde avide et oppressif

Par ailleurs, Hegel analyse la civilisation romaine au fil conducteur de l'idée de finalité externe, donc finie : « Pour l'esprit romain, ce qui constitue la détermination ultime, c'est un but fini. »[4]. Or ce but n'est autre que l'acquisition de biens extérieurs. Hegel insiste en premier lieu sur le rapt des Sabines et sur les règles matrimoniales qui, comme on l'a dit, tendent à faire de la femme et de l'ensemble de ses biens une simple propriété de l'homme. L'instrumentalisation d'autrui est la règle, jusque dans la sphère familiale[5]. Hegel dénonce le droit de vie et de mort du *paterfamilias* sur ses enfants[6], et le droit qu'il a de les traiter en esclaves[7] ou de les vendre[8]. D'une certaine manière, le Romain se console de l'âpreté de sa vie de citoyen par la pouvoir sans partage qu'il exerce sur sa famille : serviteur d'un côté, despote de l'autre[9].

Mais c'est dans la politique d'annexion des peuples étrangers que se manifeste le plus clairement le caractère « extérieur » des buts romains :

> Le but final [...] n'est qu'une domination, la réunion des individus, des peuples, par un lien et sous une [unique] puissance. [...] [C'est] la réalisation d'un but final qui est *a priori*, qui [...] ne se réalise qu'en s'imposant[10].

1. Cf. *PH* 1822-23, trad. p. 417, trad. p. 451.
2. *Leçons sur la philosophie de l'histoire*, *W* 12, 345, trad. (mod.) p. 220.
3. *Ibid.*, *W* 12, 344, trad. (mod.) p. 219. On voit ici que la thèse philosophique de la fondation artificielle de l'État, que Hegel considère comme « non vraie », a un corrélatif historique (car « non vrai » ne signifie pas « illusoire » mais « inadéquat »).
4. *PH* 1822-23, éd. cit. p. 402, trad. p. 438.
5. Cf. *PH* Heimann, p. 148.
6. Cf. *Principes de la philosophie du droit*, Add. du § 180, *W* 7, 337, trad. p. 676.
7. Cf. *ibid.*, R. du § 175, *W* 7, 328, trad. p. 339.
8. Cf. *ibid.*, R. du § 180, *W* 7, 334, trad. p. 344-345.
9. Cf. *PH* 1822-23, éd. cit. p. 397, trad. p. 434.
10. *Leçons sur la philosophie de la religion* II, éd. cit. p. 582, trad. p. 415.

Ainsi Rome s'oppose, en aval, à l'esprit grec désintéressé, et, en amont, à l'esprit chrétien germanique dont le but est la liberté concrète. Si l'agir romain, à la différence de l'agir grec, n'a rien de ludique et ne tend pas à la pure et simple jouissance mais à la réalisation d'un but délibéré, cependant ce but, à la différence du but de type germanique, ne consiste pas dans un progrès intérieur, mais dans l'obtention d'un bien extérieur – un but extérieur qui est inévitablement relatif et obtenu par des moyens qui sont eux-mêmes sans légitimité.

La religion romaine, à son tour, est essentiellement intéressée, dans la mesure où elle ne voit pas les dieux comme amicaux ou hostiles, mais comme favorables ou défavorables à ses buts. C'est en ce sens que les Romains sont superstitieux et non pas pieux[1] : pour eux, la religion n'est pas une occasion de plaisir, comme pour les Grecs, mais le moyen de réaliser leurs fins – que ces dernières soient collectives ou individuelles. Hegel se gausse du caractère prosaïque des dieux et des déesses : Jupiter Pistor, dieu des boulangers ; Fornax, déesse du fourneau ; Vesta, déesse du feu qui sert à cuire le pain… De même, il insiste sur le caractère utilitaire des fêtes religieuses[2]. La multiplication de ces buts finis est blâmable, car seul est véritablement digne d'estime la poursuite d'un but infini, c'est-à-dire immanent, et dont la réalisation ne dépend pas des circonstances externes : « La religion romaine est donc une religion de l'instrumentalité, de l'utilité et de la limitation. »[3]. Le monde romain, à la fois, fait disparaître l'individu dans la domination étatique et valorise intensément ses fins mesquines[4].

S'agissant de la religion, Hegel reprend l'étymologie du terme fournie par Lactance (*religare*) contre Cicéron (*religere*)[5], en insistant cependant non pas sur l'idée de lien mais sur celle d'assujettissement. Il reporte en outre sur la religion romaine l'analyse du sentiment de dépendance fournie par Schleiermacher à propos de la religion en général[6]. Au demeurant, pour lui, la religion romaine est essentiellement mystérieuse, voire inquiétante : « L'autre aspect est une intériorité abstraite, un frémissement d'horreur

1. Cf. *PH* Heimann, p. 146.

2. Cf. *Leçons sur la philosophie de la religion* II, éd. cit. p. 403, trad. p. 306.

3. *PH* 1822-23, éd. cit. p. 404, trad. p. 439. On trouve la présentation inverse (erreur de Hegel ou de Heimann ?) en *PH* Heimann, p. 146.

4. Cf. *Leçons sur la philosophie de la religion* II, éd. cit. p. 589, trad. p. 415.

5. *Cf.* Lactance, *Institutions divines* IV, 28, 3-16 et Cicéron, *La nature des dieux* II, 28, 71.

6. Cf. *Leçons sur la philosophie de la religion* II, éd. cit. p. 64. *Cf.*, entre autres, le § 9 du premier volume du traité de Schleiermacher, *Der christliche Glaube nach den Grundsätzen der evangelischen Kirche im Zusammenhang dargestellt*, Berlin, 1821, p. 33.

face à l'intérieur inconnu, pour ainsi dire face au *fatum* intérieur. »[1]. Elle n'est pas claire et intelligible par elle-même comme la religion grecque mais énigmatique. À ceci est associé le caractère équivoque des traditions romaines. Hegel insiste notamment sur la pluralité des noms de Rome (*Valentia*, *Amor*)[2] et de Romulus (*Quirinus*)[3], noms qui, en outre, sont chacun à ententes multiples.

Politiquement, Rome est une aristocratie, au sens où la vie politique y repose sur le pouvoir d'un certain nombre de *gentes* aux caractéristiques bien marquées. Les Claudius se distinguent par leur rude élitisme, les Valerius par leur bienveillance à l'égard du peuple, les Cornelius par leur noblesse d'esprit…[4]. Chaque famille est comme une tribu, avec ses pénates, ses lares et ses *sacra*, elle se développe en elle-même et s'oppose aux autres. Par ailleurs, comme on l'a dit, les patriciens mènent une guerre, ouverte ou latente, contre les plébéiens, et gouvernent l'État de manière arbitraire. Le pouvoir est aux mains du patriciat comme une possession « sainte » (*heilig*) et « incommunicable » (*ungemeinschaftlich*)[5].

Le rapport entre patriciens et plébéiens est préfiguré par l'inimitié de Romulus et Rémus[6]. Hegel dénonce les traîtrises dont usent continûment les patriciens pour maintenir leur domination, notamment l'invocation fallacieuse de l'intérêt supérieur de l'État[7] et l'utilisation biaisée des oracles[8]. Mais l'intéressant est l'insistance avec laquelle, par opposition aux historiens de son temps[9], Hegel affirme que les deux groupes ne formaient pas originairement deux races distinctes. Pour lui le conflit, à Rome, est non pas externe mais interne. Si, chez les Grecs, les esclaves sont pour l'essentiel issus de peuples vaincus, à Rome en revanche les plébéiens sont des pauvres qui se voient contraints de solliciter la protection des

1. *Leçons sur la philosophie de la religion* II, éd. cit. p. 641, trad. p. 460. *Cf.* aussi *Leçons sur la philosophie de la religion* II, éd. cit. p. 123-124, trad. p. 121.

2. *Leçons sur la philosophie de la religion* II, éd. cit. p. 641, trad. p. 460. Voir Creuzer, *Symbolik und Mythologie*, Leipzig et Darmstadt, 1819-1821 t. 2, p. 1002-1003 et *Abriss der römischen Antiquitäten zum Gebrauch bei Vorlesungen*, Leipzig et Darmstadt, 1824, p. 13, qui s'appuie notamment sur Jean le Lydien, fonctionnaire byzantin du VIe siècle ap. J.-C, *De Mensibus*, IV, 50. *Valentia* est l'équivalent latin du grec *rômè*, la force.

3. *Cf.* Tite-Live, *Histoire romaine* I, 16.

4. Cf. *Leçons sur la philosophie de l'histoire*, *W* 12, 358, trad. p. 227.

5. *Ibid.*, *W* 12, 358, trad. p. 227.

6. Cf. *ibid.*, *W* 12, 346, trad. p. 220.

7. Hegel pense probablement à l'apologue des membres et de l'estomac raconté par Menenius Agrippa lors de la sécession de la plèbe sur le mont Aventin.

8. Cf. *ibid.*, *W* 12, 358, trad. p. 227.

9. Cf. *ibid.*, *W* 12, 346, trad. p. 220.

riches patriciens[1]. Alors que l'esclavage, en Grèce, est la condition qui permet à la cité d'être harmonieuse, à Rome la division des groupes sociaux n'implique qu'injustice et souffrance. De même, alors que la cité grecque a pour fin « l'extermination des brigands sur mer et sur terre », la vie romaine, tout à l'inverse, est à interpréter comme un brigandage continu[2]. La politique romaine a pour horizon l'asservissement d'autrui et l'extorsion de ses biens.

L'HISTOIRE DE ROME

La formation de la puissance romaine

Dans le premier moment de son histoire, le monde romain reste borné à l'Italie. L'évolution est alors purement interne et a pour enjeu la formation du peuple. Initialement, ce sont des étrangers, les Étrusques, qui dominent l'État. Puis le « *populus* ne désigne que les patriciens »[3]. À la fin, la plèbe accède aux dignités supérieures de l'État et, grâce aux lois agraires, obtient les moyens de sa subsistance. Ainsi, au terme de la première période, le « peuple » renvoie à l'ensemble des Romains, de sorte que « l'intérêt commun de l'État devint l'intérêt général »[4]. Pour autant, on va le voir, il reste fondamentalement scindé.

Comme on l'a dit, aux yeux de Hegel, la Rome fondée par Romulus est une société de brigands. Il n'y a pas de lois[5]. Les hommes sont séparés en *gentes*, et la religion romaine sert, par les cérémonies religieuses instituées par Numa, à conforter la domination des patriciens. L'abolition de la royauté et l'établissement de la république ne change rien à cette situation.

1. Cf. *ibid., W* 12, 346, trad. p. 220.

2. Cf. *ibid., W* 12, 348, trad. p. 221. On mesurera l'opposition entre Bossuet et Hegel – et, au-delà, entre la valorisation française du monde grec *et* romain et la valorisation allemande du seul monde grec – à travers ces lignes du *Discours sur l'histoire universelle :* les Romains n'étaient « donc pas ces conquérants brutaux et avares qui ne respirent que le pillage, ou qui établissent leur domination sur les ruines des pays vaincus. Les Romains rendaient meilleurs tous ceux qu'ils prenaient, en y faisant fleurir la justice, l'agriculture, le commerce, les arts mêmes et les sciences, après qu'ils les eurent une fois goûtés. » *Œuvres de Bossuet*, éd. Saint-Marc Girardin, t. 1, Paris, Firmin-Didot, 1841, p. 290. *Cf.* aussi Machiavel, *Discours sur la première décade de Tite-Live*, I, 18, 1 (affaire du butin de Véies). L'animosité de Hegel à l'égard de Rome n'est sans doute pas sans lien avec son peu de sympathie pour l'Europe latine et catholique.

3. *Leçons sur la philosophie de l'histoire, W* 12, 361, trad. p. 230.

4. *PH* 1822-23, éd. cit. p. 411, trad. p. 455.

5. Cf. *PH* Heimann, p. 145.

Au début, elle l'aggrave même car, dit Hegel, la plèbe trouvait dans les rois étrusques des protecteurs naturels. En réalité, les rois ne furent pas chassés pour bouleverser les institutions mais parce qu'ils étaient devenus « superflus »[1].

Sous la république, la patriciat monopolise le sénat et contrôle l'exercice de la justice – et ceci sans lois écrites ni même précisément déterminées, ce qui autorise un entier arbitraire de la part des juges. Les patriciens sont également les maîtres du consulat, du tribunat militaire et de la censure : « Observant cette constitution romaine, on peut dire qu'elle est, comme aristocratie, la pire des constitutions. »[2]. Bref, on peut comparer la situation des plébéiens à Rome avec celle subie naguère par des Irlandais sous domination anglaise[3].

Toutefois la plèbe se révolte régulièrement. Dans les premiers temps, elle est dupée par le patriciat qui, en lui accordant des avantages illusoires, parvient à la convaincre de rentrer dans le rang. Puis des droits lui sont reconnus : les postes d'édile, de consul, de censeur, etc., lui sont ouverts. Néanmoins, il n'y a aucune réconciliation entre la plèbe et la patriciat, mais simplement un armistice dû à des concessions réciproques[4]. Il reste que Rome obtient, par cet équilibre retrouvé, une puissance qui va lui permettre de conquérir son empire extérieur.

La domination mondiale de Rome

Le deuxième moment est celui de la conquête du monde, elle-même liée aux « grands hommes » qui dirigent la transformation de l'empire. En raison cependant des contradictions propres à l'esprit romain, l'expansion extérieure se paie, à l'intérieur, de la corruption et du malheur. Hegel souligne la brutalité des guerres extérieures : outre les gains en gloire et en territoires, elles sont des occasions de pillage. Les Romains deviennent de « grands capitalistes »[5] mais leur richesse repose sur le butin des campagnes et non pas sur l'industrie, de même que leur marine est construite pour la guerre et non pour le commerce. Le rapport avec les autres nations

1. *PH* 1822-23, éd. cit. p. 407, trad. p. 442.

2. Cf. *ibid.*, éd. cit. p. 411, trad. p. 445.

3. L'allusion à un progrès récent de la situation des Irlandais renvoie à la loi d'émancipation votée par le parlement anglais en 1829, qui reconnaît aux catholiques le droit de siéger au Parlement – un droit qui, en vertu de l'Acte d'Union de 1800, s'applique aussi bien aux catholiques irlandais.

4. Cf. *ibid.*, éd. cit. p. 412, trad. p. 445-446.

5. *Ibid.*, éd. cit. p. 413, trad. p. 447.

est un pur rapport de force[1], comme le montre l'appel à la destruction de Carthage sans cesse réitéré par Caton. L'administration des provinces ne sert qu'à opprimer les individus et à les dépouiller[2]. L'individualité des peuples et leurs *sacra* respectifs ne sont pas respectés, et les États ne reconnaissent pas réciproquement leur existence comme essentielle :

> Le principe romain se présente ainsi comme le pur égoïsme de la domination et de la force, comme le pur égoïsme de la volonté dirigée contre les autres. Il n'a en lui-même aucun accomplissement éthique mais ne gagne son contenu qu'à partir de ses intérêts particuliers[3].

Pour cette raison même, la corruption augmente, et l'égoïsme jusqu'alors réfréné se déchaîne[4]. Quand le danger extérieur diminue, la vertu s'affaisse. Alors que, chez les Grecs, après la victoire brillent la culture, l'art et la science, chez les Romains, seuls comptent la vanité du triomphe public, l'étalage du butin et l'humiliation des vaincus.

À la lutte entre les plébéiens et les patriciens succèdent les conflits entraînés par l'incivisme de certains Romains[5]. Hegel insiste sur la corruption des sénateurs, qui les fait s'opposer aux Gracques pour des raisons d'intérêt personnel et se laisser acheter par Jugurtha. « Toutes les affaires publiques étaient décidées par l'autorité privée des grands, leur pouvoir et leurs richesses, [...] tout se faisant dans le tumulte. »[6]. Les lois de l'*auctoritas* et de la *dignitas* sont foulées aux pieds[7], la république n'est plus qu'un mensonge, la liberté est moribonde[8].

1. *Leçons sur la philosophie de l'histoire, W* 12, 374, trad. p. 238.
2. Cf. *ibid., W* 12, 384, trad. p. 245.
3. *Ibid., W* 12, 374, trad. (mod.) p. 239.
4. Cf. *PH* 1822-23, éd. cit. p. 415, trad. p. 448. *Cf.* par exemple Salluste, *Catilina* X.
5. Cf. *Leçons sur la philosophie de l'histoire, W* 12, 373, trad. p. 238.
6. *Ibid., W* 12, 379, trad. p. 241.
7. *PH* 1822-23, éd. cit. p. 69, trad. p. 164. La notion de *dignitas* est une composante clé de la morale aristocratique romaine. Liée à l'exercice d'une charge publique, elle est synonyme de bonne réputation. Dans une lettre à Plancius datée de – 46, Cicéron montre en quel sens il a le sentiment que sa propre dignité s'est évanouie : « S'il ne faut que du patriotisme et l'approbation des hommes de bien pour être digne, certes je suis tout ce que j'étais jadis ; mais s'il faut de plus le pouvoir de mettre en pratique ce qu'on pense, ou la liberté de penser tout haut, il n'y a plus rien chez nous de notre dignité (*ne vestigium quidem ullum est reliquum nobis dignitatis*). » (*Lettres familières* IV, 14) L'*auctoritas* renvoie à l'autorité du sénat (*auctoritas patrum*) et doit être distinguée du pouvoir (*potestas, imperium*) que possèdent les magistrats ou le peuple. L'*auctoritas* peut être définie comme le pouvoir juridique d'autoriser autrui à agir. *Cf.* J.P. Balsdon, « Auctoritas, Dignitas, Otium », *The Classical Quarterly* n° 10, 1960, p. 43-50.
8. Cf. *Raison dans l'histoire*, éd. cit. p. 105, trad. p. 128-129.

C'est alors que de grandes individualités surgissent. La force du peuple n'est plus dans le tout mais dans les individus : les Scipions, Marius, les Gracques, Cicéron, et bien sûr César : « Dans l'ébranlement de l'État qui n'avait plus en lui-même de soutien ni de solidité, ces individualités colossales ont surgi, avec le besoin d'établir l'unité de l'État qui n'existait plus dans la disposition d'esprit [des citoyens] » [1]. Pourtant ces hommes sont en proie aux mêmes passions que leurs compatriotes. Même les plus nobles, comme les Gracques, succombent à l'ambition personnelle. D'où les guerres civiles qui distendent de manière répétée le lien civique. Toutefois César a le génie de mettre fin aux factions, en établissant la dictature à vie, prélude au régime impérial. Le pouvoir de l'*imperator* n'échappe aucunement à l'arbitraire, mais il est un pouvoir unique : « Il faut qu'un seul domine sur beaucoup. [...] Rien n'était plus nécessaire que cette domination de l'arbitraire pur. » [2]. César rétablit ainsi l'unité romaine et permet à l'empire romain de s'étendre au-delà des Alpes, ouvrant ainsi « un monde nouveau » [3].

La période impériale

La période impériale définit-elle le deuxième ou le troisième moment de l'histoire romaine ? Tout dépend du schème considéré. On peut admettre que le deuxième moment d'un peuple est celui de son extension mondiale et que le troisième moment est celui de son déclin. Tel est manifestement le choix de la *Leçon* de 1822-23, qui rapporte la période impériale au deuxième moment. Mais on peut aussi juger que le troisième moment est celui du plein épanouissement politique d'un État. C'est là la décision que restitue le manuscrit Heimann, qui fait de la phase impériale le troisième moment de l'histoire romaine [4]. Au demeurant, la caractérisation du déclin romain, dans la *Leçon* de 1822-23, est très proche de la description de l'époque impériale en général chez Heimann, de sorte que la différence entre les deux versions est faible.

L'empire romain, dit Hegel, est quelque chose de « stable et ordonné » (*fest und in Ordnung*) [5]. Mais il s'agit d'un ordre d'entendement, qui se réduit à la fixité et à l'extériorité réciproque de ses composantes. Le pouvoir de l'empereur est arbitraire et violent, il repose sur les légions

1. *Leçons sur la philosophie de l'histoire, W* 12, 376-377, trad. (mod.) p. 240.
2. *PH* 1822-23, éd. cit. p. 416, trad. p. 450.
3. *Ibid.*, éd. cit. p. 416, trad. p. 449-450.
4. Cf. *PH* Heimann, p. 155.
5. *PH* 1822-23, éd. cit. p. 418, trad. p. 451.

stationnées dans les environs de Rome et sur la garde prétorienne qui vend son soutien au plus offrant[1]. On retrouve ici, quoique sous une forme maintenant systématisée, la société de brigands de l'origine. Le monde romain, à la fois, est organisé et repose sur la contrainte et les appétits égoïstes des hommes, de sorte que le vice et la vertu deviennent indifférents :

> [Les Romains face à l'empereur] étaient désorientés et ne voulaient lui opposer nul principe, nulle institution étatique, rien de sacré. Le monde, depuis la Bretagne jusqu'au Tigre et à l'Euphrate ne voulait ni n'avait rien à lui opposer, ni intérieurement ni extérieurement – pas de religion ou de [principe] moral, pas d'[exigence de] pudeur ou de respect, pas de moyen légal ou constitutionnel, pas de droit individuel qui aurait été infini en soi-même[2].

Sous la domination absolue de l'empereur, les hommes sont égaux, mais sur un mode abstrait, puisqu'ils ne sont que des « personnes » au sens juridique du terme[3]. Le despotisme des empereurs dissout la différence entre richesse et pauvreté, vertus et vices, honneur et déshonneur...[4]. Comme on le voit chez Auguste, l'empereur mène parfois une vie simple. C'est là un trait du prosaïsme romain. Mais l'empereur n'est pas rationnel pour autant, car son caprice est sans limite et soumet autrui à une complète servitude. Il y a certes de bons *imperatores*, comme les Antonins, mais ils ne peuvent pas changer la structure de l'État[5]. Et les empereurs monstrueux sont fréquents[6]. Nous sommes au plus loin du despotisme oriental, paternaliste et sage. Le droit demeure, mais il ne concerne que la propriété des individus. La vie romaine est donc écartelée : d'un côté la fatalité de la domination impériale universelle, de l'autre l'abstraction individuelle de la personne.

La décadence, alors, tient alors au fait que le peuple romain perd tout esprit commun et s'abîme dans la particularité : la quête du plaisir et la défense des intérêts égoïstes, favorisés par le droit privé, sont les seuls ressorts de l'existence. Certes, on trouve à Rome des âmes supérieures : mais elles délaissent la vie publique et se retirent dans une vie purement intérieure : stoïcisme pour les uns et christianisme pour les autres. Enfin,

1. Cf. *PH* Heimann, p. 156.
2. *Leçons sur la philosophie de la religion* II, éd. cit. p. 129, trad. p. 125.
3. Cf. *PH* Heimann, p. 157.
4. Cf. *Principes de la philosophie du droit*, Préface, *W* 7, 23, trad. p. 127.
5. Cf. *PH* Heimann, p. 156-157.
6. Cf. *Principes de la philosophie du droit*, § 357, *W* 7, 511, trad. p. 555.

l'intégrité du monde romain est mise en cause par les incursions des peuples étrangers, en particulier celles des peuples germaniques[1].

L'avènement du christianisme

Le christianisme relève-t-il du monde romain ou du monde germanique ? D'un point de vue hégélien, il faut comprendre le christianisme primitif – c'est-à-dire à la fois le Christ et la première communauté chrétienne – sur le modèle du rapport de Socrate avec le monde grec. Le christianisme primitif est certes la force destinée à précipiter la fin du monde romain. Néanmoins il continue à s'inscrire en lui. C'est sans doute ainsi qu'il faut comprendre le rappel par Hegel de la formule de l'Épître aux Galates affirmant que Dieu envoya son fils dans le monde « quand le temps fut accompli »[2] – c'est-à-dire à l'achèvement de sa période d'appartenance.

En premier lieu en effet, le christianisme est une religion de l'intériorité. Or la vie romaine, par la discipline qu'elle impose à la sensibilité, favorise le développement de la vie intérieure[3]. Par ailleurs, le Dieu chrétien se produit comme un homme souffrant et mourant : il représente l'extrême de la singularisation et du déchirement, à l'image de ce temps de malheur qu'est l'époque romaine. Enfin, il y a quelque chose d'abstrait dans la doctrine du Christ. Hegel cite la parole évangélique : « Si ton œil droit est pour toi une occasion de chute, arrache-le et jette-le loin de toi. » (Mt 5, 29) De même, le Christ répudie le travail et la propriété dans la parabole sur les oiseaux du ciel qui ne sèment ni ne moissonnent (Mt 6, 26) et met en cause les liens familiaux (« Qui est ma mère et qui sont mes frères ? », Mt 12, 46). Toutes ces déclarations montrent que le Christ – à la différence de l'Église de l'époque germanique et notamment de l'Église protestante[4] – exige le renoncement au monde éthique. C'est à ce titre qu'il y a quelque chose de révolutionnaire dans la prédication du Christ – un diagnostic qui, dans ce contexte, n'a rien d'élogieux sous la plume de Hegel :

> On peut dire que nulle part n'ont été prononcées des paroles aussi révolutionnaires que dans les Évangiles, car tout ce qui passe pour avoir

1. *PH* 1822-23, éd. cit. p. 438, trad. p. 468.
2. *Leçons sur la philosophie de l'histoire, W* 12, 391, trad. p. 247. *Cf.* Gal. 4, 4.
3. Cf. *PH* 1822-23, éd. cit. p. 423, trad. p. 455.
4. Cf. *Leçons sur l'histoire de la philosophie*, *W* 20, 50, trad. t. 5, p. 1186-1187.

quelque valeur y est considéré comme chose indifférente, dont on n'a pas à tenir compte [1].

Au demeurant, la première communauté chrétienne reste elle-même séparée et attire sur elle la persécution et la haine des autres [2]. Cette soumission à la violence interne et externe est un trait de romanité.

Il est aussi à noter que le Dieu chrétien incarné dans le Christ représente la synthèse de l'Orient et de l'Occident, de la forme orientale du Dieu universel et unique (la religion juive) et de la forme occidentale de la particularité personnelle (le polythéisme gréco-romain) : « Il fallut donc que Dieu se révèle en tant qu'homme, dans une figure humaine. Que Dieu, en tant qu'homme, se révèle à l'homme: telle était l'aspiration du monde. » [3]. L'unification de l'Orient et de l'Occident avait eu lieu dans la conquête extérieure, elle devait également s'opérer dans la vie religieuse intérieure [4]. L'influence païenne est non moins à l'œuvre dans l'élaboration des dogmes, dans les conciles et les écrits des Pères de l'Église : car cette élaboration, dit Hegel, consista à introduire la pensée abstraite dans des représentations sensibles [5].

Toutefois le judaïsme impérial, moyen terme entre le stoïcisme (qui se concentre en lui-même) et le christianisme (qui permet la réconciliation de l'humain et du divin), représente déjà une forme d'unification entre l'Orient et l'Occident. On remarque ce point dans les écrits des Juifs d'Alexandrie comme Philon, qui appréhendent Dieu comme *logos*, c'est-à-dire à l'aide des catégories reçues de Platon et d'Aristote [6]. Plus fondamentalement, pour le judaïsme de la diaspora, donc « romain », la Terre promise est définitivement perdue, de sorte qu'il est en proie au sentiment de malheur. Or ce sentiment lui confère un état d'esprit profondément différent de celui qui caractérise le judaïsme antérieur. Il n'est plus désormais soumis, comme un serviteur, aux commandements de son Dieu, mais se caractérise par l'énergie infinie de l'aspiration [7]. Le judaïsme romain fait

1. *Leçons sur la philosophie de l'histoire, W* 12, 396, trad. p. 253. Cf. *Leçons sur la philosophie de la religion* III, éd. cit. p. 148, trad. p. 145. *Ibid,* éd. cit. p. 54, trad. p. 56, évoque une « sans-culotterie » !

2. Cf. *Leçons sur la philosophie de l'histoire, W* 12, 397-398, trad. p. 253.

3. *PH* 1822-23, éd. cit. p. 427, trad. p. 459.

4. Cf. *ibid.*, éd. cit. p. 426, trad. p. 458.

5. Cf. *PH* Heimann, p. 168.

6. Cf. *PH* 1822-23, éd. cit. p. 426, trad. p. 458.

7. Cf. *PH* Heimann, p. 159-160. Pour Hegel, le désir de l'infini se trouve aussi dans les cultes de Mithra et d'Isis qui se répandent dans l'empire romain : cf. *PH* 1822-23, éd. cit. p. 426, trad. p. 458.

l'épreuve de la séparation du divin et de l'humain, et découvre en même temps la subjectivité, même s'il ne s'agit encore que d'une subjectivité abstraite car coupée de toute réalisation. De cette conception, dit Hegel, on a une anticipation dans le récit de la chute dans la *Genèse*, lequel n'a rien d'oriental ni de grec [1]. Car il exprime, d'un côté, le malheur de l'homme qui perd sa félicité naturelle à la suite de son péché, d'autre part le fait que l'homme est créé à l'image de Dieu. Ainsi, le judaïsme romain accède-t-il à une première représentation de l'essence universelle de l'homme.

On remarque enfin que pour Hegel, le monde byzantin, quoique chrétien, s'analyse essentiellement à partir d'un schème romain. Il se présente en effet comme une suite de crimes et d'infamies. La religion chrétienne y est incapable de transformer l'État. D'ailleurs, elle adopte alors essentiellement la forme du monachisme – laquelle est blâmable en raison de son caractère séparatiste. Les mœurs ne sont pas cultivées mais restent sauvages. La bassesse de la cour impériale se justifie par la religion et la profane, « faisant d'elle une chose horrible. » [2].

On voit à quel point l'unité de la *polis* grecque est perdue. Tout, à Rome, est contradictoire. L'homme est caractérisé à la fois par une intériorité « sans qualité » et les passions les plus violentes. Les individus se distinguent subjectivement de l'État mais sont soumis à sa domination. Les plébéiens sont citoyens et néanmoins clients de leurs patrons. La religion se caractérise par la religiosité intérieure mais aussi la superstition [3].

La *Leçon* de 1822-23 propose une analyse synthétique de l'évolution qui mène de l'Orient à Rome :

> Le premier moment est donc cette démesure [orientale], le second est, en Grèce, le fait de donner une âme et de se limiter, dans la belle individualité. Le Grec a vénéré ce qui est limité et en même temps il l'a animé. Le troisième moment [c'est-à-dire Rome] nous montre la conscience de la finitude, l'attachement à la finitude. Par opposition à la poésie des Grecs, qui plane de façon équilibrée entre l'indéterminé et le déterminé, ce qui surgit à présent [...], c'est la prose de la vie, l'élément du fini [4].

L'Orient, tout d'abord, est le règne de la démesure au sens où, en lui, le sensible n'est pas dominé par un esprit conscient de soi : d'où, par exemple, les formes colossales de l'art égyptien. Ensuite, si la Grèce célèbre le sensible, néanmoins elle en fait le miroir de l'esprit : d'où la beauté et le

1. Cf. *ibid.*, éd. cit. p. 430-431, trad. p. 461-462.
2. *PH* Heimann, p. 170.
3. Cf. *ibid.*, p. 158.
4. *PH* 1822-23, éd. cit. p. 399, trad. p. 435-436.

caractère individualisé de ses œuvres. Mais l'esprit romain humilie le sensible – cependant non pas au nom de la liberté de l'esprit, mais au nom d'intérêts triviaux. Par opposition à l'âme grecque, essentiellement artiste, les Romains apparaissent à Hegel comme des philistins. En définitive, le monde romain est celui de l'esprit « hors de soi », il se caractérise par une « finitude parfaite »[1]. Car ce qui compte, c'est d'un côté la généralité abstraite de l'État, de l'autre le simple « ceci ». L'unité du général et du particulier manque, une unité telle que le particulier pourrait se reconnaître dans l'État. Ainsi « la subjectivité particulière [...] vaut [...] comme point ultime » – soit sous la forme de l'empereur, dont la puissance et la violence sont sans borne, soit sous la forme du simple individu, qui fait l'épreuve d'une douleur infinie. En même temps, cette douleur a un rôle puissamment éducateur. Elle permet à l'humanité de rompre avec la soumission à la nature, de se donner une objectivité, et prépare l'avènement de l'esprit germanique.

1. *PH* 1822-23, éd. cit. p. 417, trad. p. 451.

CHAPITRE XIII

LES DÉBUTS DU MONDE GERMANIQUE

Avec le monde européen, nous nous situons de part en part dans l'élément de la réconciliation. Néanmoins, cette réconciliation doit, d'étape en étape, s'approfondir et s'incarner dans le réel[1]. Dans le premier moment, il n'y a d'obligation qu'à l'égard d'un homme, à savoir le monarque. Dans le deuxième, l'obligation est féodale, c'est-à-dire, pour Hegel, contractuelle. Dans le troisième, elle est relative à un principe général, l'État comme tel. Précisons :

a) Au commencement, cette subjectivité n'est qu'un sentiment irréfléchi. Corrélativement, sa traduction politique est impuissante, elle ne peut rien contre la violence extérieure. L'État germanique est initialement constitué d'une série de peuplades indépendantes. Puis, sous la figure du monde mahométan, il apparaît comme une unité mobile. Enfin, sous celle de l'empire carolingien, il se produit comme un État organisé, mais où les obligations sont seulement personnelles et non pas encore légales.

b) Dans un deuxième temps, au Moyen Âge, le principe de la liberté et celui des intérêts particuliers s'incarnent en deux institutions rivales : l'Église et l'État. L'une et l'autre s'objectivent et se révèlent plus solides que l'État germanique primitif. Cependant, leurs particularités respectives les condamnent à une lutte sans merci, qui provoque la corruption de l'une et de l'autre. D'un côté, l'Église sait que tout homme est libre mais ne s'intéresse qu'à sa sanctification. De l'autre,

1. Cf. *Introduction* 1830-31, éd. cit. p. 153, trad. p. 63-64.

l'État ne s'intéresse qu'à la réalisation de buts étroitement particuliers : d'où les guerres féodales et le servage.

c) Enfin, le monde moderne voit la réconciliation de l'Église et de l'État au sens où, avec la Réforme et l'apparition en Allemagne d'un État essentiellement protestant, les principes chrétiens s'incarnent adéquatement dans l'État – lequel, de son côté, s'universalise. La relation de l'Église et de l'État n'est plus extérieure mais intérieure, si bien que l'Église n'est plus une puissance temporelle – elle n'est plus un État dans l'État – tandis que l'État en vient à se gouverner lui-même :

> Ainsi disparaît l'opposition entre l'Église et ce qu'on appelle l'État ; ce dernier n'est plus inférieur à l'Église et ne lui est plus subordonné ; celle-là ne conserve aucun privilège : l'esprit n'est plus étranger à l'État [1].

LE MONDE GERMANIQUE JUSQU'À CHARLEMAGNE

La première période de l'histoire germanique comprend le moment des grandes migrations, dominé par les peuplades germaniques païennes ou récemment christianisées, puis le moment de l'expansion de l'Islam et, enfin, celui de l'empire carolingien. Le principe du monde germanique y est réalisé, mais de manière immédiate : « L'esprit germanique n'existait encore que comme âme (*Gemüt*) et arbitraire subjectif, pour lui il n'y avait encore aucune obligation ni intériorité de l'unité, mais seulement une intériorité de l'être-pour-soi indifférent et superficiel. » [2]. Il n'y a pas de lois générales mais seulement des obligations personnelles. En outre, la volonté ne repose pas sur l'auto-éducation des individus, si bien que les mœurs sont barbares. Enfin, alors même que les individus ne sont guère différenciés les uns des autres et ne forment qu'une masse indistincte, ce sont les seuls nobles, et non pas le peuple tout entier, qui jouent un rôle dans l'État.

Les grandes migrations

Hegel évoque en premier lieu les peuplades germaniques [3]. Leur histoire a une double dimension : subjectivement, la conversion au christianisme, objectivement, la conquête du monde romain. Mais

1. *Raison dans l'histoire*, éd. cit. p. 296, trad. p. 256.
2. *Leçons sur la philosophie de l'histoire*, *W* 12, 444, trad. (mod.) p. 286.
3. En fait, dit Hegel, l'Allemagne fut autrefois peuplée de tribus en partie germaniques et en partie slaves (cf. *PH* Heimann, p. 200).

– commencement oblige – cette conversion est superficielle, et, politiquement, le monde germain est divisé en une multiplicité d'empires indépendants et faiblement organisés. Parmi les grands hommes de l'époque, on trouve Clovis, fondateur de l'empire franc.

Alors que Tacite souligne les vertus morales des Germains, Hegel se montre sévère à leur égard. Pour lui, psychologiquement, les Germains se caractérisent par l'abrutissement (*Stumpfheit*) et la confusion (*Verworrenheit*) – ce qui témoigne de l'immédiateté de leur savoir et de leur vouloir : « L'âme qui n'est qu'âme (*Gemütlichkeit*), en sa première apparition, est tout abstraite, sans développement, sans contenu particulier, car il n'y a pas de buts substantiels dans l'âme (*Gemüt*) en tant que telle. »[1]. L'immaturité des Germains se traduit par la violence de leurs passions, qui peuvent, dit le texte, s'exaspérer jusqu'à la fureur (*Raserei*). Hegel illustre ce point en évoquant, entre autres choses, la brutalité avec laquelle Clovis assassine les princes dont il convoite les possessions. Il note de même qu'on pouvait, chez les Germains, racheter le meurtre à prix d'argent : signe à ses yeux que, pour eux, le meurtre n'est qu'une offense privée, qui peut se dénouer par un accord entre le meurtrier et la famille de la victime. La collectivité politique ne considère pas qu'elle aurait elle-même à sanctionner le crime, et tend à protéger le coupable en tant que membre de l'assemblée du peuple[2].

Hegel propose ensuite un portrait politique des peuplades germaniques. Il insiste sur la valorisation des individus, qui s'exprime notamment par le caractère collectif des décisions[3]. Il souligne aussi le libre attachement, sans lien d'obéissance, des hommes à leurs chefs[4]. Enfin, il montre que les hommes se reconnaissent des devoirs à l'égard de leur tribu tout entière : « L'État doit demeurer l'âme, le maître, le soi, c'est de lui que doivent provenir détermination et légitimation. »[5]. Néanmoins, les tribus germaniques ne disposent pas de lois générales, de sorte que les règles, chez elles, ne concernent que les individus particuliers[6]. Finalement, il n'y a dans ces peuples ni égalité ni cohérence : « L'histoire des peuples germaniques est une collection de singularités. Il existe une masse infinie de formes de

1. *Leçons sur la philosophie de l'histoire*, *W* 12, 424, trad. (mod.) p. 272.

2. *Cf.* notamment *PH* 1822-23, éd. cit. p. 453, trad. p. 481 et *PH* Heimann p. 175. Hegel fait ici allusion à l'institution du « Wergeld » (prix de l'homme).

3. *Cf.* Tacite, *La Germanie*, XI, 1-2. *Cf.* aussi le discours d'Arminius, dans *Annales* I, 59.

4. Cf. *PH* Heimann, éd. cit. p. 175. *Cf.* Tacite, *La Germanie*, XIII, 2.

5. *PH* 1822-23, éd. cit. p. 455, trad. p. 483.

6. Cf. *Leçons sur la philosophie de l'histoire*, *W* 12, 445, trad. p. 287.

dépendance pour ce qui concerne les services, il en va de même pour la propriété, et nous trouvons la même dispersion sur le plan géographique. »[1].

Le monde musulman

Le monde arabe, selon les *Leçons sur la philosophie de l'histoire*, relève de la dernière phase de l'histoire du monde. Et ceci, non pas simplement pour des raisons chronologiques, mais parce qu'il est une figure de l'esprit comme « subjectivité vivante et infinie »[2], où « l'universalité intérieure doit également être effective »[3]. En premier lieu en effet, le Dieu de l'Islam est « un ». On retrouve ici, en un sens, l'unité orientale par opposition au polythéisme gréco-romain. Toutefois, à la différence de la divinité orientale – qu'on songe à Tian (le Ciel) chez les Chinois ou à Ormuzd (la Lumière primitive) chez les Perses – Allah n'a aucun élément naturel pour attribut. Il est en revanche un Dieu conscient de soi. Par ailleurs, le Dieu de l'Islam se distingue du Dieu du judaïsme en ce qu'il ne s'adresse pas seulement à un peuple mais à l'humanité tout entière. Enfin, la religion de l'Islam tend à s'établir activement. Ainsi, elle n'est pas présupposée mais s'accomplit processuellement : « Elle doit également devenir effective, elle doit être effectivement présente. »[4]. C'est ainsi qu'elle ne prône pas, comme l'hindouisme, le retrait hors du monde, mais incite au contraire à l'établissement d'un empire et à la conversion des infidèles.

Toutefois, l'Islam apparaît à Hegel comme essentiellement négatif. Il tend moins à se réaliser qu'à détruire la finitude. Figure du fanatisme, il exclut tout droit politique et toute propriété. Enfin, il considère comme un mérite suprême le fait de mourir pour la foi. Hegel établit d'ailleurs une comparaison explicite entre l'avènement de l'Islam et la Révolution française[5]. L'un et l'autre ont quelque chose de sublime (*erhaben*) et reposent sur l'enthousiasme (*Begeisterung*), la grandeur d'âme, la bravoure et la libération à l'égard des intérêts mesquins. Cependant l'un comme l'autre débouchent sur la destruction de toute institution déterminée. Hegel fait un tableau dramatique des guerres arabes dans les premiers siècles qui suivent la prédication du Prophète, identifiant conquête et dévastation. Psychologiquement, chez les Arabes, « peuple

1. *PH* 1822-23, éd. cit. p. 455, trad. p. 484.
2. *Leçons sur la philosophie de l'histoire, W* 12, 429, trad. p. 276.
3. *PH* Heimann, éd. cit. p. 178.
4. *PH* 1822-23, éd. cit. p. 458, trad. p. 486.
5. Cf. *PH* Heimann, éd. cit. p. 179.

libre et magnifique »[1], tout est porté à l'incandescence : ruse ou magnanimité, cruauté ou générosité. Hegel cite ainsi l'anecdote d'un souverain à ce point amoureux d'une esclave qu'il mit à ses pieds sa couronne – mais n'hésita pas, finalement, à la faire exécuter.

Certes, dit Hegel, à l'opposé de cette œuvre de destruction, la religion musulmane permet la fondation de certains États. Cependant les États en question se révèlent instables et sans cesse à la merci d'une révolution de palais : « C'est le terrain du changement par excellence : tout ce qui veut prendre forme se dissout tout aussi immédiatement. »[2]. L'État musulman donne lieu aux destins les plus improbables, un esclave pouvant devenir sultan du jour au lendemain, et nul monarque n'étant à l'abri d'une chute ignominieuse. Par ailleurs, l'Islam permet certes à l'individualité de s'accomplir, par exemple en cultivant le sentiment amoureux et la poésie[3]. Toutefois ces œuvres ne pouvaient être qu'éphémères et, après une période brillante, le monde arabe s'est corrompu. Il a sombré dans l'immoralité et, de nos jours, ne fait que se survivre dans une nonchalance tout orientale.

L'empire de Charlemagne

L'empire de Charlemagne représente l'accomplissement du haut Moyen Âge, le moment de la systématicité : « Charlemagne systématisa cet empire [...] et en fit un tout, un État. »[4]. L'achèvement du haut Moyen Âge se marque, dans la description hégélienne, par les traits suivants : a) Tous les pouvoirs sont unifiés et en possession de l'empereur, celui-ci étant à la fois le chef des armées, le plus riche propriétaire terrien et le juge suprême. La fonction impériale est héréditaire, ce qui la rend indépendante de l'élection. b) Il y a un fisc, de sorte que l'État a en tant que tel des revenus. L'administration est brillante, la volonté du roi étant relayée et mise en œuvre par les *missi dominici*. Par ailleurs, la surveillance du territoire est hiérarchisée, les ducs l'emportant sur les comtes. Enfin, la vie étatique comprend l'activité d'assemblées judiciaires dirigées par les comtes, qui tend à faire les respecter les droits des sujets[5]. c) Il y a une armée permanente mais tout homme libre a l'obligation de participer à la défense de

1. *PH* 1822-23, éd. cit. p. 470, trad. p. 496.
2. *Ibid.*, éd. cit. p. 460, trad. p. 487.
3. Hegel souligne d'ailleurs l'éclat de l'empire abbasside sous les règnes d'Al-Mansour et d'Haroun al-Rachid, ainsi que la magnificence des villes, la prospérité du commerce et la floraison des sciences – floraison dont, dit-il, les Occidentaux sont largement redevables.
4. *PH* Heimann, éd. cit. p. 180.
5. Cf. *ibid.*, p. 181.

l'empire. Les produits des conquêtes sont distribués aux guerriers, cependant non pas comme des biens héréditaires, de sorte que l'indépendance des féodaux n'est que relative. d) Enfin, l'Église est unie à l'État, dans la mesure où elle est protégée par l'empereur, qui agrée les évêques.

Parce que l'État de Charlemagne est organisé de manière systématique[1], on peut parler ici de constitution[2]. Toutefois, l'empire de Charlemagne conserve l'abstraction propre au haut Moyen Âge: a) L'institution tout entière repose sur l'énergie personnelle de l'empereur, elle n'est pas fondée sur l'esprit du peuple, elle ne pénètre pas en lui de manière vivante. Hegel va jusqu'à faire de la constitution carolingienne une constitution *a priori*, comparable à ce titre à celle que Napoléon imposa à l'Espagne. b) Il n'y a pas d'impôts directs, les revenus de l'État n'étant issus que des domaines royaux et de la perception des amendes. c) La religion est faible et ne parvient que difficilement à réfréner l'avidité des puissants[3]. Les asiles ecclésiastiques, institutions louables à certains égards puisqu'elles peuvent protéger de la violence de l'empereur et des nobles, aboutissent aussi à l'impunité des crimes. Certes, il n'y a pas d'opposition de l'Église et de l'État. Mais nous n'avons affaire, dit Hegel, qu'à une unité formelle, sans véritable articulation: le pape légitime l'empereur, lequel en retour protège le pape ; les évêques conseillent le roi, mais le roi n'est pas lié par ces conseils (alors que, d'une certaine manière, dans l'Allemagne moderne, le monarque doit obéir aux principes généraux, qui sont ceux mêmes du christianisme). d) Enfin, l'État est incapable, à l'extérieur, de protéger les provinces des invasions normandes, hongroises et sarrasines et, à l'intérieur, de garantir les personnes contre l'injustice, le vol et l'oppression[4].

LE MOYEN ÂGE

Pour Hegel, le Moyen Âge se caractérise par trois réactions: réaction des nations particulières contre l'empire carolingien, réaction des individus contre la puissance légale de l'État unifié, réaction du spirituel contre le monde effectif, lequel est jugé mauvais. Le Moyen Âge est un temps

1. Cf. *ibid.*, p. 180.
2. Cf. *ibid.*, p. 184.
3. Cf. *ibid.*, p. 182.
4. Il est à noter que *PH* 1822-23 accorde peu d'attention à l'empire de Charlemagne: « Sur la nature du caractère de l'empire, il n'y a rien de particulier à remarquer, si ce n'est que le règne, le principe de la particularité a commencé ici. » (éd. cit. p. 463, trad. p. 490).

d'opposition et partant d'unilatéralité. Certes, on trouve en lui une objectivation du particulier, dans la mesure où les nations se donnent un contenu véritable et où les hommes obtiennent des droits. Mais plus rien n'est autonome, car la féodalité est un système de dépendance généralisée. Pour cette raison, on peut dire que le Moyen Âge est un « immense mensonge »[1]. Assurément, la subjectivité politique caractéristique du christianisme est conservée, car tout homme, même serf, est considéré comme faisant partie de la commune humanité[2]. Toutefois l'époque se caractérise, du côté temporel, par un dur servage et, du côté spirituel, par le dérèglement des passions.

La décomposition de l'empire carolingien

Le Moyen Âge se spécifie en premier lieu par la dissolution de l'empire carolingien. L'empereur est désormais incapable de se faire obéir de ses vassaux, qui prétendent à l'indépendance et sont en même temps sujets de ses ennemis. Certes, les princes apportent leur concours à l'empereur pour certaines cérémonies ou pour les entreprises d'importance secondaire. Mais ils l'abandonnent quand il s'agit d'enjeux sérieux : par exemple ils ne le soutiennent pas dans sa lutte contre la papauté ou contre d'autres princes. En outre, le caractère électif de l'institution impériale lui enlève l'essentiel de sa réalité, dans la mesure où, à chaque élection, les votants négocient leurs suffrages. Finalement, la dignité d'empereur apparaît comme un vain honneur, et même son titulaire ne lui accorde aucune valeur – de sorte que le roi France a quant à lui beaucoup gagné à renoncer briguer la charge impériale[3].

D'un côté, donc, des nations comme l'Espagne et la France se détachent de ce qui fut un jour l'empire de Charlemagne, de l'autre, deux de ses composantes, l'Allemagne et l'Italie, mènent l'une contre l'autre un combat sans merci. Les empereurs prétendent devenir souverains en Italie, et les Italiens, qui espèrent recevoir de l'empereur une aide contre l'oppression romaine, l'abandonnent dès qu'il veut faire appliquer le droit et la justice au lieu d'être simplement un auxiliaire de leur brigandage[4].

On observe par ailleurs, dit Hegel, une privatisation de l'État. Les comtes, originairement fonctionnaires de l'empire, s'emparent du pouvoir pour eux-mêmes et transforment en bien héréditaire ce qui leur avait été

1. *Leçons sur la philosophie de l'histoire, W* 12, 440, trad. p. 283.
2. Cf. *ibid., W* 12, 184, trad. p. 114.
3. Cf. *PH* 1822-23, éd. cit. p. 476, trad. p. 500.
4. Cf. *ibid.*, éd. cit. p. 477, trad. p. 501.

confié en lien avec leur charge[1]. Tout devient propriété privée[2] – Hegel mentionnant, en français, le « droit de pucelage » par lequel le seigneur s'approprie la chasteté des filles à marier. La disparition de l'administration centralisée supprime la protection des individus par l'État, tandis que la rigidité des puissances féodales est symbolisée par les châteaux forts. En même temps, les féodaux ne disposent pas entièrement de leurs biens puisqu'ils sont dépendants des princes de plus haut rang[3]. Hegel interprète la féodalité en termes de relations contractuelles. Le besoin de protection lié à l'insécurité, qui elle-même est due à la décomposition de la monarchie carolingienne, amène les individus à nouer des pactes d'assistance. Les fiefs ne sont plus des récompenses qui viennent d'en haut, mais des tributs qui viennent d'en bas, la promesse de l'obéissance en échange de la protection. Mais ces contrats n'assurent aucune unité véritable et peuvent recouvrir la plus grande injustice. L'État médiéval ne naît que pour un motif négatif, à savoir la détresse des hommes, et non pas en vue de l'unité politique.

De même, la bravoure ne se manifeste que dans la défense des intérêts particuliers, et non en faveur de l'État : « *Feudum* est apparenté à *fides*, la fidélité est ici une obligation qui comprend l'injustice, un rapport dont la visée est légale mais a tout autant l'injustice pour contenu. Car la fidélité du vassal n'est pas un devoir à l'égard de l'universel mais une obligation privée, exposée à la contingence, à l'arbitraire et à l'action violente. »[4]. Dès lors, l'exécution des injonctions du suzerain par le vassal dépend de la capacité du premier à imposer par la force ses ordres au second ou à les monnayer par ses faveurs[5]. Au demeurant, l'État féodal est marqué par la constante opposition des grands féodaux au monarque, une opposition qui ne peut aucunement invoquer le souci de la liberté de la nation : « En réalité, ce n'était que leurs privilèges qu'ils défendaient contre le pouvoir royal et les bourgeois. »[6]. Par exemple la *Magna carta* anglaise, sous couvert de

1. Cf. *Leçons sur la philosophie de l'histoire*, *W* 12, 437, trad. p. 280.

2. Cf. *PH* Heimann, p. 186.

3. Cf. *ibid.*, *W* 12, 462, trad. p. 296.

4. *Ibid.*, *W* 12, 446, trad. (mod.) p. 287. On peut dire, de ce point de vue, que le Moyen Âge est une figure historique du contrat social. Un des arguments de la dénonciation des théories du contrat, dans les *Principes de la philosophie du droit*, semble d'ailleurs renvoyer à l'État féodal : « L'État n'est absolument pas un contrat [...], pas plus que la protection et la sauvegarde de la vie et de la propriété des individus en tant que singuliers ne sont inconditionnellement son essence substantielle. » (R. du § 100, *W* 7, 191, trad. p. 200-201)

5. *Leçons sur la philosophie de l'histoire*, *W* 12, 478, trad. p. 307.

6. *Ibid.*, *W* 12, 511, trad. p. 328.

liberté, ne protège que des intérêts privés[1]. Il n'y a donc pas lieu de s'étonner des guerres incessantes entre nations, ni de l'opposition des princes et des villes. À propos de ces dernières, les cathédrales qui s'édifient du XIe au XIIIe siècle sont d'une certaine manière une réponse aux châteaux forts. Il est intéressant, au demeurant, de noter la contradiction de régime entre les communes libres et le système féodal. Par exemple, les villes autorisent la libre propriété alors que les féodaux, comme on l'a dit, n'ont accès à qu'une forme abstraite de propriété[2]. Toutefois, les villes elles-mêmes sont divisées, comme le montre le conflit des guelfes et des gibelins.

L'opposition de l'Église et de l'État

Le conflit de l'Église et de l'État – qui s'exprime dans la querelle des investitures entre 1075 et 1122, puis dans la lutte du Sacerdoce et de l'Empire sous Frédéric Barberousse et Frédéric II – constitue pour Hegel l'élément structurant du Moyen Âge. L'Église est l'institution qui se préoccupe de l'universel – par exemple de la prise en compte de la valeur infinie de tout homme et des droits et devoirs que cette valeur implique – tandis que l'État n'a le souci que des intérêts particuliers. Corrélativement, si l'Église dirige les âmes, l'État gouverne les actions extérieures[3]. La lutte tient à ce que l'Église veut assujettir l'État, tandis que ce dernier veut échapper à la tutelle de l'Église. Sur le fond, Hegel admet le bon droit de l'Église[4], d'autant que l'État du Moyen Âge se caractérise par l'arbitraire et la violence[5]. Ce bon droit, d'ailleurs, est manifesté par la victoire finale de l'Église. Cependant, dans le conflit, l'Église se corrompt, car elle en vient à se comporter elle-même comme une puissance étatique et à défendre des intérêts particuliers. En même temps, comme on l'a dit, l'État se divise, et la puissance de l'empereur s'amoindrit au point de n'être plus que symbolique – d'où les divisions qui minent le Saint-Empire romain germanique[6]. Le conflit illustre le caractère essentiellement unilatéral de

1. *Ibid.*
2. Cf. *PH* Heimann, p. 193.
3. Cf. *Leçons sur la philosophie de l'histoire*, *W* 12, 415, trad. p. 266.
4. Cf. *PH* 1822-23, éd. cit. p. 477, trad. p. 501.
5. Cf. *Principes de la philosophie du droit*, R. du § 270, *W* 7, 418-419, trad. p. 444-445, qui décrit une situation dans laquelle seule l'Église prétend posséder la vérité (« soyez pieux et pour le reste faites ce que vous voulez »), ce qui livre, dit Hegel, l'État à l'incertitude, à l'insécurité et à la ruine.
6. Cf. *PH* 1822-23, éd. cit. p. 119, trad. p. 204.

l'esprit germanique au Moyen Âge, où il n'y a d'Église que catholique et d'État que féodal.

Pour Hegel, le catholicisme est la forme du christianisme propre au Moyen Âge, tandis que le protestantisme s'identifie à l'époque moderne au sens étroit du terme. Sa critique du catholicisme est sévère. Pour lui, l'Église catholique reste prisonnière de la naturalité. On le constate : a) dans le dogme de la présence réelle, dans le culte des saints et des reliques, dans l'excessive décoration des églises ; b) dans le fait que les individus, selon l'Église catholique, ne peuvent s'adresser directement au divin mais ont besoin du truchement des ecclésiastiques – lesquels sont des intermédiaires efficaces, quelle que soit leur moralité, à condition qu'ils aient reçu le sacrement (extérieur) de l'ordination sacerdotale. Par ailleurs, dit Hegel, le contenu de la foi catholique est défini par la caste des prêtres, tandis que l'homme quelconque est incapable de connaître lui-même la vérité. De même, pour sa sanctification, l'homme doit se soumettre à un directeur de conscience ; c) dans la valorisation des œuvres extérieures. Il ne s'agit pas, dit Hegel, de s'amender intérieurement mais d'accomplir des actes de piété, ni de faire preuve de bonne volonté mais d'entendre la messe, de faire pénitence, de partir en pèlerinage...[1] ; d) dans le fait que l'Église reste extérieure à la sphère éthique au sens emphatique du terme, à travers sa valorisation de la chasteté (à l'encontre de l'éthique familiale), de la pauvreté et de la charité (à l'encontre de l'éthique de la société civile), et enfin de l'obéissance servile (à l'encontre de l'éthique de l'État)[2].

Selon Hegel, le catholicisme se spécifie par l'association contradictoire de l'engloutissement dans le sensible et de la répression abstraite de la sensualité. Le salut y est organisé de manière extérieure. Par exemple, la rémission des péchés, qui devrait relever de l'intériorité la plus intime de l'homme, est vendue à prix d'argent[3]. Hegel n'est toutefois pas purement critique à l'égard de l'Église du Moyen Âge. Par exemple, il évoque ses efforts en faveur de la trêve de Dieu. Il mentionne également l'action du pape Grégoire VII, au XIe siècle, qui lutta contre la simonie et tenta de moraliser le clergé. Mais le résultat de cette action, note-t-il, n'est que l'exclusion du clergé hors de la *Sittlichkeit*, tandis que la fortune de l'Église se concentre dans les seules mains du pape.

1. Cf. *PH* Heimann, p. 189-190.
2. Cf. *ibid.*, p. 191.
3. *Cf.* L.S. Stepelevich, « Hegel and Roman Catholicism », *Journal of the American Academy of Religion*, vol. 60, No. 4, 1992, p. 382 *sq.*

Les croisades

Les croisades sont le moment de l'ouverture du Moyen Âge sur l'extérieur. Qu'y a-t-il cependant de « médiéval », c'est-à-dire à la fois de chrétien et de scindé, en elles ? Les croisades visent en premier lieu une libération, celle des Lieux saints. Mais, en second lieu, elles sont fascinées par la présence sensible, en l'occurrence par le tombeau du Christ. Or le Christ, justement, n'est plus dans son tombeau. Les croisades, dès lors, ne peuvent être qu'un échec, car le divin n'est pas dans une relique mais dans les croyants eux-mêmes [1].

Selon Hegel, les croisades s'inscrivent dans la lutte séculaire de l'Occident contre l'Orient, c'est-à-dire de l'esprit contre la nature. Mais elles ont des caractères propres. Elles ne sont pas menées par le peuple mais seulement par les nobles. Ou plutôt : lorsque le peuple tente de participer aux croisades, son échec est cuisant [2], ce qui prouve que le peuple n'est pas encore entièrement intégré dans la vie de l'État. Toutefois les chevaliers ne sont pas rassemblés et conduits par un héros, comme le furent, pour les expéditions grecques en Asie, Agamemnon ou Alexandre. Le principe des croisades, donc, n'est pas l'excellence subjective des soldats mais l'aimantation objective des Lieux saints. Elles ne sont pas appuyées sur la raison mais sur l'enthousiasme, lequel approche parfois de la folie, et se traduit par la désorganisation, les pillages et les massacres (Hegel dénonçant en termes très vifs les massacres des populations juives et arabes auxquelles les croisades donnèrent lieu) [3].

Certes, les croisés parviennent à reconquérir Jérusalem. Toutefois ils imposent leur constitution aux Sarrasins, ce qui pour Hegel est absurde. Surtout, ils expérimentent eux-mêmes la vanité de leur projet : car le tombeau, cela va de soi, est vide. Hegel rappelle les paroles des anges aux femmes visitant le tombeau du Christ après Pâques : « Pourquoi cherchez-vous le vivant parmi les morts ? » [4]. L'union de l'infini et du fini n'est pas de type sensible, et les croisés ne pouvaient être que frustrés dans leur attente. L'échec de la croisade, et finalement la disparition des États latins d'Orient, font que l'esprit se retourne vers lui-même et prend conscience du caractère intérieur de la vérité. Si l'on associe à l'Orient la naturalité, donc l'extériorité, on peut dire qu'au Saint-sépulcre, « l'Occident a pris de

1. Cf. *PH* Heimann, p. 196.
2. Allusion à la Croisade des pauvres gens. Hegel mentionne d'ailleurs Pierre l'Ermite.
3. Cf. *PH* Heimann, p. 196.
4. Lc 24, 5.

l'Orient un congé éternel et appréhendé son principe de l'infinie liberté subjective »[1].

Les effets immédiats de l'expérience malheureuse des croisades, s'ils restent ancrés dans la réalité médiévale, permettent cependant un progrès. On peut notamment évoquer l'apparition de nouveaux ordres religieux, le développement de l'éthique chevaleresque et les progrès de la science. a) Les ordres religieux nouvellement fondés – en particulier les franciscains et les dominicains – tentent de rompre avec la corruption et l'ignorance du clergé. Ils consacrent, d'une certaine manière, l'affaiblissement de la papauté, puisque les franciscains, dit Hegel, considèrent que le concile est supérieur au pape[2]. b) Les ordres militaires, de même, sont parmi les institutions les plus remarquables du Moyen Âge. À la barbarie et au goût du pillage qui caractérisent antérieurement les chevaliers, les chevaliers de Saint Jean de Jérusalem, les templiers et les chevaliers teutoniques opposent un idéal de courage, de pureté et de générosité absolues. Ces ordres s'opposent donc à l'égoïsme féodal. c) Enfin, on observe un remarquable progrès des sciences. Certes, nous n'en sommes encore aucunement aux sciences modernes, fondées sur l'observation de la nature. Il ne s'agit que de scolastique, c'est-à-dire, dit Hegel, d'un savoir abstrait et formel, portant essentiellement sur le divin. Il n'empêche que le goût de l'étude se développe, en particulier en France. La pensée n'est assurément pas libre, car son contenu est donné. Mais, dans le silence des dogmes, une foule d'idées nouvelles peuvent être proposées et discutées. De même que les chevaliers luttent dans les tournois, les clercs rivalisent dans les disputes : conflictualité stérile, si l'on veut, mais raffinée et subtile.

La Renaissance

Comment se présente la fin du Moyen Âge ? D'un côté, la scission demeure, de l'autre, des ensembles politiques intégrés se constituent. Certes, nul État n'est encore unifié en lui-même comme on l'observera dans l'Europe d'après la Réforme. Néanmoins, au pur éparpillement féodal succèdent des « monarchies » au sens précis du terme, dans lesquelles le prince impose une volonté réfléchie. L'arbitraire subjectif est brisé et une puissance étatique au service de buts communs et substantiels apparaît[3].

1. *Leçons sur la philosophie de l'histoire*, *W* 12, 472, trad. p. 303-304.

2. Cf. *PH* Heimann, p. 198. Allusion probable aux écrits de Guillaume d'Ockham contre la primauté du Pontife romain. *Cf.* notamment le *Dialogus inter magistrum et discipulum de imperatorum et pontificum potestate* et le *Breviloquium de principatu tyrannico.*

3. Cf. *PH* Heimann, p. 199.

La volonté politique, donc, n'est plus celle du bon plaisir, dans la mesure où elle est valable pour une pluralité d'acteurs de la vie politique et acquiert ainsi sa légitimité.

Il ne faut certes pas nier que l'État, à l'époque de la Renaissance, reste marqué par la défense des intérêts particuliers. Les hommes ne se gouvernent pas encore à partir des idées. Néanmoins, un tel État met en place des règles générales, et les vassaux, dit Hegel, ne sont plus que des fonctionnaires qui assurent le respect des lois publiques. Pareillement, les corporations se développent et se subordonnent les intérêts privés, tandis que les villes se constituent en puissances capables de protéger, mais aussi de gouverner, leurs habitants. Les villes elles-mêmes s'organisent en ligues, comme la ligue hanséatique ou la ligue du Rhin. En définitive, le pouvoir du souverain ne peut plus être simplement arbitraire. Il a besoin de l'adhésion des états généraux et des corporations, ce qui contraint le prince à prendre des décisions justes et équitables [1].

Le progrès de l'État peut s'analyser selon trois modèles : le monarque ruine le pouvoir particulier de ses vassaux (universalité abstraite – c'est ce qu'on observe, dit Hegel, en Italie) ; les vassaux s'affranchissent du lien féodal et deviennent entièrement maîtres de leur territoire (scission – cas allemand) ; le monarque impose pacifiquement sa volonté à ses vassaux (universalité concrète – cas français et anglais). a) S'agissant de l'Italie, il faut citer les conceptions politiques de Machiavel. Certains rejettent ce livre avec horreur. Mais, dans les faits, il établit les conditions de la formation des États en Italie à cette époque. Il était en effet indispensable de renverser les seigneurs et les pouvoirs particuliers. Or la ruse et la cruauté étaient inévitables, car les adversaires étaient eux-mêmes de mauvaise foi et d'une entière abjection [2]. b) L'Allemagne se désagrège en une série de « centres de despotisme », les princes ayant l'habitude de n'élire que des empereurs faibles. L'unité de l'État s'évanouit, beaucoup de composantes du Saint-empire n'étant plus que des « États de brigands ». Pour contrer cette « anarchie » [3] et la violence des nobles, des coalitions privées s'organisent (les ligues de villes, les fraternités paysannes en Suisse, le tribunal « privé » de la Sainte-Vehme…). Celles-ci, cependant, ne font que consacrer la dissolution de l'État. c) S'agissant de la France, Hegel décrit longuement le rôle positif du roi, juge suprême et dispensateur des privilèges dont bénéficient les villes et les corporations. L'analyse de la

1. Cf. *Leçons sur la philosophie de l'histoire*, *W* 12, 479, trad. p. 308.
2. Cf. *PH* Heimann, p. 201.
3. *Ibid.*, p. 200.

monarchie anglaise est similaire. Les rapports avec le roi sont pacifiques parce qu'en vertu de la *Magna carta*, les barons se voient reconnus des privilèges et peuvent refuser les augmentations d'impôts. Cependant, comme on le voit, même si nous sommes ici dans le moment « systématique » de la monarchie médiévale tardive, nous restons bien dans une logique médiévale, caractérisée par l'absence d'un principe politique universel.

Quels sont les progrès qui marquent la fin du Moyen Âge ? Tout d'abord, la religion devient scientifique[1], à l'opposé du christianisme superficiel du Haut Moyen Âge[2]. Ensuite, elle s'approfondit et pénètre le cœur des individus. Enfin, le droit étend son empire. Par exemple, le meurtre, qui autrefois n'était qu'une offense privée, devient un crime public. En outre, d'importantes découvertes techniques ont lieu, comme l'imprimerie et la poudre à canon. La question de la date précise d'invention n'a pas d'importance, dit Hegel. Seule compte leur utilisation, qui exprime le changement de l'esprit du temps. La poudre à canon démonétise les châteaux-forts et la hardiesse chevaleresque[3]. Une nouvelle forme de courage apparaît alors : non plus la bravoure individualiste et spontanée, mais l'ardeur réfléchie par laquelle un groupe d'hommes organisé et bien commandé parvient à l'emporter. On observe, du même coup, la disparition de la haine contre l'ennemi, qui devient abstrait et général. L'homme se tourne vers des aventures plus inoffensives, comme les voyages maritimes, qui permettent notamment la découverte des Amériques[4]. L'imprimerie, quant à elle, permet de diffuser facilement la pensée (« l'imprimerie est en son genre de la poudre à canon »[5]). Il y a donc un progrès dans l'universalité même si, bien sûr, une telle universalité reste formelle et ne garantit en tant que telle aucune pensée véritablement adéquate.

En définitive, il y a chez Hegel un rejet essentiel du Moyen Âge. La distance qu'il prend à l'égard du romantisme allemand, fasciné par le catholicisme et le Moyen Âge, est ici très nette : « Voilà à quel point le Moyen Âge est contradictoire, à quel point trompeur, et c'est une aberration de la part de notre époque que d'en vouloir proclamer

1. *PH* 1822-23, éd. cit. p. 465, trad. p. 491.

2. *Ibid.*, éd. cit. p. 463, trad. p. 490.

3. Sur ce thème, *cf.* Montesquieu, *Lettres persanes*, lettre 106 et Condorcet, *Esquisse d'un tableau historique*, Paris, GF, 1988, p. 182 (cité par B. Binoche, *Les trois sources de la philosophie de l'histoire*, *op. cit.*, p. 71).

4. Cf. *Leçons sur l'histoire de la philosophie*, *W* 20, 62, trad. t. 5, p. 1246-1247.

5. *PH* Heimann, p. 204.

l'excellence. »[1]. Les mots qui reviennent pour le caractériser sont ceux de contradiction, de tromperie, de barbarie naïve, de sauvagerie, d'imagination puérile, de mensonge, d'égoïsme et d'instrumentalisation de la vérité. Mais c'est la religion catholique qui présente le visage le plus hideux : « Avidité du pouvoir, brutalité, hypocrisie. La sensualité, tout ce qui est passionnel, est devenu libre sur son mode propre, c'est-à-dire sur un mode brutal et sauvage, et il se déchaîne avec une sauvagerie indomptée. »[2]. Ou plutôt, l'Église présente le plus violent contraste entre le vice brutal et la sublimité de certaines âmes religieuses. Mais il est remarquable que le Moyen Âge se condamne lui-même. Le Jugement dernier de la Chapelle Sixtine, qui a occasionné la vente d'indulgences, est le jugement dernier de ce « fier édifice »[3].

À quoi sert alors le Moyen Âge ? Il est un moment de formation, et plus précisément de dressage. Hegel reconnaît les bienfaits de la discipline (*Zucht*) ecclésiastique. Il ne s'agit pas d'une éducation rationnelle mais d'un domptage violent. L'Église soutient le combat contre la barbarie de manière barbare, en entretenant la terreur de l'enfer et une contrainte constante. Mais par-là, la dureté de l'esprit est brisée : « Même le cœur germanique, ce cœur qui est en lui-même un cœur de chêne solide et noueux, est fendu en soi par le christianisme. »[4]. Pareillement, Hegel met en avant les bénéfices de la discipline liée au servage – retrouvant un thème célèbre de la *Phénoménologie de l'esprit* : « L'humanité a été affranchie, moins de la servitude que par la servitude. »[5].

1. *Leçons sur la philosophie de l'histoire*, *W* 12, 460, trad. (mod.) p. 295.
2. *PH* 1822-23, éd. cit. 497, p. trad. p. 518.
3. *Leçons sur la philosophie de l'histoire*, *W* 12, 494, trad. p. 318.
4. *PH* 1822-23, éd. cit. p. 466, trad. p. 492.
5. *Leçons sur la philosophie de l'histoire*, *W* 12, 487, trad. p. 312.

CHAPITRE XIV

LE MONDE GERMANIQUE LUTHÉRIEN

La troisième grande phase du monde moderne – le monde moderne au sens étroit du terme – est pour Hegel celle de l'inscription de la Réforme luthérienne dans l'État, en un mot l'époque de la naissance de l'État protestant. Le monde luthérien reconnaît la valeur absolue de l'intériorité. Mais celle-ci s'incarne et ne cherche plus à échapper au monde. C'est pourquoi on n'observe pas, dans l'État protestant, de coupure entre les ecclésiastiques et le peuple, tandis que les savants tendent à écrire dans les langues vernaculaires[1]. La vérité n'est plus détenue exclusivement par une caste, et chacun doit en lui-même accomplir l'œuvre de la réconciliation : « La sanctification de l'homme devient son affaire personnelle, et il entre ainsi en rapport avec sa propre conscience et immédiatement avec Dieu, sans cette médiation des prêtres. »[2]. L'adhésion extérieure ne suffit plus, car la religion réclame de l'homme une conversion intime. Telle est la signification de la valorisation de la Bible – et de sa traduction en langue allemande. Pour Hegel, le retour à la Bible ne signifie pas tant un retour aux sources contre la tradition qu'une élévation à l'interprétation libre contre l'enseignement « positif » (c'est-à-dire extérieur et autoritaire). La réforme luthérienne est interprétée par Hegel comme la reconnaissance du droit de l'autonomie intellectuelle. D'une certaine manière, il projette d'avance sur elle le *Qu'est-ce que les Lumières* de Kant :

1. Cf. *Leçons sur l'histoire de la philosophie*, *W* 20, 53, trad. t. 5, p. 1189 : « Sans cette forme qui consiste à penser dans sa propre langue, la liberté subjective n'aurait pu subsister. »

2. *Ibid.*, *W* 20, 49, trad. t. 5, p. 1185.

> Au Moyen Âge, on a eu une religion chrétienne positive ; [désormais,] à l'encontre des dogmes, l'homme a pris confiance dans sa propre pensée, dans son propre sentiment, sa représentation, son entendement propre, etc., pour autant qu'il s'agit des siens [1].

Il en va de même, on le verra, en science et en politique : il ne suffit pas que l'homme enregistre des connaissances, il doit les comprendre et en rendre compte. Pareillement, il doit se comporter intérieurement en citoyen. L'homme réinvestit le monde, délaissé au Moyen Âge :

> Le monde présent redevenait présent en tant que digne d'intérêt pour l'esprit. On rend au fini, au sensible, l'hommage qui lui est dû. C'est en soi la réconciliation de la conscience de soi avec le présent. De cet honneur procèdent les efforts de la science [2].

Alors que le Moyen Âge condamne tout ce qui n'est pas soumis au monde ecclésiastique, l'âge luthérien revendique l'autonomie de l'homme et le droit à un bonheur profane [3]. Par ailleurs, l'État, appuyé sur des armées permanentes, est désormais centralisé et gouverné selon des principes universels. Les privilèges laissent place à un droit commun à tous [4]. Et, de même qu'on renonce aux échanges de territoires et de populations, les traités ne sont plus imposés aux peuples [5].

Quelles sont en effet les conséquences de la nouvelle foi sur le monde profane ? On observe, dit Hegel, une nette valorisation de la famille, de la société civile et de l'État. Le bien n'est plus en dehors d'eux mais en eux : « Le monde séculier (*Weltlichkeit*) paraît alors prendre conscience qu'il a droit aussi à la vie éthique, à l'honnêteté et à la droiture. » [6]. Alors que le Moyen Âge dissocie le bonheur et la vertu, l'époque moderne les réunit.

1. *Histoire de la philosophie, Introduction*, éd. cit. p. 244, trad. p. 124.
2. *Leçons sur l'histoire de la philosophie*, *W* 20, 62, trad. t. 5, p. 1247. Schleiermacher a des vues similaires sur le lien entre la religion luthérienne et la pensée savante : « Si la Réformation, dont les débuts se confondent avec ceux de notre Église, n'a pas pour but de conclure un traité éternel entre la foi chrétienne vivante et une recherche scientifique entièrement libre, indépendante, conduite pour elle-même, de sorte que la première n'entrave pas la seconde et que la seconde n'exclue pas la première, alors elle ne satisfait pas aux requêtes de notre temps et nous avons besoin d'une autre Réformation, quelle que soit la manière dont celle-ci pourra prendre forme et quels que soient les combats qu'il faille alors livrer. Mais ma conviction est que la base de ce traité a déjà été posée autrefois et qu'il faut seulement que nous prenions une conscience plus nette de la tâche, pour que nous soyons en mesure de nous en acquitter. » (*Sämmtliche Werke*, Berlin, Reimer, 1834-1862, I, 2, p. 617-618).
3. Cf. *Leçons sur la philosophie de l'histoire*, *W* 20, 50, trad. t. 5, p. 1186-1187.
4. Cf. *PH* 1822-23, éd. cit. p. 449, trad. p. 478.
5. Cf. *ibid.*
6. *Leçons sur la philosophie de l'histoire*, *W* 12, 416, trad. (mod.) p. 267.

Ainsi, au vœu monastique de célibat, le luthéranisme oppose la grandeur du mariage ; face au vœu de pauvreté et à l'encouragement à l'aumône, il valorise l'industrie et le travail ; enfin, à l'encontre de la subordination de l'État à l'Église, il met en avant un État reposant sur des principes universels. L'État protestant assure la confiance réciproque des individus – alors que, chez les catholiques, ne règnent, dans les affaires du monde, que la force et la soumission[1]. Hegel établit un lien direct entre luthéranisme et refus de l'obéissance aveugle[2]. Certes, il faut obéir mais, dans l'obéissance à l'État moderne, l'homme est libre, puisque la sphère politique est fondée sur des principes universels[3]. Lorsque, dans l'État protestant, le prince est pervers, il ne trouve ni appui ni prétexte dans la conscience religieuse[4].

Notons cependant que Hegel prend en compte l'existence d'États catholiques à l'époque luthérienne. À l'instar des États protestants, ceux-ci sont désormais fondés sur des principes intellectuels généraux. Mais ces principes, chez eux, restent abstraits. En particulier, un État catholique, dit Hegel, ne considère pas que la liberté et la rationalité des lois soient des obligations ultimes et absolues – ce qui rend cet État sujet aux révolutions[5].

LA RÉFORME LUTHÉRIENNE ET LE MONDE DE LA GUERRE DE TRENTE ANS

Les mentalités religieuses

Luther, comme individu singulier, n'appartient pas davantage à l'époque moderne que le Christ n'appartient à l'époque germanique

1. Cf. *Raison dans l'histoire*, éd. cit. p. 205-206, trad. p. 238.

2. On songe aux fières paroles de Luther devant la diète de Worms : « Je ne puis ni ne veux me rétracter en rien, car il n'est ni sûr ni honnête d'agir contre sa propre conscience. » (Luther, *Œuvres*, Genève, Labor et Fides, 1966, t. 2, p. 316)

3. Cf. *Leçons sur la philosophie de l'histoire*, *W* 12, 504-503, trad. p. 323-324. Hegel note que la religion catholique est souvent présentée comme contribuant à la sûreté des gouvernements. Cela est d'autant plus vrai, en un sens, que l'État s'appuie sur l'Inquisition. Mais une telle sécurité, dans les faits, ne repose que sur une servile obéissance (cf. *ibid.*, *W* 12, 517, trad. p. 332).

4. Cf. *ibid.*, *W* 12, 504, trad. p. 324. En revanche, en milieu catholique, dit Hegel, on a vu des prêtres inspirer des complots politiques et des régicides – ces derniers étant le comble du mal politique.

5. *Cf. Cahier* K. Hegel, cité à la suite du *Cahier* Heimann dans l'édition K. Vieweg, *op. cit.*, p. 497. Pour la dénonciation des États catholiques, *cf.* aussi *Encyclopédie* III, R. du § 552, *W* 10, 357-358, trad. p. 336.

chrétienne. Bien plutôt, Luther est un homme du Moyen Âge, au sein duquel il est cependant un ferment de dissolution[1]. Pour Hegel, la Réforme consiste avant tout en une nouvelle mentalité, qui s'exprime d'un point de vue religieux mais aussi historique. Sa signification fondamentale est la découverte de la subjectivité. Certes, c'est dans toute l'ère chrétienne que l'homme vaut comme sujet. Mais l'originalité de la Réforme est qu'en elle la subjectivité prend conscience de soi comme valeur suprême et principe de toute réalité.

En quoi consiste alors l'œuvre de Luther ? Pour Hegel, contrairement aux croisés, Luther ne cherche pas à conquérir *extérieurement* le Saint-Sépulcre, mais découvre que l'essence de l'homme réside en sa subjectivité *intérieure*. Cette découverte implique une extraordinaire valorisation de l'homme. Désormais l'homme ose penser par lui-même et reconnaît sa propre grandeur. La subjectivité que la réforme découvre, cependant, ne conduit pas au subjectivisme. Il s'agit d'un savoir et d'un vouloir universels au sens où ils valent pour tout homme[2]. De même, la conviction religieuse d'un homme tire sa validité de ce qu'elle exprime, non pas l'individualité particulière, mais l'essence générale de cet homme[3]. Ce n'est pas la subjectivité comme telle mais la subjectivité rationnelle qui est valorisée. C'est pourquoi, la vérité n'est plus donnée, mais doit être activement recherchée : « Pour les luthériens, la vérité n'est pas une chose toute préparée ; c'est le sujet même qui doit devenir vrai en renonçant à son propre contenu pour la vérité substantielle et en s'appropriant cette vérité. »[4]. Néanmoins, désormais, il n'y a plus à obéir à une instance supérieure, que ce soit en matière d'action ou en matière de connaissance. « Luther avait conquis la liberté spirituelle et la réconciliation concrète de l'homme : la destination éternelle de l'homme doit s'opérer en lui-même. »[5]. Corrélativement, l'objet de la foi change : ce n'est plus la foi en quelque chose de passé, ou en un au-delà. C'est la certitude de l'unité présente de l'homme avec l'éternel. Ainsi, contre le catholicisme, Luther considère que, dans l'hostie, Dieu n'est pas présent comme une chose sensible *hic et nunc*. Mais, contre le calvinisme, il pose qu'elle n'est pas un simple rappel de la première Cène. Pour lui, dans l'hostie, Dieu se rend

1. Cf. *PH* 1822-23, éd. cit. p. 448, trad. p. 478.

2. Cf. *Leçons sur l'histoire de la philosophie*, *W* 20, 50, trad. t. 5, p. 1187.

3. Cf. *Leçons sur la philosophie de l'histoire*, *W* 12, 495, trad. p. 319.

4. Cf. *ibid.*, *W* 12, 496, trad. p. 319. *Cf.* L. Siep, *La philosophie pratique de Hegel*, Paris, Éditions de l'éclat, 2013, p. 32-33.

5. *Cahier* K. Hegel, p. 225. On pense à la fin du chapitre I des *Considérations*, *SW* 6, 104-105, où Fichte établit solennellement la filiation Jésus-Luther-Kant.

présent pour autant que j'ai foi en lui, sur un mode idéel : « Toute extériorité relativement à moi est bannie, et il en est de même de l'extériorité de l'hostie : c'est seulement dans la jouissance et dans la foi que je me trouve en relation avec Dieu. »[1].

Hegel propose néanmoins une lecture sévère du protestantisme des origines. Celui-ci repose, dit-il, sur le scrupule intérieur. Il exige que le fidèle discerne en lui-même le principe du mal et de la grâce, ignorant que ce discernement et le passage du mal au bien ne peuvent être l'effet que d'une *Bildung*. Le procédé de l'auto-examen, dans les faits, n'aboutit qu'à l'incertitude et au tourment : « Le protestantisme s'est tourné vers une mesquine et subtile réflexion sur l'état subjectif de l'âme [...] et il a longtemps conservé le caractère d'une torture intérieure. »[2]. Mais l'Église catholique n'est pas en reste. Elle fait d'une certaine manière sa réforme avec le Concile de Trente. Si elle abolit ce qui la déshonorait jusqu'à présent, elle refuse toutefois d'aller plus loin, rendant définitive la rupture avec le protestantisme : « L'Église fit halte : jusqu'ici et non plus loin. »[3]. Elle rejette notamment les sciences renaissantes et l'humanisme – ce dont le procès infligé à Galilée fournit une triste illustration, ainsi que le refus des jésuites de faire de la littérature grecque la base de l'éducation. Plus généralement, toute l'Europe chrétienne se révèle alors obnubilée par le mal. D'un côté, les indulgences font croire qu'on peut compenser ses péchés par de l'argent, de l'autre le mythe de Faust accrédite l'idée d'un pacte possible avec le diable. Dans le même temps, la persécution des sorcières s'intensifie. Les procès qui leur sont intentés – qui ne reposent sur aucune preuve mais seulement sur le soupçon – sont d'une absurdité à la fois comique et terrifiante, en dépit des protestations de quelques hommes éclairés (*aufgeklärte Männer*) comme le jésuite Friedrich Spee von Langenfeld et le luthérien Thomasius : « Ce fut là comme une peste immense. »[4]. Encore en l'an 1780, signale Hegel, une sorcière fut brûlée publiquement à Glarus, en Suisse[5].

Nous sommes donc encore loin d'une religion éclairée. D'un côté, le protestantisme n'est pas exempt de tentations temporelles – et l'on devient souvent protestant, note Hegel, pour échapper à la dîme de l'Église

1. *Leçons sur l'histoire de la philosophie*, *W* 20, 52, trad. t. 5, p. 1188.

2. *Leçons sur la philosophie de l'histoire*, *W* 12, 505, trad. p. 324.

3. « Bis hierher und nicht weiter », *ibid.*, *W* 12, 499, trad. p. 321. La formule est une citation de Job, 38, 11, dans la traduction de Luther.

4. *Ibid.*, *W* 12, 507, trad. p. 325.

5. Il s'agit d'Anna Göldi. Elle fut en réalité brûlée en 1782.

catholique. De l'autre, le catholicisme a recours au bras séculier et lutte contre le protestantisme non pour des raisons religieuses mais pour recouvrer ses biens. Par opposition au Moyen Âge, il y a certes désormais accord du religieux et du politique. Mais cet accord, lui aussi, n'est encore qu'immédiat. Il ne repose pas sur une approbation intelligente mais sur le fanatisme, comme le montrent, dit Hegel, les anabaptistes de Munster, les puritains de Cromwell et les rigides catholiques espagnols. Les religions s'imposent et se maintiennent par la violence[1]. Les croyances religieuses s'assurent par la possession de territoires ou de places fortes et sont continûment en guerre les unes contre les autres. C'est ce qui explique la guerre de Trente ans : en Allemagne, à l'époque, la question du droit de l'intériorité religieuse ne peut être tranchée que par les armes[2].

Le renouveau politique

Hegel ne cite pas la paix d'Augsbourg de 1555 (*cujus regio, ejus religio, tel prince, telle religion*), signée quelques années avant la mort Charles Quint. Mais on peut considérer que cette date est pour lui fondamentale, puisqu'elle correspond à l'avènement d'États officiellement protestants : « Ce qui nous intéresse, c'est le fait que la nouvelle Église acquiert également une existence profane (*weltliches Dasein*). »[3]. Toutefois, à la différence de ce qu'on observera dans les moments ultérieurs, les États sont encore immédiatement ce qu'ils sont, c'est-à-dire ignorent toute évolution politique. Ils sont certes fondés sur le principe de la volonté du peuple comme totalité, mais ce principe, ici, se confond avec l'intérêt de l'État particulier. C'est pourquoi nous n'avons pas d'empire mais des États séparés, chacun étant appuyé sur telle ou telle version du christianisme et hostile aux autres. C'est, quoique d'une manière différente du Moyen Âge, « l'anarchie constituée »[4].

On constate néanmoins une consolidation de l'État. La monarchie est désormais héréditaire, ce qui permet au prince de ne dépendre ni de l'élection, ni de ses qualités contingentes[5]. Dans le même temps, le statut

1. Cf. *Cahier* K. Hegel, p. 222.

2. Cf. *ibid.*

3. *PH* 1822-23, éd. cit. p. 506, trad. (mod.) p. 527.

4. *PH* 1822-23, éd. cit. p. 510, trad. (mod.) p. 529.

5. Pour Hegel, la transmission héréditaire de la charge monarchique, qui s'accompagne chez le roi d'une forte conscience de ses devoirs, représente pour l'État une garantie contre l'arbitraire – comme le montrent, par contraste, l'exemple de la Pologne, royaume électif qui finit par disparaître et celui de l'Empire allemand, empire électif qui en tant que tel ne parvint pas à l'unité.

du monarque change : d'un côté, ses possessions particulières, ou plutôt celles de sa famille, sont désormais garanties par l'État, de l'autre, les pouvoirs, droits et devoirs relevant de l'État cessent d'être sa propriété privée[1]. Par ailleurs, l'aristocratie voit fondre ses prérogatives devant l'intérêt commun du roi et du peuple. Hegel montre comment les droits des vassaux sont transformés en devoirs d'État ou abrogés, par exemple lorsque Louis XIV appelle les représentants des grandes familles françaises à la cour de Versailles, ou lorsque la *grandezza* (la dignité de Grand d'Espagne) maintient les nobles espagnols, en échange de vains honneurs, à l'écart de tout commandement armé[2]. Corrélativement, les fonctions dévolues auparavant aux princes le sont dorénavant aux fonctionnaires, qui se chargent non seulement de la mise en œuvre du bien commun mais aussi, quand ils sont professeurs, de l'avancement de la science…[3]. Cependant cette affirmation du pouvoir royal n'a pas lieu partout. Quand les rois s'appuient sur le peuple, ils triomphent des nobles, « la caste de l'injustice ». Mais quand au contraire ils s'appuient sur les barons, ou quand ces derniers résistent efficacement aux rois, « les droits positifs, c'est-à-dire les injustices, sont restés »[4]. D'autres carences se manifestent : le servage n'est pas encore aboli ; les impôts n'ont pas encore de caractère général, mais se décomposent en une multitude de taxes ; le droit de remontrance dont disposent les assemblées limite la souveraineté du monarque.

Sur le plan diplomatique on observe, en lieu et place d'un véritable empire, un « système »[5] d'États à la fois indépendants et liés par des traités, mais ayant un intérêt commun à ce que nul d'entre eux n'acquière une puissance prépondérante. C'est, selon la notion mise en avant par Richelieu, « l'équilibre européen », lequel se substitue à l'idéal médiéval d'une chrétienté universelle sous l'autorité ultime du pape (idéal qui, comme on l'a vu, ne parvint cependant pas à se réaliser)[6]. On note ainsi l'échec de Charles Quint à constituer un empire unifiant toute l'Europe, échec réitéré par Louis XIV et Charles XII. La tentative de Charles Quint

1. Cf. *Leçons sur la philosophie de l'histoire*, *W* 12, 509, trad. p. 327. La dénonciation de l'idée selon laquelle l'État devrait être la propriété privée du monarque est l'un des aspects de la polémique contre Karl Ludwig von Haller. *Cf.*, dans les *Principes de la philosophie du droit*, la note de la R. du § 258, *W* 7, 403, trad. p. 342.

2. La *grandezza* est évoquée par Kant, *Anthropologie*, Ak. 7, 316, trad. t. 3, p. 1128.

3. Cf. *Leçons sur la philosophie de l'histoire*, *W* 12, 511, trad. p. 329.

4. *Ibid.*, *W* 12, 511-512, trad. (mod.) p. 329.

5. Cf. *ibid.*, *W* 12, 512, trad. p. 329. Le mot système, bien entendu, n'a pas ici son sens emphatique, car il ne renvoie qu'à une association et non pas à une totalité vivante d'États.

6. Cf. *ibid.*, *W* 12, 513, trad. p. 329.

était appuyée sur l'étendue des possessions espagnoles, celle de Louis XIV sur la grandeur de la culture française, et celle de Charles XII sur son naturel chevaleresque et fougueux : mais aucune d'entre elles ne fut couronnée de succès.

Les guerres ne font donc que conserver le système. On distingue, par exemple, les guerres de Schmalkalden (la lutte contre l'Empire de Charles Quint), la guerre civile en Angleterre, la guerre d'indépendance des Pays-Bas, la guerre de Pologne et la guerre de Trente ans. Si l'on considère en particulier cette dernière, on constate qu'elle ne produit aucun changement intellectuel, et que son résultat politique est la juxtaposition de toutes les nations – de même que le concile de Trente n'avait eu pour effet que la juxtaposition du protestantisme et du catholicisme. Pareillement, lorsque l'Europe, intérieurement divisée, s'oppose à ce puissant voisin qu'est le monde ottoman, la bataille de Lépante fige les positions.

Le grand homme de l'époque est Richelieu, dont l'œuvre intérieure – l'unification de la France par l'abaissement des grands et la soumission des protestants – est opposée à l'œuvre extérieure – le morcellement de l'Allemagne[1]. En définitive, les États sont les uns par rapport aux autres dans des rapports de simple droit privé :

> On voit très bien ici que la représentation de la liberté allemande ne contient que de la particularisation. Il n'est pas ici question d'une fin commune à l'État, et la représentation de la liberté allemande ne fut que la représentation d'une particularisation et d'une fixation complètes du droit privé[2].

Le monde allemand est ainsi durablement affaibli, comme on le voit lors du siège de Vienne par les Turcs, qui nécessite l'intervention du roi de Pologne. On le constate aussi lors des annexions de villes allemandes que la France de Louis XIV s'autorise par la « politique des réunions ». Hegel, ici comme ailleurs, n'épargne pas ses quolibets contre la prétendue « liberté allemande » – c'est-à-dire le système de la paix de Westphalie – et l'enthousiasme qu'elle suscite, puisqu'elle ne fait, dit-il, que consacrer la nullité politique de l'Allemagne[3].

1. Cf. *Cahier* K. Hegel, p. 222-223.

2. *PH* 1822-23, éd. cit. p. 510, trad. p. 529.

3. Hegel comprend la « liberté allemande », au sens spécifique de l'expression, comme l'indépendance des citoyens à l'égard du pouvoir, laquelle implique cependant le morcellement de l'État. En outre, selon son analyse, l'Allemagne où cette liberté se déploie a besoin d'un autre État – et notamment, si l'on considère l'exemple médiéval, de l'Italie. Mais ceci de telle sorte que le rapport à l'autre demeure irrémédiablement source de frustration : « C'est ce qui détermine l'attitude de l'Allemagne : celle d'une aspiration malheureuse, d'un vouloir, et

Il souligne toutefois les victoires des populations à l'encontre des puissances étrangères qui cherchent à les annexer : par exemple, les paysans suisses résistent efficacement à l'Autriche et les Hollandais réformés à l'Espagne. C'est le signe de l'intégration croissante de la masse du peuple dans le cours de l'histoire.

LES LUMIÈRES

La deuxième période du monde moderne est celle des Lumières. Celles-ci, pour Hegel, se situent dans le prolongement de la Réforme, dans la mesure où elles valorisent la subjectivité au point d'en faire le principe du droit, de la science et de la religion. Toutefois, à la différence de ce qu'on observe dans la première période du monde moderne, la subjectivité n'est plus ici instinctive mais réfléchie. Luther, dit le texte, avait conquis la liberté spirituelle, il avait saisi que la destination de l'homme était en lui et non pas hors de lui. Mais il avait considéré que le contenu de cette destination était donné (*ein Gegebenes*) et révélé par la religion (*ein durch die Religion Offenbartes*)[1]. Désormais, l'esprit admet que son contenu est ce « dont je puis me convaincre intérieurement » et considère que « tout doit se ramener à ce fondement intime »[2]. C'est pourquoi l'esprit des Lumières va jusqu'à refuser l'autorité des Écritures. En d'autres termes, la subjectivité en vient à se poser comme le seul juge de la vérité. Toutefois, ici encore, ce n'est pas le moi singulier qui alors est arbitre, mais le moi universel – et ceci quand bien même il n'a encore qu'une universalité réflexive, c'est-à-dire une universalité qui prend la forme d'une série de catégories juxtaposées :

> Maintenant, c'est la subjectivité qui, parce qu'elle possède une valeur en soi, acquiert sa forme universelle, la fait valoir, et fait son entrée dans le monde extérieur[3].

ne pas pouvoir ; et le résultat en est la triste reconnaissance de l'impuissance, l'impuissance du pouvoir que l'on présume avoir. » (*PH* 1822-23, éd. cit. p. 474, trad. p. 499).

1. Cf. *Cahier* K. Hegel, p. 225. On songe par exemple à cette affirmation de Luther : « La science et la sagesse de ce monde sont sottises auprès de Dieu et l'âme doit être dépouillée des prestiges de la philosophie si elle veut voir le Christ. » *Lettre à Spalatin*, 1518, citée par E. Terray, *Une passion allemande, Luther, Kant, Schelling, Hölderlin, Kleist*, Paris, Seuil, 1994, p. 28.

2. *Cahier* K. Hegel, p. 225.

3. *PH* 1822-23, éd. cit. p. 512, trad. p. 530.

> Ce principe de la pensée apparaît encore sous une forme abstraite. [...] Le contenu est ainsi posé comme fini et les Lumières ont banni et éliminé tout le spéculatif des choses humaines et divines [1].

Hegel interprète les Lumières notamment à partir de l'empirisme anglais et de l'athéisme français. Pour lui, elles se caractérisent de manière générale par la culture d'entendement et le refus de la raison spéculative. Le critère de la validité, dans la pensée éclairée, est la cohérence, autrement dit le principe d'identité. Cette pensée valorise le donné immédiat de l'expérience, prend les lois de la nature pour modèle de toute vérité et tend à naturaliser le spirituel lui-même[2]. Dans le même temps, l'esprit reconnaît la dignité du monde extérieur et s'y investit positivement. C'est en laissant au monde extérieur son autonomie qu'il objective sa propre liberté: « L'esprit [...] se cherche lui-même et cherche la vérité dans ce monde, tel qu'il est extérieurement. C'est seulement pour l'homme libre que l'autre, l'extérieur, est libre. »[3]. Pour l'homme des Lumières, le divin se manifeste non pas sous la forme de miracles, mais sous celle du cours régulier et autonome de la nature. Par ailleurs, cet homme est industrieux et considère qu'il a le droit et le devoir d'être prospère.

Le caractère à la fois libérateur et abstrait des Lumières se manifeste dans tous les domaines :

a) La religion se transforme. Chez les catholiques, la scolastique médiévale laisse place à la casuistique des jésuites : l'objet de l'étude n'est plus la divinité extérieure à l'homme mais la volonté intérieure de ce dernier – une volonté qui, par-delà le bien et le mal si l'on ose dire, n'est plus considérée que comme une « pure activité ». Pareillement, chez les protestants, ce n'est plus, comme encore à l'époque de Luther, le rapport à l'au-delà qui compte, un rapport qui faisait que l'homme était habité par la grâce divine ou possédé par le diable. Désormais, l'esprit religieux se tourne vers le monde et vers son intériorité propre, la raison étant reconnue comme le fondement de la conscience aussi bien que de la réalité extérieure.

b) Le peuple reste largement étranger à la vie politique. Néanmoins la société civile se développe. Même si Hegel ne le dit pas en ces termes, il a clairement en vue l'essor de la bourgeoisie. Il insiste en particulier sur les

1. *Leçons sur la philosophie de l'histoire*, *W* 12, 523-524, trad. p. 337.
2. Cf. *PH* 1822-23, éd. cit. p. 516, trad. p. 534.
3. *Ibid.*, éd. cit. p. 512, trad. p. 530.

valeurs éthiques propres à la société civile, et notamment sur la « droiture » (*Rechschaffenheit*), c'est-à-dire l'honnêteté et l'honneur professionnel[1].

c) La vie culturelle est à la fois artificielle et brillante. Hegel la décrit en reprenant la vision qu'on pouvait avoir en Allemagne du développement artistique français au XVIIe et au XVIIIe siècle. Les lettres et les beaux-arts célèbrent ces vertus formelles que sont la dignité, la grandeur et la bienveillance. L'art de la rhétorique se transforme en une sophistique éloquente de la passion, mais se désintéresse de la liberté et de l'unité de l'esprit[2].

d) En France et en Angleterre, le développement des sciences de la nature est prodigieux. La nature est connue en ses lois – ce qui fait disparaître, comme on l'a dit, toute croyance aux miracles[3]. Il y a donc, par-delà l'abstraction scolastique, un retour au réel et à l'expérience. En même temps, Hegel note les tendances au matérialisme et à l'athéisme qu'une telle science enveloppe, car on s'imagine alors, dit-il, que la nature et ses lois sont quelque chose d'ultime[4].

e) On admet que le droit et la moralité sont fondés sur la volonté de l'homme – et par exemple sur l'instinct social naturellement implanté en lui, ce qui entraîne une rupture avec la morale tirée de la Bible. Le but de l'État vaut désormais comme principe politique suprême[5]. Toutefois, comme l'idéal et le réel sont séparés, la nouvelle conception du droit ne trouve pas à s'appliquer politiquement.

On trouve, dans cette peinture des Lumières, l'influence du Herder d'*Une autre philosophie de l'histoire* mais, de manière plus nette encore, celle de Schiller. Dans les *Lettres sur l'éducation esthétique de l'homme* en effet, opposant fortement les modernes aux Grecs, Schiller dénonce l'utilitarisme qui règne dans la société contemporaine, l'affaiblissement des énergies et la corruption morale :

> Les lumières de l'esprit que les classes cultivées se vantent, non sans quelque raison de posséder, sont tout compte fait loin de manifester une influence ennoblissante sur les sentiments ; elles consolident bien plutôt la perversion par leurs maximes[6].

1. Cf. *ibid.*, éd. cit. p. 512, trad. p. 531.
2. Cf. *ibid.*, éd. cit. p. 513, trad. p. 531.
3. C'est pourquoi, polémiquant contre Friedrich Schlegel, Hegel affirme que les sciences sont fondamentalement non catholiques.
4. Cf. *PH* 1822-23, éd. cit. p. 515, trad. p. 533.
5. Cf. *ibid.*, éd. cit. p. 517, trad. p. 535.
6. Schiller, *Lettres sur l'éducation esthétique de l'homme*, Lettre V, trad. p. 115.

Schiller reproche en particulier aux hommes de son temps de nier la nature dans l'ordre moral pour lui substituer des principes moraux abstraits qui inhibent la sensibilité, et de cultiver en même temps un matérialisme choquant. Dans les classes populaires, la vie sensible, dit-il, n'est plus contenue par aucun principe : l'homme redevient un « sauvage », chez qui l'instinct soumet l'entendement. Dans les classes élevées, d'un côté, les conventions sociales et l'affectation de décence nient les droits de la nature, de l'autre, l'entendement invente des maximes matérialistes qui justifient l'abandon aux inclinations les plus sensuelles : l'homme est ainsi un « barbare », chez qui l'entendement opprime l'instinct.

S'agissant de l'appréciation de l'*Aufklärung* entendue restrictivement comme la pensée propre au XVIIIe siècle, la différence entre Hegel et le Kant du *Qu'est-ce que les Lumières* est nette. Alors que Kant en propose un éloge fervent, voyant dans les Lumières la sortie de l'état de minorité, Hegel affiche une opinion mitigée. Pour lui, les Lumières s'inscrivent certes dans une époque de découverte de la subjectivité comme fondement de toute vérité. Toutefois, elles sont caractérisées par une pensée abstraite, auxquels sont liés un empirisme réducteur et la menace de l'irréligion. Plusieurs remarques doivent cependant être faites au sujet de la différence d'appréciation de Kant et de Hegel :

a) L'analyse hégélienne intervient quatre décennies après celle de Kant. Alors que ce dernier propose une lecture du présent, Hegel voit les Lumières comme une époque révolue.

b) Sous la plume de Kant, les Lumières désignent davantage une exigence qu'une réalité accomplie, pour lui, elles sont plus un programme qu'une situation historique à décrire. À l'opposé, Hegel analyse cette période d'un point de vue factuel.

c) Hegel ne dénonce aucunement la liberté de penser. Le *sapere aude* de Kant, sous sa plume, est non pas mis en cause mais présupposé. Toutefois, la pensée autonome, à ses yeux, ne caractérise pas les seules Lumières mais la modernité luthérienne en général, comme le montre la remarque suivante, qui a trait à la philosophie moderne dans son ensemble :

> L'homme a pris confiance en lui-même, en sa pensée en tant que pensée. [...] On se réclama du *sensus communis* à la place des pères de l'Église et d'Aristote, on renonça à se réclamer de l'autorité [1].

1. *Leçons sur l'histoire de la philosophie*, *W* 20, 62-63, trad. t. 6 p. 1246-1247.

On remarque notamment que Hegel, à la différence des penseurs traditionalistes comme Möser ou Rehberg, ne déplore aucunement la mise en cause, par les Lumières, des croyances d'autrefois et de l'ordre social coutumier. Sa critique s'appuie sur la valorisation de l'*après*-Lumières, non sur celle de l'*avant*-Lumières.

d) Pour Hegel en définitive, le défaut dirimant des Lumières tient à leur inachèvement, et plus précisément à leur refus de la pensée concrète. Comme le montre le « Rapport à Niethammer », il ne suffit pas de penser par soi-même, il faut aussi penser de manière vraie[1]. Le défaut des Lumières est de demeurer incapables d'admettre l'unité de la spéculation et de l'expérience, du bien commun et des intérêts individuels, du divin et de l'humain.

De Frédéric II à la Prusse contemporaine

Si l'on suit le plan de la *Leçon* de 1822-23, la troisième période de l'histoire moderne est constituée de la séquence a) Prusse de Frédéric II, b) Révolution française, empire napoléonien et restauration bourbonienne en France, c) Europe du Traité de Vienne. Selon le *Cahier* K. Hegel, la Prusse de Frédéric II appartient à l'époque des Lumières, et la dernière séquence est constituée de la Révolution et de l'Europe du Traité de Vienne. En toute hypothèse, nous voici « au dernier stade de l'histoire, à la forme de nos jours »[2]. Il s'agit de l'incarnation concrète des principes des Lumières, notamment dans la réalité politique, et donc de la négation de ce qui restait unilatéral en elles : « Cet universel, ce connaître, qui est d'abord théorique, se tourne aussi vers ce qui est pratique, [...] il se confronte à la réalité effective. »[3]. Il est ainsi mis fin à la séparation de l'idéal et du réel au profit d'édifices politiques qui se fondent eux-mêmes.

Les principes de la politique, pas plus qu'à l'époque précédente, ne procèdent de la Révélation. Ainsi, lorsque Hegel exalte l'union de la religion et de la politique dans les pays protestants d'aujourd'hui, cela ne signifie pas que les normes politiques seraient dépendantes de l'autorité

1. Cf. *Rapport à Niethammer*, *W* 4, 411-412, *Textes pédagogiques*, trad. fr. B. Bourgeois, Paris, Vrin, 1990, p. 142-143.

2. *Cahier* K. Hegel, p. 225.

3. *PH* 1822-23, éd. cit. p. 516, trad. p. 534. *Cf.* aussi *ibid.*, éd. cit. p. 506, trad. p. 525 : « Cette universalité formelle acquier[t] un contenu concret et [...] détermine la réalité effective concrète. »

des Églises : bien plutôt, cela signifie que la politique se détermine par un état d'esprit à la fois auto-légitimé et partagé par tous les citoyens :

> Ainsi a donc été trouvé pour l'État un principe intellectuel qui n'est plus un principe d'opinion [allusion à la période des Lumières] ni de piété [allusion au monde de la guerre de Trente ans]. La découverte qui a été faite est prodigieuse, c'est celle de la conscience ultime de la profondeur. [...] La conscience [...] est maintenant fondement [1].

Quel est en effet l'état d'esprit contemporain ? Il se définit par l'aspiration à la liberté, au sens où les hommes, de nos jours, veulent un État fondé sur la volonté universalisée du peuple. Ainsi, la période contemporaine permet d'en finir avec les privilèges et l'oppression [2]. Plus précisément, les évolutions sont les suivantes :

– La liberté de la personne (fin du servage) et la liberté de la propriété (droit pour quiconque d'acheter des terres) sont reconnues. Pareillement, les entraves à l'activité économique héritées du droit féodal sont supprimées et tout citoyen qui en a la compétence a le droit d'accéder aux charges publiques ;

– tout État vise désormais, à l'extérieur, son indépendance et, à l'intérieur, la prospérité de ses membres : « L'État ne doit pas seulement maintenir le droit et la justice mais aussi se soucier du bien-être des citoyens » [3] ;

– les citoyens dans leur ensemble partagent une même disposition d'esprit éthique, au sens où tous peuvent saisir la légitimité intrinsèque des lois étatiques. Ainsi « les gens sensés [ont] de l'influence sur le peuple et [...] chez celui-ci règne la confiance » [4].

La Prusse de Frédéric II

L'indépendance des États protestants issus de la guerre de Trente ans, dit Hegel, n'était pas encore garantie par une puissance politique. Frédéric II, notamment par la guerre de Sept ans, parvient à assurer à la Prusse son autonomie [5]. C'est pourquoi il est le héros du protestantisme. Cependant, ses guerres ne sont pas des guerres de religion. Elles sont de

1. *Cahier* K. Hegel, p. 227.
2. Cf. *PH* 1822-23, éd. cit. p. 517, trad. p. 535.
3. *Cahier* K. Hegel, p. 228.
4. *Leçons sur la philosophie de l'histoire*, *W* 12, 534, trad. p. 343.
5. Cf. *Cahier* K. Hegel, p. 223.

type « constitutionnel » au sens où elles permettent d'imposer une certaine forme d'État en Europe[1]. Frédéric est un « roi philosophe » : toutefois non pas parce qu'il s'intéresserait aux abstractions théoriques, mais parce qu'il met en œuvre, dans la réalité effective, les valeurs de la liberté et de la rationalité[2]. Sa grandeur tient à ce qu'il étend le règne de la loi et subordonne les intérêts particuliers à l'État. Frédéric fait commencer la rédaction d'un code qui se substitue au « misérable droit allemand » en vigueur jusqu'alors et consacre les libertés civiles (l'*Allegemeines Landrecht für die preussischen Staaten*). Il promeut la tolérance religieuse[3], sait se montrer économe des deniers publics, combat les privilèges et met en place des institutions « avantageuses pour le tout »[4]. Toutefois, son œuvre reste insuffisante, dans la mesure où tout repose sur son énergie personnelle[5], ce qui montre le caractère encore trop immédiat du monde prussien de cette époque.

Peut-on dire que Hegel, par une telle remarque, et en faisant de l'État frédéricien le seul *premier* moment de la dernière séquence de l'histoire moderne, relativise ce qu'on a pu appeler, notamment en référence à Frédéric, le « despotisme éclairé »[6] ? La réponse est assurément positive, d'autant que la présentation que fait Hegel du régime prussien à l'époque de Frédéric contraste avec celle de l'État achevé dans les *Principes de la philosophie du droit*[7]. Hegel rappelle par exemple que Frédéric n'a pas établi d'« assemblées représentatives » ni « la publicité des tribunaux »[8]. Mais la différence la plus fondamentale concerne le statut et la fonction du monarque. Car, dans l'État prussien post-napoléonien, la volonté du prince est formelle, au sens où elle ne porte que sur ce qui concerne l'État comme un tout, laissant les applications particulières et la formation de la disposition d'esprit politique du peuple au gouvernement et au parlement[9].

1. Cf. *PH* 1822-23, éd. cit. p. 518, trad. p. 536. Il est à noter que, si Hegel ne critique pas Frédéric II pour sa politique agressive, il ne l'en loue pas non plus.

2. Cf. *ibid.*, éd. cit. p. 517-518, trad. p. 535.

3. Cf. *Leçons sur l'histoire de la philosophie*, *W* 20, 298, trad. t. 6 p. 1726.

4. Cf. *PH* 1822-23, éd. cit. p. 518, trad. p. 535.

5. Allusion, notamment, à l'audace guerrière du roi, à sa rapidité de décision, et à sa capacité à retourner des situations apparemment désespérées.

6. L'expression même n'apparaissant toutefois pas sous sa plume.

7. Alors qu'il y a une évidente coïncidence entre cette dernière et celle du régime prussien post-napoléonien qui, dans l'édition Karl Hegel, clôt les *Leçons sur philosophie de l'histoire*. Cf. *Leçons sur la philosophie de l'histoire*, *W* 12, 539, trad. p. 345-346.

8. *Leçons sur l'histoire de la philosophie*, *W* 20, 298, trad. t. 6 p. 1726.

9. *Cf.* notre analyse dans G. Marmasse, *Force et fragilité des normes. Les Principes de la philosophie du droit de Hegel*, Paris, P.U.F., 2011, p. 140 *sq.*

De l'État frédéricien à l'État prussien présenté dans les *Principes de la philosophie du droit*, on passe d'un monarque dont la volonté détermine son contenu de manière instinctive, « géniale », à un monarque qui se contente de vouloir l'intégrité de l'État, laissant au gouvernement et au parlement le soin de concrétiser un tel vouloir. Parce que la monarchie de type frédéricien est, en son cycle propre, immédiate, elle n'assure pas une entière liberté aux citoyens. Le roi se comporte encore à l'égard de son État « de la manière dont un père de famille prend soin de l'intérêt de son ménage »[1], déniant à ses sujets la possibilité de former une volonté politique qui serait indépendante et auto-fondée. Seul le roi est citoyen dans la plénitude du terme. D'une certaine manière, l'inconfort de la Prusse frédéricienne est qu'elle a besoin d'un grand homme, et non pas d'un simple monarque. Dans la Prusse post-révolutionnaire en revanche « avec des lois fermement établies et une organisation [bien] définie de l'État, ce qui a été réservé à la seule décision du monarque doit être considéré comme peu de chose eu égard au substantiel »[2].

Le cycle de la Révolution française

A. Pourquoi y a-t-il eu une révolution en France et non pas en Allemagne ? Est-ce parce que les Français auraient la tête chaude, « la tête près du bonnet » demande le texte en citant une expression française[3] ? Nullement, mais parce qu'une révolution était inévitable en France, où la religion catholique mettait l'État en contradiction avec lui-même, tandis que, chez les Allemands, peuple essentiellement protestant, la transformation du régime pouvait s'opérer d'elle-même et sans violence. On trouve un indice de l'entre-implication du catholicisme et de la révolution, note Hegel, dans le fait qu'il y a eu également des mouvements révolutionnaires dans ces États catholiques que sont Naples[4], le Piémont[5] et l'Espagne[6].

Plus précisément, dans le monde protestant, l'esprit du temps – en d'entres termes « la pensée de la fin concrète de l'État »[7] – ne s'oppose pas

1. *Leçons sur la philosophie de l'histoire*, *W* 12, 522, trad. p. 337.

2. *Ibid.*, *W* 12, 539, trad. p. 346.

3. *Cahier* K. Hegel, p. 226.

4. Allusion à la République parthénopéenne (1799).

5. Allusion à la République d'Alba (1796), à la République piémontaise (1798-1799) et à la République subalpine (1800-1802).

6. Allusion au triennat libéral (1820-1823).

7. *PH* 1822-23, éd. cit. p. 520, trad. p. 537.

à la vie éthique, tandis qu'en France la religion lui fait violence. Par exemple, dit Hegel, outre ces institutions profondément contraires à l'éthique que sont, dans le monachisme, le célibat, la pauvreté volontaire et la vie contemplative (la « paresse »), un des aspects les plus discutables de l'État catholique est l'immixtion de principes religieux dans le droit profane, ainsi que le sacre du roi, caution extérieure qui légitime l'arbitraire[1]. Un État catholique est dépourvu d'unité véritable et se caractérise non seulement par la multiplication des privilèges mais aussi par une corruption généralisée. Le peuple est opprimé, la cour prodigue et la puissance publique impécunieuse – car les sommes arrachées à la sueur du peuple ne sont pas consacrées aux buts de l'État mais gaspillées[2]. On trouve dans les *Leçons sur l'histoire de la philosophie* une analyse dramatique de la France d'Ancien Régime :

> Il faut avoir un tableau de l'horrible condition de la société, de la misère, de la bassesse qui régnaient en France. [...] Maintenant, l'hypocrisie, la tartufferie, la tyrannie qui se voit spoliée de ses spoliations, la faiblesse d'esprit peuvent dire qu'ils [les révolutionnaires] ont attaqué la religion, l'État, les mœurs. Mais quelle religion ! Non pas celle qui fut purifiée par Luther, – mais la superstition la plus honteuse, la prêtraillerie (*Pfaffentum*), la bêtise, la dépravation d'esprit, et surtout la dissipation des richesses, la débauche des biens temporels au milieu de la misère publique. Et quel État ! La domination la plus aveugle des ministres et de leurs putains, femmes et valets de chambre ; de sorte qu'une troupe immense de petits tyrans et de paresseux considérait comme un droit divin de piller les revenus de l'État et la sueur du peuple. L'impudence et la malhonnêteté furent incroyables ; les mœurs ne faisaient que correspondre à l'infamie (*Verworfenheit*) des institutions. Nous voyons les individus privés de tout droit sur le plan juridique et politique, et il en est de même à l'égard de la conscience morale, de la pensée[3].

Hegel tient alors à souligner que c'est le blocage politique qui explique la Révolution, bien davantage qu'un plan concerté des esprits éclairés. Ainsi, les philosophes se sont bornés à souhaiter et exiger des

1. Dans le monde protestant en revanche, « la volonté [du monarque] n'est considérée comme respectable que dans la mesure où elle veut, dans sa sagesse, le droit, la justice et le bien-être de l'ensemble » *Leçons sur la philosophie de l'histoire*, *W* 12, 527, trad. (mod.) p. 339.

2. Cf. *Cahier* K. Hegel, p. 227. *Cf.* D. Losurdo, « Les catégories de la révolution dans la philosophie classique allemande », dans A.-M. Amiot (dir.), *Philosophies de la révolution française*, Paris, Vrin, 1984, p. 178-180.

3. *Leçons sur l'histoire de la philosophie*, *W* 20, 296, trad. t. 6 p. 1724-1725.

améliorations dans la vie politique et sociale[1]. Toutefois la réforme demandée ne fut pas mise en œuvre, parce que ni la cour, ni le clergé, ni la noblesse, ni le parlement n'acceptaient de renoncer à leurs privilèges[2]. C'est pour cette raison que « le changement fut nécessairement violent »[3].

La Révolution, à l'instar de chacun des moments de la troisième période du monde moderne, détermine la réalité éthique à partir de principes intellectuels : « Cette révolution a eu son début et son origine dans le penser. »[4]. Reprenant une image de la préface de la *Phénoménologie*[5], Hegel compare la Révolution avec le fait, pour l'homme, de se placer tête en bas : « Depuis que le soleil se trouve au firmament et que les planètes tournent autour de lui, on n'avait pas vu l'homme s'établir sur la tête, c'est-à-dire sur la pensée et construire d'après elle la réalité effective. »[6]. Comme on le constate, plusieurs modèles métaphoriques sont ici convoqués par Hegel : outre celui de la posture renversée, elle-même associée au renversement copernicien par l'évocation du cours des planètes autour du soleil, on trouve celui de l'aube nouvelle : « C'était donc là un superbe lever de soleil. » Pour G. Lukacs, chez le jeune Hegel, la révolution française est l'aurore d'un monde nouveau, tandis que, chez le Hegel de la maturité elle ne serait plus qu'un crépuscule[7]. Cette interprétation est d'une certaine manière démentie par la citation ci-dessus. Il est vrai, toutefois, que le Hegel de la maturité intègre la période révolutionnaire dans la période luthérienne, celle-ci étant par construction plus essentielle que celle-là.

Il n'y a cependant, du point de vue du fonctionnement de la processualité systématique, rien d'original dans l'image du renversement. En effet, chez Hegel, tout moment terminal est la réalisation en et pour soi de son cycle d'appartenance. Alors qu'initialement un cycle n'est conforme à la raison que « pour nous », c'est-à-dire pour le philosophe qui le contemple de l'extérieur, à la fin il se conforme de lui-même, activement et

1. *Ibid.*, *W* 20, 295, trad. t. 6 p. 1723. La thèse du complot ourdi par les Francs-maçons et les hommes des Lumières a été notamment propagée par Augustin Barruel dans ses *Mémoires pour servir à l'histoire du jacobinisme* (1797), ouvrage traduit en allemand en 1802. *Cf.* V. Ferrone et D. Roche (dir.), *Le monde des Lumières*, Paris, Fayard, 1999, p. 506.

2. Cf. *Cahier* K. Hegel, p. 227.

3. *Leçons sur la philosophie de l'histoire*, *W* 12, 528, trad. p. 340.

4. *PH* 1822-23, éd. cit. p. 518, trad. p. 536.

5. Cf. *Phénoménologie*, Préface, *W* 3, 30, trad. p. 75.

6. *Cahier* K. Hegel, p. 228.

7. G. Lukacs, *Le jeune Hegel*, trad. fr. G. Haarscher et R. Legros, Paris, Gallimard, 1981, t. 2, p. 236.

consciemment, à la raison. C'est là exactement ce que l'on observe dans le cas du rapport du monde moderne terminal au monde moderne en général – ou, aussi bien, du monde moderne au monde germanique en général : « Anaxagore avait dit le premier que le *noûs* gouverne le monde ; mais c'est maintenant seulement que l'homme est parvenu à reconnaître que la pensée doit régir la réalité spirituelle. »[1].

Parce qu'il y a réconciliation entre la volonté subjective et l'État, l'esprit s'exalte :

> Une émotion sublime (*erhabene Rührung*) a régné en ce temps-là, l'enthousiasme de l'esprit a fait frissonner le monde, comme si à ce moment seulement on en était arrivé à la véritable réconciliation du divin avec le monde[2].

On ne peut que penser à l'évocation par Kant, dans le *Conflit des facultés*, du sentiment « qui confinait à l'enthousiasme »[3] provoqué par la Révolution. Chez l'un comme chez l'autre auteur, toutefois, la mention de tels sentiments est ambivalente : d'une certaine manière, l'événement objectif est relégué au second plan par l'insistance sur les affects éprouvés par les spectateurs. En outre, chez les deux philosophes, l'effet considéré n'a que le statut d'un sentiment, par définition inférieur en dignité à une connaissance objective ou à une exigence morale. Ce n'est pas ici le lieu d'examiner le concept d'enthousiasme chez Kant. En revanche, on peut rappeler que le sublime est constamment dévalorisé chez Hegel : opposé au beau, il se caractérise en effet par l'indétermination et une conscience amoindrie. Le sublime fait d'ailleurs système avec le thème du lever de soleil, dans la mesure où il relève de l'inchoatif et marque l'inachèvement du processus[4].

En outre, comme on l'a dit, l'originalité de la Révolution, par rapport aux autres moments de la troisième période de la modernité luthérienne, tient à ce que le rapport entre la pensée et la réalité effective est violent.

1. *Cahier* K. Hegel, p. 228.

2. *Ibid.* Comme illustration de cette émotion sublime, on songe à Klopstock, qui voit dans les États généraux le plus grand acte du siècle, et compare le processus révolutionnaire aux pluies régénératrices du matin puis à un soleil dont on n'aurait pas même rêvé (« die États généraux », 1788). *Cf.* W. Hinderer (Hrsg.), *Geschichte der politischen Lyrik in deutschland*, Würzburg, Könnigshausen & Neumann, 2007, p. 166.

3. Kant, *Le conflit des facultés*, Ak. 7, 85, trad. t. 3, p. 895. Sur ce texte, *cf.* J. Ferrari, « Kant, les Lumières et la Révolution française », dans *Mélanges de l'École française de Rome*, vol. 104, 1992, p. 49-59.

4. *Cf.* A. Bertinetto, « Negative Darstellung. Das Erhabene bei Kant und Hegel », *Internationales Jahrbuch des deutschen Idealismus*, 2006, IV, p. 141 *sq.*

Nous avons ici un schème typique des moments réflexifs : à l'époque de la Révolution, la conscience gouverne l'objectivité non pas de l'intérieur mais de l'extérieur, et sur un mode inévitablement brutal :

> Ce penser s'est confronté à la réalité effective et il s'est transformé en violence (*Gewalt*) contre l'ordre déterminé, il est devenu une violence contre l'état de choses existant, et c'est cette violence qui constitue la révolution en général [1].

Hegel a un jugement sévère sur les idéaux de la Révolution : « Cette philosophie n'est tout d'abord que pensée abstraite, elle n'est pas saisie concrète de la vérité absolue, ce qui est une différence immense. » [2]. Les principes révolutionnaires s'imposent artificiellement – *a priori* – à la réalité socio-politique française. En lecteurs du *Contrat social*, les révolutionnaires prétendent détruire l'édifice antérieur pour le rebâtir tout entier. Mais « parce que ce ne sont que des abstractions sans Idée, [les convictions abstraites des révolutionnaires] ont fait de cette tentative l'événement le plus épouvantable » [3]. Le caractère abstraitement réflexif de la politique révolutionnaire se constate notamment dans l'uniformité du châtiment qu'elle inflige à ses adversaires, à savoir la mort [4].

Quels sont en effet les idéaux révolutionnaires ? Hegel mentionne en premier lieu la Déclaration des droits de l'homme et du citoyen. Elle est valide, reconnaît-il, en ce qu'elle exprime le droit de tout homme à la personnalité juridique et à la citoyenneté [5]. Néanmoins, ce droit n'est ici que formellement consacré, dans la mesure où la Déclaration ne tient pas compte de la diversité des hommes. Pour Hegel en effet, dans l'État rationnel, les rôles politiques sont hiérarchisés, et leur distribution doit

1. *PH* 1822-23, éd. cit. p. 519, trad. p. 537.

2. *Leçons sur la philosophie de l'histoire*, *W* 12, 528, trad. p. 339.

3. *Principes de la philosophie du droit*, R. du § 258, *W* 7, 401, trad. p. 420. On retrouve ici la dénonciation de l' « hyperrationalisme » des révolutionnaires et de leur mépris de l'expérience que développe par exemple Rehberg. *Cf.* par exemple ses *Untersuchungen über die französische Revolution*, Hannover, 1793, p. 45-50. En revanche, on ne rencontre rien chez Hegel de la défense rehbergienne de la tradition comme norme de l'activité politique (cf. *ibid.* p. 54).

4. Cf. *Notes et fragments, Iéna 1803-1806*, *W* 2, 546-547, trad. C. Colliot-Thélène *et alii*, Paris, Aubier, 1991, p. 51-53.

5. B. Bourgeois a justement insisté sur la signification politique que Hegel accorde à la Déclaration. *Cf.* « Hegel et les droits de l'homme », dans *Droit et liberté selon Hegel*, G. Planty-Bonjour (dir.), Paris, P.U.F., 1986, p. 11. *Cf.* aussi L. Ponton, « Hegel et le droits de l'homme », *Laval théologique et philosophique*, vol. 43, n° 2, 1987, p. 217-234.

s'appuyer sur les distinctions naturelles et spirituelles entre les citoyens[1]. Par exemple, les fonctionnaires doivent avoir la formation requise pour exercer leur charge, et la fonction parlementaire est liée à l'appartenance à tel ou tel « état » (*Stand*) socio-économique. La Déclaration des droits de l'homme est donc beaucoup trop indéterminée pour servir de principe à une constitution. Or, dans les faits, elle a autorisé les révolutionnaires à pratiquer un égalitarisme niveleur. Ainsi, une addition des *Principes de la philosophie du droit* évoque leur volonté « fanatique » de supprimer toutes les différences de talent ou d'autorité : alors s'est manifestée une haine impitoyable à l'égard de toute particularité. Bien plus, dit le texte, au cours de la Révolution, le peuple a détruit les institutions qu'il avait pourtant lui-même édifiées « parce que toute institution contrevient à la conscience de soi abstraite de l'égalité »[2].

En second lieu, la Révolution fait de la vertu un principe politique essentiel : « Robespierre posa le principe de la vertu comme l'objet suprême et l'on peut dire que cet homme prit la vertu au sérieux. »[3]. Mais celle-ci, ici, ne renvoie pas aux actes concrets mais au seul état d'esprit de l'agent[4]. En outre, elle est exclusive et oppose ceux qui ont la disposition d'esprit convenable à ceux qui ne l'ont pas. Or, comme il n'y a pas de critère objectif pour distinguer les uns des autres, la suspicion règne, et ceux qui sont suspectés, ne pouvant se défendre, sont condamnés[5]. Comme on le constate, Hegel fait intervenir contre Robespierre une argumentation similaire à celle qu'il déploie contre la morale kantienne. Le critère de la vertu n'est qu'une exigence abstraite de cohérence. Or d'un côté cette exigence est irréalisable, de l'autre elle ne peut aboutir qu'à la condamnation de tout acte empirique. La terreur est la conséquence inéluctable de la vertu révolutionnaire.

1. Cf. *Encyclopédie* III, R. du § 539, *W* 10, 333, trad. p. 314 : « Les lois elles-mêmes, sauf pour autant qu'elles concernent [l']étroite sphère de la personnalité [c'est-à-dire la sphère de la propriété] [...], présupposent l'inégalité des situations et déterminent les compétences et les devoirs légaux inégaux qui en résultent. »

2. *Principes de la philosophie du droit*, Add. du § 5, *W* 7, 52, trad. p. 600. *Cf.* E. Cassirer, *Le mythe de l'État*, trad. de l'anglais par B. Vergely, Paris, Gallimard, 1993, p. 373 et surtout J.-F. Kervégan, *L'Effectif et le rationnel*, *op. cit.*, p. 342 *sq.*

3. *Cahier* K. Hegel, p. 230. On songe par exemple à cette formule du discours du 18 pluviôse an II : « Le ressort du gouvernement populaire en révolution est à la fois la vertu et la terreur : la vertu, sans laquelle la terreur est funeste ; la terreur, sans laquelle la vertu est impuissante. »

4. Cf. *Leçons sur la philosophie de la religion* I, éd. cit. p. 347, trad. p. 326.

5. *Cf.* Ch. Taylor, *Hegel et la société moderne*, *op. cit.*, p. 119.

Sans surprise, la constitution révolutionnaire est contradictoire. D'une part, le pouvoir législatif dispose indûment du pouvoir administratif (par exemple du budget) et même d'un pouvoir qui normalement revient au prince (la guerre et la paix). D'autre part, les différentes instances de l'État se méfient les unes des autres. Que le parlement puisse voter la mort du roi est, pour Hegel, le comble de l'abomination politique. C'est d'ailleurs cette contradiction qui explique la chute de la Convention puis du Directoire [1].

On peut dire également que la révolution se caractérise par l'absence d'une véritable disposition d'esprit civique, une carence que traduit la loi des suspects. Hegel insiste sur l'importance du civisme dans l'État, par lequel chacun reconnaît qu' « il n'y a rien de supérieur au droit, qu'il n'est rien de plus saint pour ce qui concerne les choses et les affaires profanes » [2]. La *Gesinnung* civique est la volonté universalisée du peuple en tant qu'elle accède à la conscience de soi. Dans l'État post-révolutionnaire, elle constitue l'assise des institutions. En revanche, dans l'État révolutionnaire, le pouvoir ne se fonde que sur des idées abstraites. Hegel dénonce également la confiscation du pouvoir par les partis : « Le gouvernement est maintenant passé au peuple : il s'agissait [en réalité] seulement de savoir quel parti allait s'emparer du gouvernement. » [3]. L'emprise des partis fait naître une opposition insurmontable entre les gouvernants et les gouvernés. Sous la Révolution, la constitution est républicaine mais aucunement démocratique. Sous le masque de la liberté règne la tyrannie [4].

À travers les arguments utilisés par Hegel contre la Révolution, il se confirme, s'il en était besoin, que pour lui l'État rationnel n'a pas à modeler de l'extérieur la disposition d'esprit des hommes. Certes, l'État doit être éducateur, mais l'éducation consiste alors, non pas à faire naître la vertu *ex abrupto*, mais à permettre à l'homme de se rendre vertueux lui-même. Cette formation a notamment lieu à travers la délibération du parlement, qui permet l'engendrement d'une opinion publique éclairée.

En définitive, le jugement de Hegel sur la Révolution est ambivalent. Il lance une cinglante réplique à Walter Scott qui dénonce la Révolution : « Tête sans cervelle, il semble ignorer complètement les principes caractéristiques de la Révolution, qui donnent à celle-ci son pouvoir presque

1. Cf. *Leçons sur la philosophie de l'histoire*, *W* 12, 533, trad. p. 342.

2. *Cahier* K. Hegel, p. 229. *Cf.* J.-F. Kervégan, *L'effectif et le rationnel*, *op. cit.*, p. 342 *sq.* *Cf.* L. Moland, « History and Patriotism in Hegel's Rechtsphilosophie », *History of Political Thought* 28-3, 2007, p. 496 *sq.*

3. *Cahier* K. Hegel, p. 230.

4. Cf. *Leçons sur la philosophie de l'histoire*, *W* 12, 312, trad. p. 196.

incommensurable sur les âmes. »[1]. Mais, en même temps, il reproche à la Révolution de reconduire, sous une autre forme, les contradictions de l'État catholique.

B. Quelle interprétation Hegel propose-t-il de l'épisode napoléonien ? On est frappé, en premier lieu, par la rareté des allusions à Napoléon sous sa plume. L'affirmation de Kojève selon laquelle, pour Hegel, « Napoléon est le Dieu révélé » est fantaisiste[2]. La désignation de Napoléon comme « âme du monde », dans la lettre du 13 octobre 1806 à Niethammer[3], n'est pas autre chose qu'une métaphore. Elle traduit une admiration bien réelle, et Hegel a probablement la conviction à ce moment, c'est-à-dire à l'époque la plus brillante de l'empire, que Napoléon répond aux exigences politiques du temps. En 1830-31, il parlera encore de l'empereur comme d'un « colosse »[4]. Mais on ne peut en inférer que celui-ci aurait, à ses yeux, un statut à part dans la série des grands hommes.

En réalité, Hegel voit l'empire napoléonien comme l'extension cosmopolitique du régime de la Révolution française. Nous sommes donc ici dans le moment « extérieur » de la période révolutionnaire. Napoléon impose aux nations européennes des constitutions qui sont certes intelligentes, mais *a priori*. Napoléon a un rapport violent au monde et c'est pourquoi son empire ne peut être durable. Seule son énergie personnelle pouvait maintenir la constitution espagnole, qui s'effondra aussitôt qu'elle ne fut plus soutenue par la force. D'une certaine manière, Napoléon ne put pas davantage forcer l'Espagne à être libre que Philippe II ne put réduire la Hollande à la servitude. Jamais, dit Hegel, on n'a remporté de plus grandes victoires ni fait preuve d'autant de génie. Toutefois – soutient Hegel rétrospectivement, après avoir constaté l'intensité et l'efficacité des guerres anti-napoléoniennes – parce que les conceptions de Napoléon n'étaient pas

1. *Écrits de Berlin*, *W* 11, 566, cité par J. d'Hondt, « Le parcours hégélien de la révolution française », dans B. Bourgeois et J. d'Hondt (dir.), *La philosophie et la Révolution française*, Paris, Vrin, 1993, p. 296. De Walter Scott, cf. *The Life of Napoleon Buonaparte, Emperor of the French. With a Preliminary View of the French Revolution*, Edimbourg, 1827.

2. A. Kojève, *Introduction à la lecture de Hegel*, *op. cit.*, p. 153.

3. « J'ai vu l'Empereur – cette âme du monde – sortir de la ville pour aller en reconnaissance ; c'est effectivement une sensation merveilleuse de voir un pareil individu qui, concentré ici sur un point, assis sur un cheval, s'étend sur le monde et le domine. » *Correspondance* I, éd. cit. t. 1, p. 120, trad. p. 114-115. Il est à noter que, ni à l'époque d'Iéna, ni plus tard, Hegel n'accorde de valeur réelle au concept d'âme du monde – lequel, en raison de son origine (le *Timée* de Platon) et de son emploi par Schelling en 1798, relève plutôt, pour lui, de la philosophie de la nature.

4. *Cahier* K. Hegel, p. 230.

en adéquation avec les sentiments religieux et nationaux des peuples, ses victoires furent impuissantes [1].

C. En troisième lieu, enfin, l'esprit révolutionnaire s'inscrit de manière pérenne dans les régimes post-révolutionnaires catholiques : en France, mais aussi en Italie et en Espagne. En France, le régime est organisé par une Charte constitutionnelle, donc par un texte qui, une nouvelle fois, est *a priori*. La vie politique française est scindée, puisque deux partis rivaux se disputent le pouvoir. Comme le voit bien J. Habermas [2], à travers la dénonciation des députés du Wurtemberg qui refusent la constitution libérale proposée par le roi Guillaume Ier en 1817, Hegel dénonce les ultras de la « chambre introuvable » qui, d'août 1815 à septembre 1816, prônent un retour à l'Ancien Régime :

> On pourrait dire des états du Wurtemberg ce qui a été dit des Français revenus de l'émigration : « Ils n'ont rien oublié et rien appris ». Pendant ces vingt-cinq dernières années, les plus riches que l'histoire du monde ait connues, et qui sont pour nous les plus instructives parce qu'elles concernent notre monde et nos représentations, il semble qu'ils aient dormi [3].

Mais Hegel n'est pas plus tendre avec les libéraux, auxquels il reproche de travailler à la dissolution de l'État. D'un côté le parti catholique aspire à la ruine des institutions, de l'autre, le parti libéral oppose à tout gouvernement sensé les volontés singulières des individus. Rien de solide ne peut s'établir. C'est pourquoi la France est vouée aux révolutions successives : « Voilà la collision, le nœud, le problème où en est l'histoire. » [4]. Il est par là même confirmé que la Révolution, sans la Réforme, est vaine.

L'Europe post-révolutionnaire

Au mauvais infini du processus révolutionnaire dans les pays latins, il faut opposer le calme des pays protestants, et leur capacité à se transformer de l'intérieur. Ces derniers pays, ne craint pas de dire Hegel, « ont donc déjà opéré leur révolution », de sorte que, chez eux, « la révolution est

1. Cf. *ibid.*

2. *Cf.* J. Habermas, *Théorie et Pratique*, Paris, Payot, 1975, t. 1, p. 146.

3. *Actes de l'Assemblée des états du Royaume de Wurtemberg*, *W* 4, 507 ; *Écrits politiques*, trad. M. Jacob, Paris, Champ Libre, 1977, p. 256. La formule est prêtée à Talleyrand. *Cf.* aussi J. Ritter, *Hegel et la Révolution française*, Paris, Beauchesne, 1970, p. 34 *sq.*

4. *Cahier* K. Hegel, p. 231.

achevée »[1]. En effet, l'esprit allemand est assez mûr pour transformer le pays, non par les armes, mais à partir de la « compréhension » et de la « culture universelle ». – Il faut souligner, cependant, que l'opposition proposée ici par Hegel n'est pas celle de la révolution *politique* (par hypothèse française) et de la révolution *philosophique* (par hypothèse allemande), mais celle de deux formes de révolutions politiques : l'une artificielle et violente, l'autre libre et réconciliatrice. Hegel ne fait pas sienne la thématique développée ultérieurement par Heine selon laquelle les Allemands, à l'époque révolutionnaire, auraient opté pour l'apolitisme. L'État allemand, désormais, prend pour base la conviction intérieure des individus : « Ce qui doit valoir dans l'État doit procéder de la compréhension de sa fin universelle, c'est en cela que réside sa légitimité. »[2].

En outre, chacun des États de l'Europe post-révolutionnaire constitue en son genre un empire : empire immobile pour l'Autriche, empire extérieur pour l'Angleterre, empire concret, fondé sur des valeurs partagées, le progrès interne et l'indépendance de chaque État pour l'Allemagne protestante rassemblée autour de la Prusse[3]. Nous sommes donc dans le moment d'achèvement de la troisième période du monde moderne.

a) *L'Autriche* est évoquée ici, mais, en réalité, elle n'est pas d' « essence germanique » en dépit de sa langue. Elle est restée telle quelle, sans trouble, mais sans progrès non plus, ce qui s'explique par la médiocrité de sa culture et de sa religion. Politiquement, elle n'est qu'un agrégat d'États aux régimes contradictoires. D'un côté, en Bohême, le servage se maintient, comme l'impuissance des nobles. De l'autre, en Hongrie, les barons font valoir leurs libertés traditionnelles, et exercent un pouvoir despotique sur leurs sujets. L'Autriche reste une nation archaïque.

b) Hegel critique l'*Angleterre*, où dominent, dit-il, droits et privilèges particuliers. La vie politique n'est guère appuyée sur une conception générale de l'État. Les Anglais sont empiriques, comme chacun sait, de sorte que les principes abstraits et généraux sonnent creux à leurs oreilles. Le pays est extraordinairement décentralisé et le gouvernement largement inactif. Alors qu'en France les pouvoirs empiètent les uns sur les autres, en Angleterre les tâches de chacun sont parfaitement délimitées. Mais il faut noter, en même temps, que la liberté de la propriété est en retard (l'institution du majorat reste en vigueur), et que les mandats parlementaires

1. *PH* 1822-23, éd. cit. p. 520, trad. p. 537.
2. *PH* 1822-23, éd. cit. p. 520-521, trad. p. 538.
3. Cf. *ibid.*, éd. cit. p. 505, trad. p. 525.

s'obtiennent par la corruption. Par ailleurs, selon l'article sur le *Reformbill*, la misère en Angleterre est effrayante, et les Irlandais sont victimes de toutes sortes d'abus[1]. Des pans entiers du droit positif et des institutions anglaises sont caducs et devraient être réformés. En revanche, contrairement à ce que l'on observe en France, les gouvernants sont respectés. Enfin, l'Angleterre est une nation de navigateurs et de marchands, et ceux-ci, tout en promouvant leurs intérêts commerciaux, contribuent à répandre la civilisation au-delà des mers[2].

c) Quel portrait de la *Prusse* Hegel trace-t-il ? Celle-ci s'est libérée par les armes de l'oppression napoléonienne, qui elle-même avait aboli le Saint-Empire romain germanique, vestige du Moyen Âge. Par cette négation de la négation, elle s'est rendue véritablement souveraine. Les obligations féodales ont été définitivement abrogées et le droit de propriété universellement reconnu, tandis que les postes de fonctionnaires sont devenus accessibles à tous. Nombreux sont les droits nouvellement acquis et les institutions créées que Hegel mentionne et avalise comme éléments d'un État pleinement achevé : l'émancipation des Juifs, l'autonomie administrative des communes, les jurys populaires dans les cours d'assises, la publication des débats parlementaires…[3].

La Prusse possède un régime « constitutionnel » qui correspond, au moins tendanciellement, à l'État décrit par les *Principes de la philosophie du droit*. Car l'État prussien incarne la volonté universelle du peuple et met en œuvre cette volonté de manière médiatisée. En premier lieu, le prince s'accorde « naturellement » avec cette volonté, mais sa décision ne porte que sur le tout de l'État. En deuxième lieu, le gouvernement concrétise cette volonté en mettant en place les offices chargés de réaliser les buts d'intérêt général. Enfin, le parlement définit cette volonté pour ce qui concerne les cercles particuliers – les « états » – constitutifs du peuple. La vie politique apparaît comme un processus de formation, et finalement d'auto-formation, de la volonté civique[4].

La décision ultime revient certes au monarque. Mais, dans l'État qui fait de la liberté son principe, « les multiples volontés des individus veulent

1. Cf. *W* 11, 97 *sq.* ; Écrits politique, p. 368 *sq.* et *Leçons sur la philosophie de l'histoire*, *W* 12, 365-366, trad. p. 232.

2. Cf. *Cahier* K. Hegel, p. 230-231.

3. *Cf.* E. Bloch, *Sujet-Objet : éclaircissements sur Hegel* (1951), trad. fr. M. de Gandillac, Paris, Gallimard, 1977, p. 233.

4. *Cf.* J.-F. Kervégan, *Hegel, Carl Schmitt. Le politique entre spéculation et positivité*, coll. « quadrige », Paris, P.U.F., 2005, p. 298 *sq.*

avoir part à la décision [politique] »[1]. Comment accorder les deux pôles de la décision ? Ce serait, dit Hegel, une vaine échappatoire que d'invoquer un parlement représentatif – car les quelques parlementaires écrasent (*zertreten*) plutôt qu'ils ne représentent (*vertreten*) la multitude des citoyens, sans compter qu'au sein même du parlement la majorité tyrannise la minorité. La solution du problème politique se trouve, comme on l'a dit plus haut, dans l'existence d'une disposition d'esprit partagée. Grâce à elle en effet, quand ceux qui ont à adopter des lois consultent leurs convictions, leur intériorité, ils se conforment au droit. « Cette disposition d'esprit est la garantie ultime qu'ont le gouvernement et le peuple. »[2].

On observe, corrélativement, une complète réconciliation de l'État et de la religion au sens où, désormais, l'État repose sur un principe connu de tous et voulu pour lui-même. Cette unité, on l'a dit, n'est pas à entendre comme si l'État était dominé par le pouvoir clérical, ni comme s'il obéissait à des principes non politiques. L'attachement à la religion, ici, connote simplement l'élévation de l'esprit au-dessus des intérêts particuliers. Alors que l'Église catholique ne se soucie du bien commun que de manière abstraite (elle ne vise que le salut des âmes, non pas celui des individualités concrètes) et dès lors laisse le champ libre à l'égoïsme des intérêts individuels, la disposition d'esprit protestante reconnaît la légitimité des intérêts particuliers tout en les subordonnant, dit Hegel, au bien commun de l'État. C'est pourquoi « le regard de la liberté » s'est dirigée et se dirigera toujours vers la Prusse[3].

On ne peut cependant qu'être frappé par la faible insistance de Hegel sur l'époque immédiatement contemporaine. Dans la *Leçon* de 1822-23, la période qui suit le règne de Frédéric II est traitée en moins de trois pages, et les analyses sont imprécises. Dans le *Cahier* K. Hegel correspondant au cours de 1830-31, nous avons huit pages[4]. Dans le reste de son œuvre, Hegel s'exprime régulièrement sur la Prusse de son temps, mais, là encore,

1. *Cahier* K. Hegel, p. 229.

2. *Ibid.*

3. *PH* 1822-23, éd. cit. p. 205, trad. p. 525.

4. La brièveté des analyses relatives au monde immédiatement contemporain a certainement une composante contingente, à savoir la nécessité d'achever le cours en fin de semestre. Mais on ne peut lui dénier également une signification philosophique. Selon l'introduction d'E. Gans à son édition des *Leçons sur la philosophie de l'histoire*, ce ne fut qu'en 1830-31 que Hegel en vint à traiter de manière détaillée le Moyen Âge et les temps modernes.

rarement de manière détaillée[1]. Peut-on pour autant s'accorder avec le diagnostic de Jürgen Habermas selon lequel Hegel accorderait peu d'intérêt à « l'actualité »[2] ? Assurément, si l'on entend par « actualité » la dernière phase de l'histoire évoquée par Hegel, à savoir la Prusse de Frédéric-Guillaume III. En revanche, on ne peut être d'accord si l'on entend par actualité l'époque présente saisie dans sa globalité. En effet, pour Hegel, le « présent » désigne moins l'aujourd'hui que la période post-antique tout entière. C'est avant tout sur l'époque saisie dans son ensemble que porte l'examen, et non pas sur ses développements chronologiquement ultimes. L'histoire doit être considérée dans les cercles principaux qui la constituent : époque orientale, époque grecque, époque romaine et époque germanique. Il y a chez Hegel une extraordinaire valorisation de la modernité, à laquelle sont d'ailleurs consacrés les *Principes de la philosophie du droit* dans leur ensemble. Mais, comme on l'a dit au chapitre IX, le concept de modernité, chez lui, renvoie d'abord au monde post-antique en général.

Pour Hegel, seul l'État luthérien s'appuie sur des principes intellectuels de portée générale[3]. Significativement, il souligne que, dans le monde protestant, presque tout le monde sait lire, et que l'Allemagne dispose, avec la Bible de Luther, d'un « livre du peuple » dont aucune nation catholique n'a d'équivalent[4]. Certes, dès l'origine, l'État germanique repose sur la volonté du peuple comme totalité. Toutefois, jusqu'à l'époque carolingienne, cette volonté reste superficielle. Puis, au Moyen Âge, elle se divise et se rend incapable de mettre en cohérence ses fins essentielles et ses intérêts particuliers. En revanche, dans l'État luthérien, la volonté du peuple s'unifie et en vient à se fonder sur un principe d'ensemble, à savoir précisément la conviction que tout doit reposer sur la pensée générale[5]. Cette conviction revient, dit Hegel, à libérer le pouvoir politique et à soutenir la liberté de conscience (*Gewissensfreiheit*)[6]. Alors que l'État

1. Ce n'est pas ici le lieu de faire une étude exhaustive des appréciations sur le présent immédiat disséminées dans l'œuvre. Mais celles-ci sont régulièrement marquées par la perplexité et l'anxiété. Comme ici : « Notre temps reste cependant un temps inquiétant, où ce qui passait jusqu'ici pour ferme et assuré semble chanceler » (*Correspondance*, 18 janvier 1831, éd. cit. t. 3, p. 329, trad. t. 3, p. 283). Nous sommes à mille lieues de l'optimisme naïf souvent prêté à Hegel.

2. *Cf.* J. Habermas, *Le discours philosophique de la modernité*, traduction française Ch. Bouchindhomme, Paris, Gallimard, 1988, p. 52.

3. Cf. *PH* 1822-23, éd. cit. p. 119, trad. p. 205.

4. Cf. *PH* Heimann, p. 218.

5. Cf. *Leçons sur l'histoire de la philosophie*, *W* 20, 123, trad. t. 6 p. 1383.

6. Cf. *Leçons sur la philosophie de l'histoire*, *W* 12, 347, trad. p. 221.

féodal est une « polyarchie », dans laquelle « il n'y a que des maîtres et des serfs », dans la monarchie moderne, le droit et la loi se font valoir. Ainsi la servitude est brisée et l'arbitraire individuel étouffé[1].

Il reste que l'État prussien, dans le portrait qu'en fait Hegel, ne dépasse aucunement la finitude de l'esprit objectif. À l'extérieur, le rapport de la Prusse à ses voisins reste belliqueux. À l'intérieur, la distinction des gouvernants et des gouvernés demeure irréductible, l'État conserve le droit, dans certaines circonstances, d'exiger des hommes le sacrifice de leurs biens, voire de leur vie, et les principes étatiques n'ont que le statut d'un « devoir-être », qui peut s'exercer sur le mode de la contrainte mais aussi être transgressé. L'État prussien ultime accomplit l'histoire mais reste inscrit dans ses bornes.

1. Cf. *PH* Heimann, p. 199.

CONCLUSION

La philosophie de l'histoire, déclare Hegel, est une théodicée[1]. Mais ceci, nous l'avons compris, au sens où cette philosophie saisit que la finitude n'est pas le dernier mot du processus de l'histoire, puisqu'elle en vient à se subordonner à l'infini entendu comme unité concrète. La théodicée hégélienne ne signifie pas que le mal n'existerait pas, ni qu'il serait négligeable en regard du bien qui l'accompagne, ni enfin qu'il contribuerait positivement à un bien plus grand. Mais elle signifie qu'il est intégré, sur le mode de la négation, au bien, c'est-à-dire à ce qui est chez soi dans son autre. Tel est le sens de l'*Aufhebung* de l'immédiateté et de la scission. La thèse de Hegel n'est pas qu'il n'y aurait pas d'injustice, mais que l'injustice est vouée à être exorcisée :

> Cette réconciliation [qu'est la théodicée] ne peut être atteinte que par la connaissance de l'affirmatif, dans lequel [le] négatif disparaît en devenant quelque chose de subordonné (*ein Untergeordnetes*) et de surmonté (*ein Überwundenes*)[2].
>
> La justice [...] est la manifestation de la nullité du fini, de son idéalité, selon laquelle un tel être n'a pas de véritable autosubsistance[3].

C'est ainsi que le résultat de l'histoire est double : d'un côté, les régimes infondés perdent leur prééminence et leur vitalité, de l'autre apparaît un régime auto-fondé, c'est-à-dire reposant sur une volonté universelle immanente. Au demeurant, les deux éléments se tiennent : la suppression des États injustes, parce qu'elle est le fait d'un État juste, est elle-même juste.

1. Cf. *Introduction* 1830-31, *GW* 18, 150, trad. p. 61.
2. *Ibid.*
3. *Leçons sur la philosophie de la religion* II, éd. cit. p. 567, trad. p. 401.

Toutefois, pourquoi le mal est-il vaincu ? Comment rendre compte de la possibilité de l'*Aufhebung* ? Cette dernière, on l'a dit, consiste à inscrire le donné particulier dans une totalité de sens. Pour cette raison, elle repose sur la décision du sujet agissant d'être libre et de reconnaître l'autre comme un *alter ego*. Par exemple, le passage du monde gréco-romain, scindé, au monde germanique, unifié, repose sur la volonté qu'ont les citoyens des États germaniques de considérer que tout homme est libre. Or rien, dans la réalité, ne peut s'opposer à une telle volonté : c'est pourquoi elle est pleinement efficace. Telle est sa force mais aussi sa limite. L'*Aufhebung* est un acte purement idéel, elle ne consiste pas à transformer réellement l'objet donné mais à conférer à ce donné une nouvelle signification.

Comprendre la théodicée hégélienne requiert de comprendre ce que signifie l'*Aufhebung*, par l'esprit, de la finitude – la sienne aussi bien que celle des autres. Comme on l'a rappelé plus haut, l'*Aufhebung* consiste à changer le sens (théorique) ou la règle (pratique) des choses. Plus précisément, à établir un sens ou une règle d'ensemble là où, originairement, ni l'un ni l'autre ne sont présents, ou seulement sur un mode fragmentaire. Or le donné réel ne peut opposer aucune résistance à sa mise en forme idéelle. Il n'y a là, d'un point de vue hégélien, aucun miracle : « La pensée est [...] la négativité la plus intime, en laquelle toute déterminité se trouve dissoute, dans laquelle ce qui est objectif, [c'est-à-dire] l'étant, se supprime (*hebt sich auf*). »[1]. Considérons par exemple la victoire de la Grèce sur la Perse, c'est-à-dire de la « belle liberté » sur le despotisme. D'un point de vue hégélien, elle s'explique par une différence de disposition d'esprit. Les Perses sont irréfléchis et se laissent mener par un monarque qui lui-même est mû par des désirs immédiats. À l'opposé, les Grecs se caractérisent par leur excellence et leur aspiration à la liberté objective. Le résultat de Marathon et de Salamine n'est aucunement inexplicable, mais fondé sur la capacité d'une volonté libre à s'imposer à une volonté asservie. L'universel l'emporte sur le particulier parce qu'il consiste, par définition, à gouverner le particulier tandis que ce dernier consiste, par définition, à être dépendant. Allons plus loin : pour le particulier, la règle universelle n'est pas une contrainte mais une libération. Il y a une victoire immanquable de la règle sur l'anomie dès lors que la première cherche à se faire valoir. Certes, une règle peut résister à une autre règle de même rang. En revanche, pour Hegel, ce qui est désorganisé ne conteste pas en tant que tel un principe d'organisation.

1. *PH* 1822-23, éd. cit. p. 51, trad. p. 150.

Néanmoins, si l'*Aufhebung* consiste en une opération d'universalisation, cette opération est elle-même d'un degré plus ou moins élevé. Par exemple, la vie éthique opère l'*Aufhebung* de la moralité – mais, comme moment de l'esprit seulement objectif, elle demeure affectée de contradiction. De même, si le monde germanique opère l'*Aufhebung* du monde gréco-romain, il reste tributaire des limites propres à l'histoire en général. Et il y a plus. Non seulement l'*Aufhebung* ne transforme pas réellement le mal en bien, mais elle se borne à permettre à une instance supérieure (par construction, bonne) de se réconcilier *en elle-même* avec l'instance inférieure (par construction, mauvaise). Prenons l'exemple du passage de la société civile (institution éclatée, mue par des intérêts égoïstes) à l'État (institution qui unifie ses membres en leur conférant une conscience civique). D'un point de vue hégélien, l'État ne met pas fin aux inégalités sociales, ni n'amène les bourgeois à renoncer à défendre leurs intérêts propres. Mais il se pose comme une sphère originale, celle de l'activité politique, dans laquelle l'exigence éthique est de conformer sa volonté au bien commun. La victoire sur le mal ne consiste pas à métamorphoser le mal en bien mais à permettre au bien de se constituer concrètement en se subordonnant le mal *dans sa sphère propre*. Le mal est vaincu, cependant non pas en lui-même mais dans le moment qui lui succède. Prenons un autre exemple : le monde européen post-antique vainc le monde gréco-romain en reconnaissant la valeur infinie de tout individu. Mais, bien évidemment, le monde gréco-romain n'est quant à lui aucunement transformé par là. Le mal n'est qu'extérieurement vaincu – ce qui est peu surprenant puisque le mal consiste dans la scission et l'extériorité. Le mal sert d'instrument à l'auto-révélation du bien mais reste abandonné à lui-même. L'optimisme de Hegel (qui d'ailleurs n'utilise jamais cette notion pour son propre compte) est en ce sens très relatif.

La vraie réconciliation, cependant, n'advient que dans la philosophie, moment ultime du parcours systématique. Que celle-ci opère l'*Aufhebung* de son objet nous fait comprendre, par construction, que ce dernier est en proie à la contradiction, mais que la philosophie, quant à elle, se réconcilie entièrement avec elle-même : « [La philosophie] produit certes une réconciliation, mais une réconciliation non pas dans l'effectivité en tant que telle, mais dans le monde de la pensée. »[1].

Cette proposition vaut pour la philosophie en général, mais se vérifie spécialement dans le cas de la *philosophie* de l'histoire. Comme on l'a dit plus haut, celle-ci pense l'histoire de manière unitaire alors que l'histoire

1. *Histoire de la philosophie, Introduction*, éd. cit. p. 241, trad. p. 120-121.

est objectivement composite. De même que la *philosophie* de la nature appartient au « chemin du retour »[1], la *philosophie* de l'histoire opère l'inscription, dans la subjectivité pensante constituée en totalité, de ce qui est unilatéralement objectif et scindé. Elle transfigure la finitude historique en une pensée infinie :

> La raison ne peut pas en rester au fait que des individus singuliers ont été blessés ; les fins particulières se perdent dans l'universel. Dans la naissance et l'extinction, la raison voit l'œuvre que produit le travail universel du genre humain[2].

La philosophie est une théodicée en ce que, comme tout moment de l'esprit mais sur un mode qui lui est propre, elle se réconcilie avec son objet et ainsi obtient la paix avec elle-même : « La philosophie [en général] est la véritable théodicée [...], elle est cette réconciliation de l'esprit, et de l'esprit qui s'est saisi dans sa liberté et dans la richesse de sa réalité effective. »[3]. On retrouve ici l'idée classique selon laquelle la philosophie ne consiste pas à nier l'imperfection de l'objet mais, en comprenant cette imperfection, à échapper au trouble et à l'insatisfaction. Qu'on songe à la remarque de Fichte :

> N'attendez ici, ni le ton de la plainte, ni celui de la satire, encore moins celui de la satire personnelle. Pas celui de la plainte, car la plus douce récompense de la réflexion philosophique est précisément de trouver tout nécessaire, et donc bon, étant donné qu'elle considère toute chose dans son contexte et rien isolément, et de s'accommoder de tout ce qui existe, tel qu'il est[4].

Dans l'*histoire*, moment de l'esprit objectif, la réalisation du principe totalisant – l'esprit mondial – a lieu à même l'*objet*, lequel est par définition dissocié, puisqu'il s'agit des peuples multiples. En revanche, dans la *philosophie*, moment de l'esprit absolu, la réalisation du principe – l'esprit philosophant – a lieu à même le *sujet*, par définition unifiant. Pour Hegel, dans l'activité philosophique, tout objet d'investigation est investi de l'intérieur par l'esprit philosophant. Des objets différents se succèdent certes, mais la philosophie ne se divise pas, car c'est en elle-même qu'elle

1. *Encyclopédie* II, Add. du § 247, *W* 9, 24, trad. p. 347.
2. *Raison dans l'histoire*, éd. cit. p. 48-49, trad. (mod.) p. 68-69.
3. *Leçons sur l'histoire de la philosophie*, *W* 20, 455, trad. t. 7 p. 2111.
4. Fichte, *Les Caractères de l'époque actuelle*, *SW* 7, 14, trad. p. 30. *Cf.* aussi, entre mille exemples, Spinoza, *Traité politique*, I, IV, trad. fr. Ch. Appuhn, Paris, GF, 1966, p. 12.

change[1]. En revanche, dans l'histoire, on observe une pluralité de peuples en conflit réciproque. Bref : l'esprit philosophant travaille subjectivement *sur lui-même*, tandis que l'esprit mondial se divise en une *multiplicité d'étants distincts*. L'esprit objectif est le lieu de la totalité extérieure, « additive », tandis que l'esprit absolu est le lieu de la totalisation intérieure, « organique ». Le premier est conflictuel tandis que le second est pacifiant.

Liberté et finitude

Pour Hegel, on l'a vu, l'histoire ne se définit pas principalement comme une succession d'événements, mais comme le processus par lequel les peuples – par hypothèse distincts les uns des autres – prennent conscience d'eux-mêmes et produisent une œuvre politique qui exprime leur conception de la liberté. Hegel défend la thèse selon laquelle l'histoire est irréductible aux autres moments de l'État : elle n'est pas une simple temporalisation de la vie politique intérieure (premier moment de l'État) ou extérieure (deuxième moment), mais a un contenu spécifique, à savoir la vie des peuples. Aux yeux de Hegel, chaque peuple se transforme subjectivement au sens où il en vient à accéder à une conscience adéquate du type de liberté qui le caractérise en propre – une conscience aussi bien intérieure aux membres du peuple qu'inscrite dans leurs œuvres extérieures. Et il se transforme objectivement en se donnant des institutions politiques. La philosophie de l'histoire de Hegel est en ce sens un traité de philosophie politique, qui examine les systèmes d'institutions publiques dans leur genèse et dans leur légitimité.

Quel est l'enjeu de cette genèse ? Il s'agit bien entendu de la liberté. Mais de la liberté au sens hégélien de la reconnaissance de soi dans l'autre. D'un côté, en chaque moment de l'histoire, l'action politique, originairement réservée à une frange restreinte de la population, s'élargit à la population tout entière, et l'État se constitue en empire, intégrant une série de peuples distincts et propageant le type de liberté qui lui est propre. De l'autre, dans l'histoire mondiale, il y a passage du despotisme oriental, où un seul individu est libre, à la monarchie moderne de type germanique qui repose sur la volonté universalisée du peuple. Le sens de l'histoire est donc

1. On pourrait faire une remarque similaire à propos de l'idéal dans l'art ou du divin dans l'histoire des religions : dans chacun de ces moments, l'esprit absolu unifie *de l'intérieur* son contenu sensible ou représentatif.

l'accession à un régime dans lequel tous les individus ont part au vouloir politique et qui, réciproquement, reconnaît la valeur infinie de chacun d'entre eux.

Toutefois la vie des peuples est marquée par la contradiction : d'une part, elle consiste en une activité d'universalisation, c'est-à-dire de libération, de l'autre elle est affectée par un particularisme irréductible, qui mène chaque peuple à sa perte. Nous voulions insister dans cet ouvrage sur le thème de la finitude dans la pensée hégélienne de l'histoire. Pour Hegel, un peuple n'est qu'une étape du cours d'ensemble de l'histoire. Certes, chaque peuple incarne la raison – mais il ne l'incarne que de façon bornée. La raison dans l'histoire est « cachée » et « rusée », non pas parce qu'elle serait à la fois toute puissante et manipulatrice, mais parce qu'elle est imparfaite. La tendance à l'unité politique et à la prise de conscience de la liberté ne se réalise pas au sein d'une humanité toujours déjà unie mais, extérieurement, dans une série de peuples irrémédiablement opposés. Pour cette raison, dans ce processus d'universalisation qu'est l'histoire, le particulier est non pas exalté mais sacrifié. Assurément, l'histoire est le lieu d'un progrès et d'une réconciliation, toutefois elle reste aussi un lieu de malheur. C'est là une expression de son appartenance à l'esprit objectif.

Dans l'histoire selon Hegel, les pages de bonheur ne sont que des pages blanches. L'histoire est tendue vers la réconciliation mais n'y parvient jamais entièrement. Même si l'histoire se caractérise par le progrès de la liberté, il ne s'agit jamais que d'une liberté « éthique », « historique » et non pas de cette entière liberté qu'assurent l'œuvre d'art, le culte religieux et la pensée philosophique. La liberté historique reste fondamentalement tragique et l'histoire n'est rien d'autre que cet « autel » (*Altar*)[1] – voire cet « étal de boucher », cet « abattoir » (*Schlachtbank*) – où « sont conduits, pour y être sacrifiés, le bonheur des peuples, la sagesse des États et la vertu des individus »[2].

Quelles sont alors les thèses de Hegel qui restent intéressantes pour un lecteur contemporain – quand bien même elles sont inévitablement discutables ? Nous en citerons seulement quelques unes : l'idée qu'il faut interpréter le comportement des hommes dans l'histoire à partir de leur peuple d'appartenance ; l'idée qu'un peuple se caractérise avant tout par sa vision de l'humanité et ses conceptions juridico-morales ; l'idée qu'il n'a pas une existence statique mais se développe dans le temps ; la prise au sérieux du bonheur comme revendication légitime des hommes ; la méfiance à l'égard

1. *PH* 1822-23, éd. cit. p. 25, trad. p. 128.
2. *Introduction* 1830-31, *GW* 18, 157, trad. p. 67.

du particularisme et la valorisation de l'autonomie rationnelle des hommes et des peuples ; la thèse que l'histoire rend compte d'elle-même par elle-même ; la valorisation de la rupture, le refus de l'idée d'un progrès linéaire au profit de l'idée d'un progrès s'opérant par négations successives ; l'idée que tout État reste inévitablement mortel ; la thèse que l'enjeu de l'histoire porte sur la légitimité interne et externe des États ; la conviction que l'histoire établit ses propres normes et se juge elle-même ; le refus d'une nature humaine prédéterminée ; la thèse que la grandeur de l'époque moderne tient à ce qu'elle reconnaît la « valeur infinie » de chaque individu...

La philosophie de l'histoire permet de mieux cerner l'identité politique de Hegel. a) Il n'est pas conservateur au sens où il n'est aucunement favorable au *statu quo*[1]. S'il est hostile à la critique du pouvoir qui émane du parlement ou de l'opinion publique (car le souverain, dit-il, incarne la volonté du peuple comme tout), en revanche il dénonce le paternalisme en politique. Le passé, chez lui, n'est jamais un argument, et, dans une note de la Remarque du § 258 des *Principes de la philosophie du droit,* il s'en prend violemment à Karl-Ludwig von Haller (1768-1856), coupable d'avoir écrit dans sa *Restauration de la science politique* que « c'est l'ordre éternel, immuable de Dieu que le plus puissant règne, qu'il règne nécessairement et qu'il règnera toujours »[2]. b) Mais Hegel s'oppose aussi aux idéaux libéraux du XVIIIe siècle. Par exemple, il critique les théories du contrat au nom notamment du primat de la vie civique : l'État, dit-il, n'a pas pour destination de défendre les intérêts non politiques des hommes mais doit rendre possible une vie politique accomplie. En outre, Hegel dénonce toute normativité qui serait seulement *a priori* et, contre ce qui lui apparaît comme l'universalisme abstrait des Droits de l'homme, appelle à prendre en compte la particularité des peuples et des individus. c) Peut-on alors rattacher Hegel au romantisme politique ? *Oui*, si l'on considère que celui-ci se définit avant tout par la valorisation de l'activité civique et par la défense d'un État organique où les rôles sont différenciés et les hiérarchies affirmées, d'un État qui, transformant la disposition d'esprit de ses membres, fait d'eux des citoyens à part entière. *Non*, cependant, dans la mesure où il n'y a chez Hegel ni exaltation du sentiment, ni nationalisme, ni nostalgie du passé. La valorisation de la totalité est réelle chez lui, mais elle s'accompagne d'un refus décidé de l'immédiateté. La vie politique, à ses

1. *Cf.* E. Renault, « Connaître le présent. Trois approches d'un thème », *in* J.-F. Kervégan et G. Marmasse (dir.), *Hegel penseur du droit*, Paris, CNRS Éditions, 2004, p. 17-18.

2. *Principes de la philosophie du droit,* R. du § 258 n., *W* 7, 402, trad. p. 423.

yeux, est fondée sur la raison – celle-ci fût-elle limitée. C'est pourquoi aussi, contre certains romantiques et sans doute Schelling, Hegel n'appelle aucunement à fuir la politique. Celle-ci, à ses yeux, reste affectée d'une finitude indépassable, mais les hommes n'ont pas à s'en garder purs, ils doivent au contraire en faire l'épreuve.

FORCE ET LIMITES DU PROCÈS ANTI-HÉGÉLIEN

Peut-on défendre la philosophie de l'histoire de Hegel ? Sans doute pas complètement. Mais on peut relever quelques contresens chez ses critiques les plus autorisés.

a) La critique anti-hégélienne repose en premier lieu sur l'accusation selon laquelle Hegel proposerait une lecture enchantée, voire triomphaliste de l'histoire. Ce triomphe repose censément sur deux piliers : d'un côté la raison historique serait toute puissante, de l'autre elle résorberait toute contradiction et toute finitude. Faisons à ce propos quelques remarques.

Il est incontestable que les accents de victoire sont nombreux sous la plume de Hegel. Par exemple, les qualificatifs d' « absolu », de « vrai » et de « divin » abondent. Le lecteur peut dès lors avoir l'impression que Hegel tendrait à revenir à la métaphysique dogmatique dénoncée par Kant : il prétendrait avoir accès à un objet qui transcende l'expérience humaine commune. Mais il n'en est rien. Ces termes, malgré leur grandiloquence, ont chez Hegel un sens modeste. Ils qualifient, dans un moment quelconque, la phase de réconciliation – une réconciliation qui cependant, par construction, n'a jamais qu'un sens contextuel, relatif au moment qu'elle conclut. Par exemple, lorsque Hegel caractérise l'État comme volonté « divine »[1], il ne soutient pas que l'État s'identifierait au Dieu de la religion chrétienne ou qu'il serait directement inspiré par lui. Bien plutôt, il se contente de poser que l'État achève la vie éthique et met ainsi fin aux contradictions qui caractérisent les moments antérieurs de cette sphère. On peut multiplier les exemples de cette célébration de l'achèvement, lesquels, ne serait-ce que par leur caractère successif, montrent que leur signification est à chaque fois sobre et relative. On les trouve notamment au terme de la logique (dans la logique du concept), au terme de la nature (dans la physique organique), au terme de l'*Encyclopédie* (dans la philosophie de

1. *Ibid.*, R. du § 270, *W* 7, 417, trad. p. 354.

l'esprit) et au terme de l'esprit subjectif (dans la psychologie)[1]. À chaque fois, ces formulations doivent être interprétées à partir du mode d'écriture de Hegel. L'absoluité, l'infinité ne désigne pas une réalité qui serait exempte de toute finitude, mais une réalité qui opère l'*Aufhebung* de son objectivité propre, et ceci quand bien même elle reste inscrite, par ailleurs, dans un cycle unilatéral. Tel est précisément le cas de l'histoire : un peuple, dans l'histoire, se gouverne lui-même et gouverne son monde propre (aspect de réconciliation), mais il reste particulier et séparé des autres peuples (aspect d'unilatéralité).

b) Une seconde source de malentendus tient à l'héritage des Lumières dans la pensée hégélienne. Hegel présente une histoire globale, centrée sur la conscience de soi (qu'il tient pour unitaire) et sur l'État (qu'il considère comme libérateur). À l'opposé, depuis Nietzsche au moins, nous avons appris à nous méfier de ces catégories trop simples, aveugles aux multiplicités, aux tensions et aux phénomènes d'oppression. Nous avons renoncé à une histoire ordonnée et prévisible, qui permettrait à l'esprit de reconnaître son identité en toutes choses. Bien au contraire, nous avons tendance à considérer que l'histoire est éparpillée, sans téléologie, imprévisible et décevante à la fois, en perpétuelle rupture mais aussi marquée par la stagnation et la régression.

Toutefois l'intéressant, encore une fois, est de noter que les catégories hégéliennes n'ont pas la naïveté qu'on leur prête souvent. 1) La nécessité n'est pas celle du déterminisme. Elle est celle de la médiation interne, en conflit constant avec la médiation externe. 2) L'histoire est brisée. Non seulement la diversité des peuples est irréductible, mais chaque peuple s'impose sur la scène mondiale à l'encontre du peuple antérieur. Un peuple, un grand homme agit *contre* le peuple jusqu'alors dominant ou *contre* le droit politique en vigueur. 3) La finalité change avec chaque peuple et avec chaque époque d'un même peuple. Quand bien même l'esprit tend continûment à être libre, sa conception particulière de la liberté, c'est-à-dire sa manière d'être chez soi dans son autre, ne cesse de changer et de se contredire : à cet égard, on ne peut parler d'un programme fixe et établi une fois pour toutes. 4) Enfin, même si l'histoire est rationnelle au sens où les peuples jouent un rôle dans l'histoire en tant que (et

1. *Cf.* par exemple *Encyclopédie* I, § 160, *W* 8, 307, trad. p. 407; *Encyclopédie* II, Add. du § 337, *W* 9, 338-339, trad. p. 553-55 ; *Encyclopédie* III, Add. du § 382, *W* 10, 26, trad. p. 392 ; *Encyclopédie* III, Add. du § 441, *W* 10, 232, trad. p. 539.

pour le laps de temps où) ils sont autodéterminants, la rationalisation n'y est jamais qu'indirecte et partielle.

La notion de totalité a beaucoup nui à la réputation de Hegel, car on n'a pas manqué de projeter sur sa pensée la notion de totalitarisme. Or l'idée de totalité, chez lui, ne renvoie ni de près ni de loin à un type d'organisation tel qu'elle exercerait une violence sur ses composantes. Elle désigne, bien plutôt, un ensemble unifié par un principe, mais faisant droit à la différence :

> Le vrai en tant que concret est seulement en tant qu'il se déploie en lui-même et se recueille et retient dans l'unité, c'est-à-dire en tant que totalité, et c'est seulement par la différenciation et la détermination de ses différences que peuvent exister la nécessité de ces dernières et la liberté du tout [1].

Par ailleurs, on ne peut s'empêcher d'être irrité par l'usage que font les commentateurs de la notion de transparence à propos de Hegel – un usage qui, pour leur excuse, est appuyé sur des traductions souvent inexactes. Par exemple Roger Chartier dénonce l'histoire hégélianisante en mettant en avant une citation de la *Raison dans l'histoire* dans la traduction de Papaioannou : « L'esprit universel s'élève dans l'histoire à une totalité transparente à elle-même. » [2]. Mais il faudrait traduire, bien plutôt : « L'esprit universel s'élève dans l'histoire à une totalité qui se saisit elle-même (*einer sich erfassenden Totalität*). » La saisie de soi est ici à comprendre comme une figure du devenir-sujet, Hegel évoquant la prise de conscience par les peuples de leur identité. Or, dans l'histoire, cette saisie de soi reste inévitablement incomplète puisque le savoir qu'a le peuple de lui-même est entaché de particularisme. Certes, on trouve bel et bien la notion de transparence (*Durchsichtigkeit*) chez Hegel. Cependant, alors, elle ne connote aucune vision intrusive sur le modèle du panoptique de Bentham. Elle exprime seulement une manifestation telle que, dans le particulier, l'universel se révèle de lui-même [3]. Le particulier, pour Hegel, reste toujours tel, c'est-à-dire « naturel », variable et contingent. Certes, dans les moments de réconciliation, l'universel se manifeste en lui. Mais il serait erroné d'imputer à l'hégélianisme le phantasme d'un savoir inquisiteur.

1. *Encyclopédie* I, § 14, *W* 8, 59, trad. p. 180.

2. *Raison dans l'histoire*, éd. cit. p. 75, trad. p. 98. *Cf.* R. Chartier, *Au bord de la falaise. L'histoire entre certitudes et inquiétudes*, Paris, Albin Michel, 2009, p. 287.

3. Cf. *Science de la logique* II, *W* 6, 190, trad. p. 204.

Assurément, il serait non moins absurde de faire de Hegel un contemporain des historiens des *Annales* ou de Foucault. Mais la pensée de la négativité est, chez lui, un puissant facteur de complexification. D'un côté en effet, les catégories de la philosophie de l'histoire classique ne deviennent valides chez lui qu'au terme d'un processus de constitution en lequel leurs opposés sont pleinement pris au sérieux (la totalisation se conquiert contre la multiplicité, la rationalité contre la passion, la nécessité intérieure contre la contingence extérieure, etc.). De l'autre, l'appartenance de l'histoire à l'esprit objectif implique que les catégories n'y sont jamais réalisées que de manière partielle.

QUELLE EST LA CRÉDIBILITÉ DE LA PHILOSOPHIE HÉGÉLIENNE DE L'HISTOIRE ?

La philosophie de Hegel, on le sait, se présente non pas comme un programme, mais comme un savoir de l'effectivité. C'est là un choix risqué. Car, dans la mesure où elle appréhende l'effectivité à partir des savoirs disponibles en son temps, elle ne peut que s'exposer fort rapidement au reproche d'obsolescence. Hegel est certes l'un des hommes les plus cultivés de son époque, mais son information, deux siècles plus tard, apparaît inévitablement comme tronquée, naïve et encombrée de stéréotypes. En outre, il projette sur l'information factuelle dont il dispose toute une série de préjugés – ceux de son époque mais aussi les siens propres. Par exemple, son enthousiasme pour la Grèce et son hostilité à l'égard du monde romain ont, à l'évidence, quelque chose de passionnel.

Notons toutefois que Hegel a partiellement thématisé cette difficulté. En premier lieu, il considère que le philosophe, en tant que tel, n'a pas à produire le savoir positif sur lequel il s'appuie. Ce savoir « originaire » ou « réfléchissant » est le présupposé de la philosophie, non son résultat. En second lieu, il revendique, pour la philosophie, le droit d'user d'un *a priori*, celui de la raison (même s'il est évident que les textes hégéliens contiennent bien d'autres préjugés que celui selon lequel le réel est organisé conformément à un schème rationnel). On ne peut reprocher à Hegel d'être entièrement aveugle à l'égard de la méthode dont il fait usage, ni d'être incapable de la défendre.

Nous avons dit plus haut que la philosophie hégélienne veut être la pensée de l'effectivité. Est-elle cependant dépourvue de toute dimension normative ? Nullement, puisque Hegel distingue, dans l'expérience, ce qui est effectif et ce qui est seulement phénoménal. Le concept d'effectivité fonctionne comme un critère d'évaluation et de discrimination, qui permet la dénonciation du « simple phénomène »[1]. En outre, l'esprit objectif est le terrain du devoir-être, de sorte que la pensée de l'histoire consiste à dégager la normativité qui caractérise chaque époque. Par exemple, l'idée que, en régime germanique-chrétien, « tous les hommes sont libres », n'est pas seulement un constat mais aussi une exigence – ou plutôt le constat que le temps présent exige que tous les hommes soient libres, c'est-à-dire que la volonté universelle soit au principe de l'État. Qu'une telle exigence règne ne signifie pas qu'elle s'incarne adéquatement dans les faits. Hegel note que la réalisation du principe de chaque époque est lente et laborieuse. Dès lors, le débat que l'on peut avoir avec lui ne se réduit pas à savoir si chaque époque présente factuellement le type de liberté qu'il affirme la caractériser. Bien plutôt il est de savoir si, à chaque époque, cette liberté est bel et bien une revendication immanente.

Pour revenir au problème des faits, on met souvent en avant le démenti apporté à Hegel par l'histoire récente. La barbarie nazie, par exemple, invaliderait son optimisme. On peut d'ailleurs aller plus loin et généraliser cette objection : quand bien même tous les principes théoriques de la philosophie hégélienne de l'histoire ne seraient pas encore invalidés, rien n'exclurait en droit qu'ils le soient quelque jour par des faits aujourd'hui encore imprévisibles... Mais il y a, dans cette objection, une confusion sur ce que prétend être la philosophie hégélienne de l'histoire. Celle-ci ne se présente pas comme une prophétie, ni comme l'établissement des lois atemporelles de l'agir des peuples, mais comme une réflexion sur le passé et le présent. La philosophie de l'histoire, dit Hegel, n'a rien à dire sur le futur, puisqu'elle ne porte que sur l'expérience effective. Dès lors, il n'est pas de bonne méthode d'invoquer le futur – qu'il s'agisse de celui de Hegel ou du nôtre – pour invalider l'hégélianisme.

Toutefois, si l'on accepte la dernière remarque comme un soutien possible à l'hégélianisme, une nouvelle objection surgit. Puisque nous n'avons pas le même passé que Hegel, nous ne pouvons pas avoir la même philosophie de l'histoire que lui. L'hégélianisme reconstruit l'histoire à partir de son terme, c'est-à-dire notamment à partir de la Réforme et de la Révolution française. Or notre passé, quant à lui, est autre : totalitarismes du XXe siècle, affrontement Est-Ouest, décolonisation, mondialisation et (difficile) démocratisation... Mais il y a plus : parce que nous sommes entrés dans l'ère du pluralisme, notre passé est lui-même désarticulé. Bref,

1. *Cf.* par exemple *Science de la logique* III, *W* 6, 464, trad. p. 276.

l'effectivité de l'histoire ayant changé, on ne peut plus – et depuis longtemps – être hégélien en matière d'histoire.

À cette objection, on répondra qu'il n'est pas absurde d'imaginer un philosopher de type hégélien qui porterait sur un passé différent de celui de Hegel. Si l'on considère notre passé, un tel philosopher consisterait notamment à prendre au sérieux la victoire de la liberté sur le totalitarisme au XXe siècle et l'extension spectaculaire – quoique laborieuse – de la démocratie à partir de la fin du XXe siècle. On sait que l'entreprise a été mise en œuvre au prix de multiples contresens par Francis Fukuyama. Mais les maladresses de ce dernier auteur ne signifient pas qu'une philosophie contemporaine d'inspiration hégélienne soit à tous égards dénuée de sens. Il s'agirait notamment de reprendre l'hypothèse selon laquelle le peuple, au sens non pas ethnique mais politique du terme, est le sujet de sa propre histoire, mais qu'au commencement il n'est que formellement sujet, et tend, par de multiples détours, à le devenir de manière effective.

Cependant, s'agissant de la philosophie de l'histoire, le risque d'inactualité est en quelque sorte redoublé. Par exemple, n'est-il pas vain d'examiner ce que Hegel dit de Rome, tant sa culture est déficiente au regard de celle des historiens d'aujourd'hui ? En fait, il est utile de lire Hegel, non pour savoir ce que fut Rome, mais pour réfléchir à la manière de se rapporter à elle. L'intérêt de la philosophie de l'histoire n'est pas de révéler l'essence des civilisations passées mais de proposer une auto-interprétation de l'homme dans l'histoire, et plus précisément de l'homme moderne se rapportant à son passé. Toute époque se fait une certaine image d'elle-même et des âges qui la précèdent, et nous sommes les héritiers de la représentation que le début du XIXe siècle a forgé de la modernité et de son rapport aux époques antérieures. Dans la mesure où nous avons, à notre tour, à produire une image de la modernité, il nous faut réfléchir, sur un mode critique, aux influences qui s'exercent sur nous. L'intérêt de la pensée hégélienne, justement, est qu'elle se confronte sans cesse à son autre, et notamment aux cultures disparues et aux autres manières de philosopher. Nous n'avons pas à la lire dans une perspective purement érudite, ni non plus à adhérer aux thèses qu'elle défend, mais à dialoguer avec elle pour accéder, à son contact, à une meilleure connaissance de nous-mêmes.

Comme il est dit plus haut, l'ambition totalisatrice de Hegel nous rebute. Pour nous, l'approche totalisante, loin d'être une garantie de scientificité, trahit au contraire un point de vue simplificateur et idéologique. Nous valorisons dorénavant le partiel, et nous préférons les analyses locales et minutieuses aux vastes synthèses. Pour autant, l'idée d'unification peut retrouver pour nous sa validité, non pas à titre de réalité effective mais à titre d'objet d'espérance. La réconciliation aurait une valeur non pas descriptive mais critique et mobilisatrice. Exigée de manière suffisamment puissante, elle produirait d'elle-même des effets. En ce sens, un hégélianisme revisité soutiendrait qu'une exigence authentique est capable de se réaliser dans l'expérience.

La problématique centrale chez Hegel, on l'a vu, est celle du progrès de l'histoire, et, en amont, celle de son intelligibilité et de sa norme intérieure. Certes, cette problématique a vieilli, mais de nouvelles pistes de recherche s'imposent. En quel sens l'histoire est-elle une composante de l'identité des collectivités humaines ? Y a-t-il dans ces collectivités quelque chose comme une pulsion de liberté ? Les groupes humains tendent-ils, face aux groupes étrangers, à s'ouvrir ou à se fermer ? Jusqu'à quel point est-il licite d'évaluer de l'extérieur les mœurs et les institutions d'un peuple quelconque ? On a remisé un peu vite la philosophie de l'histoire au musée des concepts dépassés, au prétexte que ses premières élaborations, trop naïves, ne peuvent plus nous convaincre. La question, pourtant, est de savoir si nous n'avons pas là une série de thèmes et de problèmes qui restent à penser. Par exemple, il n'est pas déraisonnable de soutenir que l'histoire est un mode spécifiquement humain d'exister, et que nous constituons notre identité individuelle en nous situant par rapport aux changements collectifs. De même, la thèse selon laquelle les peuples pourraient être acteurs de leur devenir, un devenir orienté par l'aspiration à la liberté, n'est pas sans arguments à faire valoir.

Hegel a pensé avec intensité l'inclusion du lointain dans l'histoire universelle. À ses yeux, la vie des peuples d'Extrême-Orient doit s'analyser, non moins que celle des Grecs ou du monde européen post-antique, à partir d'une tendance universellement partagée à concrétiser sa liberté. Il y a lieu, assurément, de reprocher à Hegel de ne pas être allé jusqu'au bout de son élan : son choix d'exclure l'Afrique de l'histoire mondiale et son européocentrisme sont pour nous inacceptables. Mais l'hégélianisme brille assurément par son intérêt pour l'altérité. Et ceci est d'autant plus remarquable que Hegel ne cesse d'insister sur les difficultés de la reconnaissance d'autrui dans la sphère de l'histoire. Pour lui, l'unité avec l'autre, dans l'histoire, est à la fois toujours visée et toujours mise en échec par le particularisme. Peut-être est-ce en raison de cette tension que sa philosophie de l'histoire reste le plus évidemment à méditer.

Face à un texte, on peut se demander s'il est convaincant et si l'on peut partager les valeurs qu'il défend. Mais, en amont, on peut aussi se demander si la vision du monde qu'il présente est importante, nous concerne, et peut servir d'aliment à notre pensée. D'une certaine manière, seule cette dernière question est véritablement pertinente dans le cas de Hegel. Nous appartenons en effet à un autre âge historique que le sien, si bien que nous ne pouvons plus faire nôtres ses analyses ni ses attentes. En revanche, nous pouvons mesurer ce que son œuvre change dans l'histoire de la culture par son contenu original, par l'interprétation qu'elle fournit de cette histoire, et par les discussions qu'elle a suscitées jusqu'à aujourd'hui. La philosophie de l'histoire de Hegel est une réflexion sur le caractère irréversible des changements de la culture et, en même temps, sur le fait que ces changements n'interdisent pas la communication entre les peuples. Il faut aborder Hegel comme un homme de son temps, mais aussi comme un philosophe qui ne se réduit pas à son époque. Sa conviction, justement, est que la raison est à la fois inévitablement située et toujours au-delà de sa particularité. Certes, ce qui est incarné est fragile et voué à la caducité. Mais, dans le transitoire, une exigence plus universelle s'exprime, qui mérite d'être philosophiquement pensée.

NOTE SUR LES SOURCES TEXTUELLES

Comme on le sait, Hegel n'a pas publié lui-même d'ouvrage sur la philosophie de l'histoire. En revanche, il a attaché à ce thème cinq paragraphes de l'*Encyclopédie* (autant en 1827 et 1830 qu'en 1817, même si le texte des deux dernières éditions est considérablement développé) et vingt paragraphes des *Principes de la philosophie du droit*. Par ailleurs, durant sa carrière de professeur, Hegel a consacré son enseignement oral spécifiquement à l'histoire à cinq reprises, et à chaque fois à Berlin durant les semestres d'hiver : en 1822-23, 1824-25, 1826-27, 1828-29 et 1830-31. De nombreux documents relatifs à ces cours – de la main même de Hegel ou en provenance de ses auditeurs – ont servi à la rédaction des éditions successives des *Leçons sur la philosophie de l'histoire*, toutes posthumes. Certains de ces documents ont été utilisés et conservés depuis la publication de la première édition posthume des œuvres de Hegel (dite du « cercle des amis du défunt » *Freundesvereinausgabe*, 1832-1845), d'autres ont été utilisés dans le cadre de cette édition puis ont disparu, d'autres enfin n'ont été découverts qu'ultérieurement. On dispose aujourd'hui d'une édition soignée des manuscrits autographes arrivés jusqu'à nous (deux textes introductifs, l'un utilisé pour le cours de 1822-23 et révisé en 1828, l'autre utilisé pour le cours de 1830-31) [1]. Elle est due à Walter Jaeschke, qui l'a publiée en 1995 dans le tome 18 des *Gesammelte Werke* chez Meiner. En revanche, les manuscrits d'auditeurs ne sont que partiellement édités sur un mode critique – ce qui rend malaisé, par ricochet, l'évaluation des éditions du XIXe siècle qui se sont appuyées sur eux.

Le format des manuscrits d'auditeurs qui nous sont connus est évidemment variable, d'autant qu'ils ne sont pas toujours complets. Pour le

1. Ainsi que quelques notes éparses, éditées au t. 18 des *GW*, p. 208-214.

cours de 1822-23, nous sont parvenus des cahiers signés de Rudolf Hagenbach, de Gustav von Griesheim, de Gustav Hotho et de Hermann von Kehler. Pour le cours de 1824-25, nous avons des cahiers signés de Hermann von Kehler et de Jules Correvon. Pour le cours de 1826-27, des cahiers signés d'E. Hermann, de Joseph Hube, de F. Walter, de F. Stieve, de S. Garczynski et enfin un cahier anonyme. Pour le cours de 1828-29, nous ne possédons aucun cahier d'auditeur. Pour le cours de 1830-31, nous disposons de cahiers signés d'Ackersdijck, de Karl Hegel (le fils du philosophe), de Johann Henrich Wichern, de Heimann et un cahier anonyme [1].

La première publication des *Leçons sur la philosophie de l'histoire*, dans le cadre de l'édition du « cercle des amis du défunts » donc, remonte à 1837, six ans après la mort de Hegel, et est due à Eduard Gans (1797-1839). Celui-ci a recours à des manuscrits autographes de Hegel de différentes années – parfois de simples bribes, dit-il, mais parfois aussi de longues élaborations, dont certainement l'introduction de 1830-31 – ainsi qu'à des cahiers d'auditeurs de toutes les années, en provenance de Schulze, Griesheim, Hotho, Werder, Heimann et Karl Hegel [2]. Gans s'explique assez abondamment sur les principes de son travail. Il choisit de rassembler en un unique texte les sources dont ils dispose, améliorant ce qui lui paraît défectueux en elles. Par exemple, il considère que les leçons de 1822-23 et de 1824-25 consacrent proportionnellement trop de temps à l'Orient et pas assez au monde germanique, et que c'est seulement en 1830-31 que le Moyen âge et l'époque luthérienne sont exposés de manière satisfaisante. C'est pourquoi, dit-il, la présentation qu'il propose est essentiellement empruntée à ce dernier cours. Par ailleurs, Gans se targue d'avoir transformé les « cours » en un « livre » et pour cela d'avoir rendu le style plus élégant [3]. Or ce qui est chez lui un motif de fierté devient chez nous un sujet de récrimination. Nous lui faisons grief, non seulement d'avoir gommé l'évolution de Hegel en mêlant l'ensemble des cours, mais aussi d'avoir modifié, fût-ce avec les meilleurs intentions du monde, le matériau qu'il avait à restituer. Pour autant, parce qu'une partie des matériaux de Gans est aujourd'hui perdue, sa propre édition doit être considérée comme une source partiellement primaire.

1. *Cf.* F. Hespe, « Hegels Vorlesungen zur Philosophie der Weltgeschichte », in *Hegel-Studien* 26, 1992, p. 78-87.

2. *Cf.* E. Gans, « Vorwort », *in* G.W.F. Hegel, *Vorlesungen über die Philosophie der Geschichte*, Berlin, Duncker und Humblot, 1837, p. XIV.

3. Cf. *ibid.*, p. XVII.

La deuxième édition, en 1840, est due à Karl Hegel (1813-1901), le fils du philosophe. Paraissant après la mort de Gans, elle est considérablement augmentée. Son but, dit l'éditeur, est de faire justice aux premiers cours, injustement négligés par Gans. Toutefois, c'est sur les matériaux autographes que Karl Hegel affirme s'appuyer avant tout, au point que ses « ajouts sont tirés mots pour mots des manuscrits » en question [1]. Si l'on fait confiance à cette assertion, les ajouts de K. Hegel, aisément décelables par comparaison, seraient les vestiges de textes autographes perdus. Mais peut-on prendre cette affirmation entièrement au sérieux ? Toujours est-il que c'est la version de K. Hegel qui est reproduite au tome 11 des œuvres complètes publiées par H. Glockner chez Frommann à partir de 1927 et au tome 12 des œuvres complètes publiées par E. Moldenhauer et K.M. Michel chez Suhrkamp en 1970. C'est aussi cette version qui a été traduite en français par Jean Gibelin, chez Vrin, en 1937.

Une troisième édition des *Leçons sur la philosophie de l'histoire* est due à Georg Lasson (1862-1932) en 1917. Lasson s'appuie alors les éditions de Gans, de K. Hegel et utilise également le cahier F. Stieve. Il donne une place de premier plan, dit-il, à l'introduction manuscrite de 1830-31. Comme ses prédécesseurs cependant, il fond l'ensemble des matériaux en un tout.

En 1955, Johannes Hoffmeister (1907-1955) propose, pour les éditions Meiner, une nouvelle version de l'introduction, sous le titre *Die Vernunft in der Geschichte* (*La raison dans l'histoire*). C'est cette version qui sera traduite en français par Kostas Papaioannou, dix ans plus tard, pour les éditions 10/18. Hoffmeister a le souci, pour la première fois, de distinguer typographiquement, par des italiques et des lettres romaines, ce qui provient des manuscrits autographes conservés et ce qui provient des cahiers d'auditeurs. Corrélativement, il livre une version non altérée des manuscrits autographes. Par ailleurs, il révise l'édition de K. Hegel à partir des cahiers d'auditeurs qu'il peut consulter, à savoir Griesheim et Kehler pour 1822-23, et à nouveau Kehler pour 1824-25. Et il présente quelques extraits du cahier Stieve pour la leçon de 1826-27 (cette partie n'est pas traduite par Papaioannou). Mais il se borne à reproduire les passages de l'édition K. Hegel dont, faute de documents, il ne peut vérifier l'authenticité [2].

1. *Cf.* K. Hegel, « Vorwort » *in* G.W.F. Hegel, *Vorlesungen über die Philosophie der Geschichte*, Berlin, Duncker und Humblot, 1840, p. XXIII.

2. *Cf.* J. Hoffmeister, « Zur Herstellung des Textes », *in* Hegel, *Die Vernunft in der Geschichte*, *op. cit.*, p. 277.

K.H. Ilting, K. Brehmer et H.N. Seelmann publient en 1996 une reconstruction de la leçon de 1822-23 à partir des manuscrits de Hotho, Griesheim et Kehler. Ces éditeurs ont donc décidé, une fois encore, de fusionner différents manuscrits, ce qui peut donner lieu à des objections. Mais leur choix de ne se consacrer qu'à un seul cours apporte une forte garantie d'authenticité. Ce texte, et les nombreuses notes historiques qui l'accompagnent – ainsi que l'édition critique des introductions autographes par Walter Jaeschke – a été traduit en français par Myriam Bienenstock, Christophe Bouton, Jean-Michel Buée, Gilles Marmasse, Norbert Waszek et David Wittmann au Livre de poche en 2009.

Enfin, en 2005, Klaus Vieweg édite le cahier Heimann de la leçon de 1830-31 chez Wilhelm Fink. Dans la mesure cependant où le manuscrit Heimann s'arrête à l'époque de la Réforme, K. Vieweg fournit, à titre de complément, quelques longs extraits des cahiers Ackersdijck et K. Hegel qui correspondent à la même leçon (le cahier K. Hegel de 1830-31 étant bien entendu à distinguer de l'édition K. Hegel de 1840).

Comme on l'a dit, les cahiers d'auditeurs aujourd'hui disponibles ne sont édités qu'en partie, et beaucoup, s'ils le sont, de manière non critique, de sorte que leur contenu propre ne peut être analysé que malaisément. La question de savoir si l'auditeur a correctement noté la parole de Hegel se redouble de celle de savoir quel est le contenu véritable des cahiers. Par ailleurs, nous ne disposons pas encore d'une analyse rigoureuse des éditions Gans et K. Hegel, qui seule permettrait de se faire une idée précise des différents strates qui les composent et de la plus ou moins grande fiabilité des unes et des autres. Le commentateur d'aujourd'hui s'appuie donc sur des matériaux éditoriaux qu'il ne peut considérer comme entièrement définitifs.

Dans l'ouvrage ici présenté, nous avons en partie recours aux éditions de Karl Hegel et de Johannes Hoffmeister. Cela ne va pas de soi, et il faut s'en expliquer. Ces éditions posent un problème, on l'a dit, parce qu'elle reformulent régulièrement le propos hégélien, n'indiquent pas de manière détaillée la provenance de leurs contenus, et mêlent des textes issus de leçons chronologiquement successives. Pour autant, nous semble-t-il, il serait excessif de renoncer purement et simplement aux textes en question. En effet :

– De multiples indices laissent penser que ces éditions ont été l'objet d'un grand soin, même si les canons éditoriaux alors en vigueur différaient évidemment des nôtres. Elles ont été produites dans le cadre d'une association de savants, l'édition qui a été jugée insatisfaisante (celle de Gans) a été remplacée (par celle de K. Hegel), et les éditeurs se sont expliqués à chaque fois sur leur méthode de rédaction. Ils ont tous deux été d'une extrême proximité avec le maître, ont assisté en personne à ses cours, et furent eux-mêmes des universitaires de renom (Gans comme professeur de droit à l'université de Berlin, K. Hegel comme professeur d'histoire à l'université d'Erlangen).

– On a fait l'hypothèse que Hegel aurait eu une orientation de plus en plus libérale dans ses leçons sur l'histoire, et que son fils, plus conservateur, aurait eu à cœur de gommer cette évolution[1]. Mais le fait est que les griefs concrets ne se révèlent guère convaincants. F. Hespe déclare par exemple que, dans son introduction, Karl ne reprend pas l'idée, soutenue par son père dans le manuscrit de 1830-31, que la forme *religieuse* de la vérité doit être dépassée dans une vérité saisie par la *pensée*. Or, dans les faits, on trouve bel et bien, dans l'édition K. Hegel, une critique de l'indétermination de la notion de Providence[2]. Dans un autre article, le même commentateur reproche à Karl d'avoir éliminé une évolution importante dans les idées de son père, à savoir que l'*Aufklärung* tend à prendre la place de la Réforme comme assise des transformations récentes en Europe. Mais, dans les faits, l'*Aufklärung* (ou en tout cas l'*Aufklärung* en Allemagne) est toujours pensée par Hegel comme une évolution interne de la Réforme, et cette dernière est par avance décrite comme un mouvement d'autonomisation de la pensée. S'il est assurément plausible que Karl ait gommé l'accent mis sur l'*Aufklärung* par Hegel dans ses derniers cours, cela ne peut impliquer, comme le commentateur le reconnaît au demeurant, un bouleversement de la conception présentée[3]. En définitive, ces accusations montrent plutôt la difficulté qu'il y a à mettre en évidence les carences de l'édition K. Hegel.

Pour autant, il ne faut avoir recours aux éditions K. Hegel et Hoffmeister que pour documenter des points de détail. Dans notre ouvrage, les hypothèses fondamentales sur la structure de l'histoire s'appuient essentiellement sur l'*Encyclopédie*, les *Principes* et les introductions

1. Cette théorie se soutient en premier lieu du fait que K. Hegel déclare, dans son avant-propos, que, dans les dernières leçons de son père, « le tout devient plus populaire » (K. Hegel, « Vorwort », dans *op. cit.*, p. XXI). Mais avons-nous vraiment affaire ici à l'évocation d'une transformation politique ? Il s'agit bien plus certainement d'une allusion à un matériau empirique toujours plus envahissant.

2. *Cf.* F. Hespe, art. cit., p. 85 ; *Leçons sur la philosophie de l'histoire*, *W* 12, 28, trad. p. 48 et *Introduction* 1830-31, *GW* 18, 149-150, trad. p. 60-61.

3. *Cf.* F. Hespe, « Die Geschichte ist der Fortschritt im Bewusstsein der Freiheit », *Hegel-Studien* 26, 1992, p. 185.

autographes. Pour ce qui est des affirmations de moindre importance, nous tendons à utiliser en premier lieu les éditions critiques des *Nachschriften*, à savoir le texte reconstitué de la leçon de 1822-23 et le manuscrit Heimann. C'est en dernier lieu seulement que nous avons recours aux matériaux moins sûrs. Mais renoncer aux éditions K. Hegel et Hoffmeister aurait représenté une amputation insupportable, car on aurait alors abandonné des pans entiers du matériau disponible.

SÉLECTION BIBLIOGRAPHIQUE

ŒUVRES DE HEGEL EN LANGUE ALLEMANDE

Œuvres complètes

Briefe von und an Hegel, J. Hoffmeister (Hrsg.), Hamburg, Meiner, 1952-1954.

Gesammelte Werke, hrsg. von der Rheinisch-Westfälischen Akademie der Wissenschaften, Hamburg, Meiner, 1968- [*GW*]. Le tome 18, publié par W. Jaeschke en 1995, contient notamment les deux introductions autographes à la philosophie de l'histoire [*Introduction* 1822 et *Introduction* 1830-31].

Werke in zwanzig Bänden, E. Moldenhauer & K. M. Michel (Hrsg.), Frankfurt a.M., Surkhamp, 1970 [*W*]. Le tome 12 contient les *Leçons sur la philosophie de l'histoire* éditées par Karl Hegel.

Leçons orales éditées séparément

Vorlesungen über Rechtsphilosophie, K.-H. Ilting (Hrsg.), Stuttgart-Bad Cannstatt, 1974, 4 volumes.

Die Philosophie des Rechts. Die Mitschriften Wannenmann (Heidelberg 1817-18) *und Homeyer* (Berlin 1818-19), K.-H. Ilting (Hrsg.), Stuttgart-Bad Cannstatt, 1983.

Vorlesungen über Naturrecht und Staatswissenschaft (Heidelberg 1817-18) mit Nachträgen aus der Vorlesung 1818-19, Nachschrift P. Wannenmann, C. Becker & *alii* (Hrsg.), Hamburg, 1983.

Die Philosophie des Rechts (1819), D. Henrich (Hrsg.), Frankfurt a.M., 1983.

Vorlesungen über die Philosophie der Religion, W. Jaeschke (Hrsg.), Hamburg, Meiner, 1983-1985.

Vorlesungen über die Geschichte der Philosophie. P. Garniron & W. Jaeschke (Hrsg.), Hamburg, Meiner, 1986-1994.

Philosophie des Rechts (1822-23), Nachschrift K. L Heyse, E. Schillbach (Hrsg.), Frankfurt a.M., 1999.

Die Vernunft in der Geschichte, J. Hoffmeister (Hrsg.), Hamburg, Meiner, 1955.

Vorlesungen über die Philosophie der Weltgeschichte (1822-23), Nachschriften von K.G.J. von Griesheim, H.G. Hotto und C.H.V. von Kehler, K.H. Ilting, K. Brehmer & H. N. Seelmann (Hrsg.), Hamburg, Meiner, 1996 [*PH* 1822-23].

Die Philosophie der Geschichte, Winter 1830-1831, Nachschrift Heimann et extraits des Nachschriften Ackersdijck et K. Hegel, K. Vieweg (Hrsg.), München, Fink, 2005 [*PH* Heimann].

TRADUCTIONS FRANÇAISES DES ŒUVRES DE HEGEL

Correspondance, trad. fr. J. Carrère, Paris, Gallimard, 1962-1967.

Propédeutique Philosophique, trad. fr. M. de Gandillac, Paris, Gallimard, 1963.

La raison dans l'histoire, trad. fr. K. Papaioannou, Paris, UGE, 1965.

Leçons sur la philosophie de l'histoire, trad. fr. J. Gibelin revue par É. Gilson, Paris, Vrin, 1967.

Des manières de traiter scientifiquement du droit naturel, trad. fr. B. Bourgeois, Paris, Vrin, 1972.

Encyclopédie des sciences philosophiques, trad. fr. B. Bourgeois, Paris, Vrin, 1970-1988, 3 volumes.

Leçons sur l'histoire de la philosophie, trad. fr. P. Garniron, 7 vol., Paris, Vrin, 1971-1991.

Science de la Logique, Livre I – L'Être, textes de 1812 et 1832, trad. et annotés par B. Bourgeois, Paris, Vrin, 2015. Livres II et III sous presse.

Science de la Logique, trad. fr. G. Jarczyk & P.-J. Labarrière, 3 t., Paris, Aubier, 1972-1981.

Système de la vie éthique, trad. fr. J. Taminiaux, Paris, Payot, 1976.

Écrits politiques [*La Constitution de l'Allemagne* (1798-1800) ; *Actes de l'Assemblée des États du Royaume de Wurtemberg* (1817) ; *À propos du Reformbill anglais* (1831)], trad. fr. M. Jacob & P. Quillet, Paris, Champ Libre, 1977.

Textes pédagogiques, trad. fr. B. Bourgeois, Paris, Minuit, 1978.

Le Fragment de Tübingen (1792-1793), dans : R. Legros, *Le jeune Hegel et la naissance de la pensée romantique*, Bruxelles, Ousia, 1980.

Comment le sens commun comprend la philosophie, trad. fr. J.-M. Lardic, Arles, Actes Sud, 1989.

Principes de la philosophie du droit, trad. fr. R. Derathé & J.-P. Frick, Paris, Vrin, 1989.

L'Esprit du christianisme et son destin, trad. fr. F. Fischbach, Paris, Pocket, 1992.

Leçons sur les preuves de l'existence de Dieu, trad. fr. J.-M. Lardic, Paris, Aubier, 1994.

Cours d'Esthétique, trad. fr. J.-P. Lefebvre & V. von Schenck, 3 vol., Paris, Aubier, 1995-1999.

Leçons sur la philosophie de la religion, Parties I et III, trad. fr. P. Garniron, Paris, P.U.F., 1996-2004.

Premiers écrits (Francfort 1797-1800), trad. fr. O. Depré, Paris, Vrin, 1997.
Principes de la philosophie du droit, trad. fr. J.-L. Vieillard-Baron, Paris, GF, 1999.
Leçons sur le droit naturel et la science de l'État (Heidelberg, semestre d'hiver 1817-1818), trad. fr. J.-P. Deranty, Paris, Vrin, 2002.
Introduction aux Leçons sur l'Histoire de la philosophie, trad. fr. G. Marmasse, Paris, Vrin, 2004.
Phénoménologie de l'esprit, trad. fr. B. Bourgeois, Paris, Vrin, 2006.
Science de la logique, Doctrine de l'être, version de 1832, trad. fr. G. Jarczyk & P.-J. Labarrière, Paris, Kimé, 2007.
La *Philosophie de l'histoire*, trad. fr. M. Bienenstock (dir.), J.-M. Buée, Ch. Bouton, G. Marmasse, N. Waszek, D. Wittmann, Paris, Le Livre de Poche, 2009 (traduction de l'*Introduction* 1822, de l'*Introduction* 1830-31 et de *PH* 1822-23).
Leçons sur la Philosophie de la religion, Partie II, trad. G. Marmasse, Paris, Vrin, 2010.
Principes de la philosophie du droit, trad. fr. J.-F. Kervégan, Paris, P.U.F., troisième édition, 2013.
Fragment de 1822-1825 sur la philosophie de l'esprit subjectif, trad. fr. G. Marmasse, dans *Archives de philosophie* n°77, 2014, p. 585 *sq*.

AUTRES AUTEURS

FICHTE, *Sämtliche Werke*, hrsg. von J.H. Fichte, Berlin, 1845-1856 [*SW*].
HERDER, *Sämtliche Werke*, hrsg. von B. Suphan, Berlin, Weidmann, 1877, réimpression Hildesheim, Olms, 1967 [*SW*].
KANT, *Gesammelte Schriften*, hrsg. von der königlichen preußischen Akademie der Wissenschaften, Berlin, 1902-1923 [Ak.]; trad. partielle *Œuvres philosophiques*, éd. F. Alquié, 3 volumes, « Bibliothèque de la Pléiade », Paris, Gallimard, 1980-1986.
Schelling, *Sämtliche Werke*, hrsg. von K.F.A. Schelling, Stuttgart-Augsburg, Cotta, 1856-1861 [*SW*].

COMMENTAIRES [1]

ADORNO T.W., *Dialectique négative*, Paris, Payot, 2003.
ALTHAUS H., *Hegel. Naissance d'une philosophie*, Paris, Seuil, 1999.
AMIOT A.-M. (dir.), *Philosophies de la révolution française*, Paris, Vrin, 1984.
AVINERI S., *Hegel's Theory of the modern State*, Cambridge, CUP, 1972.
BARASH J.A., *Politiques de l'histoire*, Paris, P.U.F., 2004.

1. Les articles sont indiqués en notes de bas de pages.

BAUTZ T., *Hegels Lehre von der Weltgeschichte*, München, Wilhelm Fink, 1988.
BEISER F. (dir.), *The Cambridge Companion to Hegel*, Cambridge, CUP, 1993.
BIENENSTOCK M., *Politique du jeune Hegel*, Paris, P.U.F., 1992.
BINOCHE B., *Les trois sources de la philosophie de l'histoire*, Paris, P.U.F., 1994.
BLOCH E., *Sujet-Objet : éclaircissements sur Hegel*, trad. M. de Gandillac, Paris, Gallimard, 1977.
BODEI R., *Sistema e epoca in Hegel*, Bologna, Il Mulino, 1975.
– *Le prix de la liberté. Aux origines de la hiérarchie sociale chez Hegel*, Paris, Cerf, 1995.
BOGDANDY A., *Hegels Theorie des Gesetztes*, Freiburg-München, Karl Alber, 1989.
BONACINA G., *Storia universale e filosofia del diritto*, Milano, Guerini, 1989.
BONITO OLIVA R., *L'individuo moderno e la nuova communità*, Napoli, Guida editori, 1999.
BOURGEOIS B., *La pensée politique de Hegel*, Paris, P.U.F.,1969.
– *Le Droit naturel de Hegel. Commentaire*, Paris, Vrin, 1986.
– *Éternité et historicité de l'esprit selon Hegel*, Paris, Vrin, 1991.
– *Études hégéliennes. Raison et décision*, Paris, P.U.F., 1992.
– *La raison moderne et le droit politique*, Paris, Vrin, 2000.
– *L'idéalisme allemand. Alternatives et progrès*, Paris, Vrin, 2000.
– *Hegel. Les actes de l'esprit*, Paris, Vrin, 2001.
BOUTON C., *Temps et Esprit dans la philosophie de Hegel*, Paris, Vrin, 2000.
– *Le procès de l'histoire, Fondements et postérité de l'idéalisme historique de Hegel,* Paris, Vrin, 2004.
BUBNER R., *Geschichtsprozesse und Handlungsnormen,* Frankfurt a.M., Suhrkamp, 1984.
— & MESCH W. (dir.), *Die Weltgeschichte – das Weltgericht ?*, Stuttgarter Hegel-Kongreß 1999, Stuttgart, Klett-Cotta, 2001.
CATTIN E., *Vers la Simplicité. Phénoménologie hégélienne*, Paris, Vrin, 2010.
CESA C., *Hegel filosofo politico*, Napoli, Guida, 1976.
CHIEREGHIN F., *Possibilità e limiti dell'agire umano*, Genova, Marietti, 1990.
COLLIOT-THÉLÈNE C., *Le Désenchantement de l'État. De Hegel à Max Weber*, Paris, Minuit, 1992.
COURTINE J.-F., *Extase de la raison. Essais sur Schelling*, Paris, Galilée, 1990.
– *Schelling - Entre temps et éternité, histoire et préhistoire de la conscience*, Paris, Vrin, 2012.
CULLEN B., *Hegel's Social and Political Thought*, Dublin, Gill and Macmillan, 1979.
DELLAVALLE S., *Freiheit und Intersubjektiviät. Zur historischen Entwicklung von Hegels geschichtsphilosophischen und politischen Auffassungen*, Berlin, Akademie Verlag, 1998.
DENIS H., *Hegel, penseur politique*, Lausanne, L'Âge d'Homme, 1989.
D'HONDT J., *Hegel, philosophe de l'histoire vivante*, Paris, P.U.F., 1966.
– *Hegel en son temps*, Paris, Éd. Sociales, 1968.

– (éd.) *Hegel et le siècle des lumières*, Paris, P.U.F., 1974.
– *Hegel, biographie*, Paris, Calmann-Lévy, 1998.
DUDLEY W. (dir.), *Hegel and History*, Albany, Suny, 2009.
DUSO G. & RAMETTA G. (dir.), *La libertà nella filosofia classica tedesca*, Milano, Franco Angeli, 2000.
ENGELHARDT T. & PINKARD T. (dir.), *Hegel reconsidered*, Dordrecht, Kluwer, 1994.
FERRY J.-M., *La question de l'histoire*, Bruxelles, Éditions de l'Université de Bruxelles, 2002.
FISCHBACH F., *Fichte et Hegel, la reconnaissance*, Paris, P.U.F., 1999.
– *L'être et l'acte. Enquête sur les fondements de l'ontologie moderne de l'agir*, Paris, Vrin, 2002.
FLEISCHMANN E., *La philosophie politique de Hegel*, Paris, Plon, 1964.
FUKUYAMA F., *La fin de l'histoire et le dernier homme*, trad. fr. D.-A. Canal, Paris, Flammarion, 1992.
GÉRARD G., *Critique et dialectique. L'itinéraire de Hegel à Iéna (1801-1805)*, Bruxelles, Facultés Universitaires Saint-Louis, 1982.
– *Le concept hégélien de l'histoire de la philosophie*, Paris, Vrin, 2008.
GIASSI L., *La philosophie de l'histoire selon Herder en 1774*, Paris, Philopsis, 2010.
GRANDJEAN A. (dir.), *Théodicées*, Hildesheim, Olms Verlag, 2010.
GRÜNING T., *Hegel. Vision und Konstruktion einer Vernunftgeschichte der Freiheit*, Frankfurt a.M., P. Lang, 1991.
GRIMM-HAMEN S. et ALEXANDRE Ph. (dir.), *L'Orient dans la culture allemande*, Nancy, Presses universitaires de Nancy, 2007.
HABERMAS J., *Théorie et Pratique*, Paris, Payot, 1975.
– *Le discours philosophique de la modernité*, Paris, Gallimard, 1988.
HENRICH D., *Hegel im Kontext*, Frankfurt a.M., Suhrkamp, 1971.
HÖSLE V., *Hegels System. Der Idealismus der Subjektivität und das Problem der Intersubjektivität*, Hamburg, Meiner, 1987.
HÜFFER W, *Theodizee der Freiheit. Hegels Philosophie des geschichtlichen Denkens*, Hamburg, Meiner, 2002.
HULIN M. et MAILLARD Ch. (dir.), *L'Inde inspiratrice. Réception de l'Inde en Allemagne*, Strasbourg, Presses Universitaires de Strasbourg, 1996.
HYPPOLITE J., *Introduction à la philosophie de l'histoire de Hegel*, « Points Essais », Paris, Seuil, 1983.
JAMME C. & WEISSER-LOHMANN E. (dir.), *Politik und Geschichte. Zu den Intentionen von Hegels Reformbill-Schrift*, Bonn, Bouvier, 1995.
JANICAUD D., *Hegel et le destin de la Grèce*, Paris, Vrin, 1975.
JARCZYK G., *Le Mal défiguré. Étude sur la pensée de Hegel*, Paris, Ellipses, 2000.
— & LABARRIÈRE P.-J., *Hegeliana*, Paris, P.U.F., 1986.
— & LABARRIÈRE P.-J., *Le Syllogisme du pouvoir. Y a-t-il une démocratie hégélienne ?*, Paris, Aubier, 1989.

KALTENBACHER W., *Freiheitsdialektik und Intersubjektivität in Hegels Rechtsphilosophie*, Frankfurt a.M., P. Lang, 1994.
KAUFMANN W. (dir.), *Hegel's political Philosophy*, New York, Atherton Press, 1970.
KERVÉGAN J.-F., *Hegel, Carl Schmitt. Le politique entre spéculation et positivité*, Paris, P.U.F., 1992.
– *Hegel et l'hégélianisme*, « Que sais-je? », Paris, P.U.F., 2005.
– *L'Effectif et le rationnel*, Paris, Vrin, 2007.
— & MARMASSE Gilles (dir.), *Hegel penseur du droit*, Paris, CNRS Éditions, 2003.
LAKELAND P., *The Politics of Salvation : The Hegelian Idea of the State.*, Albany, SUNY, 1989.
KOJÈVE A., *Introduction à la lecture de Hegel*, « Tel », Paris, Gallimard, 1968.
LARDIC J.-M., *La contingence chez Hegel*, Arles, Actes Sud, 1989.
– *L'infini et sa logique, étude sur Hegel*, Paris, L'Harmattan, 1995.
– *Figures de l'idéalisme*, Paris, Ellipses, 1998.
LÈBRE J., *Hegel à l'épreuve de la philosophie française contemporaine*, Paris, Ellipses, 2002.
LEBRUN G., *La patience du concept*, Paris, Gallimard, 1972.
– *L'envers de la dialectique. Hegel à la lumière de Nietzsche*, Paris, Seuil, 2004.
LÉCRIVAIN A., *Hegel et l'éthicité*, Paris, Vrin, 2001.
LEFEBVRE J.-P. & Macherey P., *Hegel et la société*, Paris, P.U.F., 1984.
LOSURDO D., *Hegel und das deutsche Erbe*, Köln, Pahl-Rugenstein, 1989.
– *Hegel et les libéraux*, Paris, 1992.
LÖWITH K., *Histoire et salut*, Paris, Gallimard, 2002.
LUCAS H. C. & Pöggeler O. (dir.), *Hegels Rechtsphilosophie im Zusammenhang der europäischen Verfassungsgeschichte*, Stuttgart, Frommann-Holzboog, 1986.
— & PLANTY-BONJOUR G. (dir.), *Logik und Geschichte in Hegels System*, Stuttgart, Frommann-Holzboog, 1989.
LUKÁCS G., *Le jeune Hegel*, 2 vol., Paris, Gallimard, 1981.
MABILLE B., *Hegel. L'épreuve de la contingence*, Paris, Aubier, 1999.
– *Hegel, Heidegger et la métaphysique. Recherches pour une constitution*, Paris, Vrin, 2004.
– *Cheminer avec Hegel*, Chatou, Éditions de la Transparence, 2007.
MCCARNEY J., *Hegel on History*, London, Routledge, 2000.
MALABOU C., *L'avenir de Hegel*, Paris, Vrin, 1996.
MARCUSE H., *Raison et révolution*, Paris, Minuit, 1968.
MARINI G., *Libertà soggettiva e Libertà oggettiva nella Filosofia del Diritto di Hegel*, Napoli, Bibliopolis, 1978.
MARMASSE G., *Penser le réel. Hegel, la nature et l'esprit*, Paris, Kimé, 2008.
– *Force et fragilité des normes. Les principes de la philosophie du droit de Hegel*, Paris, P.U.F., 2011.
– (dir.), *L'histoire*, Paris, Vrin, 2010.

MARQUARD O., *Des difficultés avec la philosophie de l'histoire*, Paris, Éditions de la Maison des Sciences de l'Homme, 2002, p. 29-48.

MARTIN A., *Macht als Problem. Hegel und seine politische Wirkung*, Wiesbaden, F. Steiner, 1976.

MASPÉTIOL R., *Esprit objectif et sociologie hégélienne*, Paris, Vrin, 1983.

MAURER R., *Hegel und das Ende der Geschichte*, Freiburg, Karl Alber Verlag, 1980.

MENEGONI F., *Soggetto et struttura dell'agire in Hegel*, Trento, Verifiche, 1993.

MENGHI C., *Società o Stato*, Torino, Giappichelli, 1994.

MERCIER-JOSA S., *Entre Hegel et Marx. Points cruciaux de la philosophie hégélienne du droit*, Paris, L'Harmattan, 1999.

MITIAS M. H., *Moral Foundation of the state in Hegel's Philosophy of the Rights*, Würzburg, Königshausen & Neumann, 1984.

NEGRI A., *Stato e diritto nel giovane Hegel*, Padova, CEDAM, 1958.

NEGT O. (dir.), *Aktualität und Folgen der Philosophie Hegels*, Frankfurt a.M., Suhrkamp, 1970

NEUHOUSER F., The *Foundations of Hegel's social theory : actualising freedom*, Cambridge Mass., Harvard University Press, 2000.

O'BRIEN G.D, *Hegel on Reason and History*, Chicago, University of Chicago Press, 1975.

OTTMANN H., *Individuum und Gemeinschaft bei Hegel*, Berlin, De Gruyter, 1977.

PELCZYNSKI Z.A. (dir.), *Hegel's Political Philosophy, Problems and Perspectives*, Cambridge, CUP, 1971.

– (dir.), *The State and civil Society. Studies in Hegel's Political Philosophy*, Cambridge, CUP, 1984.

PEPERZAK A., *Le jeune Hegel et la vision morale du monde*, La Haye, Martinus Nijhoff, 1969.

– *Selbserkenntnis des Absoluten*, Suttgart, Fromann-Holzboog, 1987.

PERKINS R.L., *History and System: Hegel's Philosophy of History*, Albany, State University of New York Press, 1984.

PINKARD T., *Hegel's Phenomenology. The Sociality of Reason*, Cambridge, CUP, 1994.

– *Hegel : a Biography*, Cambridge, CUP, 2000.

PINSON J.-C., *Hegel, le droit et le libéralisme*, Paris, P.U.F., 1989.

PIPPIN R., *Idealism as Modernism : Hegelian Variations*, Chicago, CUP, 1996.

PLANTY-BONJOUR G., *Le Projet hégélien*, Paris, Vrin, 1993.

– (dir.), *Droit et liberté selon Hegel*, Paris, P.U.F., 1986.

PÖGGELER O., *Études hégéliennes*, Paris, Vrin, 1985.

QUELQUEJEU B., *La Volonté dans la philosophie de Hegel*, Paris, Seuil, 1973.

RENAULT E., *La naturalisation de la dialectique*, Paris, Vrin, 2000.

RICŒUR P., *Temps et récit 3 : le temps raconté*, Paris, Seuil, 1985.

ROSEN S., G.*W.F. Hegel : An Introduction to the Science of Wisdom*, New Haven, Yale University Press, 1974.

RIEDEL M., *Bürgerliche Gesellschaft und Staat. Grundproblem und Struktur von Hegels Rechtsphilosophie*, Berlin, Neuwied, 1970.

– *System und Geschichte. Studien zum historischen Standort von Hegels Philosophie*, Frankfurt a.M., Suhrkamp, 1973.

– *Theorie und Praxis im Denken Hegels*, Frankfurt a.M., Ullstein, 1976.

– *Zwischen Tradition und Revolution. Studien zu Hegels Rechtsphilosophie*, Stuttgart, Klett Cotta, 1982.

RITTER J., *Hegel et la Révolution française*, suivi de : *Personne et propriété chez Hegel*, Paris, Beauchesne, 1970

– *Metaphysik und Politik. Studien zu Aristoteles und Hegel*, Frankfurt a.M., Suhrkamp, 1969.

ROCKMORE T., *Hegel et la tradition philosophique allemande*, Bruxelles, Ousia, 1994.

ROSENFIELD D., *Politique et liberté. Structure logique de la Philosophie du droit de Hegel*, Paris, Aubier, 1984.

ROSENZWEIG F., *Hegel et l'État*, Paris, P.U.F., 1991.

SIEP L., *Anerkennung als Prinzip der praktischen Philosophie. Untersuchungen zu Hegels Jenaer Philosophie des Geistes*, Freiburg, Karl Alber, 1979.

– (dir.), *G.W.F. Hegel. Grundlinien der Philosophie des Rechts*, Berlin, Akademie Verlag, 1997.

– La philosophie pratique de Hegel, Paris, Éditions de l'éclat, 2013.

SMITH St. B., *Hegel's Critique of Liberalism*, Chicago, University of Chicago Press, 1989.

SOUAL P., *Le Sens de l'État*, Louvain, Peeters, 2006

SOUCHE-DAGUES D., *Logique et politique hégéliennes*, Paris, Vrin, 1983.

– *Recherches hégéliennes*, Paris, Vrin, 1994.

STANGUENNEC A., *Hegel critique de Kant*, Paris, P.U.F., 1985.

– *Hegel*, Paris, Vrin, 1997.

TAMINIAUX J., *La Nostalgie de la Grèce à l'aube de l'idéalisme allemand. Kant et les Grecs dans l'itinéraire de Schiller, de Hölderlin et de Hegel*, La Haye, Martinus Nijhoff, 1967.

TAYLOR Ch., *Hegel*, Cambridge, CUP, 1975.

– *Hegel et la société moderne*, Paris, Cerf, 1998.

TERRAY E., *Une passion allemande, Luther, Kant, Schelling, Hölderlin, Kleist*, Paris, Seuil, 1994.

THEUNISSEN M., *Hegels Lehre des absoluten Geistes als theologisch-politischer Traktat*, Berlin, De Gruyter, 1970.

TINLAND O., *L'idéalisme hégélien*, Paris, Éditions du CNRS, 2012.

VAYSSE J.-M., *Hegel, Temps et histoire*, Paris, P.U.F., 1998.

VETÖ M., *Études sur l'idéalisme allemand*, Paris, L'Harmattan, 1998.

VIEILLARD-BARON J.-L., *Hegel, Penseur du politique*, Paris, Éditions du Félin, 2006.

WASZEK N., *The Scottish Enlightenment and Hegel's Account of "civil Society"*, Dordrecht, Kluwer, 1988.

WEIL E., *Hegel et l'État*, Paris, Vrin, 1950.

WILKINS B.T., *Hegel's Philosophy of History*, Ithaca and London, Cornell University Press, 1974.

WILLIAMS R. (dir.), *Beyond Liberalism and Communitarianism: studies in Hegel's Philosophy of Right*, New York, State University of New York Press, 2001.

WOOD A.W., *Hegel's Ethical Thought*, Cambridge, CUP, 1990.

TABLE DES MATIÈRES

Achevé d'imprimer par Corlet Numérique - 14110 Condé-sur-Noireau
N° d'Imprimeur : 120540 - Dépôt légal : juillet 2015 - *Imprimé en France*